Politik und Wirtschaft

Kursthemen für die Sekundarstufe II

Band 2:

DEMOKRATIE

Politische Beteiligung in Deutschland und Europa

Herausgegeben von Peter Jöckel und Dirk Lange

Erarbeitet von Werner Friedrichs, Moritz-Peter Haarmann, Peter Jöckel, Daniel Lange, Dirk Lange, Jürgen Menthe, Jan Schönfeld, Jan Eike Thorweger

Cornelsen

Politik und Wirtschaft
Kursthemen für die Sekundarstufe II
Band 2: Demokratie – Politische Beteiligung in Deutschland und Europa

Herausgegeben von Peter Jöckel und Prof. Dr. Dirk Lange

Erarbeitet von Dr. Werner Friedrichs, Moritz-Peter Haarmann, Peter Jöckel, Daniel Lange, Prof. Dr. Dirk Lange, Jürgen Menthe, Jan Schönfeld, Jan Eike Thorweger

Redaktion:	Jürgen Schmidt
Umschlaggestaltung:	Rosendahl Grafikdesign
Grafik:	Infotext, Berlin
Layout und technische Umsetzung:	Stephan Hilleckenbach, Berlin

www.cornelsen.de

1. Auflage, 1. Druck 2013

Alle Drucke dieser Auflage sind inhaltlich unverändert und können im Unterricht nebeneinander verwendet werden.

Druck: Stürtz GmbH, Würzburg

ISBN 978-3-06-065151-1

Inhalt gedruckt auf säurefreiem Papier aus nachhaltiger Forstwirtschaft.

Liebe Lehrerinnen und Lehrer, liebe Schülerinnen und Schüler,

die Bände der Reihe „Kursthemen Politik und Wirtschaft" sind für die gymnasiale Oberstufe konzipiert und bieten umfassende Materialien zur Abiturvorbereitung. Die Bände „Soziologie", „Demokratie" und „Wirtschaft" greifen die grundlegenden Problemstellungen der Bezugswissenschaften des Faches auf. Die Bände „Sozialpolitik", „Globalisierung", „Wirtschaftspolitik" und „Europa" gehen von diesen Grundlagen aus und behandeln zentrale Leitthemen, wie sie auch in den Lehrplänen ihren Niederschlag finden. Die drei erstgenannten Bände eignen sich daher insbesondere für die Einführungsphase der gymnasialen Oberstufe, die vier weiteren für die Qualifikationsphase.

Hilfestellung und Orientierung
In fast allen Bundesländern sind die Schülerinnen und Schüler der gymnasialen Oberstufe aufgrund der Schulzeitverkürzung jünger geworden. Die Bände der Reihe tragen diesem Umstand Rechnung und geben mit verschiedenen Mitteln Hilfestellung und Orientierung. Sie beruhen auf dem Verfahren des kooperativen Lernens. Die Arbeitsanregungen sind differenziert und ermöglichen ein problemorientiertes und urteilsbildendes Vorgehen. Der Aufbau der Bände folgt dem Doppelseitenprinzip. Das zu behandelnde Thema wird auf zwei gegenüberliegenden Seiten abgehandelt. Ist es komplexer, so können auch zwei oder mehr Doppelseiten einem Thema gewidmet sein.

Förderung von selbstständiger Arbeit
Die Themen knüpfen an aktuelle politische, wirtschaftliche und gesellschaftliche Fragestellungen an und ermöglichen es, zum gegenwärtigen politischen Geschehen selbst Stellung zu nehmen. Da jedes Thema in Zeiten raschen sozialen, politischen und ökonomischen Wandels ständig der Aktualisierung bedarf, werden den Schülerinnen und Schülern vielfältige Möglichkeiten zur Weiterarbeit geboten. Hierbei hilft ihnen ein ausführlicher Methodenanhang, den jeder Band enthält. Die Schülerinnen und Schüler werden stets aufgefordert, sich selbstständig mit den Problemstellungen zu befassen und zur Bearbeitung eine passende Methode aus dem Methodenanhang auszuwählen und zu nutzen. Zudem ist in jedem Band eine Methode exemplarisch ausgeführt.

Fachspezifischer Kompetenzerwerb
Die Bände tragen zu einem fachspezifischen Kompetenzerwerb bei. Die gymnasiale Oberstufe soll die Voraussetzungen für ein wissenschaftliches Studium schaffen. Deshalb bieten die Bände der Reihe Materialien, die den Erwerb entsprechender Kompetenzen ermöglichen sollen. Jedem Kapitel ist ein „Kompetenzcheck" zugeordnet, der nach den Anforderungsbereichen (AFB) der Prüfungsanforderungen für das Fach Politik und Wirtschaft bzw. Sozialwissenschaften gegliedert ist. Damit können die Schülerinnen und Schüler überprüfen, ob sie sich anhand des jeweiligen Kapitels sozialwissenschaftliche Kompetenzen erworben haben.

Merkmale der Reihe
Kurz zusammengefasst zeichnen sich die Bände der Reihe „Kursthemen Politik und Wirtschaft" aus durch
- Einüben politischer Urteilsbildung
- Kompetenzorientierung
- Kontroversität
- Problemorientierung
- Methodenorientierung
- Handlungsorientierung

Herausgeber und Verlag

1 Grundlagen: Politik und Demokratie

2 Das politische System der Bundesrepublik Deutschland

3 Das politische System der Europäischen Union

4 Demokratie vor neuen Herausforderungen

5 Methoden in den Sozialwissenschaften

1 Grundlagen: Politik und Demokratie

Was genau ist Politik? Wie und wo findet diese statt? Und welche Bedingungen müssen eigentlich gegeben sein, damit man von demokratischer Politik sprechen kann? Diese Fragen lassen sich sicherlich nicht so ganz einfach beantworten. Das macht deutlich: Auch wenn wir in unserem täglichen Leben an vielen Stellen mit Politik in Berührung kommen beziehungsweise von ihr betroffen sind, bedeutet dies nicht, dass wir gleichsam automatisch zu Politikexperten mit ausgeprägtem Definitionswissen und hoher Analysekompetenz werden. Es gilt vielmehr: Will man sich vertieft mit politischen Strukturen und Prozessen auseinandersetzen, bedarf es einer schrittweisen Erarbeitung zentraler Grundlagen.

Das erste Kapitel gibt hierzu Ansatzpunkte und Hilfestellungen. Im Blickpunkt stehen elementare Begriffe, Modelle und Theorien, mit deren Hilfe sich Politik und insbesondere demokratische Politik aufschlüsseln und erklären lassen.

Was ist Politik?

Informationspolitik, Familienpolitik, Innen- und Außenpolitik, Friedenspolitik und Bildungspolitik – der Politikbegriff begegnet uns nahezu täglich. Aber was tatsächlich ist Politik? „Wir wissen eigentlich nicht, was Politik ist, aber wir sehen, dass sie sich eignet," soll der britische Politologie John W. M. Mackenzie launig-provokant formuliert haben. Diese Aussage vermittelt einen ersten Eindruck über die Schwierigkeit, einen Politikbegriff zu formulieren, der das Phänomen des *Politischen* beschreibt.

Im alltäglichen Sprachgebrauch kursiert eine bunte Vielfalt von Politikbegriffen, die nicht selten stereotyp daherkommen: „Notwendiges Übel", „Das, was die da oben machen" oder „undurchschaubares Geschäft" sind nur eine Auswahl landläufiger Beschreibungen von *Politik*. Wer sich auf die Suche nach einem einzig „wahren" Politikbegriff macht, wird ernüchtert feststellen, dass es einen solchen nicht gibt. Denn selbst in der Wissenschaft gilt der Politikbegriff als vielschichtig. Dies wird schnell deutlich, wenn man sich mit einer Auswahl von Definitionsvorschlägen zum Politikbegriff beschäftigt.

Auch das ist Politik: Demonstration gegen Neonazis, 2012

1 „Wenn ich an das Wort ‚Politik' denke, denke ich an..." – Sammeln Sie Ideen in Form einer Mindmap und vergleichen Sie diese anschließend mit einem Partner. Arbeiten Sie Gemeinsamkeiten und Unterschiede heraus.

2 Skizzieren Sie Ihre Vorstellung von Politik in Form einer „Politik-Maschine". Stellen Sie Ihre Ergebnisse vor, indem Sie die Funktionsweise der Maschine erläutern.

3 Markieren Sie Ihre persönliche Einstellung zu den in **M 1** genannten Definitionen von Politik auf einer Skala von 1 (keine Zustimmung) bis 10 (volle Zustimmung). Finden Sie sich dann in Kleingruppen zusammen und stellen Sie sich Ihre drei Definitionen mit der höchsten Zustimmung vor. Begründen Sie Ihre Auswahl.

4 Erläutern Sie die vier Elemente des in **M 2** vorgestellten Politikbegriffs in eigenen Worten. Veranschaulichen Sie den Politikbegriff anhand eines aktuellen Beispiels aus der Tagespresse.

5 Vergleichen Sie die Funktionsweise Ihres Politikverständnisses mit dem Politikbegriff aus **M 2**.

6 Diskutieren Sie: Was haben die in **M 3** genannten Begriffe Ihrer Meinung nach mit Politik zu tun?

7 Verfassen Sie einen kurzen Artikel für ein Jugendlexikon, in dem Sie eine Bestimmung des Politikbegriffs kurz wiedergeben.

M1 Politik – ein Begriff, viele Definitionen

„Politik ist die Summe der Mittel, die nötig sind, um zur Macht zu kommen und sich an der Macht zu halten und um von der Macht den nützlichsten Gebrauch zu machen."
Niccolò Machiavelli, ca. 1515

Niccolò Machiavelli (1469–1527): Florentinischer Politiker und Philosoph

„Politik ist das Streben nach Machtanteil oder nach Beeinflussung der Machtverteilung, sei es innerhalb eines Staates oder zwischen den Menschengruppen, die er umschließt."
Max Weber, 1919

Max Weber (1864–1920): Deutscher Soziologe und Jurist

„Unter Politik verstehen wir den Begriff der Kunst, die Führung menschlicher Gruppen zu ordnen und zu vollziehen."
Arnold Bergstraesser, 1961

Arnold Bergstraesser (1896–1964): Deutscher Politikwissenschaftler

„Politik ist Kampf um die rechte Ordnung."
Otto Suhr, 1950

Otto Suhr (1894–1957): Deutscher Politiker

„Der Gegenstand und das Ziel der Politik ist der Friede ..., der Friede ist die politische Kategorie schlechthin."
Dolf Sternberger, 1961

Dolf Sternberger (1907–1989): Deutscher Politikwissenschaftler

„Politik (ist) gesellschaftliches Handeln, ... welches darauf gerichtet ist, gesellschaftliche Konflikte über Werte verbindlich zu regeln."
Gerhard Lehmbruch, 1968

Gerhard Lehmbruch (geb. 1928): Deutscher Politikwissenschaftler

„Politik ist der Kampf um die Veränderung oder Bewahrung bestehender Verhältnisse."
Christian Graf von Krockow, 1976

Christian Graf von Krockow (1927–2002): Deutscher Politikwissenschaftler und Historiker

„Politik ist jenes menschliche Handeln, das auf die Herstellung und Durchsetzung allgemeinverbindlicher Regelungen und Entscheidungen (d. h. von ‚allgemeiner Verbindlichkeit') in und zwischen Gruppen von Menschen abzielt."
Werner J. Patzelt, 2003

Werner J. Patzelt (geb. 1953): deutscher Politikwissenschaftler

M2 Ein Vorschlag für einen umfassenden Politikbegriff

Der Politikwissenschaftler Werner J. Patzelt, (s. S. 9), 2007:

Eine (...) umfassende, zugleich aber klare, auch von der Alltagssprache her verständliche und immer mehr zum politikwissenschaftlichen Gemeinbesitz werdende Definition von Politik lautet:

Politik ist jenes menschliche Handeln, das auf die Herstellung und Durchsetzung allgemein verbindlicher Regelungen und Entscheidungen (...) in und zwischen Gruppen von Menschen abzielt. (...)

Schon hinter dem ersten Element des vorgestellten Politikbegriffs, nämlich der Aussage, Politik sei menschliches Handeln, verbergen sich sehr wichtige und folgenreiche Sachverhalte:

Menschliches Handeln ist von Normen, Interessen, Wertvorstellungen und Weltanschauungen geprägt. Man bezahlt Steuern, weil es entsprechende Gesetze gibt; man tritt einer Bürgerinitiative, einem Verband oder einer Partei bestimmter Interessen wegen bei (...), und seine Wahlentscheidung trifft man im Rahmen einer bestimmten Weltanschauung. (...) Weil Berechnung und Taktik ebenso wie Gefühle und Irrationales das menschliche Handeln prägen können, sind auch diese psychischen Voraussetzungen im oben eingeführten Politikbegriff enthalten.

Menschen beziehen ihre Handlungen auf die Handlungen anderer Menschen. Man macht beispielsweise seine Wahlentscheidung abhängig davon, was man über das Verhalten von Parteien und ihren Kandidaten erfahren hat (...), und man taktiert bei einer Diskussion je nach den Einlassungen und Argumentationen der anderen Debattenteilnehmer recht unterschiedlich. In all dem wird deutlich: Sowohl mit dem Handeln eines Anderen als auch mit dem eigenen Handeln verbindet man *Sinn*. (...). Im Einzelnen läuft bei der wechselseitigen Abstimmung von Handlungen mehr oder minder bewusst folgender Prozess ab: Man interpretiert das Verhalten eines Anderen; man macht sich klar, was man selbst erreichen will; man wählt intuitiv oder überlegt eine bestimmte Verhaltensweise; man wirkt dann mit seinem eigenen Reden und Handeln so auf den anderen ein, dass dieser begreifen kann, worauf man selbst hinauswill; und daraufhin vollzieht sich beim Handlungspartner derselbe Prozess. Wenn Menschen dergestalt (...) ihre Handlungen aufeinander beziehen, so spricht man – mit einer Wendung von Max Weber – von „sinnhaft aufeinander bezogenem Handeln", welches abgekürzt als „soziales Handeln" bezeichnet wird. (...) Jenes soziale Handeln, das auf die Herstellung allgemeiner Verbindlichkeit abzielt, wird „politisches Handeln" genannt. (...)

Das (...) Handeln zielt nun immer wieder ab auf (...) die Herstellung und Durchsetzung von allgemein verbindlichen Regelungen bzw. Entscheidungen in und zwischen diesen Gruppen. (...) Diesem *zweiten* Element des Politikbegriffs liegt *(folgender)* Gedankengang zugrunde: Wo Menschen zusammenleben, muss unter ihnen immer wieder Klarheit über die Regeln geschaffen werden, die für sie gelten sollen. Dies wird auf den Begriff gebracht, dass Politik auf die Herstellung *allgemeiner Verbindlichkeit* zielt. „Allgemeine Verbindlichkeit" wird konkret in verpflichtenden Entscheidungen sowie in Regeln, an die sich jeder Handlungspartner zu halten hat (...). Diese Regeln können informell sein wie Tischsitten oder formal wie Gesetze; (...) sie können auf Dauer gelten oder lediglich die allgemein verbindliche Behandlung eines Einzelfalls betreffen; und ihre Einhaltung kann mit Strafandrohungen unterschiedlichster Art und Schwere gesichert werden.

Es leuchtet ein, dass der Regelungsbedarf einer Gesellschaft mit ihrer zunehmenden Komplexität (...) ansteigt. In kleinen Gruppen von Menschen können die wenigen nötigen Regeln oft nebenbei vereinbart werden. Doch (...) weitverzweigte Gesellschaften (...) brauchen besondere Anstrengungen, um ihre immer wieder neu anfallenden Koordinierungs- wie Regelungswünsche festzustellen und zu befriedigen. (...) Politik *(ist dann)* jenes Handeln, das den Bedarf an verbindlichen Regelungen und Entscheidungen zu befriedigen versucht. (...)

Das *dritte* Element des hier vorgestellten Politikbegriffs besagt: Allgemeine Verbindlichkeit ist ein *angestrebtes*, kein von vornherein *gegebenes* Produkt von Politik. Denn der Versuch, allgemein verbindliche Regelungen oder Entscheidungen herbeizuführen, kann gelingen oder scheitern, und natürlich stellen auch vergebliche Versuche der Herstellung allgemeiner Verbindlichkeit politisches Handeln dar. (...)

Das *vierte* Element dieses Politikbegriffs ergibt sich aus dem bislang Gesagten: Die Grundformen von Politik sind *überall* zu ent-

Ist das auch Politik? Schülersprecher werben für die Wahl zur Stadtschülervertretung, München 2009

decken („Ubiquität" von Politik). Die Formen und Praktiken, mittels welcher die Herstellung von Verbindlichkeit versucht werden kann, sind nämlich nicht nur im Bereich des öffentlichen Lebens oder des Staates aufzufinden. Vielmehr lässt sich zeigen, dass oft die gleichen Verhaltensweisen und Praktiken benutzt werden, um in einem Fußballverein oder im Kreisverband einer Partei Einfluss zu gewinnen, um in einem Konzern oder in einer Regierung Führung auszuüben oder um Konkurrenten im Wirtschaftsleben bzw. in der Politik auf Abstand zu halten. Der Bereich der Herstellung *allgemeiner* Verbindlichkeit (bzw. des „Staatslebens") stellt darum nur ein *besonderes Anwendungsgebiet* von Methoden dar, die *überhaupt* der Herstellung von Verbindlichkeit dienen. Indem der Politikbegriff so breit gefasst wird, dass er alle derartigen Methoden umgreift, lenkt er die Aufmerksamkeit auch auf die scheinbar „unpolitischen" Aspekte politischen Handelns, zumal auf dessen „private", informelle und alltägliche Seiten.

Werner J. Patzelt: Einführung in die Politikwissenschaft, 6. Aufl. Passau 2007, S. 22–28

Ubiquität: Allgegenwärtigkeit

M3 Was hat das mit Politik zu tun?

- Macht
- Ordnung
- Führung
- Kampf
- Interesse
- Konflikt
- Herrschaft
- Konsens
- Institutionen
- Demokratie
- Entscheidung

Der Politikzyklus

Dieser Abschnitt soll ein bestimmtes Verständnis von Politik ermöglichen – Politik als andauernder, stetig neu beginnender Prozess ohne Anfang und Ende. Das mag zunächst unübersichtlich klingen, wir tun uns schwer damit, uns Dinge ohne Anfang und Ende vorzustellen. Das Werkzeug des „Politikzyklus" hilft dabei, indem es einzelne Schritte des Politikprozesses benennt und damit beliebige politische Themen zu analysieren erlaubt. Zugleich werden durch den Politikzyklus bestimmte Kategorien in die Betrachtung eingeführt, die ein tieferes Verständnis politischer Entscheidungen ermöglichen. So wird durch den Politikzyklus deutlich, welchen Einfluss die Medien im Prozess der „Problemdefinition" haben, welche Rolle die politischen Akteure haben, in welcher Form Bürger/innen und Bürger Einfluss auf politische Entscheidungen haben, warum zwischen gut gemeinter politischer Lösung und tatsächlich umgesetzter Entscheidung oft beträchtliche Unterschiede bestehen, und nicht zuletzt, warum uns manche Themen wie die Reform des Schulsystems, der Atomausstieg oder verbesserte Nahrungsmittelkontrollen schon seit Jahrzehnten beschäftigen und immer wieder auf die politische Tagesordnung zurückkehren, ohne dass diese je als gelöst betrachtet werden.

Teil des Politikzyklus: Entscheidung durch Abstimmung

Die eingehende Beschäftigung mit einem aktuellen Beispiel (Fluglärm) zeigt einen wichtigen Aspekt auf: Wann ein Sachverhalt zu einem politischen Problem wird, ist nur selten eindeutig zu bestimmen: Warum stellt der Neubau eines Flughafens ein politisches Problem dar, obwohl die bestehende Belastung hingenommen wird? Gehören aktuelle Medienberichte über den Fluglärm zur Phase der Problemdefinition, zur Phase der Auseinandersetzung oder bereits zur Phase der Evaluation? Ähnliche Überlegungen lassen sich zu vielen politischen Themen anstellen und tragen zum Verständnis der Politik als Kreislaufprozess bei. Zugleich machen sie deutlich, dass eine klare Trennung der schematischen Phasen des Politikzyklus in der Wirklichkeit nur selten gegeben ist.

1. Beschreiben Sie knapp die sechs Phasen des Politikzyklus (**M 4**).
2. Erläutern Sie das in **M 5** benannte Problem. Überlegen Sie, an welchen Stellen des Politikzyklus dieser Artikel eingeordnet werden könnte und begründen Sie jeweils.
3. Entwickeln Sie in einer Kleingruppe einen eigenen Politikzyklus (**M 7**). Einigen Sie sich dazu auf ein politisches Streitthema und recherchieren Sie eingehend dessen Hintergründe. Anregungen zur Themenfindung bietet **M 6**. Sie können aber auch andere Themen auswählen. Fertigen Sie ein großes Plakat an, auf dem Sie die sechs Phasen mit konkretem Material zu der von Ihnen gewählten Streitfrage (Bilder, Aussagen, Akteure, Entscheidungen, Kommentare …) dokumentieren.
4. In **M 8** wird auf eine Gefahr der Verwendung des Politikzyklus hingewiesen. Stellen Sie diese Gefahr kurz dar und erläutern Sie sie in Bezug auf Ihre Gruppenarbeitsergebnisse
5. Der Prozess des Agenda-Settings wird in **M 9** und **M 10** thematisiert. Erklären Sie vor dem Hintergrund der beiden Quellen, was mit dem Agenda-Setting gemeint ist. Erörtern Sie, wie politische Probleme entstehen und nehmen Sie dabei Bezug auf den Politikzyklus.
6. Heute spielen neben den Massenmedien v. a. Internetplattformen eine wichtige Rolle im Prozess des Agenda-Settings. In **M 11** wird dieser Sachverhalt aufgegriffen. Diskutieren Sie in Kleingruppen kurz den dort vorgestellten Sachverhalt.
7. Beurteilen Sie die durch das „social web" gegebenen Möglichkeiten, politische Themen in den politischen Entscheidungsprozess einzuspeisen.

M4 Die sechs Phasen des Politizyklus

Politik kann verstanden werden als ständiger Prozess der Verarbeitung und Lösung öffentlicher Probleme. Diesem Verständnis von Politik liegt das Modell des Politikzyklus zugrunde (...). Der Politikzyklus gliedert den politischen Prozess modellhaft in sechs Phasen. Jede Phase wird durch eine zentrale politische Kategorie bestimmt.

Phase 1: Ein gesellschaftliches Problem tritt ins öffentliche Bewusstsein. In der Regel geschieht dies dadurch, dass ein latentes Problem durch Forderungen seitens gesellschaftlicher Gruppierungen Resonanz in der Öffentlichkeit findet. Meistens wirken die Medien hierbei als Verstärker mit. Das Problem erscheint auf diese Weise als dringlich. Es verlangt eine baldige politische Lösung.

Phase 2: Besitzt das Problem hinreichende Publizität, kommt es alsbald zu Auseinandersetzungen zwischen den politischen Akteuren. Im Mittelpunkt stehen dabei die politischen Parteien. Begleitet wird diese Auseinandersetzung durch Stellungnahmen und Forderungen betroffener Interessenverbände. Die Auseinandersetzung wird inhaltlich bestimmt von der Konkurrenz verschiedener Lösungsvorschläge.

Phase 3: Beendet wird die politische Auseinandersetzung durch eine politische Entscheidung der zuständigen Verfassungsorgane. Diese Entscheidung kann in einem Regierungsbeschluss, in der Verabschiedung eines Gesetzes oder im Erlass einer Rechtsverordnung bestehen. Selbst wenn es nicht zu einer Entscheidung kommt, liegt eine Entscheidung vor. Denn auch Nichtentscheidungen sind Entscheidungen.

Phase 4: In der Regel sind politische Entscheidungen grundsätzlich-allgemeiner Natur. Sie müssen noch konkretisiert werden, damit sie für die Verwaltung anwendbar sind. Diese Umsetzung nennt man Implementierung. (...) Sie findet in den Fachabteilungen der Ministerien statt. Die Implementierung ist hiermit aber noch nicht beendet. Letztlich reicht sie bis zum Vollzug der betreffenden Entscheidung durch eine Behörde bzw. durch einen Beamten. Das heißt konkret, dass die Implementierung bei den Bürgern endet. (...)

Phase 5: Politische Entscheidungen und ihre Implementationen wirken sich auf die Adressaten, also die Bürger, aus. Die Wirkungen lösen Bewertungen aus. Das Spektrum der Bewertungen reicht von der ungeteilten Zustimmung über den Wunsch nach Modifizierung bis hin zur kategorischen Ablehnung.

Phase 6: Die Bewertungen können auch zu Reaktionen in Form politischer Handlungen führen. Beispiele für individuelle negative Reaktionen sind Leserbriefe, Beschwerden bei Politikern und Enthaltungen bei der nächsten Wahl. Kollektive negative Reaktionen sind Petitionen, Streiks, Demonstrationen und – im Extremfall – Parteineugründungen. Die Reaktionen der Betroffenen, aber auch die Erfahrungen mit der getroffenen Entscheidung sowie geänderte äußere Umstände können zu einer erneuten Problematisierung der betreffenden Materie führen.
Ist diese öffentlichkeitswirksam, setzt sich der Politikzyklus von neuem in Bewegung.

Joachim Detjen: Politische Bildung. Geschichte und Gegenwart in Deutschland, München 2007, S. 298

M5 Tausende protestieren gegen Fluglärm

Tausende Menschen haben auf deutschen Flughäfen gegen Fluglärm demonstriert. Am künftigen Großflughafen Berlin-Brandenburg protestierten nach Veranstalterangaben etwa zehntausend Fluglärm-Gegner. Das Aktionsbündnis für ein lebenswertes Berlin-Brandenburg wirft der Flughafengesellschaft in Berlin-Schönefeld vor, bewusst über Auswirkungen des Flugbetriebs getäuscht zu haben. Der Sprecher Matthias Schubert kritisierte die Weigerung beider Landesregierungen, ein Nachtflugverbot am neuen Flughafen inkraft zu setzen. Er kündigte wie in Frankfurt ab Juni wöchentlich eine Montagsdemo an. Ein strenges Nachtflugverbot müsse erreicht werden. „Wir werden nicht eher ruhen bis wir das geschafft haben," sagte er. Der neue Großflughafen in Berlin-Schönefeld wird am 3. Juni (2012) eröffnet. In Frankfurt am Main stand die umstrittene Landebahn im Zentrum der Proteste. Knapp 3000 Protestierende forderten: „Die Bahn muss weg." Auf Plakaten standen Sätze wie: „Ruhe geben wir erst, wenn wir wieder welche haben."

Zeit Online/dpa: Tausende protestieren gegen Fluglärm, 24.3.2012, in: http://www.zeit.de (Zugriff: 5.11.2012)

Protest gegen den Flughafen Berlin-Brandenburg, 2011

M6 Von der Schlagzeile zum politischen Problem

Rechtsterrorismus in Deutschland

Streit um Online-Durchsuchungen

Dioxin: Gift in der Nahrungskette

Gewalt an Schulen

Jugendkriminalität und Jugendgewalt

Entschädigung für NS-Zwangsarbeiter

Gammelfleisch im Supermarkt

Der tiefe Fall des Bundespräsidenten Christian Wulff

M7 Die Schritte des Politikzyklus

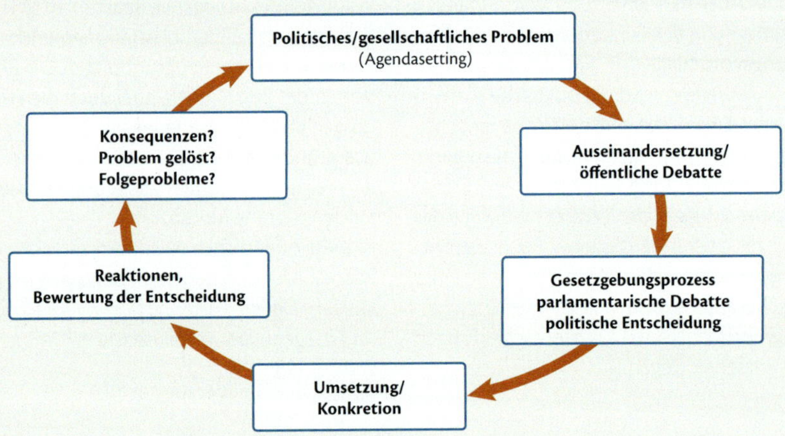

M8 Gefahren beim Einsatz des Politikzyklus

Der Politikdidaktiker Peter Massing:

Die größte Gefahr besteht wohl darin, dass man leicht der Verlockung erliegen kann, mit Hilfe des Phasenmodells auch den realen politischen Prozess fein säuberlich ordnen zu wollen. Dabei wird vergessen, dass „der Politikzyklus" nicht die Wirklichkeit selbst ist, sondern nur ein methodisch-analytisches Modell, das Wirklichkeit, indem es sie um viele Einzelheiten reduziert, „gedanklich hantierbar" macht. In der politischen Wirklichkeit sind die einzelnen Stadien nicht klar unterschieden und deutlich voneinander getrennt. Sie überschneiden sich häufig und laufen teilweise parallel. Die komplexe Realität sperrt sich im konkreten Fall einer eindeutigen phasenmäßigen Untergliederung. Dies muss bei der Arbeit mit dem Modell immer berücksichtigt werden.

Peter Massing: Politik als Prozess der Problemverarbeitung, in: http://www.wochenschau-verlag.de (Zugriff: 5.11.2012)

M9 Agenda-Setting

Je weniger eigene Erfahrungen man auf einem Gebiet hat, desto mehr wird das „Bild im Kopf" von der massenmedialen Berichterstattung dominiert. (...) Grundlage dieses Forschungszweiges bildete zunächst die „Agenda-Setting-Hypothese", welche einen direkten Zusammenhang zwischen der Themenstruktur der Massenmedien und der Themenwahrnehmung der Bevölkerung postuliert. Die Wirkung der Massenmedien (...) liegt demnach nicht in der Veränderung von Meinungen und Einstellungen der Rezipienten (z. B. Leser, Zuschauer), sondern in ihrer Fähigkeit, die Problempräferenzen der breiten Öffentlichkeit zu formen, indem sie durch Häufigkeit und Umfang der Berichterstattung die Rezipienten dazu veranlassen, bestimmte politische Probleme für wichtiger zu halten als andere. (...) Die Priorität für ein Problem ergibt sich dann nicht aus dem direkten Zugang der Bevölkerung zum Problem, etwa aus der alltäglichen Erfahrung in Familie, Schule und Peergroup etc., sondern aus der Berichterstattung über das Problem. (...) Gemäß dem (...) „Policy-Agenda-Setting-Ansatz" wird die Rangordnung der in den Medien behandelten Themen von den politischen Akteuren und der Bevölkerung übernommen. (...)

Die von den Medien vorstrukturierte Problemwahrnehmung der Bürger wird über verschiedene Muster der politischen Beteiligung an das politische System weitergegeben.

Kim Otto: Thematisierung in den Massenmedien und ihre Auswirkung auf die Bevölkerung und politische Entscheidungsträger, 2003, in: https://eldorado.tu-dortmund.de (Zugriff: 14.10.2012)

Agenda: Tagesordnung

M10 Konzentration auf zweitrangige Probleme

Massenmedien beeinflussen das Problembewusstsein. Die Menschen können ihre Aufmerksamkeit nur wenigen gesellschaftlichen Problemen widmen. Sie halten deshalb vor allem die Probleme für wichtig, über die die Medien besonders häufig berichten (Agenda-Setting-Effekt). Dieser Effekt kann (...) jedoch auch negative Konsequenzen haben, wenn sich die Medien mit Problemen beschäftigen, die eigentlich zweitrangig sind und von den wirklichen Problemen ablenken. Beispiele hierfür sind die umfangreichen Medienberichte über vermeintliche Risiken wie BSE oder die Schweinegrippe, die die Deutschen über Monate beschäftigt haben, obwohl die tatsächliche Bedrohung eher gering war.

Eva Baumann u. a.: Wie Medien genutzt werden und was sie bewirken, Informationen zur politischen Bildung 309 (2011), in: www.bpb.de (Zugriff: 20.11.2012)

M11 Von YouTube über Blogs, Twitter und Facebook ab in die Medien

Ende 2011 tauchten im Internet Videos auf, die auf Tierquälerei und -tötung in der Ukraine hinwiesen. Das Gastgeberland der EM 2012 ließ offenbar herumstreunende Hunde töten, um das Stadtbild zur Fußball-EM zu säubern. Nachdem die Clips bei YouTube aufgetaucht waren, verbreitete sich der Skandal wie ein Lauffeuer in anderen Social-Media-Kanälen. Die Kritik richtete sich dabei nicht nur an das Gastgeberland Ukraine, sondern vermehrt auch an Adidas, weil das Unternehmen als Sponsor die Tierquälerei unterstützen würde, so die Anschuldigungen. Für die Social-Media-Verantwortlichen des Sportartikel-Herstellers gab es nach Bekanntwerden der Videos einiges zu tun. Auf Twitter, aber vor allem auch auf der Facebookseite des Unternehmens explodierte die Anzahl der kritischen Beiträge förmlich. Weil der Hundetötungsskandal im Social Web die Runde machte, wurden schließlich auch immer mehr Nachrichtenportale auf das Thema aufmerksam und platzierten den Skandal prominent auf ihren Seiten. Dieses Beispiel zeigt anschaulich, wie der Nachrichtenfluss von den Diskussionen in Social-Media-Kanälen angetrieben werden kann und sich Themen häufig im Social Web entwickeln, bevor sie von den Medien aufgegriffen werden.

http://www.thinktank-pr.de (Zugriff: 9.11.2012)

Social Web bezeichnet interaktive und wesentlich von Benutzerbeiträgen lebende Internetportale

Dimensionen des Politischen

Im Politikzyklus wird Politik als Prozess in seinem zeitlichen Verlauf dargestellt und analysiert. In einer etwas statischeren Betrachtungsweise wird Politik hinsichtlich der in ihr enthaltenden Dimensionen erfasst. Dem geht voraus, dass es keinen Wesenskern des Politischen im Sinne einer stabilen und umfassenden Bestimmung gibt. Bereits die unterschiedlichen Antwortmöglichkeiten auf die Frage „Was ist Politik?" (s. S. 8) ließen eine spezifische Unbestimmtheit des Politischen erkennen. Diese prinzipielle Unbestimmtheit führt dazu, dass Politik durch eine begriffliche Bestimmung überhaupt erst erkennbar und thematisierbar wird.
Es gibt also nicht *die* Dimensionen des Politischen, man kann aber durch entsprechende Unterscheidungen den Raum des Politischen erfassen. Die Wahrnehmung der Erscheinungsweisen des Politischen hängt damit ganz wesentlich von den festgestellten Dimensionen ab. Grundsätzlich lassen sich ideengeschichtliche Bestimmungen der Dimensionen des Politischen, die eher typologischen Charakter aufweisen, von gegenstandsorientierten Bestimmungen unterscheiden. Während erstere vor allem für die Diskussion von Grundsatzfragen entscheidend sind, sind letztere für die Analyse politischer Prozesse maßgebend. Zu typologischen Bestimmungen der Dimensionen des Politischen zählen etwa Dolf Sternbergers *Drei Wurzeln der Politik*, in denen er Grundzüge der Politik nach Aristoteles, Augustinus und Machiavelli unterscheidet oder Jürgen Habermas' Dreiteilung von liberaler, republikanischer und deliberativer Politik. Bei den gegenstandsorientierten Differenzierungen der Dimensionen des Politischen haben sich in der gegenwärtigen politikwissenschaftlichen Diskussion im Wesentlichen zwei Versionen durchgesetzt. Die eine, die Dreiteilung in polity, politics und policy, orientiert sich eher an den konkreten politischen Prozessen, und die andere, die Unterscheidung von Politischem und Politik, sucht sich den theoretischen Begründungsfundamenten des Politischen zu nähern.

Eine Autobahn wird gebaut – polity, politics oder policy?

1. Welche Dimensionen machen das Politische aus? Versuchen Sie eine Fallunterscheidung zu treffen, in der Sie unterschiedliche Dimensionen von Politik unterscheiden.
2. Geben Sie mit Hilfe von M 12 die politikwissenschaftliche Unterscheidung von *politics*, *polity* und *policy* wieder.
3. Erläutern Sie die politikwissenschaftliche Unterscheidung von *politics*, *polity* und *policy*, indem Sie kommunalpolitische Gegenstandsbereiche den gegebenen Unterscheidungen zuordnen (M 13). Erörtern Sie den möglichen Erkenntnisgewinn dieser Zuordnung.
4. Erörtern Sie am Beispiel der Vorratsdatenspeicherung (M 14) mit Hilfe der drei Dimensionen des Politischen mögliche Grenzen dieser Begriffsfassung.
5. Geben Sie die Unterscheidung zwischen Subpolitik und Politik von Ulrich Beck wieder (M 15), in dem Sie die Veränderung in den Gegenstandsbereichen herausarbeiten.
6. Stellen Sie die Unterscheidung zwischen *politics*, *polity* und *policy* (M 12) der Unterscheidung zwischen Politik und Politischen (M 16, M 17) gegenüber (M 18).

M 12 Die drei Dimensionen des Politischen

Der Politikwissenschaftler Ulrich von Alemann, 1998:

Die jüngere Diskussion des Politikbegriffes hat die Suche nach dem verbindlichen Wesensbegriff aufgegeben und sieht Politik in der Gesellschaft grundsätzlich mehrdimensional strukturiert.

Politik hat nach dieser Auffassung erstens eine institutionelle Dimension, die durch Verfassung, Rechtsordnung und Tradition festgelegt ist. Regierungen, Parlamente und Gerichte, Ämter, Schulen und Körperschaften sind die deutlich sichtbaren Institutionen der verfassten Rechtsordnung. Auch die Grundsätze der politischen Willensbildung werden durch Institutionen kanalisiert: Wahlen, Grundrechte, Parteien und Verbände. Die beiden übrigen Dimensionen von Politik – Inhalt und Verlauf – werden durch die institutionelle Form in Bahnen gelenkt; der Handlungsspielraum wird durch die Institutionen abgesteckt. Im Englischen nennt man diese institutionelle Dimension von Politik *polity*.

Politik hat zweitens eine inhaltliche Dimension, die auf Ziele, Aufgaben und Gegenstände von Politik verweist. Die Gestaltung und Aufgabenerfüllung von Politik ist von den Interessen in der Gesellschaft abhängig. Da diese individuellen, materiellen und ideellen Interessen äußerst vielfältig und durch die Knappheit der Mittel gegensätzlich und widersprüchlich sein müssen, ist der inhaltliche Gestaltungsraum von Politik mit Konfliktstoff gefüllt. Die inhaltliche Dimension von Politik kann man in der angelsächsischen Begrifflichkeit als *policy* bezeichnen.

Politik hat drittens eine prozessuale Dimension, die auf die Vermittlung von Interesse durch Konflikt und Konsens abstellt. Dieser ständige Prozess der politischen Willensbildung und Interessenvermittlung kann allein durch das Studium der Institutionen und der Inhalte nicht begriffen werden. Alle Formen der Macht und ihrer Durchsetzung, die formellen Formen der verfassten Rechtsordnung wie auch informelle und verborgene, sind für den politischen Prozess zu berücksichtigen. Für diese dritte Dimension des Politikbegriffs hat die englische Sprache das Wort *politics* anzubieten.

Alle drei – die institutionelle Form als polity, der aufgabenorientierte Inhalt als policy und der prozessuale Verlauf als politics – machen zusammen das aus, was man als Systematik der Politik bezeichnen kann. Politik ist also kein bestimmter Raum in der Gesellschaft, sondern Politik ist ein dreifaches Prinzip, das institutionell, inhaltlich und prozessual bestimmt wird. Es ist nicht alles politisch in der Gesellschaft; aber fast alles kann politisch relevant werden, wenn es mit einem der drei Prinzipien verbunden werden kann.

Ulrich von Alemann: Politikbegriffe, Antrittsvorlesung vor der Philosophischen Fakultät der Heinrich-Heine-Universität Düsseldorf, 3. November 1998, http://www.phil-fak.uni-duesseldorf.de (Zugriff: 14.10.2012)

M 13 Drei Dimensionen des Politischen

Dimensionen	Erscheinungsformen	Merkmale	Gegenstände ...
Politische Struktur (**polity**)	Verfassung, Normen, Gesetze, Wahlsystem etc.	Verfahrensregelung, Ordnung, Handlungskorridore	
Politischer Prozess (**politics**)	Interessenvermittlung und -durchsetzung, Gesetzgebungsprozess	Macht, Konsens, Kompromissorientierung,	
Politische Inhalte (**policy**)	Aufgaben und Ziele, Probleme, Werte	Aufgabenerfüllung, Problemlösung, Gestaltung	

M 14 Entscheidung zur Vorratsdatenspeicherung in seinen drei Dimensionen

polity	Art. 10 GG Brief-, Post- und Fernmeldegeheimnis
politics	Prozess der Entscheidung
policy	Innere Sicherheit; Bekämpfung des Terrorismus

Landesakademie Baden-Württemberg für Fortbildung und Personalentwicklung an Schulen, http://lehrerfortbildung-bw.de

Ulrich Beck (geb. 1944), deutscher Soziologe

M 15 Politik und Subpolitik

Der Soziologe Ulrich Beck, 1993:

Subpolitik unterscheidet sich von Politik dadurch, dass a) auch Akteure außerhalb des politischen oder korporatistischen Systems auf der Bühne der Gesellschaftsgestaltung auftreten (also Professions- und Berufsgruppen, die technische und ökonomische Intelligenz in Betrieben, in Forschungsinstituten, im Management, Facharbeiter, Bürgerinitiativen, Öffentlichkeit usw.); und b) dadurch, dass nicht nur soziale und kollektive Akteure, sondern auch Individuen mit jenen und miteinander um die entstehende Gestaltungsmacht des Politischen konkurrieren.

Überträgt man auf die Subpolitik (...) die Unterscheidung von Polity, Policy und Politics, ergeben sich folgende Fragestellungen:

1. Wie ist „Subpolity" institutionell verfasst und organisiert? Was sind ihre Machtquellen, Widerstandsmöglichkeiten, strategischen Handlungspotenziale? Wo liegen ihre Weichenstellungen und Einflussgrenzen? Wie entstehen Gestaltungsräume und Gestaltungsmacht (...)?

2. Mit welchen Zielen, Inhalten, Programmen wird „subpolicy" in welchen Handlungsfeldern (Berufen, Professionen, Betrieben, Gewerkschaften, Parteien usw.) betrieben? Wie wird Subpolicy zur Nonpolitik versachlicht, verklausuliert, betrieben und umgesetzt? Welche Strategien – z. B. „Gesundheitsvorsorge", „soziale Sicherheit", „technische Notwendigkeiten" – werden dafür wie gewendet und von wem angewendet?

3. Welche Organisationsformen und -foren von „Subpolitics" sind beobachtbar, im Entstehen begriffen? Welche Machtpositionen werden hier wie geöffnet, verfestigt, verschoben? Gibt es innerbetriebliche Auseinandersetzungen um die Unternehmens- oder Konzernpolitik (Arbeits-, Technik-, Produktpolitik)? Bilden sich informelle oder sich formalisierende Koalitionen für oder gegen bestimmte strategische Optionen? Entstehen fachliche, ökologische, feministische Zirkel oder Arbeitsgruppen innerhalb von Berufsgruppen oder betrieblichen Arbeitszusammenhängen? Welchen Grad, welche Qualität von Organisiertheit weisen diese auf (informelle Kontakte, Diskussionstreffen, Satzung, eigene Zeitschrift, gezielte Öffentlichkeitsarbeit, Kongresse, code of ethics, Fahne mit Emblem)?

Ulrich Beck: Die Erfindung des Politischen, Frankfurt/Main 1993, S. 162 f.

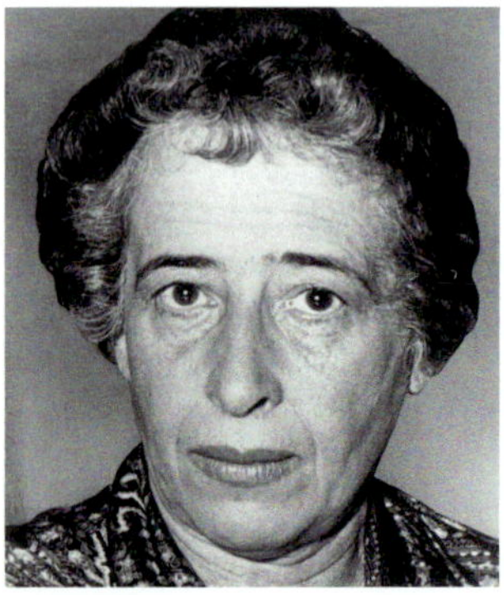

Hannah Arendt (1906–1975), deutsch-amerikanische Soziologin, Philosophin und und Publizistin

M 16 Das Politische und die Politik I

Eine (...) Weise, den Unterschied zwischen dem Politischen und der Politik zu verwenden, besteht darin, das Politische als den normativen Maßstab für jeweils realisierte Formen von Politik zu begreifen. Für diesen Typ steht exemplarisch Hannah Arendts Vorhaben einer Aktualisierung der in der griechischen Idee der *polis* enthaltenen Freiheitspraxis. Im Gegensatz zum Reich der Notwendigkeit, das die unvermeidlichen Tätigkeiten der Selbsterhaltung dem *oikos* zuweise, wird das Politische mit dem „Leben in der Polis", dem „Reich der Freiheit" identifiziert. (...) Hier lässt sich eine erste vorläufige Bestimmung des Unterschieds von Politik und Politischem erkennen. Wenn *die* Politik mit den historischen Formen der Bestimmung, Legitimation und Durchsetzung von Herrschaft identifiziert wird, wie Arendt es nahezulegen scheint, dann ist *das* Politische nicht mit Politik identisch. Das Politische wäre vielmehr die Potenzialität des gemeinsamen *Handelns* gegenüber der Politik als Ausdruck der *Steuerung* der gemeinsamen Belange, wozu es der Vielen nicht bedarf, weil sie idealtypisch letztlich einem Einzelnen übertragen werden kann.

Thomas Bedorf: Das Politische und Politik. Konturen einer Differenz, Frankfurt/Main 2010, S. 17 f.

Potenzialität: Möglichkeit, die zur Wirklichkeit werden kann
Polis: hier: Bürgergemeinde, Öffentlichkeit
Oikos: Haushalt, Hausgemeinschaft

M 17 Das Politische und die Politik II

Das Politische kommt damit unter zwei Aspekten in den Blick: einmal als politisches System und damit als ein „Moment des sozialen Ganzen, eines unter seinen Subsystemen", zum anderen als „das Terrain, in dem sich das Schicksal des Ganzen entscheidet". Die *erste Dimension (die Politik)* umfasst die Institutionen des offiziellen Regierungssystems, der Parlamente und der Verwaltungsapparate. Politik wird in diesem Zusammenhang von Rorty als eine „Angelegenheit, bei der man bestrebt ist, einen Ausgleich zwischen im Widerstreit liegenden Interessen herzustellen" beschrieben; hier gehe es um die „kluge Neuanordnung von Vorhandenem", die sich dann idealer Weise in konkreten Gesetzesvorhaben niederschlägt, durch die der Wille einer politischen Gemeinschaft ihren Ausdruck findet. Die Funktion von Politik besteht für das gesellschaftliche Ganze darin, dass sie „funktional die einzige Quelle von Normierung ist, die den Anspruch auf gesamtgesellschaftliche Geltung behaupten und durchsetzen" kann. Dadurch kann sie von anderen gesellschaftlichen Teilbereichen unterschieden werden, wie etwa Ökonomie, Wirtschaft, Wissenschaft, Recht oder Kunst.

Die *zweite Dimension (das Politische)* zielt demgegenüber auf einen umfassenderen Politikbegriff. Dieser begründet sich durch die These der Unbestimmtheit des Sozialen, der zufolge alle sozialen Beziehungen durch pragmatisch-politische Artikulationen instituiert worden sind. Politik erhält dadurch einen konstituierenden Charakter für das Soziale; sie ist nicht ein besonderes Feld des Sozialen, sondern allem Sozialen inhärent *(innewohnend)*. (...) Mit einer solchen Unterscheidung zwischen dem Ort institutionalisierter Politik, in dem (...) kollektiv bindende Entscheidungen gefällt werden, und der Politik als dem Moment, in dem genau dieses Strukturierungsprinzip in Frage gestellt wird, braucht und sollte keine Hierarchisierung vorgenommen werden, in dem Sinne etwa, dass eine der beiden Dimensionen als der eigentliche Originalmodus der Politik bestimmt würde.

Dirk Auer: Politisierte Demokratie. Richard Rortys politischer Antiessentialismus, Wiesbaden 2004, S. 76 f.

M 18 Die Vermessung des Politischen

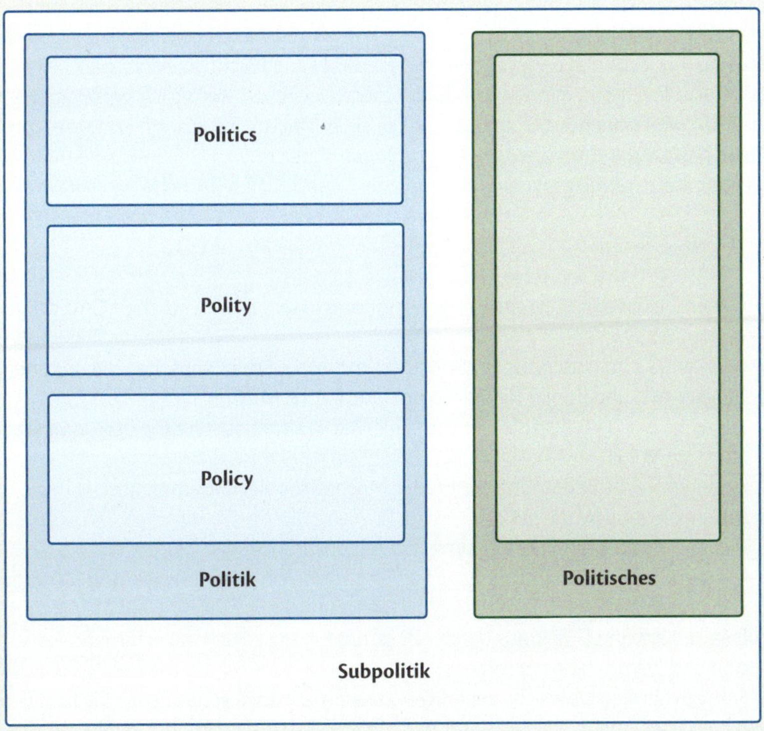

Demokratie und Partizipation

Wie kommt man vom Rechthaben zur Partizipation?

Wenn man Demokratie als eine Form der Selbstorganisation und -konstitution von Gesellschaft fasst und in diesem Sinne mit anderen Organisationsmöglichkeiten vergleicht, erscheint sie als sehr anspruchsvolle Lösung. Monarchien, Diktaturen und andere autokratische Gesellschaftssysteme scheinen einfache und klare Antworten auf die Frage nach der Machtverteilung und Entscheidungsgewalt innerhalb eines gesellschaftlichen Ganzen zu bieten. Bei Letzteren findet sich eine sichtbare und unmissverständliche Verkörperung von Macht und Souveränität im Zentrum der Ausgestaltung gesellschaftlicher Zusammenhänge. Dagegen erscheint die Demokratie als eine „unendliche Aufgabe" an eine gesellschaftliche Praxis: Weil es kein ausdrückliches und durch Eigenschaften festgelegtes Machtzentrum gibt, muss Demokratie ein solches gründen.

Um trotz des Wegfalls eines physischen und eindeutigen Machtzentrums Herrschaftsstrukturen im Sinne eines funktionierenden Gemeinwesens zu stabilisieren, müssen demokratische Gesellschaftssysteme so eingerichtet sein, dass ihnen alle Bürgerinnen und Bürger Vertrauen schenken und sie insbesondere mit allen Konsequenzen akzeptieren. Dass heißt, Demokratien müssen für ihren dauerhaften Bestand hinreichende Legitimität erzeugen. Letztere kann dem Grunde nach nur durch die Berücksichtigung der Interessen des Volkes hergestellt werden, dass heißt durch die Einrichtung von Partizipationsmöglichkeiten. Somit besteht zwischen Demokratie und Partizipation ein systematischer Zusammenhang. Dieser Zusammenhang besteht wechselseitig: Erst ausreichende Partizipationsmöglichkeiten ermöglichen eine Demokratie, und gleichzeitig ermöglicht eine Demokratie erst Partizipation. Einerseits ist also eine partizipierende Gesellschaft Grundlage der Regierungsform Demokratie, andererseits ist die Partizipation Ausdruck stabiler Machtverhältnisse in der Demokratie. Die demokratische Teilhabe ist damit deutlich mehr als eine zusätzliche Möglichkeit, Gesellschaft zu gestalten – eine aktive Zivilgesellschaft ist geradezu ihre Grundlage. Partizipation ist allerdings auch nicht als ein absolut freiheitlicher Gestaltungswille der Bürgerinnen und Bürger misszuverstehen, weil sie in demokratische Herrschaftsstrukturen eingebunden und damit Teil einer Machtkonstellation ist. Diese Konstellation ließe sich als die *Ambivalenz der Partizipation* bezeichnen: Die Bürgerinnen und Bürger sind aufgefordert, freiwillig an der Gestaltung der Gesellschaft teilzunehmen.

1 Geben Sie das aristotelische Politikverständnis in seinen wesentlichen Grundzügen wieder (**M 19**).

2 Erläutern Sie im Anschluss an die Unbestimmbarkeit des Politischen die Rolle der Bürgerinnen und Bürger für die Demokratie (**M 19**, **M 20**).

3 Legen Sie dar, inwiefern die Leerstelle der Macht als Voraussetzung der Demokratie zu lesen ist (**M 21**).

4 Arbeiten Sie die Bedeutung politischer Machtsymbole für demokratische Regierungssysteme heraus (**M 21**–**M 23**).

5 Geben Sie den Begriff der Legitimität in seinen Grundzügen wieder (**M 24**).

6 Erläutern Sie den Zusammenhang von Gründung einer Demokratie und Herstellung von Legitimität.

7 Erstellen Sie eine Grafik, aus der der Zusammenhang zwischen Legitimität, Partizipation und Demokratie hervorgeht.

8 Fertigen Sie eine Übersicht derjenigen Zusammenhänge an, an denen Sie bereits teilhaben – wo und in welcher Form partizipieren Sie (s. auch **M 26**)? Vergleichen Sie Ihre Ergebnisse mit den Aussagen der Enquete-Kommission (**M 25**).

M19 Die Umsetzung der Politik im Gemeinwesen

Aristoteles' Kernsatz lautet: Der Staat ist eine Gemeinschaft von Gleichen. Da die Glieder des Gemeinwesens nur als Staatsbürger gleich sind, nämlich gleichermaßen frei, im übrigen aber höchst unterschiedliche Voraussetzungen ihres persönlichen Vermögens, ihrer Talente, ihrer Fähigkeiten, ihrer Interessen und ihrer Meinungen mitbringen, die ihr gesellschaftliches und privates Leben prägen, besteht Politik in der Aufgabe, aus der ursprünglichen Vielheit höchst unterschiedlicher Gleicher dennoch Einheit, nämlich die Gemeinsamkeit der für alle verbindlichen Entscheidungen hervorgehen zu lassen. Das, also eine demokratische Praxis, ist das Wesen des Politischen. Denn mögen die Bürger in privater Hinsicht auch noch so ungleich sein, im Hinblick auf die alle betreffenden öffentlichen Angelegenheiten sind sie doch in drei entscheidenden Hinsichten gleich:

Erstens: Sie sind der gemeinsamen Sprache mächtig und daher zur gemeinsamen Beratung der alle betreffenden Angelegenheiten befähigt.

Zweitens: Sie teilen alle eine gemeinsame Sittlichkeit mit ihren Werten, Normen und Gewohnheiten.

Drittens: Ihre existenziellen Lebensinteressen sind in Krieg und Frieden gleichermaßen mit dem Schicksal des Gemeinwesens verbunden, dem sie alle zugehören.

Mit seiner Beschreibung und Erklärung des Wesens des Politischen wendet sich Aristoteles scharf gegen das Politikverständnis Platons. Diesem zufolge ist der Staat von vornherein eine geordnete Einheit, in der jeder Einzelne entsprechend seinen angeborenen Seelenkräften einen vorbestimmten Platz einnimmt und unter der Vormundschaft der durch ihre Natur dazu berufenen Leiter nach vorbedachtem Plan mit allen anderen zusammenwirken muss. Im platonischen Verständnis ist Politik die Aufgabe, ein Gemeinwesen zu regieren, das durch die spezifischen Ungleichheiten seiner Glieder immer schon von vornherein einer festen hierarchischen Ordnung unterliegt, die nur noch von den dazu berufenen herausragenden Einzelnen erkannt und durch ihr praktisches Herrschaftsverhalten gepflegt und aufrecht erhalten werden muss.

Thomas Meyer: Was ist Demokratie? Eine diskursive Einführung, Wiesbaden 2009, S. 18 f.

Aristoteles (384–322 v. Chr.), griechischer Philosoph. Marmorbüste, 4. Jh. v. Chr. Aristoteles hat zahlreiche Disziplinen entweder selbst begründet oder maßgeblich beeinflusst, darunter Wissenschaftstheorie, Logik, Biologie, Physik, Ethik, Dichtungstheorie und Staatstheorie

M20 Gelebte Demokratie

Noch nie war Demokratie ein Selbstläufer!
(*Siegfried Schiele*)

Demokratie ergibt sich nicht „naturwüchsig"!
(*Jürgen Habermas*)

Demokratie ist ein ständiger Selbst- und Neuschöpfungsprozess!
(*Hans Jonas*)

Demokratie ist nicht nur eine Regierungsform, sondern vor allem eine spezifische „Form des Zusammenlebens"!
(*John Dewey*)

Zeichnung: Mohr

Artikel 3, GG

(1) Alle Menschen sind vor dem Gesetz gleich.

(2) Männer und Frauen sind gleichberechtigt. (...)

(3) Niemand darf wegen seines Geschlechtes, seiner Abstammung, seiner Rasse, seiner Sprache, seiner Heimat und Herkunft, seines Glaubens, seiner religiösen oder politischen Anschauungen benachteiligt oder bevorzugt werden. (...)

M21 Die leere Mitte der Demokratie

In der Monarchie war die Macht in der Person der Fürsten verkörpert; doch bedeutet dies nicht, dass er eine grenzenlose Gewalt innehatte. Es handelt sich nicht um eine Despotie. Der Fürst bildete zunächst eine Vermittlerfigur zwischen den Menschen und den Göttern (...). Dem Gesetz unterworfen und über den Gesetzen stehend, verdichtete sich im zugleich sterblichen wie unsterblichen Körper des Fürsten das Prinzip der Entstehung und Ordnung des Königreiches. Während seine Macht auf einen unbedingten außerweltlichen Pol verwies, wurde diese in der Person des Fürsten zugleich zum Garanten und Repräsentanten der Einheit des Königreiches. Dieses Reich wurde selbst im Sinnbild eines Körpers als substanzielle Einheit vorgestellt. Von daher schienen die Hierarchie seiner Glieder, die Rang- und Ständeabstufungen auf einem unbedingten Fundament zu beruhen.

Die im Fürsten verkörperte Macht verlieh nun ihrerseits der Gesellschaft körperliche Gestalt. Somit bestand ein latentes, doch wirksames Wissen von der wechselseitigen Bedeutung des Einen für den Anderen im gesamten Umfang des gesellschaftlichen Feldes. Gemessen an diesem Modell zeichnet sich der revolutionäre und beispiellose Zug der Demokratie ab: Der Ort der Macht wird zu einer Leerstelle. Überflüssig, hier auf die Details der institutionellen Vorkehrungen einzugehen; wesentlich ist, dass sie den Regierenden die Aneignung und Einverleibung der Macht untersagen. Die Machtausübung ist nun einem Verfahren unterworfen, das sie (*die Macht*) in regelmäßigen Abständen erneut ins Spiel bringt. Sie geht am Ende aus einem geregelten Wettstreit hervor, dessen Bedingungen dauerhaft festgeschrieben sind. Dieses Phänomen schließt eine Institutionalisierung des Konflikts ein. Leer und unbesetzbar, so dass kein Individuum, keine Gruppe ihm konsubstanziell zu sein vermag, erweist sich der Ort der Macht zugleich als nichtdarstellbar. Einzig sichtbar sind ihre Ausübungsmechanismen oder aber die Menschen, einfache Sterbliche, die die politische Autorität innehaben.

Claude Lefort: Die Frage der Demokratie, in: Ulrich Rödel (Hg.): Autonome Gesellschaft und libertäre Demokratie, Frankfurt/Main 1990, S. 292 f.

M22 Souveränität ohne Souverän

Das Erschreckende an der modernen souveränen Machtausübung ist, dass sie sich auf dem Feld der Regierungspraktiken und des alltäglichen Verwaltungshandelns abspielt, also nicht länger an die erhabene Zurückgezogenheit einer sichtbar herausgestellten und personal verkörperten Zentralgewalt gebunden ist, handele es sich bei ihr nun um den guten König oder den perversen Tyrannen. Die moderne Souveränität ist völlig vereinbar mit einem Gesellschaftssystem, das ohne Spitze und Zentrum operiert.

Friedrich Balke: Figuren der Souveränität, München 2009, S. 16

M23 Symbole der Macht

M24 Im Zentrum demokratischer Praxis: Legitimität und Partizipation

Aus einem Lexikon:

Legitimität (von lat. legitimitas = Rechtmäßigkeit), mehrdeutig verwandter Schlüsselbegriff der Politik und Politikwiss., kann sich beziehen auf den Legitimitätsanspruch einer polit. oder gesellschaftl. Ordnung, auf den Legitimitätsglauben der Herrschaftsunterworfenen oder auf beides zugleich und in Wechselwirkung aufeinander.

1. Der Legitimitätsanspruch einer Herrschaftsordnung zielt auf einen normativen Begriff von Legitimität. Er kann entw. als objektive Eigenschaft eines gesellschaftl. oder politischen Systems begriffen werden (...) oder auf externen normativen Maßstäben fußen, an denen dieser Anspruch gemessen wird. Dementsprechend kann L. definiert werden entw. a) als die Rechtmäßigkeit einer polit. Ordnung, in der die Verwirklichung bestimmter Prinzipien (in der Demokratie polit. Pluralismus, demokratische Beteiligungsrechte, Rechtsstaatlichkeit etc.) garantiert sind, oder b) als Anerkennungswürdigkeit einer polit. Ordnung, als deren Folge der Anspruch eines polit. Systems auf L. nur besteht, wenn die zur Norm erhobenen Verhaltenserwartungen verallgemeinerungsfähige Interessen zum Ausdruck bringen.

2. Der Legitimitätsglaube verweist eher auf einen empirischen Begriff der Legitimität. Nach Max Weber (s. S. 9) bezeichnet L. die innere Anerkennung, das Einverständnis, das Gelten-Sollen einer Herrschaftsordnung, das die Beherrschten und insbes. die polit. Handelnden dieser zuschreiben. (...)

3. Legitimitätsanspruch und Legitimitätsglaube sind freilich im empirischen Zugriff auf das Legitimitätsproblem eng miteinander verknüpft. So definierte Lipset L. als „die Fähigkeit des Systems, die Überzeugung herzustellen und aufrechtzuerhalten, dass die existierenden polit. Institutionen die für die Gesellschaft angemessensten sind". Polit. Systeme können also aktiv zu ihrer Anerkennung als legitim beitragen, was darauf verweist, dass L. kein (normativ) statisches, sondern ein (empirisch) dynamisches Konzept ist. (...) (*Der US-Politikwissenschaftler David*) Easton unterschied dabei zwischen „diffuser" Unterstützung einer polit. Ordnung unabhängig von ihrer Effektivität und den Politikergebnissen sowie „spezifischer", kurzfristiger und eher auf die Politikergebnisse bezogener Unterstützung, die hauptsächlich im Falle von Systemleistungen gewährt wird, die ihrerseits relativ zu den jeweiligen Leistungserwartungen zu betrachten sind. Der Versuch, diffuse L. als Massenloyalität abwertend umzudeuten, verkennt vollends deren entscheidende Funktion für polit. Ordnungen, deren Bestand gefährdet wäre, wenn Unterstützung lediglich als Reaktion auf Leistungen gewährt würde. Langfristige polit. Stabilität ist an Loyalität gegenüber dem polit. System gebunden, die ihrerseits als das Resultat einer Vielzahl von L. stiftenden Faktoren angesehen werden muss.

Partizipation (von spätlat. participatio), Beteiligung i. S. von Teilnahme wie Teilhabe, wobei (...) ein instrumentelles und ein normatives Verständnis polit. P. unterschieden werden kann.

Instrumentell bzw. zweckrational sind alle diejenigen Formen polit. Beteiligung, die Bürger freiwillig, individuell und/oder kollektiv im Verbund mit anderen unternehmen, um polit. Entscheidungen direkt oder indirekt zu ihren Gunsten zu beeinflussen. Es geht um Teilnahme, Wertberücksichtigung und Interessendurchsetzung. Adressaten sind, zumal in den repräsentativen Demokratien (...), die polit. Entscheidungsträger in Regierung, Bürokratie, Parlament und Parteien auf den verschiedenen Ebenen des Politischen Systems.

Im normativen Verständnis ist P. nicht nur Mittel zum Zweck, sondern auch Ziel und Wert an sich. Es geht nicht nur um Einflussnahme und Interessendurchsetzung, sondern um Selbstverwirklichung im Prozess des direkt-demokratischen Zusammenhandelns und um polit.-soziale Teilhabe in möglichst vielen Bereichen der Gesellschaft. Ein solcher normativer Begriff von P. ist konsensorientiert, kommunitär und expressiv, der instrumentelle Partizipationsbegriff, dem marktliberalen Rationalitätsverständnis eng verwandt, hingegen konfliktorientiert.

Dieter Nohlen/Reiner Olaf Schultze: Lexikon der Politikwissenschaft, 4. Aufl. München 2010, Bd. 1, S. 511 f., Bd. 2, S. 675 f.

M25 „Die Zivilgesellschaft ist der Nährboden der Demokratie"

Aus dem Bericht der Enquete-Kommission „Zukunft des Bürgerschaftlichen Engagements", 2002:

Die Zivilgesellschaft ist der Nährboden der Demokratie. Sie lebt von bürgerschaftlichem Engagement, vom freiwilligen, gemeinwohlorientierten und unentgeltlichen Einsatz, den Bürgerinnen und Bürger tagaus, tagein leisten: in Vereinen, Verbänden und Gewerkschaften, im politischen Engagement in Parteien, Bürgerinitiativen, sozialen Bewegungen und Nichtregierungsorganisationen, aber auch in Nachbarschaftsinitiativen, bei der Freiwilligen Feuerwehr oder den Rettungsdiensten, bei Umweltinitiativen oder Naturschutzprojekten, bei der Betreuung von Alten und Kranken, in der Hospizbewegung, in Selbsthilfegruppen oder Kulturprojekten. Mit diesen vielfältigen Aktivitäten in allen Bereichen des gesellschaftlichen Lebens erneuern die Bürgerinnen und Bürger Tag für Tag die Bindekräfte unserer Gesellschaft. Sie sind der soziale Kitt, der unsere Gesellschaft zusammenhält. Sie schaffen eine Atmosphäre der Solidarität, der Zugehörigkeit und des gegenseitigen Vertrauens. Die Zivilgesellschaft stärkt die Vertrauensbeziehungen und die demokratischen Werte – Freiheit, Gerechtigkeit, Solidarität –, ohne die eine demokratische Gesellschaft verkümmern würde.

Eine demokratische Gesellschaft braucht einen gemeinsamen Horizont bürgerschaftlicher Einstellungen und Wertbezüge. Gemeinsame demokratische Werte halten die Gesellschaft zusammen. All dies nennt man heute das „soziale Kapital". Damit ist die Summe der sozialen Kontakte, des Vertrauens – sowohl zwischen Menschen als auch in die Institutionen eines Landes – gemeint. Es entsteht durch Kooperation in den Netzwerken des Bürgerengagements und kann nicht „von oben" verordnet werden. Auf Vertrauen ist nicht nur die Gesellschaft, sondern sind auch die politischen Institutionen angewiesen. Sonst trocknen sie von innen aus. Die Zivilgesellschaft trägt dann zur sozialen Integration bei, wenn es gelingt, eine Kultur der Anerkennung zwischen den Bürgerinnen und Bürgern und ihren Assoziationen zu schaffen. Einen entscheidenden Beitrag leistet die Zivilgesellschaft zur politischen Integration, indem sie den Bürgerinnen und Bürgern vielfältige Zugänge zur öffentlichen Meinungs- und politischen Willensbildung zur Verfügung stellt. Dies erfordert für die Anliegen der Bürgerschaft durchlässige politische Institutionen und transparente Verfahren. Sie sind das Lebenselixier der Demokratie.

Es gibt jedoch auch Bestrebungen, die die Demokratie aushöhlen wollen. Neben Despotismus/Totalitarismus, Korruption, ethnozentrischem Nationalismus und Barbarei sind dies politisch und religiös motivierter Fundamentalismus, Gewaltbereitschaft, Intoleranz und viele Formen der sozialen und politischen Ausgrenzung. Diese unzivilen Formen missbrauchen die Möglichkeiten der Zivilgesellschaft und bekämpfen ihre Prinzipien.

Deutscher Bundestag, 14. Wahlperiode, Drucksache 14/8900 v. 3. 6. 2002: Bericht der Enquete-Kommission „Zukunft des Bürgerschaftlichen Engagements": Bürgerschaftliches Engagement: auf dem Weg in eine zukunftsfähige Bürgergesellschaft, S. 59

M26 Zitate zur Partizipation

„Partizipation in Kindertageseinrichtungen. Partizipation als Schlüssel zu Bildung und Demokratie" (*Institut für Partizipation und Bildung*)

„Keine Nachhaltigkeit ohne Partizipation, keine Partizipation ohne Nachhaltigkeit" (*Österreichische Gesellschaft für Umwelt und Technik*)

„Kulturelle Vielfalt und demokratische Gleichheit. Politische Partizipation im Zeitalter der Globalisierung" (*Seyla Benhabib*)

„Partizipation beim Speisenangebot der Mensa" (*Haushalt & Bildung*)

„Partizipation in der Entwicklungszusammenarbeit: Hindernisse und Lösungsansätze" (*Mira Fels*)

„Jugend Mit Wirkung – Partizipation in der Gemeinde" (*facebook-profil*)

„Der partizipative Führungsstil: Die partizipative Führungskraft lässt Vorschläge von seinen Mitarbeitern selbst entwickeln" (*Handbuch Führung*)

M27 Partizipation als Regierungsform

Foucault fasst unter liberaler Gouvernementalität jene Regierungstechniken, die sich zum Ende des 18. Jahrhunderts (...) in einigen europäischen Gesellschaften durchzusetzen beginnen. Moderne liberale Formen von Gouvernementalität zeichnen sich dadurch aus, dass die Regierbarkeit jeder und jedes Einzelnen einer Bevölkerung immer auch durch die Art und Weise, wie er oder sie sich selbst führt, möglich wird. Die Kunst des Regierens, so Foucault, besteht im Führen der Führungen. Die Macht des Regierens ist keine, die allein repressiv von oben ausgeführt wird. Liberales gouvernementales Regieren bedeutet vielmehr das handelnde Einwirken auf Handlungen anderer, auf die „Wahrscheinlichkeit von Verhalten". Die Einzelnen, die sich in Machtbeziehungen bewegen, die darin geführt und regiert werden, sind immer „handelnde Subjekte": Subjekte mit Handlungsmacht. Im Handeln partizipieren sie an der Weise, wie sie regiert werden. Moderne „Subjekte" verkörpern liberal-demokratische Regierungsweisen durch Selbstregierung, durch die Art, wie sie leben. Partizipation ist der „Motor" dieser gouvernementalen Biopolitik, doch nicht im herkömmlichen Sinn als politische Teilhabe, sondern als grundlegende Teilnahme durch Selbstregierung. Gerade dadurch, wie sie sich selbst führen, wie sie sich selbst regieren, werden die Einzelnen sozial, politisch und ökonomisch lenkbar und regulierbar.

Isabell Lorey: Gouvernementale Prekarisierung, in: europäisches institut für progressive kulturpolitik (eipcp) 1/2011, in: http://eipcp.net (Zugriff: 6.11.2012)

Michel Foucault (1926–1984), französischer Philosoph, Psychologe, Historiker und Soziologe

Unter **Gouvernementalität** (frz. gouvernement = Regierung; mente = Denkweise) versteht man einen umfassenden Begriff von Regierung. Mit dem Zusammenziehen der Begriffe Regierung und Denkweise zu dem Ausdruck Gouvernementalität wird die spezifische Form betont, die das Führen von Menschen heutzutage besitzt. Der Begriff geht zurück auf Michel Foucault, der ihn erstmals 1977/1978 verwendete

M28 Politische Partizipation und demokratische Inklusion

Das Kontinuum unterschiedlicher Partizipationsvorstellungen reicht von Schumpeter bis zu (...) Pateman oder Barber. In seiner (...) „realistischen Demokratietheorie" billigt Schumpeter der Demokratie keine normative Substanz, sondern lediglich den Charakter einer Methode zu. (...) Dem politischen Urteilsvermögen der Wähler misstraute der österreichische Ökonom und Demokratietheoretiker zutiefst. Der einfache Bürger, so sein vernichtendes Verdikt, fällt „auf eine tiefere Stufe der gedanklichen Leistung, sobald er das politische Gebiet betritt. Er argumentiert und analysiert auf eine Weise, die er innerhalb der Sphäre seiner wirklichen Interessen bereitwillig als infantil anerkennen würde. Er wird wieder zum Primitiven. Sein Denken wird assoziativ und affektmäßig". Schumpeters Ratschlag ist eindeutig: Die Partizipation der Bürger muss auf Wahlen beschränkt werden, um Politik effektiv und rational gestalten zu können. (...)
Ganz anders argumentieren Partizipationstheoretiker Pateman und Barber. Beide gehen davon aus, dass Partizipation nicht nur eine Methode, sondern das zentrale ethische Postulat der Demokratie sei. Nur wenn die Partizipation inklusiv ist, das heißt, wenn schon nicht alle, so doch möglichst viele Bürger einschließt, kann von einer „starken", sprich wirklichen Demokratie gesprochen werden. Dabei geht es keineswegs primär um hohe Wahlbeteiligung. Die wäre nur eine Minimalvoraussetzung. Es geht vielmehr um die partizipative Demokratisierung aller Lebensbereiche: der politischen Sphäre, der Wirtschaft, der Öffentlichkeit, der Medien, Schulen, Universitäten bis hin zum Privaten. Demokratie wird (...) als Selbstregierung der Gemeinschaften verstanden, die nicht von gemeinsamen Interessen, sondern von „Bürgertugenden und partizipatorischen Institutionen" zusammengehalten wird. Es ist die umfassende Partizipation der „strong democracy", die diese von (...) „der als Demokratie maskierten Politik der Eliten im Westen", unterscheidet.

Wolfgang Merkel/Alexander Petring: Partizipation und Inklusion, in: Tobias Mörschel/Christian Krell (Hg.): Demokratie in Deutschland. Zustand – Herausforderungen – Perspektiven, Wiesbaden 2012, S. 25

9 Skizzieren Sie Partizipation in der Logik der Gouvernementalität (**M 27**).

10 Informieren Sie sich über „Neue Formen der Partizipation" (vgl. auch S. 178–183 und 190–193) und erstellen Sie einen Katalog vorgefundener Formen. Diskutieren Sie Möglichkeiten und Grenzen der Neuen Formen der Partizipation, indem Sie einen weiteren von einem engen Partizipationsbegriff unterscheiden (**M 28**).

Demokratietheorien und -modelle

Democracy is the worst form of government –
except for all those other forms,
that have been tried from time to time.
Winston Churchill am 11. September 1947

Die Ursprünge der Demokratie lassen sich bis in die Antike zurückverfolgen. Die in jener Zeit entwickelten Begriffe und Lehren bilden daher bis heute einen wichtigen Bezugspunkt, wenngleich das heutige Verständnis eines demokratischen Rechtsstaates nur wenig gemein mit der griechischen Polis hat. Der Begriff Demokratie – zu übersetzen als „Volksherrschaft" – stammt aus jener Zeit, und auch viele der damals diskutierten Fragen bleiben aktuell.

Die zentralen und bis heute gültigen Grundlagen des westlichen Demokratiemodells gehen aber v. a. auf die Philosophie und Staatstheorie der Aufklärung zurück – verbunden mit Namen wie Locke, Kant, Rousseau, Voltaire und Montesquieu. Sie entstanden in der kritischen Auseinandersetzung aufgeklärter Denker mit dem Absolutismus und der auf dem Gottesgnadentum beruhenden Macht und Gewalt im Mittelalter und der frühen Neuzeit.

Trotz der gemeinsamen Überzeugungen – Ablehnung der Ausgrenzung und Entrechtung der Bürger durch absolutistische Herrscher – entwickelten sich dabei sehr unterschiedliche Theorien und Modelle. Viele davon haben in der einen oder anderen Form Eingang in moderne demokratische Verfassungen und Rechtssysteme gefunden.

Die Agora (griechisch: Marktplatz) in Athen im Nordwesten der Akropolis war in der griechischen Antike ein Versammlungsplatz der Polis und wurde für die Heeres-, Gerichts- und Volksversammlungen der freien Bürger genutzt. Holzstich, 1879

1 Diskutieren Sie die in **M 29** gemachten Vorschläge und vergeben Sie plausible Namen für die verschiedenen Staatsformen. Notieren Sie die Merkmale der drei Staatsformen in einer Tabelle und erörtern Sie die Stichhaltigkeit der Argumente.

2 Beziehen Sie die in Aufgabe 1 notierten Merkmale auf das politische System der Bundesrepublik Deutschland und ordnen Sie dieses in das oben entwickelte Raster ein. Nehmen Sie ebenfalls Bezug auf die in **M 30** vorgeschlagenen begrifflichen Unterscheidungen.

3 Karl Popper wählt in **M 31** einen anderen Zugang: Erläutern Sie seine Vorstellungen. Gehen Sie dabei auf Überschneidungen mit den vorhergehenden Ansätzen ein und erklären Sie die besondere Bedeutung von Institutionen für die Demokratie.

4 In Rousseaus Gesellschaftsvertrag (**M 32**) spielt die Unterscheidung des Gesamtwillens und des Gemeinwillens eine zentrale Rolle. Diskutieren Sie in Kleingruppen anhand konkreter Entscheidungsbeispiele (z. B. an Ihrer Schule), was den Unterschied ausmacht. Diskutieren Sie, welche Vor- und welche Nachteile sich ergeben, wenn ein politisches System auf dem Begriff des „Gemeinwillens" basiert.

5 Sowohl Hobbes als auch Rousseau arbeiten mit der Metapher des Körpers. Vergleichen Sie die beiden Konzeptionen und benennen Sie Gemeinsamkeiten und Unterschiede.

6 Beschreiben Sie den Naturzustand (**M 33**) und Hobbes' Menschenbild, das darin zum Ausdruck kommt.

7 Hobbes Position wird als Kontraktualismus bezeichnet und wirkt bis in die gegenwärtige Staatstheorie fort. Beurteilen Sie das Hobbes'sche Staatsmodell einer freiwilligen Abtretung persönlicher Freiheitsrechte an einen Souverän. Zeigen Sie Parallelen und Unterschiede zum Selbstverständnis moderner demokratischer Staaten.

M29 Herodot: Dialog über die Staatsformen

Der erste Schriftsteller, der die verschiedenen Möglichkeiten politischer Organisation zusammengestellt und verglichen hat, war der griechische Historiker Herodot. In seinen „Historien" (5. Jh. v. Chr.) hat er in einem „Dialog über die Staatsformen" eine Verfassungsdebatte vorgestellt, die man die erste staatstheoretische Abhandlung der Weltgeschichte nennen kann. Anlass für die Schrift war der Tod eines persischen Großkönigs, der keinen unmittelbaren Erben hatte, was zu Wirren im persischen Großreich führte. Ein Usurpator namens Gaumata bemächtigte sich des Reichs, wurde aber gestürzt und hingerichtet. Herodot schildert nun, wie sieben persische Große daraufhin berieten, welche Verfassung eingerichtet werden soll.

(...) 80. Fünf Tage nach dem Sturz des Gaumata hielten die Verschwörer Rat über das Schicksal des Reiches. (...)

Otanes riet dazu, die Herrschaft in die Hände der Gesamtheit der Perser zu legen. Er sagte: Ich bin der Überzeugung, dass nicht wieder ein Einzelner von uns Alleinherrscher werden sollte. Das wäre leichtfertig und keinesfalls gut für uns. Ihr wisst alle, wie weit Kambyses sich von seinem Hochmut hat hinreißen lassen; ihr habt auch unter dem Hochmut des Magers (Priesters) gelitten. Wie kann in der Alleinherrschaft Recht und Ordnung bestehen, wenn der König ohne Verantwortung tun kann, was er will? Auch wenn man den Edelsten zu dieser Stellung erhebt, wird er seinen früheren Grundsätzen untreu werden. Die Fülle von Macht und Reichtum erzeugt Selbstüberhebung, und Neid ist dem Menschen von Anfang an schon angeboren. Mit diesen Eigenschaften aber hat er auch alle anderen Laster. Aus Selbstüberhebung und aus Neid werden viele verwerfliche Taten begangen. Eigentlich sollte gerade ein Alleinherrscher ganz ohne Missgunst sein, da er doch alle Güter besitzt. Trotzdem ist er neidisch seinen Mitbürgern gegenüber. Einerseits missgönnt er den Edelsten Leben und Luft, andererseits freut er sich über die übelsten Zeitgenossen, immer bereit, auf deren Verleumdungen zu hören. (...)

Wenn dagegen die Menge herrscht, dann deutet schon der Name an, worum es im Kern geht: Gleichheit vor dem Gesetz! Außerdem ist diese Verfassung von all den Fehlern frei, die die Alleinherrschaft hat. Sie besetzt die Ämter durch das Los, und die Verwalter dieser Ämter sind der Gesamtheit, von der alle Beschlüsse ausgehen, verantwortlich. So meine ich denn, wir sollten die Alleinherrschaft abschaffen und die Macht der Menge geben; denn auf der Masse des Volkes ruht der ganze Staat.

81. Das also war der Vorschlag des Otanes. Megabyzos dagegen empfahl, die Macht einer begrenzten Zahl zu geben, und sagte: Was Otanes über die Abschaffung des Königtums sagt, ist auch meine Meinung. Wenn er aber rät, die Menge zum Herrscher zu machen, so hat er damit nicht das Rechte und Beste getroffen.

Es gibt nichts Unvernünftigeres und Hochmütigeres als die blinde Masse. Es wäre unsinnig, die Selbstüberhebung der Tyrannen mit der Selbstüberhebung des zügellosen Volkes zu vertauschen. Jener weiß doch wenigstens, was er tut; aber das Volk weiß es nicht. Woher auch sollte dem Volke Vernunft kommen? Es ist ohne Vernunft geboren und hat nichts dazugelernt. Ohne Sinn und Verstand, wie ein Wildbach im Frühling, stürzt es sich auf die Staatslenkung. Wer das Volk zur Regierung heranziehen will, der wünscht uns Persern Böses.

Nein, wir sollten die Regierung einem Ausschuss der besten Männer übertragen. Zu diesen Männern gehören wir ja selber. Es ist doch klar, dass die besten Männer auch die besten Entschlüsse fassen.

82. Das war die Meinung, die Megabyzos aussprach. Als dritter äußerte sich Dareios. Er sagte: Was Megabyzos gegen die Masse gesagt hat, hat meine Zustimmung, nicht aber, was er über die Oligarchie sagt. Drei Verfassungen sind möglich; nehmen wir sie alle in ihrer höchsten Vollendung an, also die vollkommenste Demokratie, die vollkommenste Oligarchie und die vollkommenste Monarchie. Die letztere, behaupte ich, verdient bei weitem den Vorzug. Es gibt nichts Besseres, als wenn der Beste regiert. Er wird seinen Grundsätzen gemäß gewissenhaft für sein Volk sorgen. Beschlüsse gegen Feinde des Volkes können so am besten geheim gehalten werden.

In einer Oligarchie dagegen entstehen oft heftige persönliche Feindschaften, wenn viele ihre Tüchtigkeit vor der Gesamtheit unter Beweis stellen wollen. Jeder will der Erste sein und seine Meinung durchsetzen. So geraten sie untereinander in arge Zwietracht. Daraus entstehen Parteiwirren bis hin zu Mord und Totschlag. Schließlich führt das alles wieder

Herodot von Halikarnassos (490/480 – um 425 v. Chr.), griechischer Geschichtsschreiber, Geograph und Völkerkundler. Portraitbüste, 5. Jh. v. Chr. Herodot gilt als „Vater der Geschichtsschreibung". Sein einzig erhaltenes Werk sind die neun Bücher umfassenden „Historien", die in Form einer Universalgeschichte die Kriege der Griechen und Perser im 6. und 5. Jh. v. Chr. schildern

zur Monarchie, und man sieht daran, dass sie doch die beste Staatsform ist.
Herrscht dagegen das Volk, dann bleibt es nicht aus, dass schlechter Rat und niedrige Gesinnung sich einstellen. Nimmt nun die niedrige Gesinnung in der Sorge um die Allgemeinheit überhand, so kommt es zwar nicht zu Feindschaften unter diesen Leuten, wohl aber sondern sich Parteiungen ab. Sie verschwören sich gleichsam, um den Staat zu schädigen. Das dauert so lange, bis ein Führer des Volkes ihrem Treiben ein Ende macht. Das Volk preist ihn dann natürlich dafür, und der Gepriesene wird Alleinherrscher! So zeigt sich auch hier wieder, dass die Monarchie die beste Verfassung ist.

Herodot: Historien, bearbeitet von Martin Lipka unter Heranziehung verschiedener Übersetzungen

M 30 Benennung verschiedener Staatsformen

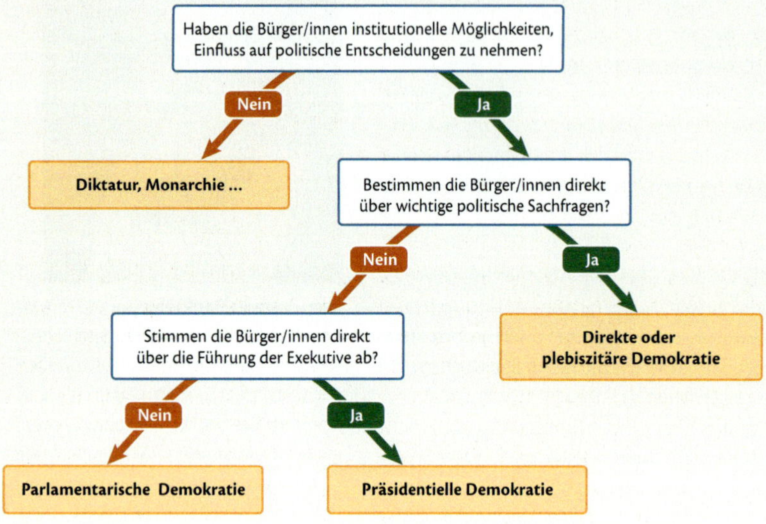

Karl Popper (1902–1994), österreichisch-britischer Philosoph und Staatstheoretiker

M 31 Karl Popper – Die offene Gesellschaft und ihre Feinde

(Es) erhebt sich die Frage, ob sich das politische Denken nicht von Anfang an mit der Möglichkeit schlechter Regierungen vertraut machen sollte; ob wir nicht gut daran täten, uns auf die schlechtesten Führer vorzubereiten und auf die besten zu hoffen. Aber das führt zu einer neuen Betrachtung des Grundproblems der Politik; denn es zwingt uns, die Frage „Wer soll regieren?“ durch die neue Frage zu ersetzen „Wie können wir politische Institutionen so organisieren, dass es schlechten oder inkompetenten Herrschern unmöglich ist, allzu großen Schaden anzurichten?“ (...)
Die Frage nach der institutionellen Kontrolle der Regierenden setzt nicht mehr voraus als die Annahme, dass die Regierungen nicht immer gut oder weise sind. (...) Ich neige zur Ansicht, dass Herrscher sich moralisch oder intellektuell selten über und oft unter dem Durchschnitt befanden. Und ich halte es in der Politik für ein kluges Prinzip, wenn wir uns, so gut wir können, für das Ärgste vorbereiten, (...)
Wir können (...) hauptsächlich zwei Arten von Regierungen unterscheiden. Zur ersten gehören Regierungen, deren wir uns ohne Blutvergießen, zum Beispiel auf dem Wege über allgemeine Wahlen entledigen können; die sozialen Institutionen sehen also Mittel vor, die es den Beherrschten gestatten, die Herrscher abzusetzen, und die sozialen Traditionen geben die Sicherheit, dass es den augenblicklichen Verwaltern der Macht nicht leicht sein wird, diese Institutionen zu zerstören. Zu der zweiten Art gehören solche Regierungen, die die Beherrschten nur durch eine gewaltsame Revolution loswerden können – und das heißt in den meisten Fällen überhaupt nicht. Als eine kurze Bezeichnung für eine Regierungsform der ersten Art schlage ich das Wort „Demokratie“ vor, für eine Regierungsform der zweiten Art wähle ich den Namen „Tyrannei“ oder „Diktatur“. (...)
Aus diesem Prinzip folgt nicht, dass uns der Aufbau von fehlerfrei und leicht zu handhabenden Institutionen der angegebenen Art jemals gelingen wird, oder dass es uns jemals gelingen wird, Institutionen, zu entwickeln, die dafür bürgen, dass die von einer demokratischen Regierung vertretene Politik richtig, gut oder weise sein wird – oder notwendigerweise besser und klüger als die Politik eines wohlwollenden Tyrannen. (...) Hingegen ist mit der Annahme des demokratischen Prinzips die Überzeugung verbunden, dass es besser ist, eine schlechte demokratische Politik auszuhalten (solange wir nur auf eine friedliche Umbildung hinarbeiten können) als sich einer Tyrannei, sei sie auch noch so weise und wohlwollend, zu unterwerfen.

Karl Popper: Die offene Gesellschaft und ihre Feinde, 7. Aufl. Tübingen 1992, S. 145–150

M32 Jean-Jacques Rousseau: Du Contrat social

„Finde eine Form des Zusammenschlusses, die mit ihrer ganzen gemeinsamen Kraft die Person und das Vermögen jedes einzelnen Mitglieds verteidigt und schützt und durch die doch jeder, indem er sich mit allen vereinigt, nur sich selber gehorcht und genauso frei bleibt wie zuvor." Das ist das grundlegende Problem, dessen Lösung der Gesellschaftsvertrag darstellt. (...)

Wenn man also beim Gesellschaftsvertrag von allem absieht, was nicht zu seinem Wesen gehört, wird man finden, dass er sich auf Folgendes beschränkt: Gemeinsam stellen wir alle, jeder von uns, seine Person und seine ganze Kraft unter die oberste Richtschnur des Gemeinwillens; und wir nehmen, als Körper, jedes Glied als untrennbaren Teil des Ganzen auf.

Dieser Akt des Zusammenschlusses schafft augenblicklich an Stelle der Einzelperson jedes Vertragspartners eine sittliche Gesamtkörperschaft, die aus ebenso vielen Gliedern besteht, wie die Versammlung Stimmen hat, und die durch ebendiesen Akt ihre Einheit, ihr gemeinschaftliches Ich, ihr Leben und ihren Willen enthält. (...)

Aus dem Vorhergehenden folgt, dass der Gemeinwille immer auf dem rechten Weg ist und auf das öffentliche Wohl abzielt: woraus allerdings nicht folgt, dass die Beschlüsse des Volkes immer gleiche Richtigkeit haben. Zwar will man immer sein Bestes, aber man sieht es nicht immer. Verdorben wird das Volk niemals, aber oft wird es irregeführt. Und nur dann scheint es das Schlechte zu wollen.

Es gibt oft einen beträchtlichen Unterschied zwischen dem Gesamtwillen und dem Gemeinwillen; dieser sieht nur auf das Gemeininteresse, jener auf das Privatinteresse und ist nichts anderes als die Summe von Sonderwillen. (...)

Um wirklich die Aussage des Gemeinwillens zu bekommen, ist es deshalb wichtig, dass es im Staat keine Teilgesellschaften gibt und dass jeder Bürger nur seine eigene Stimme vertritt.

Jean-Jacques Rousseau: Vom Gesellschaftsvertrag oder Grundsätze des Staatsrechts (1762), hg. von Hans Brockard und Eva Pietzcker, Stuttgart 1977, S. 17 f., S. 30 f.

Jean-Jacques Rousseau (1712–1778), Schriftsteller, Philosoph, Pädagoge, Naturforscher und Komponist. Er gilt als einer der wichtigsten geistigen Wegbereiter der Französischen Revolution und hatte großen Einfluss auf Pädagogik und politische Theorien des 19. und 20. Jahrhunderts

M33 Thomas Hobbes: Der Leviathan

Der große Leviathan (so nennen wir den Staat) ist ein Kunstwerk oder ein künstlicher Mensch – obgleich an Umfang und Kraft weit größer als der natürliche Mensch, welcher dadurch geschützt und glücklich gemacht werden soll. Bei dem Leviathan ist derjenige, welcher die höchste Gewalt besitzt, gleichsam die Seele, welche den ganzen Körper belebt und in Bewegung setzt: Die Obrigkeiten und Beamten stellen die künstlichen Glieder vor; die von der höchsten Gewalt abhängenden Belohnungen und Bestrafungen, wodurch jeder Einzelne zur Erfüllung seiner Obliegenheiten angehalten wird, vertreten die Stelle der Nerven; das Vermögen einzelner Personen ist hier die Kraft, so wie das Glück des Volkes das allgemeine Geschäft; die Staatsmänner, von welchen die nötigen Kenntnisse erwartet werden, sind das Gedächtnis; Billigkeit und Recht eine künstliche Vernunft; Einigkeit ist gesunder, Aufruhr hingegen kranker Zustand und Bürgerkrieg der Tod. (...) Die Absicht und Ursache, warum die Menschen bei allem ihrem natürlichen Hange zur Freiheit und Herrschaft sich dennoch entschließen konnten, sich gewissen Anforderungen, welche die bürgerliche Gesellschaft erfordert, zu unterwerfen, lag in dem Verlangen, sich selbst zu erhalten und ein bequemeres Leben zu führen; oder mit anderen Worten, aus dem elenden Zustande eines Krieges aller gegen alle gerettet zu werden. Dieser Zustand ist aber notwendig wegen der menschlichen Leidenschaften mit der natürlichen Freiheit so lange verbunden, als keine Gewalt da ist, welche die Leidenschaften durch Furcht vor Strafe gehörig einschränken kann und auf Einhaltung der natürlichen Gesetze und der Verträge dringt. (...) Gesetze und Verträge können an und für sich den Zustand des Krieges aller gegen alle nicht aufheben; denn sie bestehen in Worten, und bloße Worte können keine Furcht erregen; (...) Hat man sich vor keiner allgemeinen Macht zu fürchten, so können Gesetze, welche alsdann jemand nur deshalb beachtet, weil er sieht, dass sie von andern beachtet werden, ebenso wenig verpflichten als hindern, dass ein jeder es für erlaubt halte, so viel als möglich durch Stärke und Klugheit für sei-

Thomas Hobbes (1588–1679), englischer Mathematiker, Staatstheoretiker und Philosoph, der durch sein Hauptwerk „Leviathan" bekannt geworden ist.

Kontraktualismus: Gesellschaftstheorien, die auf der Idee eines (gedachten) Vertrags der Bürgerinnen und Bürgern miteinander und ggf. mit einem Herrscher beruhen

Titelblatt der ersten Ausgabe des „Leviathan" von Thomas Hobbes, 1651

ne Sicherheit zu sorgen (...). Um aber eine allgemeine Macht zu gründen, unter deren Schutz gegen auswärtige und innere Feinde die Menschen bei dem ruhigen Genusse der Früchte ihres Fleißes und der Erde ihren Unterhalt finden können, ist der einzig mögliche Weg hierzu der: dass jedweder alle seine Macht oder Kraft einem oder mehreren Menschen übertrage, wodurch der Willen aller gleichsam in einen Punkt vereinigt wird; sodass dieser eine Mensch oder diese eine Gesellschaft eines jeden Einzelnen Stellvertreter werde und ein jeder die Handlungen jener so betrachte, als habe er sie selbst getan, weil sie sich dem Willen und Urteile jener freiwillig unterworfen haben. Dies fasst aber noch etwas mehr in sich als Übereinstimmung und Eintracht, denn es ist eine wahre Vereinigung in eine Person und beruht auf dem Vertrage eines jeden mit einem jeden, wie wenn ein jeder zu einem jeden sagte: „Ich übergebe mein Recht, mich selbst zu beherrschen, diesem Menschen oder dieser Gesellschaft unter der Bedingung, dass du ebenfalls dein Recht über dich ihm oder ihr abtretest." Auf diese Weise werden alle Einzelnen eine Person und heißen Staat oder Gemeinwesen. So entsteht der große Leviathan oder, wenn man lieber will, der sterbliche Gott, dem wir unter dem ewigen Gotte allein Frieden und Schutz zu verdanken haben. Dieses von allen und jedem übertragene Recht bringt eine so große Macht und Gewalt hervor, dass durch sie die Gemüter aller zum Frieden unter sich gern geneigt gemacht und zur Verbündung gegen auswärtige Feinde leicht bewogen werden. Dies macht das Wesen eines Staates aus, dessen Definition folgende ist: Staat ist eine Person, deren Handlungen eine große Menge Menschen, kraft der gegenseitigen Verträge eines jeden mit einem jeden, als ihre eigenen ansehen, damit dieselben nach ihrem Gutdünken die Macht aller zum Frieden und zur gemeinschaftlichen Verteidigung anwenden.

Thomas Hobbes: Leviathan (1651), zit. nach Gerhard Möbus: Politische Theorien. T. 2. Die politischen Theorien im Zeitalter der absoluten Monarchie bis zur Französischen Revolution, Köln 1966, S. 296/298

M34 Repräsentation und direkte Demokratie

Repräsentation: Vertretung

Repräsentation kann ganz allgemein als „das Stehen eines Phänomens an Stelle und mit Wirkung für ein anderes" beschrieben werden. „Das ‚Stehen und Handeln für andere' spielt im politischen Bereich, und zwar fürs erste durchaus staatsformenindifferent, eine große Rolle." In der historischen Entwicklung Europas der letzten Jahrhunderte folgten der monarchischen Repräsentation absolutistischer Prägung, in der der Herrscher für den Staat als Ganzes – man denke an Ludwig XIV.: „l'Etat c'est moi" – und überwiegend auch für transzendentale Phänomene – man denke an das Gottesgnadentum – stand, zunächst Repräsentativsysteme feudaler und dann ständischer Ausrichtung. Im 19. Jahrhundert dominierte die Idee der Nationalrepräsentation, bei der ein in einem Staat geeintes „abstraktes" Volk Gegenstand der Repräsentation war. Schließlich setzte sich im 20. Jahrhundert die Volksrepräsentation durch, bei der der Blick auf die konkreten Bürger eines Staates und ihre Parteien gerichtet ist. Die parlamentarische Demokratie mit einem direkt vom Volk gewählten Parlament als zentralem Repräsentativorgan des Volkes wurde nach dem Zweiten Weltkrieg zum weitgehend anerkannten Parademodell der westlichen Welt. Repräsentative Ideen und Strukturen stießen und stoßen immer wieder auf kritische Einwände radikaldemokratischer Vorstellungen. Die auf dem – auf Jean-Jacques Rousseau zurückgehenden – Postulat der Identität von Herrschern und Beherrschten basierenden politischen Forderungen weisen dabei eine breite Palette auf: von einer völligen Aufhebung und Abschaffung repräsentativer Einrichtungen – v. a. auch des Parlaments – bis zu einzelnen, aber keineswegs unwesentlichen Änderungen, wie z. B. der Einführung eines imperativen statt des freien Mandats oder einem starken Ausbau der direkten Demokratie. Die radikalen Ideen wurden in jüngerer Zeit durch utopische Vorstellungen einer identitären Cyberdemokratie, in der – in der Extremvariante – die Bürger alle staatlichen Angelegenheiten per mouse-click entscheiden, neuerlich genährt.

Klaus Poier: Repräsentation und Wahlrecht, Forum Parlament Nr. 1/2003, S. 5 f., in: http://www.demokratiezentrum.org (Zugriff: 21.10.2012)

M35 Ausschnitt aus dem Bundesprogramm der Grünen, 1980

Die Partei „Die Grünen" ist wesentlich aus der außerparlamentarischen Opposition der 1970er-Jahre hervorgegangen. Entsprechend kritisch stand die Partei dem parlamentarischen System der Bundesrepublik gegenüber. Ausdruck findet diese Kritik im Bundesprogramm der Grünen von 1980:

Basisdemokratische Politik bedeutet verstärkte Verwirklichung dezentraler, direkter Demokratie. Wir gehen davon aus, dass der Entscheidung der Basis prinzipiell Vorrang eingeräumt werden muss. Überschaubare, dezentrale Basiseinheiten (Ortsebene, Kreisebene) erhalten weitgehende Autonomie und Selbstverwaltungsrechte zugestanden. Basisdemokratie bedarf jedoch einer zusammenfassenden Organisation und Koordination, wenn ökologische Politik in der öffentlichen Willensbildung gegen starke Widerstände durchgesetzt werden soll. Wir setzen uns in allen politischen Bereichen dafür ein, dass durch verstärkte Mitbestimmung der betroffenen Bevölkerung in regionalen, landesweiten und bundesweiten Volksabstimmungen Elemente direkter Demokratie zur Lösung lebenswichtiger Planungen eingeführt werden.

Unser inneres organisatorisches Leben und unser Verhältnis zu den Menschen, die uns unterstützen und wählen, ist das genaue Gegenbild zu den in Bonn etablierten Parteien. Diese sind unfähig und nicht willens, neue Ansätze und Gedanken und die Interessen der demokratischen Bewegung aufzunehmen. Wir sind deshalb entschlossen, uns eine Parteiorganisation neuen Typs zu schaffen, deren Grundstrukturen in basisdemokratischer und dezentraler Art verfasst sind, was nicht voneinander zu trennen ist. Denn eine Partei, die diese Struktur nicht besitzt, wäre niemals in der Lage, eine ökologische Politik im Rahmen der parlamentarischen Demokratie überzeugend zu betreiben. Kerngedanke ist dabei die ständige Kontrolle aller Amts- und Mandatsinhaber und Institutionen durch die Basis (Öffentlichkeit, zeitliche Begrenzung) und die jederzeitige Ablösbarkeit, um Organisation und Politik für alle durchschaubar zu machen und um der Loslösung Einzelner von ihrer Basis entgegenzuwirken.

http://www.boell.de/downloads/stiftung/1980_Bundesprogramm.pdf (Zugriff: 7.11.2012)

8 Erläutern Sie das Prinzip der „Repräsentation" für die politische Praxis (**M 34**) und veranschaulichen Sie es in einem Schaubild.

9 Der repräsentativen Demokratie wird typischerweise die „direkte Demokratie" gegenüber gestellt. Erläutern Sie diese Unterscheidung (**M 34**). Nehmen Sie Stellung zu der Forderung nach mehr direkter Demokratie oder Basisdemokratie in der Bundesrepublik (**M 35**).

10 Diskutieren Sie in Kleingruppen, wie Ihre Schülervertretung a) als direkte und b) als repräsentative Demokratie aussähe. Welche Mischformen wären denkbar? Welche Vor- und Nachteile haben die beiden Varianten?

11 In **M 36** und **M 37** wird – aus sehr unterschiedlicher Perspektive – der Sachverhalt dargelegt, dass die soziale Zusammensetzung der Parlamente deutlich von jener der Bevölkerung abweicht. Stellen Sie beide Positionen knapp dar. Nehmen Sie begründet Stellung zu der Forderung von Young, dass alle sozialen Gruppen (z. B. Frauen, Migrant/innen) angemessen vertreten werden müssten.

12 Die Europapolitik wird häufig als bürgerfern und technokratisch kritisiert (**M 38**). Diskutieren Sie in Kleingruppen Ihre Einflussmöglichkeiten auf die Europapolitik (z. B. das Handeln in der Finanzkrise, die Eurorettung oder die Diskussion um die EU-Erweiterung). Wie beurteilen Sie Habermas' Vorschläge, die Krise zu nutzen, um institutionelle Reformen für ein demokratisches und stärker integriertes Europa voranzutreiben?

13 Demokratiedefizite und Politikverdrossenheit werden auch dem bundesdeutschen Politiksystem regelmäßig vorgeworfen. Die Piratenpartei ist für viele ein Hoffnungsträger für mehr Mitbestimmung (**M 39**). Der Grund sind weniger deren Inhalte als vielmehr neue Wege und Medien, mit denen die Piratenpartei die Politik demokratisieren möchte. Informieren Sie sich im Internet über diese Vorschläge (Cyberdemokratie, liquid democracy). Fertigen Sie in Kleingruppen ein Plakat an, auf dem Sie diese neuen Wege demokratischer Mitbestimmung darstellen.

14 Beurteilen Sie die Vorschläge und nehmen Sie dabei Bezug auf Begriffe wie „Repräsentation", „direkte Demokratie", „Sach- und Personalentscheidungen".

M 36 Die Identitätstheorie politischer Repräsentation

Herzogs Fazit zum Vergleich der Zusammensetzung von Bevölkerung und Abgeordnetenschaft darf wohl noch immer Geltung beanspruchen: „In keiner Hinsicht spiegelt die soziale Struktur der Parlamente auch nur annähernd diejenige der Wählerschaft wider" (Herzog 1989, 311). Ist das Ergebnis der „Identitätsprüfung" eindeutig, sind die Prämissen der „Identitätstheorie" doch umso problematischer. Die Annahme, dass Sozialcharakteristika sich unmittelbar in stringentes Denken und Handeln fortsetzen, liegt der Identitätstheorie zwar immanent zugrunde, wird aber selten empirisch geprüft (...) noch theoretisch innerhalb des Konzeptes von Descriptive Representation ausgearbeitet, wenn wir einmal von recht allgemein gehaltenen Argumenten der „Fairness" einer Einbeziehung aller gesellschaftlichen Gruppen ins Parlament absehen (...). Vielmehr scheint der theoretische Ansatz ohne Rückgriff auf jegliche Formen von Handlungen der Repräsentanten auszukommen. (...) Es steht also noch der Nachweis aus, dass der Ausschluss bestimmter sozialstruktureller Merkmalsträger auch zur Exklusion der entsprechenden politischen Präferenzen dieser Merkmalsträger führt, was sich letztlich auch in den Entscheidungen des Parlamentes, im legislativen Output nachweisen lassen müsste.

Achim Kielhorn: Rollenorientierungen von Abgeordneten in Europa, Dissertation, FU-Berlin, 2002, in: http://webdoc.sub.gwdg.de (Zugriff: 21.11.2012)

M 37 Ausgrenzung von Gruppen in der Demokratie

In ihrer Studie über die Funktionsweise einer regierenden Stadtversammlung in New England erörtert Jane Mansbridge, wieso Frauen, Schwarze, Angehörige der Arbeiterklasse und arme Menschen dazu neigen, weniger daran zu partizipieren und wieso ihre Interessen weniger vertreten werden als die von Weißen, Berufstätigen der Mittelklasse und Männern. Obwohl doch alle Staatsbürger das Recht haben, am Prozess der Entscheidungsfindung teilzunehmen, werden die Erfahrungen und die Perspektiven mancher Gruppen aus vielen Gründen eher zum Verstummen gebracht. (...) Die Lösung besteht zumindest teilweise darin, institutionalisierte Wege zur ausdrücklichen Anerkennung und Repräsentation unterdrückter Gruppen zu schaffen. (...) Wir haben eine partizipatorische demokratische Theorie nicht unter der Voraussetzung einer undifferenzierten Menschheit zu entwickeln, sondern unter der Voraussetzung, dass Gruppendifferenzen vorhanden sind und dass manche Gruppen tatsächlich oder potenziell unterdrückt und benachteiligt sind. (...) In Verhältnissen, die von sozialer Unterdrückung und Beherrschung geprägt sind, ist die Gruppenvertretung die beste Institutionalisierung von Fairness. Aber sie maximiert auch das in der Diskussion geäußerte Wissen und verhilft so zu praktischer Klugheit. Die Gruppendifferenzen umfassen nicht nur verschiedene Bedürfnisse, Interessen und Ziele, sondern, was höchstwahrscheinlich bedeutsamer ist, auch verschiedene soziale Lagen und Erfahrungen, von denen aus soziale Tatsachen und gesellschaftspolitische Maßnahmen verstanden werden.

Iris Marion Young, zit. nach Peter Massing/Gotthard Breit: Demokratietheorien, 8. Aufl. Schwalbach 2011, S. 290 ff.

M 38 Für eine europäische Verfassunggebung

Der Hintergrund des nebenstehenden Beitrags von Jürgen Habermas (s. S. 108) ist die Schuldenkrise in Griechenland (2011) und der vom damaligen griechischen Regierungschef Papandreou geäußerte Vorschlag, die Annahme der EU-Maßnahmen vom Volk abstimmen zu lassen.

Papandreou hat das Verdienst, den zentralen Konflikt, der sich heute in die ungreifbaren Arkanverhandlungen zwischen Euro-Staaten und Banklobbyisten verschoben hat, für eine Schrecksekunde ins Licht jener Arena zurückgeholt zu haben, wo aus Betroffenen Beteiligte werden können. Gerade wenn nur die Wahl zwischen Pest und Cholera besteht, darf die Entscheidung nicht über die Köpfe einer demokratischen Bevölkerung hinweg getroffen werden. (...) Hätte nicht die griechische Bevölkerung wenigstens nachträglich über den verfassungsändernden Souveränitätsverlust abstimmen sollen, der (...) mit den Auflagen der Troika aus EU, Weltwährungsfonds und Europäischer Zentralbank längst eingetreten war? (...)

Das griechische Desaster ist jedoch eine deutliche Warnung vor dem postdemokratischen Weg, den Merkel und Sarkozy eingeschlagen haben. Eine Konzentration der Macht bei einem intergouvernementalen Ausschuss der Regierungschefs, die ihre Vereinbarungen den nationalen Parlamenten aufs Auge drücken, ist der falsche Weg. Ein demokratisches Europa, das keineswegs die Gestalt eines europäischen Bundesstaates annehmen muss, muss anders aussehen.

Dieses Projekt verlangt nicht nur institutionelle Phantasie. Die überfällige Kontroverse über Notwendigkeit und Nutzen eines solchen Projekts muss in der breiten Öffentlichkeit ausgetragen werden. Das verlangt allerdings von den politischen Eliten nicht nur den üblichen Spagat zwischen Bürgerinteressen und dem Rat der Experten. Die erneute Anbahnung eines verfassungsgebenden Prozesses würde vielmehr ein Engagement verlangen, das von den Routinen des Machtopportunismus abweicht und Risiken eingeht. (...) Der Politik und Parteipolitik wäre eine solche Initiative gar nicht mehr zuzumuten, wenn sie sich tatsächlich zu einem selbstbezüglichen System geschlossen und gegenüber der Umwelt einer nur noch administrativ als Stimmenreservoir wahrgenommenen politischen Öffentlichkeit abgekapselt hätten. Dann könnten sich die Parameter für das, was in der Öffentlichkeit als selbstverständlich gilt, nur noch im Zuge einer sozialen Bewegung verschieben. Wer die überregionale Presse in Amerika verfolgt hat, wird über die Reaktionen erstaunt sein, die „Occupy Wall Street" ausgelöst hat.

Jürgen Habermas: Rettet die Würde der Demokratie, Frankfurter Allgemeine Zeitung v. 4.11.2011, in: http://www.faz.net (Zugriff: 7.11.2012)

M 39 Die Piraten können die Demokratie transformieren

Das Konzept der Repräsentation der Gesamtbevölkerung durch Massenorganisationen ist so alt und altmodisch wie das Industriezeitalter. Eine Stimme alle vier Jahre für ein heterogenes Bündel an Positionen und Personen, das sich Partei nennt. Das hatte seine Berechtigung wie die Langspielplatte oder der Buchklub. Mit der Entbündelung einst sauber verschnürter Pakete haben heute schon die Musik- oder die Tourismusbranche ihre Not, der Parteienbranche steht Ähnliches bevor. Online-Systeme wie das „Liquid Feedback" der Piraten können die Politikbündel aus der alten Zeit der „Minimaldemokratie" (Paul Nolte) höchst effizient aufschnüren. (...) Dann wird auch in der Politik die strikte Trennung zwischen Produzenten und Konsumenten aufgehoben wie zuvor in anderen Bereichen. (...).

Viele der bisherigen Politikspezialisten halten das für eine Verflachung oder Amateurisierung der Politik. Es kann aber sein, dass es sich hier um die beste Chance handelt, um die kommenden ökonomischen Kladderadatsche mit einer funktionierenden Demokratie zu überstehen. (...)

Transparenz und Bürgerbeteiligung sind zudem auch die besten Methoden, um einen Weg aus der Krise der europäischen Währung sowie der Europäischen Union zu finden. Nur wenn viele Bürger das Gefühl haben, an der Lösung der Krise beteiligt zu sein, kann es für diese Lösung(en) auch eine Akzeptanz geben.

Und, so lässt sich zumindest vermuten: Wenn die gesamte Gesellschaft nach der bestmöglichen Lösung sucht, ist die Wahrscheinlichkeit auch größer, dass diese Lösung gefunden wird. Von den Piraten selbst wird die Lösung wohl nicht kommen. Dafür der Lösungsweg. Auf diese Weise könnte europaweit eine Gruppe der Bevölkerung in die Gesellschaft und deren Entscheidungsfindung integriert werden, die derzeit faktisch ausgeschlossen ist: die Jugend. (...)

Eine erste Rebellion hat diese „Generation der Verlierer" 2011 versucht. Es begann im Mai mit den Platzbesetzungen der „Indignados" in Spanien und setzte sich nach einem kurzen Abstecher über den Atlantik als Occupy-Bewegung auf dem ganzen Kontinent fort. Die Anhänger dieser Bewegung einte ein irgendwie gemeinsames Dagegen-Gefühl, aus dem allerdings kein wie auch immer geartetes Ziel entstanden ist.

Ohne Möglichkeit, sich in den politischen Prozess zu integrieren, wird sich dieses Gefühl verstärken, sich schließlich in destruktiven Aktionen entladen. Um diese Bewegung konstruktiv in das politische System einzubinden, müsste man so etwas wie die Piratenpartei erfinden. Wenn es sie nicht schon gäbe.

Detlev Gürtler: Die Piraten könnten die Demokratie transformieren, Die Welt v. 10.4.2012, in: http://www.welt.de (Zugriff: 7.11.2012)

Wahlwerbung der Piratenpartei zur Bundestagswahl 2009

Historische Entwicklung der Demokratie

Die Idee der Demokratie als „Herrschaft des Volkes durch das Volk und für das Volk", wie sie vom amerikanischen Präsidenten Abraham Lincoln umschrieben wurde, kann auf eine zweieinhalbtausendjährige Geschichte zurückblicken.
Eine Auseinandersetzung mit der Geschichte der Demokratie zeigt, wie wenig selbstverständlich diese Regierungsform ist, die sich gegenüber anderen Möglichkeiten der Staatsorganisation darin auszeichnet, die Unterteilung der Gesellschaft in Herrschende und Beherrschte teilweise oder vollständig aufzuheben: Nach einer kurzen Blütezeit der Demokratie in der Antike verschwand die „Volksherrschaft" für lange Zeit von der Bühne der Weltgeschichte.
Darüber hinaus wird deutlich, wie stark sich die antike Demokratie hinsichtlich ihrer Organisation und ihrer gesellschaftlichen Reichweite von den Formen der modernen Demokratie unterscheidet. So unterschiedlich letztere auch sind – wer sich die historische Entwicklung der Demokratie ansieht, stößt auf die verbindenden Grundideen demokratischer Systeme.

Ansprache Abraham Lincolns (1809–1865) bei der Einweihung des Soldatenfriedhofs auf dem Schlachtfeld von Gettysburg, 19.11.1863. Lincoln formulierte hier seine Sätze zur Demokratie, bekannt als „Gettysburg Address"

1. Fassen Sie anhand von **M 41** die wesentlichen Merkmale der attischen Demokratie zusammen. Stellen Sie heraus, inwiefern sich die attische Demokratie von der modernen Demokratie unterscheidet.
2. Benennen und erläutern Sie mithilfe von **M 41** die beiden zentralen Prinzipien, die modernen Demokratien zugrunde liegen.
3. Besprechen Sie im Plenum, welche Stationen aus der Geschichte der Demokratie (**M 40**) Ihnen als besonders interessant erscheinen. Bilden Sie Partner- oder Kleingruppen und recherchieren Sie jeweils über eines der Ereignisse. Stellen Sie Ihre Ergebnisse strukturiert vor – entweder mittels einer Powerpointpräsentation oder auf einem Plakat.
4. **M 44**: Diskutieren Sie die zentrale These Rousseaus, dass es im eigentlichen Wortsinn „niemals eine echte Demokratie gegeben hat" und es sie „niemals geben wird". Formulieren Sie auf dieser Grundlage einen Kriterienkatalog, den eine Demokratie erfüllen müsste, wenn „man den Begriff in der ganzen Schärfe seiner Bedeutung" zugrunde legen würde.
5. Bilden Sie Partner- oder Kleingruppen. Formulieren Sie realistische Ansprüche an eine Demokratie unter der Voraussetzung des modernen Flächenstaates. Diskutieren Sie Ihre Arbeitsergebnisse im Plenum.
6. Bilden Sie Partner- oder Kleingruppen. Erarbeiten Sie eine prägnante Definition des Begriffs „Demokratie", die die historische Genese dieser Regierungsform einbezieht.

M40 Einige Stationen aus der Geschichte der Demokratie

451 vor Christus taucht der Begriff „Demokratie", Volksherrschaft, erstmals nachgewiesen in Athen, auf.
1387 versammelt sich erstmals die Appenzeller Landsgemeinde. Urkundlich belegt ist sie seit 1403.
1689 erhält in Großbritannien das Parlament weitgehende Rechte. Die Bill of Rights markiert den Beginn dessen, was man heute unter moderner Demokratie versteht.
1748 entwirft Montesquieu die für eine moderne Demokratie konstitutive Gewaltenteilung.
1762 entwickelt Rousseau im „Gesellschaftsvertrag" die Vorstellung von der „volonté générale", dem Gemeinwillen, auf dem Volkssouveränität basiert.
1776 verabschieden die Amerikaner ihre Unabhängigkeitserklärung. Die Verfassungen der 13 Einzelstaaten sehen Volkssouveränität und Gewaltenteilung vor. Das Wahlrecht ist an Eigentumsrechte geknüpft – Frauen wird es vorenthalten –, die Sklaverei bleibt.
1789 konstituiert sich in Frankreich der bürgerliche „Dritte Stand" nach Klerus und Adel als Nationalversammlung (Assemblée Nationale). Am 14. Juli erfolgt in Paris der Sturm auf die Bastille. Die Revolution dauert zehn Jahre.
1791 gibt Polen sich unter dem Eindruck der Französischen Revolution eine parlamentarische Ordnung nach englischem Vorbild.

M41 Grundzüge der historischen Entwicklung der Demokratie

Der Begriff demokratía begegnet *(uns)* erstmals in der griechischen Literatur in der ersten Hälfte des 5. Jahrhunderts v. Chr. (…). Er bezeichnete (…) eine Regierungsform, bei der die (…) Herrschaft (griechisch: kratía) nicht in den Händen eines Einzelnen (monarchía) oder einiger weniger (oligarchía) lag, sondern (…) bei all denjenigen, die das Bürgerrecht besaßen und das „Volk" (démos) ausmachten. Dies traf im antiken Griechenland allerdings nur auf eine Minderheit der Bevölkerung zu – das Bürgerrecht hatten nur erwachsene Männer; Frauen und die zahlreichen Unfreien (Sklaven) wurden nicht als Teil des démos gesehen. (…)

Entstanden ist die Demokratie in Athen (…). Da Athen in der Region Attika liegt, wird synonym auch von „attischer" Demokratie gesprochen. Die zentralen Institutionen der attischen Demokratie waren die Volksversammlung, der Rat der 500 und das Volksgericht.

Die Volksversammlung (ekklesía) hatte allumfassende Kompetenzen und Zuständigkeiten; sie tagte ursprünglich auf dem zentralen Marktplatz (agorá) (…). Gegen Ende des 4. Jahrhunderts waren mindestens vierzig Sitzungen im Jahr vorgesehen. Teilnehmen sollten mindestens 6000 Bürger *(die per Losverfahren bestimmt wurden)*. Diese Zahl, (…) wurde für die Repräsentation des Demos offenkundig als ausreichend angesehen; sie machte im 4. Jahrhundert ungefähr ein Fünftel der männlichen Bürger, also 30 000, aus (…). Es handelte sich also immer nur um einen bunt zusammengewürfelten Teil der Bürgerschaft, der anwesend war bzw. anwesend sein konnte und durch Handaufheben abstimmte. Kennzeichnend für die Arbeitsweise der ekklesía waren eine feste Tagesordnung und ein Meinungsbildungsprozess, bei dem jeder, der es beabsichtigte, Rederecht erhalten konnte (…). Der Vorsitz in der ekklesía wechselte täglich, sodass keine planbare personelle Einflussnahme möglich war.

In diesem Zusammenhang steht einer der wichtigsten Funktionsbereiche des „Rates der 500" (boulé): Aus seinen Reihen wurde nicht nur der *(täglich wechselnde)* Vorsitzende bestellt, sondern der Rat legte auch die Tagesordnung für die ekklesía fest (…). Die Ratsherren bekamen Tagegeld und wurden jährlich erlost (…). Dem Rat kam *(insbesondere)* die Durchführung der *(durch die Volksversammlung getroffenen)* Beschlüsse (…) und eine Kontrolle der verschiedenen Kassen der Stadt zu (…). Alle zentralen Entscheidungen lagen jedoch bei der ekklesía.

Das Volksgericht bestand aus jährlich ausgelosten 6000 Richtern, die wie die ekklesía als Verkörperung des Volkes angesehen wurden. (…) Es gab in Athen weder einen Berufsjuristenstand noch professionelle Richter (…).

Insofern (…) *(war)* die Herrschaft des Volkes von Athen in einem (…) umfassenden Sinne verwirklicht, (…) das Ausmaß an *(direkter)* politischer Partizipation *(war)* im Vergleich mit den heute vorherrschenden Regierungsformen überaus hoch. (…)

Unabhängigkeitserklärung der USA, 4. Juli 1776. Gemälde von John Trumbull, um 1787

Nach dem Ende der (...) athenischen Demokratie (...) im 3. Jahrhundert v. Chr. gab es viele Jahrhunderte lang kein einziges Gemeinwesen mehr (...), das für sich in Anspruch nehmen konnte, die Herrschaft des Volkes zu verwirklichen. Zwar (...) *(wies das antike Rom ebenso wie)* einige italienische Stadtstaaten (...) *(sowie)* einige deutsche Reichsstädte des Mittelalters Elemente republikanischer Selbstregierung auf, aber der Partizipationsgrad sowie der Autonomiegrad der Bürgerschaft erreichte dort nie die Ausmaße, wie sie die klassische Demokratie in der *(griechischen)* Antike gekannt hatte. (...)

(Heute ist) Demokratie (...) zu einem Oberbegriff vieler politischer Organisationsformen geworden, die sich vom (...) *(antiken)* Vorbild zum Teil erheblich unterscheiden. Anders als in der athenischen Praxis (...) umfassen *(moderne Demokratien)* (...) ausgedehnte Territorialstaaten mit vielen Millionen Bürgern. Sie unterscheiden sich von der pólis durch eine Repräsentativverfassung und einen größeren Anteil der Partizipationsberechtigten (...).

Die Herausbildung der Demokratie in der Moderne erfolgte nicht nach einem planmäßigen Design, sondern in einem allmählichen Prozess. (...) Die Idee der Volkssouveränität geht davon aus, dass die politische Herrschaft im Staat nur dann legitim ist, wenn sie auf den Willen (...) *(der Bevölkerung)* gründet. Der Rechtsstaat (...) gründet die Legitimität politischer Herrschaft auf die Geltung bestimmter Rechtssätze, die das Verhältnis sowohl zwischen Herrschenden und Beherrschten (z.B. durch Grundrechte) als auch zwischen verschiedenen Herrschaftsträgern (z.B. durch Gewaltenteilung) regeln. (...) Der Gedanke des Rechtsstaats (...) wurde schon von Platon und Aristoteles diskutiert. Daraus resultierte das Naturrechtsdenken der Stoa, des Mittelalters und auch der Frühen Neuzeit. Vor allem die Staatstheoretiker (...) der Aufklärung (z.B. Thomas Hobbes, John Locke und Jean-Jacques Rousseau) übten hier eine große Wirkung aus, indem sie Freiheit und Gleichheit zu den natürlichen Rechten des Menschen erklärten.

Neben dieser philosophischen Diskussion war es vor allem die politische Praxis in England, die dem Rechtsstaatsgedanken der Moderne zum Durchbruch verhalf. Beginnend mit der Magna Charta Libertatum von 1215 entwickelte sich dort Schritt für Schritt eine politische Ordnung, die (...) geprägt war von einer zunehmenden Begrenzung der Herrschermacht (...) und der Teilung der Staatsgewalten. (...)

(Als die neu gegründeten USA im Jahr 1791 – vier Jahre nach Verabschiedung ihrer Verfassung – die Grundrechte garantierten, wurden Bürger erstmals in der Geschichte mit grundlegenden Rechten gegenüber der Staatsgewalt ausgestattet, die vor Gericht einklagbar waren.) Die Französische Revolution (1789/91) ließ sich von diesen Ideen inspirieren. (...)

Auch (…) die Idee der Volkssouveränität wurzelt in der Antike. (…) Der Gedanke einer ursprünglichen Herrschaftsgewalt des Volkes hatte jedoch sowohl in der Spätantike als auch im Mittelalter keine praktische Relevanz mehr. Erst in der frühen Neuzeit kam (…) wieder verstärkt der Gedanke auf, dass die Staatsgewalt vom Volke ausgehen müsse. (…)

Nach Rousseau sind entsprechend dem Vorbild der (…) *(antiken)* Demokratie nur solche Gesetze legitim, die von allen Bürgern in der Volksversammlung selbst beschlossen wurden. (…) In der politischen Praxis konnte sich Rousseaus Lehre freilich noch lange nicht durchsetzen. Eine periodische Teilhabe aller Bürger an der Herrschaftsbestellung und Herrschaftsausübung erschien den Zeitgenossen entweder nicht wünschenswert oder nicht realisierbar. (…)

So blieben auch die Gründungsväter der USA der ursprünglichen Skepsis verhaftet. (…) *(Obschon die Verfassung vom 17. September 1787 als Geburtsstunde des modernen demokratischen Staates gilt, ist festzuhalten, dass das)* Wahlrecht einer kleinen Minderheit männlicher, wohlhabender, weißer angelsächsischer Protestanten vorbehalten blieb, und ein ausgeklügeltes Wahlsystem sorgte dafür, dass Politik im Wesentlichen eine Angelegenheit der politischen Eliten blieb. Ähnliches galt für das in England inzwischen weit fortgeschrittene parlamentarische System.

Unter den Bedingungen rechtsstaatlicher Freiheit und Gleichheit wurde in den USA und England jedoch schon im ersten Drittel des 19. Jahrhunderts die Forderung nach einer Ausdehnung der politischen Partizipation immer lauter. Vor allem das (…) aufkommende Bürgertum war bald nicht mehr mit (…) rechtsstaatlichen Freiheitsrechten zufrieden, sondern verlangte auch demokratische Gleichheitsrechte und politische Mitsprache. (…) In der Folge kam es in England und den USA seit etwa 1830 zu Wahlgesetzen, die das Wahlrecht nach und nach auf alle sozialen Schichten ausdehnten. (…) Und auch außerhalb Englands und der USA konnte man sich der Dynamik dieses demokratischen Partizipationsgedankens nicht mehr entziehen. Neuseeland (1893) und Australien (1908) waren die ersten Demokratien der Moderne, in denen alle erwachsenen Staatsbürger das Wahlrecht erhielten.

Klaus Stüwe/Gregor Weber: Antike und moderne Demokratie. Stuttgart 2004, S. 17–38

Sturm auf die Bastille in Paris, 14. Juli 1789: Beginn der Französischen Revolution und Meilenstein auf dem Weg der Erkämpfung der Demokratie. Gemälde von Jean-Baptiste Lallemand, 1789

M42 Deutschlands langer Weg zur Demokratie

Es gibt ältere Deutsche, die bekennen, das Wort „Demokratie" zum ersten Mal nach dem Zweiten Weltkrieg gehört zu haben. Das mag stimmen. Und doch ist die Geschichte der modernen Demokratie hierzulande so alt wie (...) in Frankreich, nur leider nicht so erfolgreich.

Auch hier begann es 1789 mit der großen Revolution, die von Hamburg bis Ulm, von Königsberg bis Aachen gefeiert wurde. Doch um es den (...) (Franzosen) gleich zu tun, waren die Bürger politisch zu schwach, das Reich zu zersplittert. Erst als die Truppen des neuen Frankreichs im Krieg gegen das alte Europa an den Rhein vorrückten, war die Chance da. In etlichen Städten des deutschen Westens ergriff man sie, gründete demokratische Foren und entwarf rechtsstaatliche Verfassungen. Bekannt wurde die Mainzer Republik. Wenngleich sie 1792/93 nur kurze Zeit überlebte, so war sie doch das erste demokratische Experiment auf deutschem Boden. (...)

Im „Völkerfrühling" 1848 gab es dann einen neuen Anlauf. Die Nationalversammlung in der Paulskirche zu Frankfurt am Main war das erste frei gewählte gesamtdeutsche Parlament. Anfang 1849 verabschiedete es ein Grundgesetz, das in vielen Bestimmungen schon die späteren deutschen Verfassungen vorwegnahm. Doch der große Wurf misslang. Die Frankfurter Republik scheiterte (...). „Vor dem Thron haltgemacht" zu haben, war der wohl größte Fehler (...) von 1848; brutal schlug das Regime der Fürsten zurück und eine beklemmende Friedhofsruhe senkte sich auf Deutschland.

Über den Reichstag des Kaiserreichs (1871–1918), der nach 1871 in Berlin zusammentrat, ist viel geschrieben und gestritten worden. Ein demokratisches Verfassungsorgan im heutigen Sinne war es kaum, dazu fehlten ihm entscheidende Kompetenzen. Erst nach der überfälligen Implosion des monarchischen Deutschlands und der Abdankung Kaiser Wilhelms II. infolge des verlorenen Weltkriegs 1918 war der parlamentarischen Demokratie der Weg bereitet. Niemand konnte da ahnen, dass die erste gesamtdeutsche Republik, die 1919 in Weimar ihre Verfassung erhielt, nur ein 14-jähriges Zwischenspiel werden sollte inmitten des politisch so finsteren deutschen Jahrhunderts von 1849 bis 1949. „Weimar" steht für enorme gesellschaftspolitische Leistungen, doch leider auch für die Schwäche einer Demokratie, die harten Krisenzeiten nicht gewachsen war.

Tatsächlich also ist die Republik, die sich im Mai 1949 in Bonn konstituiert hat, der vierte Versuch, ein freiheitliches Deutschland zu begründen.

Benedikt Erenz: Der vierte Versuch. In: Zeit Geschichte Nr. 1/2009: 1949 – Deutschlands doppelter Neubeginn, S. 60 f.

M43 Einige Stationen aus der Geschichte der Demokratie in Deutschland

1792/93 werden in Mainz und in der Pfalz die Freiheitsbäume gepflanzt. Die Mainzer Republik ist das erste Demokratieexperiment auf deutschem Boden.
1832 feiern 30 000 Freiheitsfreunde, darunter Franzosen und Polen, auf Schloss Hambach bei Neustadt in der Pfalz das Hambacher Fest (27. Mai). Sie fordern ein freies, einiges Deutschland und Europa.
1848 tritt in Frankfurt am Main das erste gesamtdeutsche Parlament zusammen. Ziel: ein demokratischer Bundesstaat. Die 1848er-Revolution stellt einen Meilenstein auf Deutschlands Weg zu einem demokratischen Verfassungsstaat dar, scheitert aber.
1919 erarbeitet die Nationalversammlung in Weimar die Weimarer Verfassung. Deutschland wird Republik – erstmals erhalten die Frauen das Wahlrecht.
1949 beschließt der Parlamentarische Rat in Bonn das Grundgesetz (8. Mai).
1989 stürzen die Bürger der DDR die SED-Diktatur. Die Mauer fällt. Ein Jahr später tritt die DDR der Bundesrepublik bei – Deutschland ist wiedervereint.
2007 gelten knapp die Hälfte der etwa 200 UN-Mitgliedsstaaten als Demokratien, die bei Menschen- und Bürgerrechten Mindeststandards erfüllen.

Eine Sitzung der deutschen Nationalversammlung in der Paulskirche in Frankfurt/Main, 1848. Holzstich, 1848

M44 Die Verwirklichung der demokratischen Idee – eine immerwährende Herausforderung

Jean-Jaques Rousseau (s. S. 29) gilt als einer der wichtigsten theoretischen Wegbereiter der modernen Demokratie. In seinem politischen Hauptwerk „Der Gesellschaftsvertrag" geht er u. a. auf die Schwierigkeiten ein, eine wahrhaftige Demokratie zu errichten:

Nimmt man den Begriff in der ganzen Schärfe seiner Bedeutung, dann hat es niemals eine echte Demokratie gegeben, und es wird sie niemals geben. (...) Man kann sich nicht vorstellen, dass das Volk unaufhörlich versammelt bleibt, um die öffentlichen Angelegenheiten zu besorgen, und man sieht leicht, dass es dafür keine Ausschüsse einsetzen kann, ohne die Form der Verwaltung (*gemeint ist die Staatsform*) zu ändern. (...)

Wie viele schwer zu vereinigende Dinge setzt diese Regierung (*gemeint ist die Staatsform*) im Übrigen nicht voraus? Erstens einen sehr kleinen Staat, in dem das Volk einfach zu versammeln ist und jeder Bürger alle anderen leicht erkennen kann; zweitens eine große Einfachheit in den Sitten, die die Vielfalt der Angelegenheiten und heiklen Diskussionen steuert (*gemeint ist ein gemeinsamer Wertekanon*); dann weitgehende Gleichheit der gesellschaftlichen Stellung und der Vermögen, ohne welche die Gleichheit von Recht und Einfluß nicht lange bestehen kann (...).

Jean-Jaques Rousseau: Vom Gesellschaftsvertrag (1762). Stuttgart 2008, S. 72 f.

Kompetenzcheck

Anforderungsbereich I:

- Nennen Sie die Bestandteile des Politikzyklus.
- Zählen Sie die drei Dimensionen des Politischen auf.
- Nennen Sie unterschiedliche Formen der politischen Partizipation.
- Skizzieren Sie die Merkmale der attischen sowie der modernen Demokratie.

Anforderungsbereich II:

- Erläutern Sie, was man unter dem Stichwort Politik versteht.
- Wenden Sie das Modell des Politikzyklus auf ein selbst gewähltes Beispiel an.
- Wenden Sie das Modell der drei Dimensionen des Politischen auf ein selbst gewähltes Beispiel an.
- Arbeiten Sie den Zusammenhang zwischen Demokratie und Partizipation heraus.
- Vergleichen Sie zentrale demokratietheoretische Ansätze und stellen Sie deren Grundaussagen einander gegenüber.

Anforderungsbereich III:

- Erörtern Sie: Gelten für die Anwendung des Modells des Politikzyklus heute andere Bedingungen, als dies vor 20 Jahren der Fall war?
- Erklären Sie, wo mögliche Grenzen des Modells der drei Dimensionen des Politischen liegen könnten.
- Nehmen Sie begründet Stellung: Partizipation und Demokratie – ein wechselseitiger Zusammenhang?
- Diskutieren Sie: Wird die Demokratie im Zusammenhang mit dem Internet/neuen Medien derzeit neu erfunden?
- Gestalten Sie einen Zeitstrahl zur historischen Entwicklung der Demokratie.
- Beschreiben, analysieren und interpretieren Sie die nachstehende Karikatur:

Zeichnung: Blocher

2 Das politische System der Bundesrepublik Deutschland

Bundesregierung, Bundestag, Landesregierungen, Parteien, Wähler, Verbände, Initiativen und Bewegungen – dieser spontane Überblick zeigt, welch große Anzahl an Institutionen und Akteuren direkt oder indirekt daran beteiligt ist, wenn in Deutschland Politik gemacht wird. Die einzelnen Initiativen und Bewegungen agieren dabei jedoch nicht unabhängig voneinander. Ihre spezifische Rolle sowie ihre Beziehungen zueinander ergeben sich vielmehr aus einem komplexen Regelzusammenhang. Dieser ergibt in seiner Gesamtheit das politische System der Bundesrepublik Deutschland.

Die Auseinandersetzung mit Akteuren, Regeln und Prozessen in diesem politischen System bietet vielfältige Gelegenheiten dazu, einen vertieften Einblick in das politische Geschehen auf unterschiedlichen Ebenen zu erlangen. So wird eine fundierte Analyse und Beurteilung konkreter politischer Problemstellungen und ihre Bearbeitung ermöglicht. Darüber hinaus können Ansatzpunkte gewonnen werden, wie man selbst auf die Politik Einfluss nehmen kann.

Verfassungsgrundsätze

Politik findet innerhalb demokratisch legitimierter Institutionen auf kommunaler, Landes- und Bundesebene statt, Bürgerinnen und Bürger sind selbst zur politischen Teilhabe aufgerufen, ihre Rechte sind festgeschrieben und im Zweifel einklagbar, der Staat hat eine soziale Verantwortung. All diese „Selbstverständlichkeiten" prägen das politische Geschehen in der Bundesrepublik Deutschland. Zumindest ist dies der Anspruch des Grundgesetzes, das als elementare gesetzliche Richtlinie das Handeln des Staates und der Bürgerinnen und Bürger mit einem normativen Fundament ausstattet. Das Grundgesetz enthält insbesondere wesentliche Richtlinien für die Organisation und die Ausrichtung staatlichen Handelns. Diese gelten deshalb als zentrale Verfassungsgrundsätze der Bundesrepublik Deutschland.
Der Blick in die politisch-gesellschaftliche Realität zeigt jedoch, dass die konkrete Ausgestaltung dieser Verfassungsgrundsätze in zahlreichen Fällen durchaus Interpretationsspielräume offenlässt und selbst Gegenstand politischer Auseinandersetzungen ist. Die Analyse dieser „Verfassungswirklichkeit" ist deshalb von hoher Bedeutung. Nur so kann beurteilt werden, welche unterschiedlichen Auslegungen des Verfassungstextes möglich sind und an welchen Stellen es hier unter Umständen zu problematischen Ergebnissen kommen kann.

Artikel 1 des Grundgesetzes: „Die Würde des Menschen ist unantastbar." Schriftzug an der Fassade des Gerichtsgebäudes in Frankfurt/Main

1 Erarbeiten Sie in Gruppen Plakatpräsentationen zu den einzelnen Verfassungsgrundsätzen der BRD. Erläutern Sie dabei den jeweiligen Verfassungsgrundsatz und seine Bedeutung anhand eines Beispiels. (→ *Präsentationsmethoden*)

2 Stellen Sie die drei zentralen Verfassungsprinzipien Demokratie, Bundesstaat, Rechtsstaat/Sozialstaat in Standbildern dar. (→ *Simulationsmethoden*)

3 Erläutern Sie das Verhältnis zwischen Verfassungsnorm und Verfassungswirklichkeit. Arbeiten Sie dabei auch Gründe für ein mögliches Abweichen der Wirklichkeit von der Norm heraus.

4 Analysieren Sie das Fallbeispiel „Hartz-IV-Revision" (M 3, M 4) im Hinblick auf das Verhältnis zwischen Verfassungsnorm und Verfassungswirklichkeit. Recherchieren Sie hierzu ggfs. weitere Informationen im Internet. (→ *Auswertungsmethoden*)

5 Beurteilen Sie: Ist die Neuregelung der Regelsätze des ALG II aus Ihrer Sicht mit dem Grundgesetz vereinbar (M 5, M 6)?

6 Nehmen Sie begründet Stellung zu folgender Aussage: „Das Grundgesetz ist das Fundament unserer politisch-gesellschaftlichen Ordnung."

M1 Das Grundgesetz

Volkssouveränität, Gewaltenteilung, Achtung der Menschenrechte: Die deutsche Verfassung definiert grundlegende Prinzipien der Ordnung in Deutschland. Dabei war das Grundgesetz zunächst nur als Provisorium gedacht.

Am 3. Oktober 1990 trat die DDR der Bundesrepublik Deutschland und damit dem „Geltungsbereich des Grundgesetzes" bei. Damit wurde der Auftrag der Präambel des Grundgesetzes an das deutsche Volk erfüllt, „in freier Selbstbestimmung die Einheit und Freiheit Deutschlands zu vollenden". Alle Deutschen leben in einem Staat mit völkerrechtlich gesicherten Grenzen und mit einer Verfassung, die sich in 60 Jahren bewährt hat und von der überwiegenden Mehrheit der Deutschen als die beste Verfassung seiner Geschichte angesehen wird. (...)

Die erste freiheitliche Verfassung der Deutschen war 1849 von der Nationalversammlung in der Frankfurter Paulskirche verabschiedet worden. Die Hoffnungen der liberalen und demokratischen Bewegung, die nationale Einheit als souveräne Entscheidung des deutschen Volkes auf parlamentarischem Wege zu erreichen, gingen nicht in Erfüllung. Der deutsche Nationalstaat sollte erst 1871 von Bismarck als Bund deutscher Fürsten gegründet werden. Das Deutsche Reich war eine konstitutionelle Monarchie mit obrigkeitsstaatlichen Zügen, die als Folge der Niederlage im Ersten Weltkrieg ihr Ende fand. (...)

Am 31. Juli 1919 verabschiedete die in Weimar tagende Nationalversammlung die „Verfassung des Deutschen Reichs", die Weimarer Verfassung. Das Reich wurde eine demokratische parlamentarische Republik. Dieser zweite Versuch, in Deutschland eine parlamentarische Demokratie westlicher Prägung zu schaffen, stieß von Beginn an auf erhebliche Vorbehalte. Die demokratischen Kräfte in Politik, Verwaltung, Wirtschaft und Gesellschaft blieben schwach. Die Republik scheiterte an den Lasten des verlorenen Krieges und an wirtschaftlichen Krisen, die zur politischen Radikalisierung und zur Abwendung vieler Bürger von der Demokratie führten. (...)

Der dritte Anlauf zur deutschen Demokratie begann unter noch weit schwierigeren Bedingungen. Das Grundgesetz entstand in einer Zeit, die geprägt war von beispielloser Not im Gefolge eines verheerenden Krieges, unter der moralischen Belastung durch die Verbrechen des nationalsozialistischen Regimes, in einem geteilten Land, das unter der Herrschaft der Siegermächte stand.

Als die Spannungen zwischen den Westmächten und der Sowjetunion sich immer mehr verschärften und eine Einigung über die Wiederherstellung eines gesamtdeutschen Staates immer unwahrscheinlicher wurde, kamen die Westmächte überein, einen westdeutschen Teilstaat zu errichten. Die Militärgouverneure der drei Westzonen forderten die Ministerpräsidenten der westdeutschen Länder auf, eine Nationalversammlung einzuberufen, um eine Verfassung auszuarbeiten. Sie sollte durch eine Volksabstimmung in Kraft gesetzt werden. Die Ministerpräsidenten befürchteten, dass damit die Teilung Deutschlands auch staatsrechtlich besiegelt würde. Sie bestanden darauf, dass kein vollgültiger Staat entstehen sollte, sondern ein Provisorium. Daher arbeitete eine von den Landtagen in den drei Westzonen gewählte Versammlung aus 65 Mitgliedern ein Grundgesetz für die einheitliche Verwaltung der Westzonen aus, das von den Parlamenten der Länder angenommen werden sollte.

Der Parlamentarische Rat trat am 1. September 1948 zusammen. Über die Grundprinzipien der Verfassungsordnung gab es trotz unterschiedlicher Auffassungen im Einzelnen keine Meinungsverschiedenheiten. Das Grundgesetz konnte am 23. Mai 1949 verkündet werden.

Die Mitglieder des Parlamentarischen Rates hatten die Zerstörung der Weimarer Republik und die Erfahrungen mit der nationalsozialistischen Diktatur vor Augen. Sie waren entschlossen, Schwächen der Weimarer Verfassung, in denen sie einen wesentlichen Grund für das Scheitern der ersten deutschen Demokratie erblickten, zu vermeiden. Demokratie und Rechtsstaat sollten nicht noch einmal durch verfassungsändernde Gesetze beseitigt werden können. Die grundlegenden Prinzipien, der Kernbereich der Verfassung, sollten unantastbar sein und auch durch verfassungsändernde Mehrheiten nicht aufgehoben werden können.

Artikel 79

(3) Eine Änderung dieses Grundgesetzes, durch welche die Gliederung des Bundes in Länder, die grundsätzliche Mitwirkung der Länder bei der Gesetzgebung oder die in den Artikeln 1 und 20 niedergelegten Grundsätze berührt werden, ist unzulässig.

Das Grundgesetz als Fundament

Dieser Artikel legt die unveränderbaren Kernelemente der Verfassung fest. Art. 1 leitet den Katalog der Grundrechte ein und erklärt sie für unmittelbar geltendes Recht.

Artikel 20

(1) Die Bundesrepublik Deutschland ist ein demokratischer und sozialer Bundesstaat.

(2) Alle Staatsgewalt geht vom Volke aus. Sie wird vom Volke in Wahlen und Abstimmungen und durch besondere Organe der Gesetzgebung, der vollziehenden Gewalt und der Rechtsprechung ausgeübt.

(3) Die Gesetzgebung ist an die verfassungsmäßige Ordnung, die vollziehende Gewalt und die Rechtsprechung sind an Gesetz und Recht gebunden.

Auch als „Verfassung in Kurzform" bezeichnet, enthält dieser Artikel die tragenden Strukturprinzipien des Grundgesetzes:

- Demokratie
- Bundesstaat
- Rechtsstaat
- Sozialstaat (...)

Das Grundgesetz bezeichnet die Verfassungsordnung der Bundesrepublik Deutschland als freiheitliche demokratische Grundordnung. Sie basiert auf den genannten Strukturprinzipien. Das Bundesverfassungsgericht hat ihre Elemente bereits 1952 im Einzelnen definiert: „So lässt sich die freiheitliche demokratische Grundordnung als eine Ordnung bestimmen, die unter Ausschluss jeglicher Gewalt- und Willkürherrschaft eine rechtsstaatliche Herrschaftsordnung auf der Grundlage der Selbstbestimmung des Volkes nach dem Willen der jeweiligen Mehrheit und der Freiheit und Gleichheit darstellt. Zu den grundlegenden Prinzipien dieser Ordnung sind mindestens zu rechnen:"

- Achtung vor den im Grundgesetz konkretisierten Menschenrechten, vor allem vor dem Recht der Persönlichkeit auf Leben und freie Entfaltung
- Volkssouveränität
- Gewaltenteilung
- Verantwortlichkeit der Regierung
- Gesetzmäßigkeit der Verwaltung
- Unabhängigkeit der Gerichte
- Mehrparteienprinzip
- Chancengleichheit für alle politischen Parteien mit dem Recht auf verfassungsmäßige Bildung und Ausübung einer Opposition.

Horst Pötzsch: Die Deutsche Demokratie. Bonn (Bundeszentrale) 2009, S. 13–16

M2 Verfassungsnorm und Verfassungsrealität

Unter den Begriffen Verfassungsnorm und Verfassungsrealität versteht man im Allgemeinen den Widerspruch zwischen den Gegebenheiten der Verfassung eines Staates oder eines Bundeslandes und der Beeinflussung dieser Gesetze durch Exekutive, Judikative und Legislative oder deren Umsetzung innerhalb der betroffenen Region und der dazugehörigen Gesellschaft. Während die Verfassungsnorm klar durch die Gesetzgebung und die Verfassung geregelt ist und dadurch einen gewissen Leitfaden und eine Übersichtlichkeit besitzt, ist die Verfassungsrealität folgendermaßen definiert: durch vereinzelte richterliche Urteile, welche eigentlich der Gesetzgebung widersprechen, durch fehlende Umsetzung innerhalb der Bevölkerung, durch die Unübersichtlichkeit innerhalb der Gesetzgebung sowie die dadurch (vereinzelt) entstehenden Gesetze, welche sich gegenseitig, zumindest teilweise, widersprechen. Da die Bevölkerung eigentlich der Gesetzgebung vertraut, kann es vorkommen, dass sich diese, oder zumindest der betroffene Bevölkerungsteil, welcher durch den Widerspruch benachteiligt wird, aufgrund dieser Diskriminierung benachteiligt fühlt und somit eine Kluft zwischen den einzelnen Bevölkerungsgruppen entsteht. (...)

So besagt Artikel 5 des Grundgesetzes, dass eine Zensur von staatlicher Seite zu keinem Zeitpunkt stattfinden kann. Das deutsche Indizierungsrecht, welches sich auf den zweiten Abschnitt des 5. Artikels (Jugendschutz und Schutz der persönlichen Ehre) stützt, ermöglicht aber die Legitimation einer staatlichen Zensur. So hat die dafür zuständige Behörde, die BPjM (Bundesprüfstelle für Jugendgefährdenden Medien) die Möglichkeit, durch ihr Handeln Musikstücke, Literatur und modernere Medien, wie zum Beispiel Filme und Videospiele, gesetzlich zu verbieten.

Nach: http://de.mini.wikia.com/wiki/POL.SYS.BRD/Verfassungsnorm_und_Verfassungsrealität (Zugriff: 3.11.2012)

M3 Sozialstaatsprinzip und Existenzminimum

Während die Grundrechte – wenn auch nicht ausschließlich, so doch in erster Linie – klassische abwehrrechtliche Funktionen haben, enthält das Sozialstaatsprinzip einen Gestaltungsauftrag. Das Sozialstaatsprinzip ist verfassungsrechtlich weniger konturiert als alle anderen Prinzipien, wie etwa das Rechtsstaatsprinzip (...). Es ist in Art. 20 und 28 GG niedergelegt und kommt in der adjektivischen Formulierung des „sozialen Bundesstaates" bzw. des „sozialen Rechtsstaates" zum Ausdruck. Das Sozialstaatsprinzip ist nach ganz überwiegender Meinung nicht lediglich unverbindlicher Programmsatz, sondern gilt unmittelbar und ist verbindlich. Die textliche Unbestimmtheit der Sozialstaatsklausel wird auch, nicht wie bei den übrigen Grundprinzipien, dadurch aufgefangen, dass sie durch weitere Bestimmungen im Rahmen der Gesamtverfassung näher konkretisiert und ausgefüllt wird. (...) Auch wenn das Sozialstaatsprinzip keine subjektiven öffentlichen Rechte vermittelt, sondern allenfalls im Zusammenspiel mit grundrechtlichen Gewährleistungen, so zählt es als Verfassungsnorm zur objektiven Rechtsordnung. Der Staat – das ist die Aussage des Art. 20 GG – hat sozial zu sein, ohne dass die Art und Weise der sozialen Ausgestaltung von vornherein vorgegeben wäre. In der Verpflichtung auf den Sozialstaat kommt die soziale Verantwortung zum Ausdruck, die dem Staat von der Verfassung auferlegt ist. Wenn das Grundgesetz von einem sozialen Staat ausgeht, so ist hierin ein beständiger Auftrag enthalten, soziale Verhältnisse herzustellen, zu erhalten oder zu sichern. (...) Als Ermächtigungsnorm ist das Sozialstaatsprinzip damit Gestaltungsauftrag an diejenigen Verfassungsorgane, die für die Umsetzung gesellschaftspolitischer Zielvorstellungen zuständig sind. Allerdings muss sich dieser Auftrag immer auch an dem messen lassen, was tatsächlich und finanziell möglich ist.

Christof Gramm/Stefan Pieper: Grundgesetz: Bürgerkommentar, Baden-Baden 2010, S. 95 f.

subjektive Rechte: gesetzliche Vorschriften, die sich auf konkrete Rechte des Einzelnen beziehen

objektive Rechtsordnung: Gesamtheit aller gesetzlicher Regelungen, zu deren Einhaltung alle Bürger verpflichtet sind

M4 Verfassungsrichter verlangen Hartz-IV-Revision

Die größte Sozialreform der Bundesrepublik muss drastisch korrigiert werden: Das Bundesverfassungsgericht hat die Hartz-IV-Leistungssätze für völlig falsch berechnet erklärt. Mehrere Familien hatten geklagt – sie bekamen in weiten Teilen Recht, die Regierung muss bis Jahresende neue Regelungen umsetzen.

Die Bundesregierung muss Hartz IV korrigieren. Das Verfassungsgericht hat in einem wegweisenden Urteil große Veränderungen an der größten Sozialreform der Bundesrepublik gefordert.

Drei Familien hatten vor den Sozialgerichten geklagt, weil sie die Hilfssätze für Kinder und Erwachsene zu gering fanden – sie bekamen jetzt vom Verfassungsgericht im Grundsatz Recht. Und die Verfassungsrichter gingen noch einen Schritt weiter. Erstmals äußerten sie sich auch grundsätzlich zum sogenannten Grundrecht auf ein menschenwürdiges Existenzminimum und urteilten:

- Die Berechnung der Hartz-IV-Regelsätze für Kinder und Erwachsene ist verfassungswidrig.
- Sie bleibt aber bis zum Jahresende in Kraft.
- Ab 1. Januar 2011 muss eine Neuregelung gelten.
- Bis dahin können die knapp sieben Millionen Hilfebedürftigen ergänzende Leistungen beanspruchen, allerdings nur in seltenen Fällen, soweit dies zur Gewährleistung eines menschenwürdigen Existenzminimums erforderlich ist.

Der Hartz-IV-Regelsatz für Erwachsene liegt derzeit bei 359 Euro monatlich. Bei Inkrafttreten der Sozialreform Anfang 2005 waren es noch 345 Euro – errechnet nach einer Grundversorgungstabelle (...). In Deutschland beziehen mehr als 6,5 Millionen Menschen Hartz-IV-Leistungen. 1,7 Millionen Kinder und Jugendliche leben von Hartz IV – die Leistungen sind gestaffelt, und zwar ausgehend vom Regelsatz. Unter sechs Jahren gibt es 60 Prozent (215 Euro), unter 14 Jahren 70 Prozent (251 Euro), von 14 bis 18 Jahren 80 Prozent (287 Euro).

Die Karlsruher Richter halten die derzeitigen Berechnungen für nicht transparent genug. Das Gericht forderte den Gesetzgeber auf, bis zum 31. Dezember eine an der Realität orientierte Neuregelung zu schaffen. Ob Bezieher des Arbeitslosengeldes II deshalb mehr Geld bekommen müssen, ließ das Gericht offen.

„Die Regelleistungen sowohl des Arbeitslosengeldes II für Erwachsene als auch des Sozialgeldes für Kinder bis zur Vollendung des 14. Lebensjahres genügen dem Grundrecht auf Gewährleistung eines menschenwürdigen Existenzminimums nicht", sagte der Präsident des Bundesverfassungsgerichts, Hans-Jürgen Papier, in seiner Urteilsverkündung.

plö/phw/mmq/dpa/AFP: Wegweisendes Urteil. Verfassungsrichter verlangen Hartz-IV-Revision. In: Spiegel Online v. 9.2.2010, in: http://www.spiegel.de/politik/deutschland/0,1518,676708,00.html (Zugriff: 11.2.2012)

M5 Regierung erhöht das Arbeitslosengeld und sorgt für Proteste

Bundesarbeitsministerin Ursula von der Leyen (CDU) hat die geplante Erhöhung der Regelsätze für Hartz-IV-Bezieher um fünf Euro bestätigt. Nach Berechnungen des Statistischen Bundesamtes werde es eine „leichte Erhöhung" der Sätze für Erwachsene um fünf auf 364 Euro monatlich geben, sagte von der Leyen nach einem Treffen mit den Spitzen der Koalition am Sonntag in Berlin. Bei dieser Neuberechnung seien Tabak und Alkohol nicht mit berechnet worden, „denn das sind Genussmittel, die nicht existenzsichernd sind".
Überrascht äußerte sich die Ministerin darüber, dass rein rechnerisch die bisherigen Sätze für Kinder und Jugendliche um zwei bis zwölf Euro gesenkt werden müssten. „Das hat mich selbst auch sprachlos gemacht", sagte sie. Eine Kürzung werde es aber trotzdem nicht geben, denn die Familien sollten Vertrauensschutz genießen. „Sie haben sich auf dieses Niveau eingerichtet. Und deshalb werden die Kinderregelsätze unangetastet bleiben", sagte von der Leyen. Sie wies darauf hin, dass ab Januar die Kinder zusätzlich das neue „Bildungspaket" (s. M 6) erhalten.
Gleichzeitig warnte von der Leyen die SPD vor einer Blockade der Reform. „Für uns zählt: Was können die Leute ausgeben, die mit Arbeit ihr eigenes kleines Einkommen verdienen", sagte die CDU-Politikerin der „Bild"-Zeitung. „Auch die können sich nicht alles leisten und müssen Schwerpunkte setzen." Wer mehr ausgeben wolle, müsse etwas dafür tun und müsse arbeiten.
An die Adresse der SPD, die eine Erhöhung um nur fünf Euro für zu wenig hält und Widerstand im Bundesrat erwägt, sagte die Ministerin: „Die Zahlen des Statistischen Bundesamtes sprechen eine klare Sprache. Dagegen kann auch die SPD nicht argumentieren." Sie könne sich „im Übrigen nicht vorstellen, dass die SPD das Bildungspaket mit warmem Mittagessen für bedürftige Kinder, Schulmaterial, Lernförderung und einem Budget etwa für Musik oder den Fußballverein ablehnen wird". (...)
Die Bundesregierung will das Gesamtpaket am 20. Oktober im Kabinett beschließen, auch wenn eine Einigung über die Zuverdienstregelungen von Hartz-IV-Empfängern noch aussteht. Das betonten Bundeskanzlerin Angela Merkel, CSU-Chef Horst Seehofer und der FDP-Vorsitzende Guido Westerwelle am Sonntag nach Abschluss der Koalitionsrunde. „Ich bin sicher, dass wir das Paket am 20. Oktober in allen drei Teilen beschließen können", sagte Merkel.
Sowohl Westerwelle als auch Seehofer betonten, dass auch für sie ein Gesamtpaket wichtig sei. Dies beinhaltet den neuen Regelsatz für Hartz-IV-Empfänger, mehr Bildungshilfen für Kinder aus Hartz-IV-Familien in Form von Sachleistungen sowie die Zuverdienstmöglichkeiten, über die sich die Koalitionsrunde am Sonntag noch nicht einigen konnte. CSU-Chef Seehofer sagte, seine Partei sei mit den Sachleistungen einverstanden.
Nach der Neubemessung liegt die neue Regelleistung für alleinstehende und alleinerziehende Erwachsene nun bei 364 Euro, also fünf Euro höher als bisher. Grundlage bildete die Einkommens- und Verbrauchsstatistik 2008 mit rund 230 Positionen. Bei der Überprüfung, welche Ausgaben Geringverdiener tatsächlich haben, wurden laut Ministerium wenige Positionen neu hinzugefügt. Dazu zählen etwa Softwaredownloads und die Praxisgebühr. Als „nicht regelsatzrelevant" wurden zum Beispiel Autos, Haushaltshilfen, Flugreisen, aber auch illegale Drogen und Glücksspiele eingestuft. Erstmals wurden auch Tabak und Alkohol auf die „schwarze Liste" gesetzt. (...)
SPD-Chef Sigmar Gabriel warf Merkel am Sonntag vor, sie lasse sich von Westerwelle erpressen. Der FDP-Chef könne wegen seiner jüngsten Äußerungen über den Sozialstaat eine wirkliche Erhöhung der Sätze nicht zulassen, und „Merkel macht dieses schäbige Spiel mit", sagte Gabriel in Berlin. SPD-Sozialexpertin Elke Ferner bekräftigte, die Sozialdemokraten würden im Bundesrat einer Hartz-Regelung nur zustimmen, wenn alle Vorgaben

des Bundesverfassungsgerichts erfüllt würden. Sie verlangte die „vollständige Offenlegung der Daten und des Berechnungsverfahrens". Grünen-Chef Cem Özdemir hat massiven Widerstand gegen die Entscheidung der Bundesregierung über die Erhöhung des Hartz-IV-Regelsatzes um fünf Euro pro Monat angekündigt. „Die Bundesregierung hat ein unmoralisches Koordinatensystem", sagte Özdemir dem „Hamburger Abendblatt". (...)

Die stellvertretende Vorsitzende der Dienstleistungsgewerkschaft ver.di, Margret Mönig-Raane, wirft der schwarz-gelben Koalition vor, sich den künftigen Hartz-IV-Regelsatz schöngerechnet zu haben. „Die Befürchtung, dass die Regierung so lange gerechnet und gewichtet hat, bis ihr das Ergebnis politisch genehm war, kann man schon haben", sagte Mönig-Raane der „Saarbrücker Zeitung". Der jüngste Regierungsbeschluss zeige, „dass unten weiter gespart wird und die da oben weiter verschont bleiben".

Das Erwerbslosen-Forum Deutschland nannte von der Leyens Vorschlag einen schlechten Scherz. „Deutlicher kann uns Schwarz-Gelb nicht klar machen, dass Menschen mit Hartz-IV-Leistungen der Koalition nichts wert sind, während die Büttelpolitik für die Akteure und Profiteure der Finanz- und Wirtschaftskrise immer schamloser fortgesetzt wird", erklärte der Verband mit Blick auf Berichte, dass 200 Banker aus Kreditinstituten mit Staatshilfe wieder auf ein Jahreseinkommen von mehr als 500 000 Euro kämen.

Der Paritätische Wohlfahrtsverband kritisierte die Entscheidung als „sozialpolitischen Skandal". „Nach der Streichung des Elterngeldes für Hartz-IV-Bezieher würde hier erneut Politik gegen die Armen gemacht", erklärte Hauptgeschäftsführer Ulrich Schneider.

RPO: Proteststurm gegen Neuregelung. Von der Leyen rechtfertigt Hartz-IV-Reform, RP Online v. 26.9.2010, in: http://www.rp-online.de (Zugriff: 6.2.2012)

M6 Berechnungsgrundlage für das Arbeitslosengeld II

Verbrauchsangaben in Euro pro Monat	Kinder und Jugendliche			Erwachsene
	bis 6 Jahre	7 bis 14 Jahre	15 bis 18 Jahre	
Nahrungsmittel, alkoholfreie Getränke	78,76	96,55	124,02	128,46
Bekleidung, Schuhe	31,18	33,32	37,21	30,40
Wohnen, Energie, Wohnungsinstandhaltung	7,04	11,07	15,34	30,24
Innenausstattung, Haushaltsgeräte, -gegenst.	13,64	11,77	14,72	27,41
Gesundheitspflege	6,09	4,95	6,56	15,55
Verkehr	11,79	14,00	12,62	22,78
Nachrichtenübermittlung	15,75	15,35	15,79	31,96
Freizeit, Unterhaltung, Kultur	35,93	41,33	31,41	39,96
Bildung	0,98	1,16	0,29	1,39
Beherbergung, Gaststättendienstleistungen	1,44	3,51	4,78	7,16
Andere Waren und Dienstleistungen	9,18	7,31	10,88	26,50
Berechnungssumme	**211,69**	**240,32**	**273,62**	**361,81**
wird ab 1.1.2011 gezahlt	**215,00**	**251,00**	**287,00**	**364,00**

Bildungspaket	
Hartz-IV-Familien können für ihre Schulkinder ab 2011 jährlich Leistungen von mindestens 250 Euro abrufen	
Leistungen pro Kind in Euro	
100,00	Schulbasispaket, für Anschaffungen wie Schulranzen und Taschenrechner (70 Euro erhalten Familien zu Beginn des Schuljahres, 30 Euro zu Beginn des zweiten Halbjahres)
30,00	jährlicher Gutschein für die Teilnahme an eintägigen Ausflügen
120,00	jährlich, für die Mitgliedschaft in Sportvereinen, für Musikunterricht, die Teilnahme an Ferienfreizeiten oder für andere Freizeitaktivitäten. Das Jobcenter stellt für jedes Kind personengebundene Gutscheine aus, die bei Vereinen und den jeweiligen Kursen abgegeben werden können
2,00	Zuschuss pro Mahlzeit für Mittagessen in Schulen und Kitas
	Außerschulische Nachhilfe für Kinder mit „objektiven Schulproblemen" kann beim Jobcenter beantragt werden
Das Elterngeld von 300 Euro pro Monat wird ab Januar 2011 de facto gestrichen.	

Aus: Süddeutsche Zeitung v. 28.9.2010, in: http://www.sueddeutsche.de/wirtschaft/hartz-iv-neuberechnung-der-regelsaetze-das-duerftige-haeppchen-1.1005273 (Zugriff: 10.2.2012)

Demokratie im Grundgesetz

Die Bundesrepublik Deutschland ist eine repräsentative Demokratie. Dies bedeutet, dass politische Entscheidungen zwar grundsätzlich auf demokratischem Wege zustande kommen, jedoch in der Regel nicht unter direkter Beteiligung der Bürgerinnen und Bürger. Andererseits sind alle demokratischen Institutionen in der BRD demokratisch legitimiert: über Wahlen durch die Bevölkerung (z. B. Bundestag, Landtage) oder über Bestimmung und Kontrolle durch gewählte Volksvertreter (z. B. Bundesregierung, Landesregierungen). Der stellvertretenden Repräsentation politischer Interessen kommt vor diesem Hintergrund in der Demokratie der BRD eine herausgehobene Bedeutung zu. Entsprechende Regelungen finden sich im Grundgesetz, das das Zusammenspiel der einzelnen Institutionen im demokratischen Prozess regelt.

In jüngerer Zeit wird in diesem Zusammenhang jedoch zunehmend die Frage diskutiert, ob nicht eine Ausweitung der direkten Teilhabemöglichkeiten für die Bürgerinnen und Bürger anzustreben sei. Das vom Grundgesetz vorgesehene Repräsentativsystem müsste dazu geändert werden, um eine stärkere Beteiligung der Bürgerinnen und Bürger an der demokratischen Regelung konkreter Problemstellungen von öffentlicher Bedeutung zu erlauben. Dies wiederum hätte deutliche Auswirkungen auf das Zusammenspiel der politischen Institutionen in der BRD.

Aktion „Volksentscheid ins Grundgesetz", 2009

1 Fassen Sie zusammen: Welches Demokratiemodell sieht das Grundgesetz für die Bundesrepublik Deutschland vor?

2 Tragen Sie in Gruppen Beispiele aus dem täglichen politischen Geschehen zusammen, an denen Ihrer Meinung nach das Demokratiemodell des Grundgesetzes praxisbezogen erläutert werden kann. Erarbeiten Sie auf der Basis Ihrer Ergebnisse Kurzpräsentationen und informieren Sie sich mithilfe dieser Präsentationen gegenseitig innerhalb Ihres Kurses. (→ *Präsentationsmethoden*)

3 Analysieren Sie den Reformvorschlag der Initiative Mehr Demokratie e.V. (**M 7**) im Hinblick auf dessen Position zum grundgesetzlich verankerten Demokratiemodell der BRD. (→ *Auswertungsmethoden*)

4 Recherchieren Sie im Internet den aktuellen Stand der Diskussion um den Vorschlag zur Einführung bundesweiter Volksentscheide. (→ *Auswertungsmethoden*)

5 Führen Sie an Ihrer Schule eine eigene statistische Erhebung durch zur Frage, ob eine verstärkte direkte Beteiligung an politischen Entscheidungsprozessen gewünscht wird und welche Chancen bzw. Risiken in diesem Zusammenhang genannt werden. (→ *Erhebungsmethoden*)

6 Erläutern Sie, welche Funktionen die unterschiedlichen Verfassungsorgane jeweils im Rahmen des Demokratiemodells der BRD erfüllen, und arbeiten Sie heraus, welche Zusammenhänge zwischen den einzelnen Organen bestehen.

7 Beschreiben Sie kurz den Entstehungsprozess eines Gesetzes in der BRD (**M 11**).

8 Erörtern Sie: Wie würde sich der Entstehungsprozess von Gesetzen verändern, wenn der Reformvorschlag der Initiative Mehr Demokratie e.V. umgesetzt würde? Welche Folgen hätte dies?

9 Sollte es auf Bundesebene künftig verbindliche Volksentscheide geben? Bereiten Sie zu dieser Frage eine Pro-Kontra-Debatte vor und führen Sie diese durch. (→ *Artikulationsmethoden*)

M7 Ein Vorschlag: Bundesweite Volksentscheide

Aus einem Aufruf der Initiative Mehr Demokratie e.V.:

In Deutschland haben Bürger nicht das Recht, Volksbegehren zu bundespolitischen Themen zu starten, um einen Volksentscheid zu erreichen. Zum Beispiel die Laufzeitverlängerung für Atomkraftwerke oder die Gesundheitsreform sind für Volksentscheide tabu. Da, wo es am wichtigsten und spannendsten ist, mitzubestimmen, ist es uns nicht erlaubt.

Artikel 20 des Grundgesetzes spricht uns das Recht auf Abstimmungen aber zu: „Alle Staatsgewalt geht vom Volke aus. Sie wird vom Volke in Wahlen und Abstimmungen (...) ausgeübt."

Wir wollen, dass der Volksentscheid auf Bundesebene endlich eingeführt wird. Wir schlagen ein dreistufiges Verfahren vor:

- Volksinitiative: Mit 100 000 Unterschriften kann dem Bundestag ein Gesetzentwurf vorgelegt werden.
- Volksbegehren: Lehnt der Bundestag die Volksinitiative ab, kann ein Volksbegehren eingeleitet werden. Für dessen Erfolg müssen in sechs Monaten eine Million Unterschriften zusammenkommen.
- Volksabstimmung: Hier entscheidet – wie bei Wahlen – die Mehrheit der abgegebenen Stimmen. Jeder Haushalt bekommt im Vorfeld eine Abstimmungsbroschüre mit wichtigen Informationen und allen Pro-und-Kontra-Argumenten.

Zusätzlich sollen die Bürgerinnen und Bürger die Möglichkeit haben, eine Volksabstimmung gegen Beschlüsse des Bundestages einzuleiten (fakultatives Referendum) und bei wichtigen EU-Reformen und Grundgesetzänderungen mitzuentscheiden (obligatorisches Referendum).

Mehr Demokratie: Unser Vorschlag, in: http://www.mehr-demokratie.de/gesetzentwurf.html (Zugriff: 20.2.2012)

M8 Demokratie im Grundgesetz

Demokratien wollen nahezu alle Länder der heutigen Welt sein. Kaum ein politisches Regime bezeichnet sich nicht als demokratisch. Selbst autoritäre Herrschaftssysteme in Asien, Afrika und Lateinamerika berufen sich ebenso auf die Demokratie wie traditionell demokratische Länder der westlichen Welt. Das galt gleichermaßen für die zusammengebrochenen „realsozialistischen" Systeme Mittel- und Osteuropas, die sich als „Volksdemokratie" oder „sozialistische Demokratie" bezeichneten.

Was ist eigentlich Demokratie? Die deutsche Wiedergabe des griechischen Wortes als „Volksherrschaft" ist nicht sehr aussagekräftig. Das Volk kann Herrschaft auf verschiedene Weise ausüben. In den kleinen überschaubaren Stadtstaaten des antiken Griechenlands kam das Volk, das waren damals die freien Männer, auf dem Marktplatz zusammen und stimmte über die Gesetze ab. In den heutigen Großstaaten ist diese Form direkter Demokratie nicht mehr praktikabel. Das Volk kann in der modernen Massendemokratie die Herrschaft nur mittelbar und indirekt ausüben, indem es sie auf Vertreter (Repräsentanten) überträgt.

Die Demokratie des Grundgesetzes

Artikel 20

(1) *Die Bundesrepublik Deutschland ist ein demokratischer und sozialer Bundesstaat.*

Mit diesem Artikel legt das Grundgesetz die Demokratie als die Grundlage und den Rahmen unserer Verfassungsordnung fest. Die Demokratie des Grundgesetzes kann auf einige wenige Prinzipien zurückgeführt werden:

Artikel 20

(2) Alle Staatsgewalt geht vom Volke aus. Sie wird vom Volke in Wahlen und Abstimmungen und durch besondere Organe der Gesetzgebung, der vollziehenden Gewalt und der Rechtsprechung ausgeübt.

Volkssouveränität

Jede staatliche Machtausübung muss durch das Volk legitimiert sein. Die staatlichen Organe müssen entweder, wie die Parlamente, aus Volkswahlen hervorgehen oder, wie die Regierung und die von ihr berufene Verwaltung, von den gewählten Repräsentanten eingesetzt werden. Die Amtsinhaber sind dem Volk bzw. seinen Repräsentanten verantwortlich und können aus ihrem Amt entfernt werden.

Repräsentativsystem

Die Verfassunggeber haben sich für ein reines Repräsentativsystem entschieden. Das Volk übt die Staatsgewalt nicht direkt aus, sondern überträgt sie durch Wahlen Repräsentanten, den Abgeordneten, die in seinem Auftrag die Entscheidungen im Staat treffen. Die in Art. 20 Abs. 2 genannten Abstimmungen sind nur für den Fall einer Neugliederung der Länder vorgesehen. Einer solchen Neugliederung muss

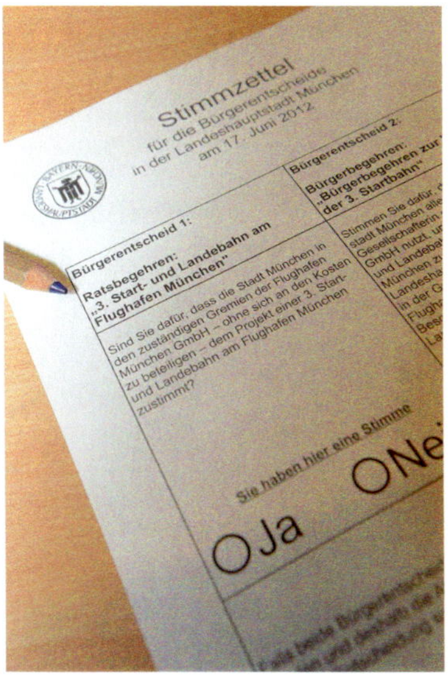

Bürgerentscheid in München, Juni 2012

die betroffene Bevölkerung durch Volksentscheid zustimmen.
Dagegen enthalten fast alle Landesverfassungen Bestimmungen über Volksbegehren und Volksentscheide. Die Entscheidung gegen die Aufnahme von Elementen direkter Demokratie in das Grundgesetz wurde durch die negativen Erfahrungen in der Zeit der Weimarer Republik beeinflusst. In den letzten Jahrzehnten wurden immer wieder Forderungen nach einer direkten Beteiligung der Bürger an den politischen Entscheidungen laut. Der Erfolg der Bürgerbewegungen in der ehemaligen DDR gab diesen Forderungen neuen Auftrieb. Die entsprechenden Anträge fanden in der Verfassungskommission von 1992 jedoch nicht die erforderliche Zweidrittelmehrheit.

Mehrheitsprinzip
In einer Demokratie gilt der Grundsatz, dass bei Wahlen und Abstimmungen die Mehrheit entscheidet und dass die Minderheit die Mehrheitsentscheidung anerkennt. Sie hat dafür die Chance, bei künftigen Wahlen und Abstimmungen ihrerseits die Mehrheit zu erringen, und kann erwarten, dass dann ihre Entscheidungen respektiert werden. Das Mehrheitsprinzip ist eine Kompromisslösung. Die Entscheidung der Mehrheit muss nicht „richtig" sein. Das Mehrheitsprinzip gewährleistet aber, dass Konflikte friedlich ausgetragen werden.
Horst Pötzsch: Demokratie, Bonn 2009 (Bundeszentrale), in: http://www.bpb.de (Zugriff: 20.2.2012)

M9 Verfassungsorgane der BRD: Ein Überblick

Bundespräsident
Der Bundespräsident steht als Staatsoberhaupt protokollarisch an der Spitze des Staates. Er ist das Verfassungsorgan, das die Bundesrepublik Deutschland nach innen und nach außen repräsentiert. (...)
Zu den klassischen Funktionen, die der Bundespräsident als Staatsoberhaupt hat, gehören:
- die Repräsentation der Bundesrepublik Deutschland nach innen und außen (durch sein öffentliches Auftreten bei staatlichen, gesellschaftlichen und kulturellen Veranstaltungen, durch Reden, durch Besuche in Ländern und Gemeinden, durch Staatsbesuche im Ausland und den Empfang ausländischer Staatsgäste),
- die völkerrechtliche Vertretung der Bundesrepublik Deutschland (Art. 59 Abs. 1 Satz 1 GG), der Abschluss von Verträgen mit auswärtigen Staaten (Art. 59 Abs. 1 Satz 2 GG), die Beglaubigung (Bestellung) der deutschen diplomatischen Vertreter und der Empfang (Entgegennahme der Beglaubigungsschreiben) der ausländischen Diplomaten (Art. 59 Abs. 1 Satz 3 GG).

Zu den wichtigsten weiteren Aufgaben zählen: der Vorschlag für die Wahl des Bundeskanzlers (Art. 63 GG), die Ernennung und Entlassung des Bundeskanzlers (Art. 63, 67 GG) und der Bundesminister (Art. 64 GG), die Auflösung des Bundestages (Art. 63 Abs. 4 Satz 3, Art. 68 GG), die Ausfertigung (Unterzeichnung) und Verkündung von Gesetzen (Art. 82 GG), die Ernennung und Entlassung der Bundesrichter, der Bundesbeamten, der Offiziere und Unteroffiziere (Art. 60 Abs. 1 GG), das Begnadigungsrecht für den Bund (Art. 60 Abs. 2 GG), das Ordensrecht des Bundes.
Bundespräsidialamt: Verfassungsrechtliche Grundlagen, in: http://www.bundespraesident.de (Zugriff: 12.2.2012)

Bundestag
Der Bundestag wird vom Volk gewählt und ist der Ort, an dem unterschiedliche Auffassungen über den richtigen politischen Weg formuliert und diskutiert werden.
Die wichtigsten Aufgaben des Bundestages sind die Gesetzgebung und die Kontrolle der Regierungsarbeit. Die Abgeordneten entscheiden auch über den Bundeshaushalt und

M 10 Das politische System der Bundesrepublik Deutschland

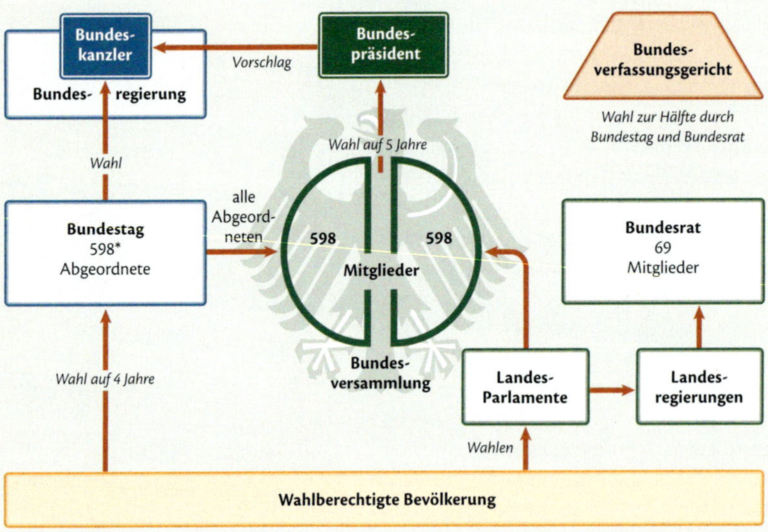

*ohne Überhangmandate

die Einsätze der Bundeswehr im Ausland. Eine weitere wichtige Aufgabe des Bundestages ist die Wahl der Bundeskanzlerin oder des Bundeskanzlers.
Die Gesetzgebung ist in Deutschland Aufgabe der Parlamente. Der Bundestag ist somit das wichtigste Organ der Legislative im Bund. Da die Länder im föderalen Staatssystem Deutschlands einen wesentlichen Anteil an der Staatsgewalt haben, ist auch die Länderkammer (Bundesrat) am Gesetzgebungsverfahren beteiligt.
Deutscher Bundestag: Funktion und Aufgabe, in: http://www.bundestag.de (Zugriff: 14.2.2012)

Bundesregierung
Die Bundesregierung ist das zentrale Exekutiv- und Koordinierungsorgan des Landes, sie ist für das Gesamtinteresse Deutschlands nach innen und außen verantwortlich. Nach dem Grundgesetz steht die Bundesregierung im Zentrum der Macht, der Bundespräsident hat weitgehend repräsentative Funktionen. Für alles, was Bundesbehörden tun oder unterlassen, hat die Bundesregierung jederzeit die Verantwortung gegenüber Bundestag und Öffentlichkeit.
Dietrich Thränhardt: Bundesregierung, in: Uwe Andersen/Wichard Woyke (Hg.): Handwörterbuch des politischen Systems, Opladen 2003, S. 63–69

Bundesrat
Durch den Bundesrat sind die Länder unmittelbar an der Willensbildung des Bundes beteiligt und wirken dadurch in die Politik des Bundes hinein.
Andererseits macht sich der Bund durch den Bundesrat die politischen und verwaltungsmäßigen Erfahrungen der Länder zunutze und wirkt mit Zustimmung des Bundesrates durch Gesetze, Rechtsverordnungen, Allgemeine Verwaltungsvorschriften und indirekt durch Regelungen der Europäischen Union in den Bereich der Länder hinein. So ist der Bundesrat die Bundeskammer der Länder, gleichzeitig aber auch die Länderkammer des Bundes. Bei der engen Verflechtung der Zuständigkeiten von Bund und Ländern – sie ist viel enger als zum Beispiel in den USA – ist eine solche „Mittlerfunktion" besonders wichtig.
Der Bundesrat hat dabei die Belange der Länder zu wahren, gleichzeitig aber auch die Bedürfnisse des Gesamtstaates zu beachten.
Bundesrat: Struktur und Aufgaben, in: http://www.bundesrat.de (Zugriff: 12.2.2012)

Bundesverfassungsgericht
Das Bundesverfassungsgericht in Karlsruhe wacht über die Einhaltung des Grundgesetzes für die Bundesrepublik Deutschland. Seit seiner Gründung im Jahr 1951 hat das Gericht dazu beigetragen, der freiheitlich-demokratischen Grundordnung Ansehen und Wirkung zu verschaffen. Das gilt vor allem für die Durchsetzung der Grundrechte.
Zur Beachtung des Grundgesetzes sind alle staatlichen Stellen verpflichtet. Kommt es dabei zum Streit, kann das Bundesverfassungsgericht angerufen werden. Seine Entscheidung ist unanfechtbar. An seine Rechtsprechung sind alle übrigen Staatsorgane gebunden.
Die Arbeit des Bundesverfassungsgerichts hat auch politische Wirkung. Das wird besonders deutlich, wenn das Gericht ein Gesetz für verfassungswidrig erklärt. Das Gericht ist aber kein politisches Organ. Sein Maßstab ist allein das Grundgesetz.
Aufgabe des Bundesverfassungsgerichts, in: http://www.bundesverfassungsgericht.de (Zugriff: 13.2.2012)

Zustimmungsgesetz: Bundesgesetz, das (auch) die Angelegenheiten der Länder berührt. Zustimmungsgesetze erfordern deshalb nicht nur eine Mehrheit im Bundestag, sondern auch im Bundesrat

M 11 Wie ein Gesetz entsteht

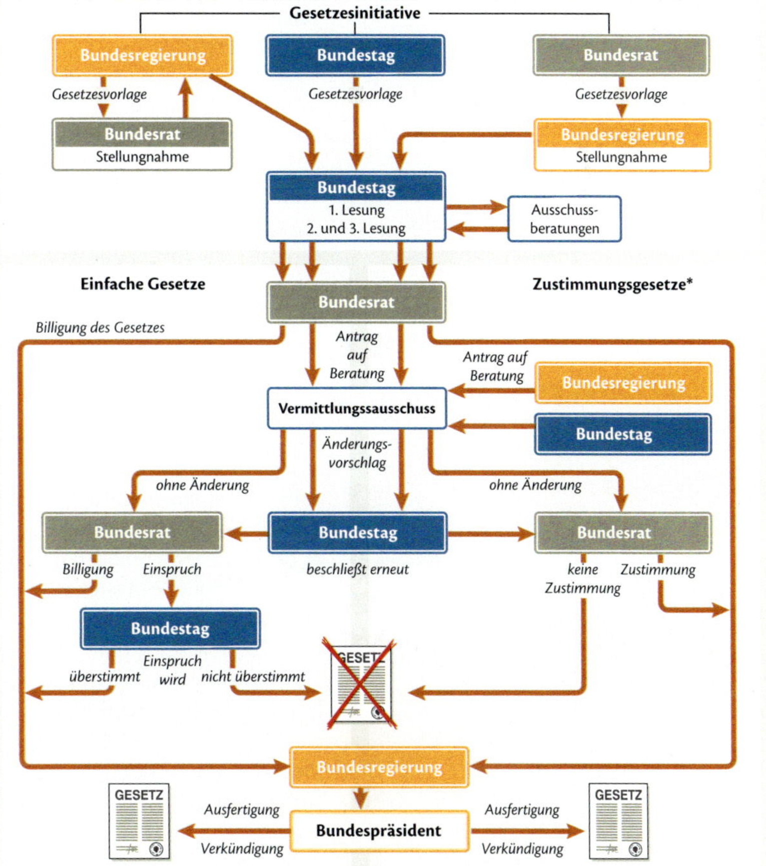

Verfassungsändernde Gesetze erfordern eine Zweidrittelmehrheit in Bundesrat und Bundestag
**Bundesgesetze, die (auch) die Angelegenheiten der Länder berühren. Sie erfordern nicht nur eine Mehrheit im Bundestag, sondern auch im Bundesrat.*
ZAHLENBILDER

Parteien und Wahlen

Parteien gemeinsam gegen Neonazis, April 2012 in Plauen (Sachsen)

Parteien sind ein fester Bestandteil der Demokratie. Im System der repräsentativen parlamentarischen Demokratie in Deutschland spielen sie eine bedeutende Rolle. Von der kommunalen über die Landes- und die Bundesebene – ja sogar auf der supranationalen Ebene der Europäischen Union – erfolgt die Willensbildung des Volkes über gewählte Repräsentanten, die sich in der Bundesrepublik nahezu ausschließlich aus den politischen Parteien rekrutieren und die Bürgerinnen und Bürgern in Parlamenten vertreten.

In Deutschland schreibt das Grundgesetz in Artikel 21 ihre zentrale Aufgabe vor: „Parteien wirken bei der politischen Willensbildung des Volkes mit." Das Gesetz über die politischen Parteien (PartG) aus dem Jahr 1967 konkretisiert Stellung und Funktion der Parteien und ergänzt: „... indem sie ... für eine ständige lebendige Verbindung zwischen dem Volk und den Staatsorganen sorgen" (PartG §1 Abs. 2). Nicht selten jedoch zeigt sich zwischen den Parteien und den Bürgerinnen und Bürgern ein eher ambivalentes Verhältnis, das die Parteiendemokratie vor große Herausforderungen stellt.

In regelmäßigen Abständen – bei Bundestagswahlen alle vier Jahre – legitimieren die Bürgerinnen und Bürger ihre Abgeordneten durch Wahl und beauftragen die Gewählten, ihre Interessen im Parlament zu vertreten. Bei der Umwandlung der Wählerstimmen in Abgeordnetensitze im Parlament – also bei der Bestimmung der Mehrheitsverhältnisse in der Volksvertretung – spielt das Wahlsystem eine entscheidende Rolle. Die Wahlbeteiligung ist gering. Kann bei geringen Wahlbeteiligungen noch von demokratischer Legitimation im eigentlichen Sinne gesprochen werden?

1 Welche Funktionen erfüllen Parteien? Bilden Sie vier Gruppen und setzen Sie sich jeweils mit einer Funktion auseinander (**M 12**). Kommen Sie anschließend zu viert zusammen, sodass immer ein Experte zu jeder Funktion vertreten ist, und erläutern Sie Ihre Ergebnisse. Erarbeiten Sie gemeinsam ein Schaubild zur Visualisierung der Funktionen. Vergleichen Sie Ihre Darstellungen mit den anderen Gruppen. (→ *Präsentationsmethoden*)

2 Vergleichen Sie die Positionen der größten Parteien zu einem aktuellen Thema, das Sie idealerweise sogar selbst betrifft. Nutzen Sie dazu die Medienberichterstattung und die Internetauftritte der Parteien. Verfolgen Sie dessen Entwicklung und analysieren Sie sie mithilfe des Politikzyklus (*s. S. 12–14*). Bewerten Sie die Positionen der Parteien anschließend begründet. (→ *Auswertungsmethoden*)

3 Arbeiten Sie heraus, warum der Autor (**M 13**) von einer Krise der Parteiendemokratie spricht. Diskutieren Sie anschließend, ob von einer insgesamt gesunkenen Bereitschaft zu gesellschaftlich-politischem Engagement gesprochen werden kann.

4 „Ja zur Demokratie sagen, aber nein zu den Parteien, ist nicht möglich" (Wolfgang Thierse). Diskutieren Sie diese These.

5 Entwickeln Sie gemeinsam Ideen, wie Parteien wieder an Attraktivität gewinnen könnten. (→ *Interventionsmethoden*)

6 Erläutern Sie die Bedeutung von Wahlen als Form politischer Beteiligung (**M 14**).

7 Gestalten Sie ausgehend von **M 13** und **M 14** eine Kampagne (z. B. Wandplakate oder Videospots) zum Thema „Warum wählen?" (→ *Interventionsmethoden*)

8 Stellen Sie die Wahlrechtsgrundsätze (**M 15**) in Form von Standbildern dar. (→ *Simulationsmethoden*)

9 Formulieren Sie von **M 16** ausgehend Erklärungen zu den Schritten 1–5 im Schaubild **M 17**. Warum wird die Zweitstimme stets als die wichtigere Stimme bezeichnet?

10 Führen Sie ausgehend von **M 19** eine Pro-Kontra-Debatte zur Frage „Wahlpflicht – ein sinnvolles Mittel zur Stärkung der Demokratie?" durch. (→ *Artikulationsmethoden*)

M 12 Mittler zwischen Staat und Gesellschaft

Der Politikwissenschaftler Peter Lösche, 2006:
Für das Funktionieren der bundesrepublikanischen Demokratie entscheidend sind gerade jene Funktionen, die Parteien als Mittler zwischen Gesellschaft und Staat wahrnehmen. (...) Die eigentlichen Tätigkeiten der Parteien zwischen Gesellschaft und Staat lassen sich auf vier wesentliche Funktionen zuspitzen:

- *Auswahlfunktion:* Durch Parteien findet die Rekrutierung und Auswahl der politischen Elite aus der Gesellschaft – vom Ortsrat bis zum Kanzleramt – statt. Was häufig übersehen und moralisierend abgewertet wird: Parteien waren und sind immer auch Patronageorganisationen, das bedeutet Vereinigungen von Bürgern, die Ämter, Posten, Funktionen, Beförderungen und Karrieren zu vergeben haben. Daran ist nichts Anrüchiges. Politisch problematisch (und dann moralisch fragwürdig) ist es, wenn Machtpositionen um ihrer selbst willen erobert werden, es also nicht mehr um die Durchsetzung von Inhalten geht. (...)
- *Vermittlungsfunktion:* Parteien und ihre Vertreter in Parlamenten und Regierungen sind Repräsentanten von Partikularinteressen, von spezifischen Interessen, die in der Gesellschaft angelegt sind. Parteien vertreten immer nur Teilinteressen, nicht das Gesamtinteresse einer Gesellschaft, nicht das Gemeinwohl. Der Politikwissenschaftler Ernst Fraenkel hat das sinngemäß so ausgedrückt: Erst wenn die Parteien und ihre Parlamentarier sich auch dazu bekennen, Repräsentanten von – zugespitzt formuliert – Sonderinteressen bzw. Sonderbedürfnissen zu sein, wird die freimütige Austragung von kollektiven Interessengegensätzen möglich. Dann wird auch ein daraus resultierender Kompromiss akzeptabel und die eigene interessengefärbte Position muss nicht mit dem Heiligenschein des Gemeinwohls umgeben werden. Erst wenn Einigkeit darüber besteht, dass Parteien und Parlamentarier eine Doppelrolle als Repräsentanten von Partikularinteressen und Repräsentanten der Nation spielen, kann auf die Diskussion allgemeingültiger Prinzipien, hehrer Grundsätze, verzichtet werden. Dann können Parteien die Wagenburgen verlassen, aus denen heraus sie – wie in der Weimarer Republik – Weltanschauungsschlachten geschlagen haben.
- *Interessenausgleichsfunktion:* Auch innerparteilich bemühen Parteien sich, gegenläufige und widerstreitende Interessen verschiedener gesellschaftlicher Gruppen, die außerhalb wie innerhalb der Partei organisiert sein können, auszugleichen, zwischen ihnen einen Kompromiss zu finden und zugleich eine eigene „parteiliche" Position zu formulieren. Parteien integrieren also die breit gestreuten Gruppeninteressen. Im Idealfall wirken sie als soziale und politische Katalysatoren. Wer die politische Tätigkeit der Interessengruppen nicht durch den Filter „Parteien" leitet, sondern direkt in den Prozess staatlicher Willensbildung eingliedern will, endet – so wiederum Fraenkel – notwendigerweise beim Stände- oder beim Verbändestaat, in dem es keinen Pluralismus gibt und Verbände die Macht ausüben.
- *Legitimierungsfunktion:* Indem Parteien die Vermittlungs- und die Interessenausgleichsfunktionen wahrnehmen, tragen sie zur Begründung des politischen Systems und zur Konsensstiftung bei. Die bundesrepublikanische Demokratie, der Parteienstaat, bietet Regelungsmechanismen zur Konfliktaustragung zwischen den Parteien und innerhalb der Parteien und damit auch zwischen auseinandergehenden gesellschaftlichen Interessen. Es sind Regeln festgelegt, nach denen Kampf um Macht(-anteil) stattfindet, ohne dass dieser in Bürgerkrieg ausartet. Voraussetzung hierfür ist, dass sozial und politisch darüber eine Verständigung hergestellt worden ist, nach welchen Regeln Konflikte ausgetragen werden (...). Erst die Anerkennung der Grundwerte wie Bewahrung der Menschenrechte, Minoritätenschutz, die den Regelungen zur Konfliktaustragung zugrundeliegen, machen diese auch sinnvoll. (...)

Generell gilt, dass ein parlamentarisches Regierungssystem ohne starke Parteien nicht auskommt. Es sind die Parteien, die in dem hochkomplizierten Regierungssystem der Bundesrepublik mit seiner Gewaltenteilung, der Gewaltenkontrolle und der Gewaltenverschränkung die auseinanderdriftenden Akteure zusammenbringen.

Peter Lösche: Aufgaben und Funktionen, in: Parteiensystem der Bundesrepublik Deutschland: Informationen zur politischen Bildung, Heft 292 (2006), Bonn (Bundeszentrale), S. 12 f.

Peter Lösche (geb. 1939)

Hubert Kleinert (geb. 1954)

M13 Parteiendemokratie in der Krise

Der Politikwissenschaftler Hubert Kleinert, 2010:
Seit der ersten Hälfte der 1990er-Jahre häufen sich – keineswegs nur in Deutschland – die Anzeichen für einen Funktionsverlust der Parteien im Rahmen des demokratischen Systems. Diese Entwicklung hat vielfältige Ausdrucksformen:

1. Die Beziehungen zwischen Bürgerschaft und politischen Eliten sind nachhaltig gestört. Das Ansehen von Politik und Politikern ist auf einen historischen Tiefstand gesunken, Legitimation und Kompetenz des politischen Personals werden zunehmend in Zweifel gezogen. (...)
2. Wahlbeteiligungsraten sinken – moderat auf Bundesebene, dramatisch im kommunalen Bereich. (...)
3. Den Volksparteien laufen die Mitglieder davon. (...) Gleichzeitig leiden beide Volksparteien an einem Auszehrungsprozess bei den Jungen; ihre Mitgliedschaft ist hoffnungslos überaltert. Wohl schneiden die kleineren Parteien etwas besser ab. (...)

Die Volksparteien verlieren Bindungskraft und gesellschaftliche Rückkoppelung. 1972 und 1976 haben in der alten Bundesrepublik über 90 Prozent der Wähler eine der beiden Großparteien gewählt (...). Am 27. September 2009 mochten sich nur noch 57 Prozent der Wähler für Union oder SPD entscheiden. (...)
Gleichzeitig hat sich die soziale Rekrutierungsbasis der Parteien deutlich verengt. Aus Integrations-, Mobilisierungs- und politischen Erziehungsorganisationen von Massen sind Kaderorganisationen geworden, oft ohne wirkliche Kader (...) und ohne nachhaltige Bindungs- und Sozialisationskraft. Ehemals weltanschaulich geprägte Kampfgemeinschaften (...) haben sich zu Funktionärs- und Karriereerwerbsgemeinschaften einer „politischen Klasse" entwickelt, die ihren Sinn immer häufiger in sich selbst, in Posten und Wahlerfolgen finden. Alle Parteien sind von Akademikern geprägt; das untere Drittel der Gesellschaft ist praktisch nicht mehr vertreten. Parteitage sind heutzutage immer weniger Orte des lebendigen Ringens um künftige politische Orientierung und immer mehr unter medialen Wirkungsaspekten durchkomponierte Veranstaltungen. Zugleich leiden die Parteien an einem Mangel an glaubwürdigen Leitideen; ihre programmatisch orientierende Kraft hat deutlich abgenommen.

Die Ursachen von Partizipationsmüdigkeit
In der internationalen Diskussion lassen sich unterschiedliche Erklärungsansätze für die krisenhaften Entwicklungen der Parteiendemokratie unterscheiden:

- (...) Parteien vermittelten kaum noch politische Grundorientierungen, die Politiker agierten in einem „selbstreferenziellen" System, das die realen Probleme der Gesellschaft nicht mehr zureichend widerspiegele. Aufwendige, aber eher künstliche Wahlkampfinszenierungen mit hohem Personalisierungsfaktor ersetzten echte politische Richtungsentscheidungen.
- Der Verlust des nationalstaatlichen Gestaltungsraums im Zuge von Globalisierung und Europäisierung schaffe bei notorisch knappen öffentlichen Kassen den Eindruck einer Alternativlosigkeit der zentralen politischen Entscheidungen. Wenn aber die Politik nur noch die durch Zwänge der Ökonomie und der von supranationalen Institutionen vorgegebenen Rahmenbedingungen auszufüllen habe, werde immer weniger erkennbar, wofür man sich eigentlich noch engagieren solle. (...)
- Der Strukturwandel der Gesellschaft im Zuge von Enttraditionalisierung, Digitalisierung und Individualisierung. Die Auflösung der alten Milieubindungen in der modernen „Multioptionsgesellschaft" verändere die Rahmenbedingungen für den politischen Erfolg der alten Volksparteien auf dramatische Weise (...). Gleichzeitig bedrohe die moderne „Event"- bzw. „Spaßgesellschaft" mit ihren veränderten Freizeitgewohnheiten und den gestiegenen Ansprüchen an Unterhaltung, Erlebnis und Konsum auch die Bereitschaft zum gesellschaftlichen und politischen Engagement (...).

Jede dieser Interpretationen hat Gewicht, keine aber kann ein Deutungsmonopol beanspruchen. Es handelt sich vielmehr um einen komplexen Wirkungszusammenhang, in dem sich unterschiedliche gesellschaftliche Veränderungen widerspiegeln und der ganz verschiedene Akteure beeinflusst.
Erstens hat sich der Gestaltungsspielraum nationalstaatlicher Politik vor allem in den wirtschafts- und finanzpolitischen Fragen, die erst den Rahmen schaffen für sozialpolitisches wie infrastrukturelles staatliches Handeln, aufgrund der viel beschriebenen inter-

nationalen Verflechtungen und offener Märkte gegenüber den siebziger und achtziger Jahren des vergangenen Jahrhunderts deutlich vermindert. (...)

Zweitens hat sich das Bild von Politik in der Gesellschaft in den letzten zwanzig Jahren folgenreich verändert. Durch den sozialen Wandel sind die politischen Einstellungen weniger von Tradition und Milieubindungen bestimmt, stärker dagegen von der medialen Politikpräsentation. So ist eine unstete Wählerschaft mit wechselnden Meinungskonjunkturen entstanden, die vor allem den Volksparteien wachsende Probleme bereitet. (...)

Gleichzeitig wird Politik stärker mit den Mitteln des Boulevardjournalismus präsentiert („Politainment"). Die Wirkungen dieser Veränderungen sind unterschiedlich: Was einerseits Demokratiegewinn sein mag, weil niemand mehr auf einem Sockel steht, hat andererseits eine Politikpräsentation hervorgebracht, in der häufig hysterische Aufregungskonjunkturen und politvoyeuristische Neugier an die Stelle von Maßstäben zur Beurteilung komplexer politischer Sachverhalte treten. (...)

Drittens leiden Politik und Parteien an einem Mangel an glaubwürdigen Leitideen, die sie identifizierbar und unverwechselbar machen könnten. (...)

Insgesamt ist das Parteiensystem seit 1990 deutlich zusammengerückt und ein programmatischer „Pragmatismus der neuen Mitte" entstanden, der vor dem Hintergrund historischer Erfahrung und dem Misstrauen gegenüber großen Entwürfen zwar folgerichtig erscheint, gleichzeitig aber zu einer Abnahme der Identifizierbarkeit beider großer Volksparteien beigetragen hat. (...)

Karrieremotive spielen für politisches Engagement heute eine ungleich wichtigere Rolle; gleichzeitig ist das Innenleben von Parteien immer weniger Kampfplatz verschiedener Meinungen und Ideen, auf dem Überzeugungstreue beim Aufstieg eine Rolle spielt. (...)

Konsequenzen

(...) Es ist auch nicht in Sicht, welche anderen Institutionen, Organisationsformen und Verfahren die Leistungen der Parteien in einer funktionierenden Demokratie ersetzen könnten. Es mag richtig sein, auch auf Bundesebene die Möglichkeit zu Plebisziten zu schaffen, weil das Schicksal von Weimar nach sechzig Jahren demokratischer Stabilität nicht auf ewig der negative Referenzpunkt unserer Verfassung bleiben kann. Wunderdinge an Beteiligungsfreude und Engagement aber sind davon nicht zu erwarten. Man kann die Wähler stärker an der Personalauswahl der Parteien beteiligen. Was bei Kommunalwahlen in vielen Ländern praktiziert wird – Kumulieren und Panaschieren – ließe sich auch auf übergeordneten Ebenen denken. Ein entscheidender Gewinn für die Demokratie ist davon aber kaum zu erwarten. Interessanter ist da schon die Idee öffentlicher Vorwahlen bei der Auswahl der Spitzenkandidaten. (...)

Parteien und Politiker

(...) Medienprominenz ist kein Ersatz ist für Glaubwürdigkeit und Überzeugungskraft. Wenn Effekte mehr als Ergebnisse zählen, entsteht ein Hang zur Flüchtigkeit, der auf Kosten von Glaubwürdigkeit und Seriosität geht. Entsprechend kritisch muss inzwischen auch die Rolle von Politik-, Image- und Medienberatern gesehen werden. Eine Partei ist keine Marke, Stimmenmaximierung kein Selbstzweck und Programmangebote sind keine Handelsware. (...)

Gesellschaft

Die ausufernde Überdehnung des ökonomischen Denkens in den letzten anderthalb Jahrzehnten hat nicht nur die Parteien, sondern die Demokratie insgesamt geschwächt, weil die Erinnerung daran, dass der Markt ein in vielen Fällen effektives Steuerungsprinzip, aber kein Selbstzweck ist, darüber fast verloren gegangen ist. Wenn die Herrschaft des Markts aber nicht mehr hinterfragbar ist, schafft dies ein Problem nicht nur für Politiker und Parteien, weil diese dann fast nur noch Marktgesetze exekutieren und Folgeprobleme abarbeiten. Es schafft auch ein Problem für die Überzeugungskraft der Demokratie als Grundidee selbst, weil diese von der Vorstellung lebt, dass die geltenden Regeln einer Gesellschaft auf überprüfbaren und veränderbaren Verabredungen beruhen.

Hubert Kleinert: Parteiendemokratie in der Krise, in: POLIS. Parteiensystem im Umbruch, 2/2010, S. 11–14

Zeichnung: Stuttmann

M 14 Wahlen als Form politischer Beteiligung

Die Abgabe der Stimme bei Wahlen ist die allgemeinste Form politischer Beteiligung der Bürger in der repräsentativen Demokratie. Auf sie hin orientieren sich andere Formen politischer Partizipation wie etwa die Parteimitgliedschaft und die Beteiligung an Wahlkämpfen in Form der Mitarbeit oder Kandidatur in den konkurrierenden Parteien. Zwar beschränkt sich politische Partizipation nicht auf die mit dem Wahlprozess in Verbindung stehenden Aktivitäten, die als konventionelle Formen politischer Beteiligung bezeichnet werden. Das sogenannte unkonventionelle Partizipationsverhalten in Form von Streiks, Demonstrationen, Bürgerinitiativen, Mitarbeit in zivilgesellschaftlichen Organisationen etc. hat sogar in den letzten Jahrzehnten zunehmendes Gewicht erlangt. Doch sprechen einige theoretische, praktische und partizipationssoziologische Gesichtspunkte für die hervorgehobene Bedeutung von Wahlen in der pluralistischen Demokratie.

a) Wahlen bilden die Grundlage des liberalen Demokratieverständnisses, demzufolge die politische Führung eines Landes periodisch aus allgemeinen Wahlen hervorzugehen hat. Dieses Verständnis lebt von dem engen definitorischen Zusammenhang von Demokratie und Wahlen: ohne die periodische Aus- bzw. Abwahl des Regierungspersonals, ohne den offenen Wettbewerb politischer Parteien um die politische Macht keine Demokratie. Die in Wahlen sich vollziehende politische Partizipation der Bürger ist demnach essenziell für die westlichen Demokratien. Etliche Autoren sehen deshalb in hoher Wahlbeteiligung einen wichtigen Indikator für die Legitimität des politischen Systems.

b) Wahlen bilden das bisher einzige erfolgreiche Verfahren, in den sogenannten Massendemokratien – also über einen größeren territorialen Raum und eine größere Zahl von Aktivbürgern – vielfältige Einzelinteressen und politische Meinungen so zu aggregieren, dass politische Eliten (Regierungen) die Allgemeinheit bindende politische Entscheidungen fällen können.

c) Wahlen bilden für die Masse der Bevölkerung die einzige Form der Teilnahme am politischen Prozess. Alle anderen Partizipationsformen, seien sie konventionell oder unkonventionell, sind mit einem deutlich höheren Aufwand verbunden und haben die Tendenz, die politische Ungleichheit unter den Bürgern zu verstärken. Alle empirischen Untersuchungen weisen nämlich darauf hin, dass das Partizipationsverhalten der Bürger in starkem Maße von ihrem sozioökonomischen Status abhängt. Die gehobenen Bevölkerungsschichten sind beteiligungsinteressierter und nehmen erhöhte Partizipationschancen über ausgeweitete Partizipationskanäle in stärkerem Maße wahr als die unteren Bevölkerungsschichten. Dieser partizipationssoziologische Sachverhalt erleichtert es den ohnehin sozial Privilegierten, ihre Interessen effektiver durchzusetzen. Demgegenüber ist – wie es F. Scharpf (...) einmal formulierte – „das Handicap der unteren sozioökonomischen Schichten (bei Wahlen) sehr viel geringer als bei aufwendigeren Formen aktiver Partizipation".

Aus dieser partizipationsskeptischen Sicht lässt sich die Folgerung ableiten, einem gestiegenen Partizipationsinteresse der Bevölkerung weniger durch neue Formen politischer Partizipation gerecht zu werden als durch Verbesserung der Partizipationsmöglichkeiten in der Beteiligungsform durch Wahlen, die sich durch „Universalität des Zugangs, (...) Gleichheit des Einflusses (...) sowie Geheimhaltung und mangelnde Zurechenbarkeit des Aktes der Mitwirkung" gegenüber allen anderen Beteiligungsformen auszeichnet (...), konkret durch mehr Einfluss des Wählers auf die politischen Auswahl- und Entscheidungsprozesse. Diese Argumentation verweist auf die Bedeutung der politischen Parteien, sie steht und fällt mit der Berücksichtigung der Werte und Interessen des Wählers vonseiten der politischen Eliten.

Im Falle eines unübersehbaren Werte- und Interessenwandels großer Teile der Bevölkerung ist es für die Legitimation des politischen Systems mittels Wahlen von großer Bedeutung, wie die Forderungen nach neuen Politiken durch die bestehenden und eingeübten Partizipationskanäle zur Sache von Regierungen werden können.

Dieter Nohlen: Wahlen/Wahlfunktionen, in: Uwe Andersen/Wichard Woyke (Hg.): Handwörterbuch des politischen Systems der Bundesrepublik Deutschland, Opladen 2003, S. 679 f.

M 15 Grundsätze für Wahlen: Allgemein, unmittelbar, frei, gleich und geheim

Artikel 38 des Grundgesetzes: „Die Abgeordneten des Deutschen Bundestages werden in allgemeiner, unmittelbarer, freier, gleicher und geheimer Wahl gewählt."

Diese Wahlrechtsgrundsätze gelten in Deutschland (...) nicht nur bei Wahlen auf Bundes-, sondern auch auf Landes- und Kommunalebene. Gehen wir sie nacheinander durch, um zu verstehen, was genau sich dahinter verbirgt: (...)

Allgemein ist die Wahl, weil alle Bürgerinnen und Bürger der Bundesrepublik Deutschland das Stimmrecht besitzen – und zwar unabhängig von Geschlecht, Einkommen, Konfession, Beruf oder politischer Überzeugung. Allerdings müssen sie zum Zeitpunkt der Wahl das 18. Lebensjahr vollendet haben. Auch im Ausland lebende Deutsche haben seit einer entsprechenden Änderung des Wahlrechts im März 2008 ein zeitlich unbeschränktes, aktives Wahlrecht.

Unmittelbar ist die Wahl, weil die Wählerinnen und Wähler die Abgeordneten direkt (unmittelbar) wählen. Es gibt keine Zwischeninstanz wie zum Beispiel in den USA, wo die Bürgerinnen und Bürger in ihrem Bundesstaat sogenannte Wahlmänner wählen, die wiederum den Präsidenten wählen.

Frei ist die Wahl, weil es verboten ist, die Bürgerinnen und Bürger in ihrer Wahlentscheidung zu beeinflussen oder unter Druck zu setzen. Der Wähler soll in einem freien Prozess der Meinungsbildung zu seiner Entscheidung kommen und diese unverfälscht zum Ausdruck bringen können. (...)

Gleich ist die Wahl, weil jede Stimme gleich viel zählt, und jede Art von Gewichtung unzulässig ist. Oder wie es im Englischen so treffend heißt: One man – one vote.

Eine Einschränkung erfährt der Grundsatz der Gleichheit durch die Fünf-Prozent-Klausel. Sie besagt, dass Parteien, die bei der Bundestagswahl weniger als fünf Prozent der Wählerstimmen auf sich vereinigen, nicht in den Bundestag einziehen. Dadurch soll eine Parteienzersplitterung vermieden werden, wie sie der Weimarer Republik zum Verhängnis wurde. (...) Allerdings bedeutet das zugleich, dass die Stimmen derjenigen, die diese Kleinstparteien gewählt haben, nicht gezählt werden und somit verloren sind.

Geheim ist die Wahl, weil sichergestellt ist, dass der Wähler den Stimmzettel unbeobachtet ankreuzen kann. Die Stimmabgabe erfolgt in Wahlkabinen, die von außen nicht einsehbar sind, und die ausgefüllten Stimmzettel werden gefaltet in die Wahlurnen geworfen, sodass niemand erkennen kann, welche Wahlentscheidung der Wähler oder die Wählerin getroffen hat.

Deutscher Bundestag: Allgemein, unmittelbar, frei, gleich und geheim – die Wahlgrundsätze, in: www.bundestag.de (Zugriff: 10.11.2012)

aktives Wahlrecht: das Recht, an einer Wahl teilzunehmen (Wahlberechtigung)

passives Wahlrecht: das Recht, bei einer Wahl zu kandidieren (Wählbarkeit)

M 16 Das personalisierte Verhältniswahlrecht bei den Wahlen zum Deutschen Bundestag

Beim Wahlakt sind zwei Stimmen zu vergeben. Der Deutsche Bundestag zählt seit 2002 – ohne Überhangmandate – 598 Abgeordnete. Die Hälfte von ihnen, also 299, wird nach *relativer Mehrheitswahl* direkt in Wahlkreisen gewählt. Diesen Direktmandaten gilt die Erststimme. Die Erststimme macht den „personalisierten" Teil des Wahlsystems aus, weil die Wählerinnen und Wähler damit eine bestimmte Person ihres Wahlkreises wählen.

Mit der Zweitstimme werden Parteien gewählt. (...) Die meisten Parteien (...) sind zwar bundesweite Organisationen, treten aber zur Wahl mit Landeslisten an. Die Wählerinnen und Wähler ein und derselben Partei kreuzen daher in unterschiedlichen Bundesländern verschiedene Landeslisten an.

Die Zusammensetzung des Bundestages:

1. Ausschluss kleiner Parteien durch die Fünfprozentklausel

Zunächst werden alle Zweitstimmen zusammengezählt, die eine Partei über die Landeslisten erhalten hat. Das ist die Anzahl ihrer Zweitstimmen. Wird sie durch die Gesamtzahl der gültigen Zweitstimmen geteilt, ergibt sich ihr Anteil an den Zweitstimmen aller Parteien. Dieser muss mindestens fünf Prozent betragen, sonst scheidet die Partei für die Vergabe von Sitzen grundsätzlich aus. Allerdings gilt dabei folgende Ausnahme: Eine Partei erringt mindestens drei Direktmandate (Grundmandatsklausel).

2. Feststellung der Mandatszahl jeder Partei

Nun wird nach dem Verfahren Sainte-Laguë berechnet, wie viele Mandate jede Partei im

Bundestag erhält. Dabei werden nur noch die Zweitstimmen für Parteien berücksichtigt, die an der Mandatsvergabe überhaupt teilnehmen, indem sie die Fünfprozenthürde geschafft oder mindestens drei Direktmandate errungen haben.

3. Aufteilung der Sitze auf Landeslisten
Nachdem feststeht, wie viele Sitze eine Partei insgesamt im Bundestag hat, werden sie auf die verschiedenen Landeslisten aufgeteilt. Jedes Bundesland erhält entsprechend dem Anteil der Zweitstimmen für seine Landesliste Mandate. Die Berechnung erfolgt auch hier nach dem Verfahren Sainte-Laguë.

4. Berücksichtigung der Direktmandate
Von der Anzahl der Sitze, die auf eine Landesliste im Bundestag entfallen, wird die Anzahl der Direktmandate abgezogen. Die ihr verbleibenden Sitze werden mit Listenkandidaten besetzt. Es kommt vor, dass eine Landesgruppe mehr Direktmandate gewonnen hat, als ihr Mandate zustehen. Es ziehen trotzdem alle erfolgreichen Direktkandidaten in den Bundestag ein. Die Mandate, die „zu viel" vergeben werden, heißen „Überhangmandate". Die Anzahl der Bundestagsabgeordneten nimmt um die Überhangmandate zu. (...)
Dieses Verfahren wird häufig missverstanden und als Mischung von Mehrheitswahl und Verhältniswahl dargestellt. Das ist nicht richtig. Zwar werden die Direktkandidaten und -kandidatinnen nach relativer Mehrheitswahl bestimmt. Wie viele Sitze eine Partei im Bundestag erhält, hängt aber allein (Ausnahme: Überhangmandate) vom Anteil der Zweitstimmen ab. Das bundesdeutsche Wahlrecht ist daher eindeutig ein Verhältniswahlrecht. Durch die direkte Wahl von Abgeordneten in Einpersonenwahlkreisen mit der Erststimme soll die Verbindung zwischen Abgeordneten und Wahlberechtigten gestärkt werden.
Karl-Rudolf Korte: Wahlen in Deutschland, Bonn (Bundeszentrale) 2009, S. 48 f. (eigene Hervorhebungen)

M 17 Die personalisierte Verhältniswahl

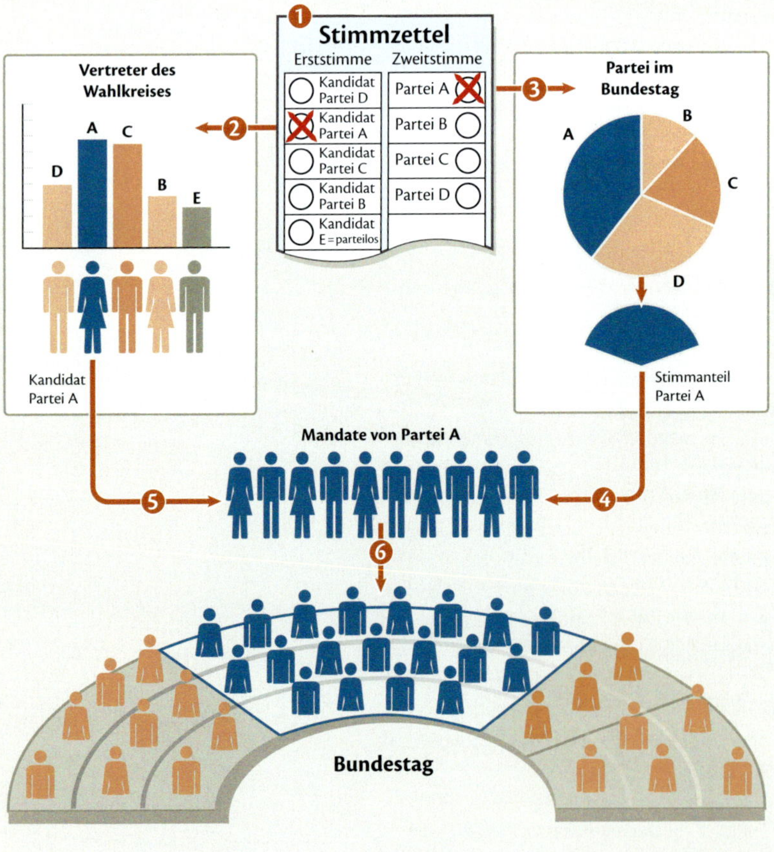

Nach: http://upload.wikimedia.org/wikipedia/commons/e/e2/Pers.Ver.Wahl.v4.png

M 18 Wahlsysteme im Vergleich

Relative Mehrheitswahl
Bei der relativen Mehrheitswahl wird das Wahlgebiet in so viele Wahlkreise unterteilt, wie Abgeordnete zu wählen sind. Jeder Wahlkreis wählt einen Abgeordneten. (...) Der Wähler bzw. die Wählerin hat eine Stimme pro Kandidat oder Kandidatin. Wer von ihnen mehr Stimmen als jede/r andere der Mitbewerber/innen (das heißt die relative Mehrheit) auf sich vereinigt, zieht ins Parlament ein. Die Stimmen für die unterlegenen Kandidaten/Kandidatinnen gehen verloren („The winner takes it all"-Prinzip). Die Zusammensetzung des Parlaments ist leicht durchschaubar, da sich in der Regel klare Mehrheiten bilden. (...)

Verhältniswahl
Die Grundvorstellung der Verhältniswahl ist, dass im Parlament alle gesellschaftlichen Gruppen gemäß ihrem Anteil an Wählerstimmen vertreten sind. Es soll die „Landkarte" der Gesellschaft sein. Deshalb verhält sich die Anzahl der Sitze, die jede Partei erhält, proportional zu der Anzahl ihrer Stimmen. So gehen nicht wie bei der Mehrheitswahl Stimmen verloren. Sie zählen alle gleich und haben den gleichen Erfolgswert.
Karl-Rudolf Korte: Wahlen in Deutschland, Bonn (Bundeszentrale) 2009, S. 23 ff.

M 19 Wahlpflicht – warum eigentlich nicht?

Wohl mit Bedacht hat der SPD-Abgeordnete Jörn Thießen eine Einführung der Wahlpflicht gefordert, Strafenkatalog bei Nichtbefolgen inklusive. (...)
Anlass für Thießen bietet die für viele erschreckend schlechte Beteiligung der Deutschen an der Europawahl am vergangenen Wochenende. Gerade einmal 43 Prozent haben in den Wahllokalen ihre Stimme abgegeben. Thießen sagte daraufhin (...): „Wir Politiker müssen im Parlament abstimmen – das kann man auch von den Wählern bei einer Wahl verlangen."
Damit ist es noch nicht getan. Um der Verpflichtung zum Wählen Nachdruck zu verleihen, bringt Thießen eine Sanktionierung ins Spiel: Wer nicht zur Wahl geht, soll 50 Euro Strafe zahlen. „Demokratie ohne Demokraten funktioniert nicht", sagte der Abgeordnete.
Der Vorstoß löst Empörung aus. Viele Leser haben sich per Kommentar zu Wort gemeldet. (...) Sie sähen sich durch eine Wahlpflicht in ihren Freiheitsrechten verletzt. „Wir leben in einem freien Land, mit mündigen Bürgern, die selber entscheiden können, ob sie zur Wahl gehen wollen oder nicht", schreibt einer. (...)

Normalität in anderen Demokratien
(...) Doch wirft man einen Blick ins Ausland, wird deutlich, dass die Idee so abgehoben gar nicht ist. So zählt die Wahlpflicht unter anderem in Belgien, Luxemburg, Griechenland, der Türkei oder auch Italien zur politischen Normalität. (...)

Die Argumente
Befürworter argumentieren, dass Wählen in Demokratien eine ähnlich staatsbürgerliche Pflicht sei wie etwa das Steuerzahlen (...). Niemandem schade es, sich einmal mit politischen Zukunftsfragen auseinanderzusetzen, der Demokratie schade das Nicht-Wählen hingegen sehr. Zudem soll eine Wahlpflicht verhindern, dass eine Minderheit der Bevölkerung über die Geschicke des ganzen Landes bestimmt. Zudem würden bei geringerer Wahlbeteiligung Proteststimmen für radikale Strömungen übermäßig repräsentiert werden.
Der Politikwissenschaftler Andreas Blätte von der Universität Duisburg-Essen hält die Forderung nach einem Zwang zum Wählen in Deutschland jedoch für illusorisch. „Das hat keine Realisierungschancen", sagt Blätte (...). Zudem sei in Deutschland der Gang ins Wahllokal als gesellschaftliche Norm immer noch stark ausgeprägt. Jeder, der (...) zu Hause bleibe, habe zumindest ein schlechtes Gewissen.
Blätte hält es lieber mit den Gegnern der Wahlpflicht und deren Argumenten aus dem Fundus einer freiheitlich-liberalen Weltanschauung: „Die Wahl zu haben, bedeutet auch, nicht zur Wahl zu gehen", sagt Blätte. Statt einer gesetzlichen Verpflichtung zur demokratischen Teilhabe sieht er vielmehr die Politik in der Bringschuld, die es versäumt habe, dem Wähler die Bedeutung der Europawahlen zu vermitteln.
In dieselbe Kerbe schlägt auch die Initiative „Mehr Demokratie". „Das sind rein kosmetische Lösungsvorschläge", erklärte die Vorstandssprecherin der Initiative, Claudine Nierth, am Dienstag in Berlin. Volksabstimmungen zu europapolitischen Fragen seien ein weit besserer Weg, das Interesse der Bürger an der EU zu fördern. „Die Menschen interessieren sich nur dann für Europa, wenn sie das Gefühl haben, tatsächlich etwas bewegen zu können."

Philipp Stempel: Wahlpflicht – warum eigentlich nicht?, RP Online, 9.6.2009, in: www.rp-online.de (Zugriff: 10.11.2012)

M 20 Wahlbeteiligung

in Deutschland 1945 bis 2009, in Prozent

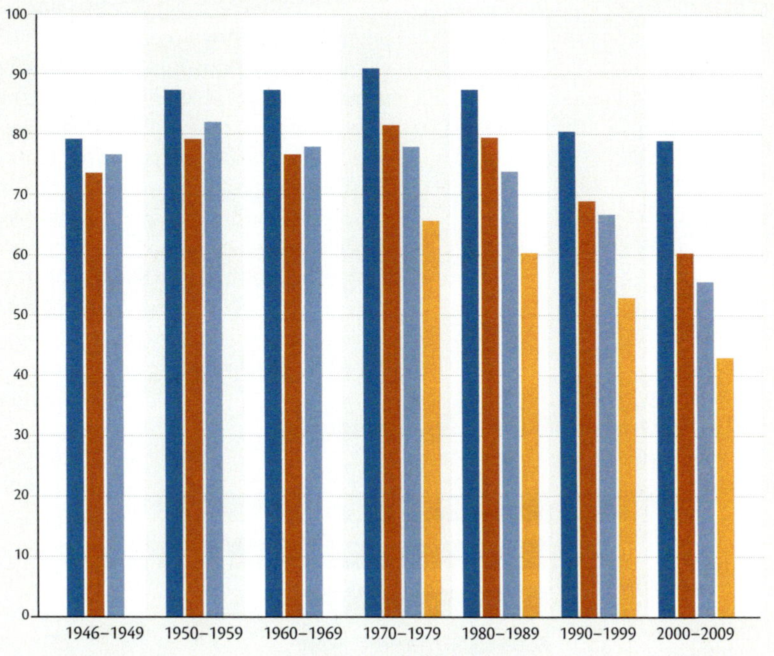

Nach: Armin Schäfer: Alles halb so schlimm? Warum eine sinkende Wahlbeteiligung der Demokratie schadet, Köln 2008, in: www.mpg.de/467839/pdf.pdf

Der Bundestag – Herzstück der parlamentarischen Demokratie

„Alle Staatsgewalt geht vom Volke aus."
Art. 20 Abs. 2 GG

Alle vier Jahre bestimmen die wahlberechtigten Bürgerinnen und Bürger in Bundestagswahlen, wer ihre Interessen in der darauffolgenden Legislaturperiode vertreten soll. Damit ist der Bundestag das einzige Verfassungsorgan auf Bundesebene, das eine direkte demokratische Legitimation durch den Souverän erfährt. Dieser Eigenschaft verdankt der Bundestag besondere Aufgaben und Funktionen. Grundlegende politische Entscheidungen können zum Beispiel nicht ohne die Volksvertreter getroffen werden, weil der Bundestag im Gesetzgebungsprozess eine zentrale Rolle einnimmt. Außerdem wählt der Bundestag den Bundeskanzler und damit den Chef der Regierung – und er allein kann ihn auch wieder abwählen, indem er mit der Mehrheit seiner Mitglieder eine andere Person ins Amt wählt. Zur Kontrolle des Regierungshandelns stehen dem Bundestag darüber hinaus eine Reihe weiterer Instrumente zur Verfügung, von denen insbesondere die parlamentarische Opposition regelmäßig Gebrauch macht. Das Plenum des Bundestags sowie seine Ausschüsse werden so zum zentralen Ort der politischen Auseinandersetzung. Zudem hat der Bundestag das Budgetrecht, d.h. er beschließt jährlich den Bundeshaushaltsplan.

Darüber hinaus wird in den einzelnen Fraktionen, die sich aus den im Parlament vertretenen Mitgliedern einer Partei bilden, um politische Macht und Einfluss gerungen – auch hier gilt es Interessen gegeneinander abzuwägen, um bei Entscheidungen als Fraktion geschlossen aufzutreten. Nicht selten jedoch bringt die Fraktionsdisziplin die Abgeordneten mit ihrem freien Mandat, nach dem die Volksvertreter weder an Aufträge der Wähler oder der Partei gebunden sind, in eine schwierige Lage: Verhalten sie sich solidarisch gegenüber der eigenen Fraktion oder vertreten sie ihre persönliche Meinung und erhöhen so das Risiko einer Abstimmungsniederlage?

Eine Verlagerung wichtiger Entscheidungen in außerparlamentarische Gremien oder gar auf die supranationale Ebene der Europäischen Union sowie ein stetiger Bedeutungszuwachs der Massenmedien für den politischen Willensbildungs- und Meinungsprozess stellen die parlamentarische Demokratie vor neue Herausforderungen, sodass manche Stimmen bereits von einem Bedeutungsverlust des Bundestages oder einer „Beschädigung des parlamentarischen Systems" sprechen. Zu Recht?

M 21 Die Berufe der Bundestagsabgeordneten

Von den 620 Abgeordneten des 17. Bundestages sind ...

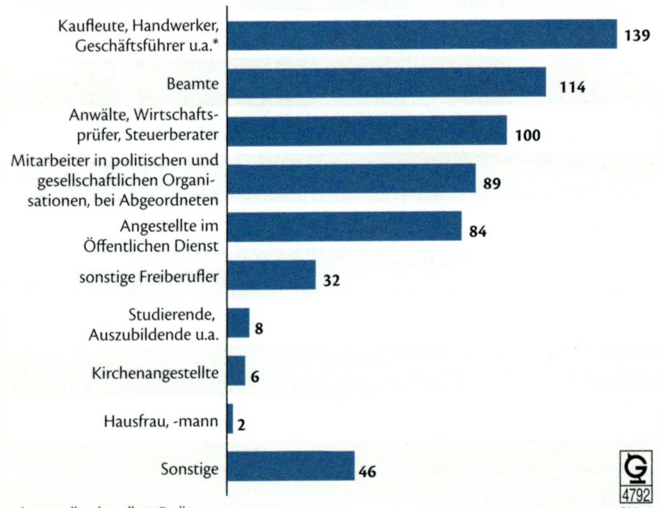

**angestellt oder selbstständig*

1 Sammeln Sie in einem Brainstorming Aufgaben und Funktionen des Bundestages. Vergleichen Sie Ihre Ergebnisse mit den Informationen aus **M 22**. Erklären Sie dabei „die veränderte Rolle des Parlaments im parlamentarischen Regierungssystem". (→ *Erhebungsmethoden*)

2 **M 22** und **M 23**: Bewerten Sie die Rolle der Opposition in einem demokratischen Staat.

3 Diskutieren Sie, welche Kontrollinstrumente des Bundestages gegenüber der Regierung (**M 25**) am wirkungsvollsten sind. Begründen Sie Ihre Meinung.

4 Werten Sie die Statistik **M 26** unter Bezugnahme auf **M 22** und **M 23** aus. (→ *Auswertungsmethoden*)

5 Erläutern Sie den Gesetzgebungsprozess mithilfe von **M 27** anhand eines (aktuellen oder fiktiven) Beispiels. Setzen Sie sich anschließend mit der Frage auseinander, warum der Gesetzgebungsprozess so aufwendig ist.

6 Recherchieren Sie Hintergründe zu dem Vorwurf, bei Bundestagssitzungen seien häufig nur „eine Hand voll" Abgeordnete anwesend. Erläutern Sie in diesem Zusammenhang die Unterschiede zwischen einem Rede- und Arbeitsparlament. (→ *Erhebungsmethoden*)

M22 Der Bundestag – Zentrum des Institutionensystems

Die politischen Institutionen eines Landes bilden ein System, in dessen Rahmen und nach dessen Regeln die politische Auseinandersetzung zu verbindlichen Entscheidungen führt. Im Zentrum dieser Institutionen steht im heutigen Deutschland das Parlament, der Bundestag (in den Bundesländern die Landtage). Er wird als einziges Bundesorgan direkt vom Volke gewählt, verfügt damit über die herausragende demokratische Legitimation und hat zentrale Funktionen zu erfüllen:

- In ihm sollen die im Volke vorhandenen Meinungen ihren Ausdruck finden (Artikulationsfunktion).
- Er ist es, der die personelle Besetzung aller anderen zentralstaatlichen Organe direkt oder indirekt vornimmt, teilweise allerdings mit dem Bundesrat (Wahlfunktion).
- Seiner Kontrolle unterliegt das Regierungshandeln (Kontrollfunktion).
- Ihm obliegt, bei Mitwirkung des Bundesrates, die Gesetzgebung (Legislative Funktion).

Entscheidend dafür, in welcher Weise diese Aufgaben tatsächlich erfüllt werden, ist jedoch die veränderte Rolle des Parlaments im parlamentarischen Regierungssystem. Einst (...) primär Volksrepräsentation gegenüber einer obrigkeitlichen Regierung (...), stellt nun das Parlament selbst, genauer: die Parlamentsmehrheit durch Personen ihres Vertrauens die Regierung. Dies hat zur Folge, dass für die Parlamentsmehrheit nun die Wahl und Gesetzgebungsfunktion im Vordergrund stehen, für die Opposition hingegen Kontrolle und Artikulation. Anstelle eines Dualismus von Gesamtparlament und Regierung ist damit ein Dualismus von Parlamentsmehrheit (einschließlich Regierung) und parlamentarischer Opposition getreten. Bereits die Rede von „dem Parlament“, das dieses oder jenes tue, kann diesen Tatbestand leicht verhüllen oder in die Irre führen. (...) Dem Dualismus von Regierungsmehrheit und Opposition entsprechend bilden Regierung, Regierungsmehrheit und Spitzen der Ministerialbürokratie eine politische Handlungseinheit. Deutlich wird dies in ihrer engen Zusammenarbeit. Regierungsfraktionen leben vom Informationsfluss aus den Ministerien, ihre Mitglieder decken in Plenum und Ausschüssen des Bundestages die Regierung. (...) Aufseiten der parlamentarischen Opposition lassen sich ebenfalls rollenspezifische Verhaltensmuster und Probleme ausmachen. Grundsätzlich steht sie vor der Frage, sich primär auf den Austrag öffentlicher Kontroversen oder mehr auf die Mitarbeit und damit Beeinflussung der Regierungspolitik zu konzentrieren.

Wolfgang Rudzio: Das politische System der Bundesrepublik Deutschland, 7. Aufl. Wiesbaden 2006, S. 197 ff.

Die **Kanzlerwahl** nach Artikel 63 GG:
(1) Der Bundeskanzler wird auf Vorschlag des Bundespräsidenten vom Bundestage ohne Aussprache gewählt.
(2) Gewählt ist, wer die Stimmen der Mehrheit der Mitglieder des Bundestages auf sich vereinigt. Der Gewählte ist vom Bundespräsidenten zu ernennen.

M23 Die Opposition

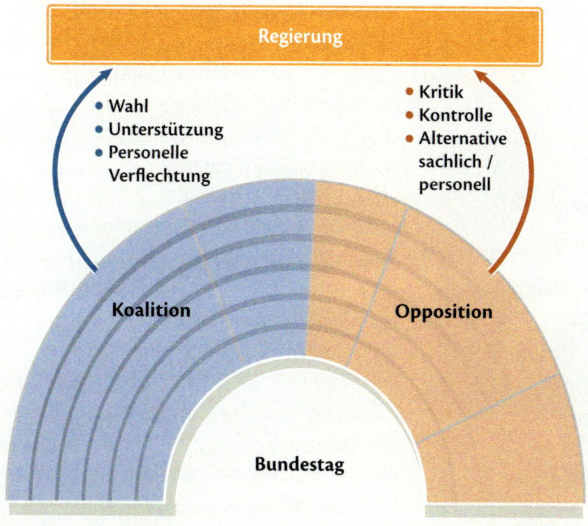

Nach: http://staatsrecht.honikel.de/de/bundestag1.htm

M24 Sitzverteilung im 17. Deutschen Bundestag

598 Sitze + 24 Überhangmandate = 622 Sitze
Stand Oktober 2009

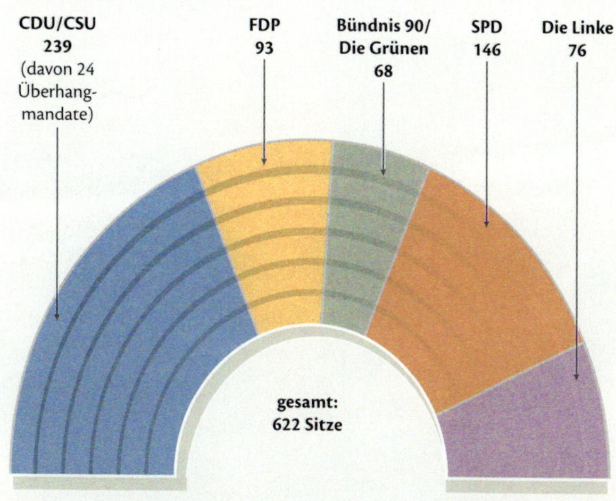

Nach: www.bundestag.de/btg_wahl/wahlinfos/startseite/sitzverteilung.jpg

Besetzung der Ausschüsse: Die Sitze im Ausschuss werden dem Kräfteverhältnis im Plenum entsprechend verteilt. Jede Fraktion hat proportional zu ihrem Anteil im Bundestag Anspruch auf eine bestimmte Zahl von Mitgliedern in den Ausschüssen. Welcher Abgeordnete in welchem Ausschuss mitarbeitet, entscheiden die Fraktionsführungen

Das **konstruktive Misstrauensvotum** nach **Artikel 67 GG**: (1) Der Bundestag kann dem Bundeskanzler das Misstrauen nur dadurch aussprechen, dass er mit der Mehrheit seiner Mitglieder einen Nachfolger wählt und den Bundespräsidenten ersucht, den Bundeskanzler zu entlassen. Der Bundespräsident muss dem Ersuchen entsprechen und den Gewählten ernennen

Sondersitzung des Haushaltsausschusses des Bundestages nach den EU-Gipfelbeschlüssen von Brüssel zur Bankenrettung, 29.6.2012

M25 Kontrolle der Regierung

Als direkt gewählter Vertretung des Volkes kommt dem Bundestag neben seiner Funktion als Gesetzgeber eine weitere sehr wichtige Aufgabe zu: die Kontrolle der Bundesregierung. Um diese Kontrollfunktion wahrnehmen zu können, müssen sich die Abgeordneten über die Arbeit und Vorhaben der Regierung informieren können. Dazu steht ihnen eine Reihe von Rechten und Instrumenten zur Verfügung. (…)

Gremien zur Kontrolle

(…) Die *Ausschüsse* üben ihre Kontrollfunktion zum einen indirekt über die Mitwirkung bei der Gesetzgebung aus. Sie haben aber auch direkte Kontrollrechte. So ist es ihnen ausdrücklich gestattet, von Vertretern des zuständigen Bundesministeriums Berichterstattung zu aktuellen Gesetzgebungsvorhaben zu verlangen und Empfehlungen auszusprechen (…).

Unter den *ständigen Ausschüssen* haben einige im Bezug auf die Kontrolle der Regierung eine besondere Stellung. So ist die Hauptaufgabe des Auswärtigen Ausschusses die Kontrolle der Außenpolitik der Regierung.

Der *Verteidigungsausschuss* ist genau wie der Wehrbeauftragte in das Grundgesetz eingefügt worden, um die Kontrolle der Streitkräfte – und damit auch des Bundesministeriums für Verteidigung – zu gewährleisten. (…) Als mächtigster Ausschuss gilt der *Haushaltsausschuss*, denn er bereitet entscheidend die Bewilligung von Haushaltsmitteln vor. (…)

Eine besondere Stellung hat auch der *Petitionsausschuss*. Er gehört zu den ständigen Ausschüssen und gibt der Bevölkerung die Möglichkeit, direkten Einfluss auf die Regierung auszuüben. Denn jedermann – so legt es das Grundgesetz fest – hat das Recht, sich mit Bitten oder Beschwerden schriftlich auch an das Parlament zu wenden. (…) *Untersuchungsausschüsse* werden im Gegensatz zu den bisher beschriebenen Gremien nur aus aktuellem Anlass und mit Zustimmung von mindestens 25 Prozent der Bundestagsabgeordneten eingesetzt. Sie haben die Aufgabe, politische und bürokratische Missstände in der Regierung, im Bundestag und in der Verwaltung zu prüfen und aufzuklären. (…)

Instrumente der Kontrolle

(…) Eine häufig genutzte Form der Regierungskontrolle sind die sogenannten *Kleinen* und *Großen Anfragen*. Mindestens fünf Prozent der Abgeordneten oder eine Fraktion sind notwendig, um in schriftlicher Form Fragen zu einem bestimmten Thema an die Regierung zu stellen. (…) Kleine Anfragen beantwortet die Regierung ausschließlich in schriftlicher Form. Große Anfragen werden hingegen auch im Bundestag debattiert. (…)

Auch einzelne Abgeordnete haben Kontrollrechte. So kann jedes Bundestagsmitglied monatlich bis zu vier *Fragen zur schriftlichen Beantwortung* an die Regierung richten. (…) Fragen und Antworten werden in einer wöchentlichen Drucksache veröffentlicht. Darüber hinaus hat jeder Abgeordnete das Recht, für die sogenannte *Fragestunde* bis zu zwei Fragen pro Sitzungswoche an die Regierung zu richten. (…) Die Fragen werden in der Fragestunde von der Regierung mündlich beantwortet. (…)

Wenn die Abgeordneten mit den Auskünften der Regierung in der Fragestunde nicht zufrieden sind, können fünf Prozent der Mitglieder des Bundestages oder eine Fraktion eine *Aktuelle Stunde* beantragen. Diese findet direkt im Anschluss an die Fragestunde statt. (…)

Unmittelbar nach der mittwochs stattfindenden internen Sitzung der Bundesregierung – der sogenannten Kabinettssitzung – haben die Abgeordneten des Bundestages eine weitere Möglichkeit, Fragen von aktuellem Interesse an die Regierungsmitglieder zu stellen. Diese *Regierungsbefragung* findet in Sitzungswochen mittwochs um 13 Uhr im Plenum des Bundestages statt und dauert rund 30 Minuten. (…)

Das folgenschwerste Instrument der Kontrolle ist das *konstruktive Misstrauensvotum*.

Deutscher Bundestag: Kontrolle der Regierung, in: www.bundestag.de (Zugriff: 10.11.2012; eigene Hervorhebungen)

M26 Der Einsatz parlamentarischer Kontrollinstrumente

(Anzahl je Legislaturperiode, darunter allein von oppositioneller Seite in Prozent)

	Große Anfragen	darunter oppositionell	Kleine Anfragen	darunter oppositionell	Anfragen Einzelner	darunter oppositionell	Aktuelle Stunden
1998–2002	101	95,1	1813	99,1	15 137	94,3	141
2002–2005	65	100	797	99,7	13 623	96,8	71

Quelle: Wolfgang Rudzio: Das politische System der Bundesrepublik Deutschland, 7. Aufl. Wiesbaden 2006, S. 221

M27 Wie ein Gesetz entsteht – der Bundestag als Teil der Legislative

Am Anfang steht der Entwurf: Gesetze bestimmen das Miteinander von Menschen. Sie sind allgemeine und für das ganze Volk verbindliche Regeln. Deshalb werden sie auch in der wichtigsten deutschen Volksvertretung debattiert und beschlossen: dem Deutschen Bundestag.

Entwürfe für neue Gesetze können aber nicht nur von den Bundestagsabgeordneten kommen. Auch die Bundesregierung und der Bundesrat haben das Recht, Gesetzentwürfe in den Bundestag einzubringen.

Die meisten Entwürfe beziehungsweise Vorlagen erarbeitet die Bundesregierung. (...)

Initiativen aus der Mitte des Parlaments: Gesetzentwürfe können auch von Abgeordneten initiiert werden: entweder von mindestens einer Fraktion oder von mindestens fünf Prozent der Mitglieder des Bundestages. (...)

Bevor ein Gesetzentwurf im Bundestag beraten werden kann, muss er zunächst dem Bundestagspräsidenten zugeleitet und von der Verwaltung registriert und gedruckt werden. Als Bundestags-Drucksache wird er dann an alle Mitglieder des Bundestages, des Bundesrates und an die Bundesministerien verteilt. Sobald der Gesetzentwurf auf der Tagesordnung des Plenums steht, hat er den ersten Teil seines Weges geschafft: Er steht nun vor seinem öffentlichen und offiziellen Auftritt im Bundestag.

Drei Lesungen im Plenum: In der Regel durchlaufen Gesetzentwürfe im Plenum des Bundestages drei Beratungen – die sogenannten Lesungen. (...) Vorrangiges Ziel der ersten Lesung ist es, (...) einen oder mehrere Ausschüsse zu bestimmen, die sich mit dem Gesetzentwurf fachlich auseinandersetzen und ihn für die zweite Lesung vorbereiten. (...)

Arbeit in den Ausschüssen: Die Detailarbeit der Gesetzgebung findet in den ständigen Ausschüssen statt (...). Die Ausschussmitglieder arbeiten sich in die Materie ein und beraten sich in Sitzungen. Sie können auch Interessenvertreter und Experten zu öffentlichen Anhörungen einladen. (...)

In den Ausschüssen werden nicht selten Brücken zwischen den Fraktionen gebaut. Im Zusammenspiel von Regierungs- und Oppositionsfraktionen werden die meisten Gesetzentwürfe mehr oder weniger stark überarbeitet. Nach Abschluss der Beratungen legt der federführende Ausschuss dem Plenum einen Bericht über den Verlauf und die Ergebnisse der Beratungen vor. Seine Beschlussempfehlungen sind die Grundlage für die nun folgende zweite Lesung im Plenum.

Aussprache in der zweiten Lesung: Vor der zweiten Lesung haben alle Abgeordneten die veröffentlichte Beschlussempfehlung in gedruckter Form erhalten. So sind sie für die Aussprache gut vorbereitet. (...) Jedes Mitglied des Parlaments kann Änderungsanträge stellen, die dann im Plenum direkt behandelt werden. (...)

Abstimmung in der dritten Lesung: (...) Am Ende der dritten Lesung erfolgt die Schlussabstimmung. (...) Hat der Gesetzentwurf die notwendige Mehrheit im Bundestag gefunden, wird er als Gesetz dem Bundesrat zugeleitet.

Zustimmung des Bundesrates: Durch den Bundesrat wirken die Länder bei jedem Gesetz mit. (...) Stimmt er dem Gesetz (...) nicht zu, so kann er den Vermittlungsausschuss anrufen. Im Vermittlungsausschuss sitzen in gleicher Anzahl Mitglieder des Bundestages und des Bundesrates.

Bei Zustimmungsgesetzen ist die Zustimmung des Bundesrates zwingend erforderlich. (...)

Bei Einspruchsgesetzen kann der Bundestag ein Gesetz auch dann in Kraft treten lassen, wenn es im Vermittlungsausschuss zu keiner Einigung gekommen ist. Dazu ist aber in einer erneuten Abstimmung im Bundestag eine absolute Mehrheit erforderlich.

In-Kraft-Treten des Gesetzes: Nachdem der Gesetzentwurf den Bundestag und den Bundesrat passiert hat, muss er noch weitere Stationen durchlaufen, um als Gesetz in Kraft zu treten.

Das beschlossene Gesetz wird (...) der Bundeskanzlerin sowie dem zuständigen Fachminister zur Gegenzeichnung zugeleitet.

Anschließend erhält der Bundespräsident das Gesetz zur Ausfertigung. Er prüft, ob es verfassungsgemäß zustande gekommen ist und nicht inhaltlich offenkundig gegen das Grundgesetz verstößt. Danach unterschreibt er es und lässt es im Bundesgesetzblatt veröffentlichen.

Damit ist das Gesetz verkündet. Ist kein besonderes Datum des In-Kraft-Tretens im Gesetz genannt, gilt es automatisch ab dem 14. Tag nach der Ausgabe des Bundesgesetzblattes.

Deutscher Bundestag: Weg der Gesetzgebung, in: www.bundestag.de (Zugriff: 10.11.2012)

M28 Rotkäppchen unter Fraktionszwang

EFSF: European **F**inancial **S**tability **F**acility; Aktiengesellschaft mit Sitz in Luxemburg. Diese kann sich an den Finanzmärkten bis zu 440 Milliarden Euro leihen. Weil die solventen Staaten der Euro-Zone dafür bürgen, muss der Rettungsfonds nur geringe Zinsen zahlen. Das Geld kann er an angeschlagene Länder weitergeben, denen niemand mehr etwas leihen will. Bei einem Totalausfall haftet Deutschland mit 211 Milliarden Euro, was ungefähr den gesamten Steuereinnahmen eines Jahres entspricht.

„Die Abgeordneten des Deutschen Bundestages werden in allgemeiner, unmittelbarer, freier, gleicher und geheimer Wahl gewählt. Sie sind Vertreter des ganzen Volkes, an Aufträge und Weisungen nicht gebunden und nur ihrem Gewissen unterworfen" (Grundgesetz Artikel 38 Absatz 1).

„Wie man sich fühlt?" Karl-Georg Wellmann seufzt regelrecht die Frage. Er überlegt kurz und sagt dann: „Man fühlt sich wie Rotkäppchen im Schneesturm." Der Notar aus Berlin-Steglitz trat 1972 in die CDU ein, seit 2005 sitzt er im Bundestag. Und nun steht er wohl vor der schwersten Entscheidung seines Politikerdaseins: Soll er an diesem Donnerstag der Ausweitung des Euro-Rettungsschirmes EFSF zustimmen?

Wellmann ringt seit langem mit sich. Er holte sich den Rat von Fachleuten, sogar Nobelpreisträger habe er kontaktiert (...). Doch die Experten widersprechen sich, und aus dem fernen Washington, von der Tagung des Internationalen Währungsfonds (IWF), dringt herüber, dass der 440-Milliarden-Rettungsschirm womöglich nicht ausreicht. Dass manche Euroländer darüber sinnieren, dem EFSF eine unlimitierte Kreditlinie bei der Europäischen Zentralbank (EZB) einzuräumen.

Da rede man nicht mehr länger von Milliarden, sondern plötzlich von Billionen, sagt Wellmann. Eine Billion, das ist eine Zahl mit einer Eins mit zwölf Nullen. „Angesichts solcher Summen verschwimmen die Zahlen vor den Augen", sagt Wellmann, „und man will zum Cognac greifen."

Bei einer Probeabstimmung der Unionsfraktion am Dienstag gehörte er zu den 13 Parlamentariern, die ihre Zustimmung für die EFSF-Reform verweigerten. Beim kleineren Koalitionspartner, der FDP, ergab ein Probelauf sechs Abweichler. Bleibt es dabei, dann würden die Regierungsfraktionen denkbar knapp die Kanzlermehrheit erreichen. Die Gruppe der Abtrünnigen setzt sich aus ganz verschiedenen Charakteren zusammen: Da wären solche wie der geübte Renegat und CSU-Mann Peter Gauweiler oder der FDP-Abgeordnete Frank Schäffler. Volksvertreter, die aus ihrer generellen Euro-Skepsis keinen Hehl machen, und das schon lange in viele Mikrofone sagen. (...)

Aber es gibt auch andere, die vor der Abstimmung ihre ablehnende Haltung kundgetan haben, aber sonst in der Öffentlichkeit nicht so präsent sind. Viele dieser stilleren Parlamentarier empfinden Seelenqualen, weil sie die Kanzlerin eigentlich nicht im Regen stehen lassen wollen. Sie möchten auch auf keinen Fall mit den Euro-Skeptikern in einen Topf geworfen werden. „Ich bin für die Vereinigten Staaten von Europa", sagt eine solche Stimme aus den Koalitionsfraktionen (...). „Ich glaube nur, dass die Ausweitung des Rettungsschirms der falsche Weg ist."

Welchen Druck die Fraktions- und Parteispitzen auf die Abweichler bei CDU, CSU und FDP ausüben, ist ungewiss. Man nennt das

Zeichnung: Mester

Fraktionszwang, und der ist laut Grundgesetz Artikel 38 Absatz 1 eigentlich verboten. Die Parlamentarier, heißt es da, seien „nur ihrem Gewissen unterworfen". Eigentlich.
Manche der Rettungsschirm-Verweigerer erwähnen vielsagend ihre kurze Parlamentszugehörigkeit und wollen nicht weiter reden. Manche berichten, es gäbe zwar einen gewissen Druck, aber beileibe keine Drohungen nach dem Motto: Du wirst nichts mehr, wenn du nicht spurst.
Andere wie der in Sachen Griechenland-Rettung als Hardliner geltende CDU-Abgeordnete Manfred Kolbe erklären, er sei keinerlei Pressionen ausgesetzt. „Es wäre auch zwecklos, mich zu bearbeiten" (...).
Wackelkandidaten wie der Berliner Wellmann berichten allerdings, dass sich CDU-Chefin Angela Merkel inzwischen selbst einschaltet, um „ihre" Leute auf Linie zu bringen: Anfang der Woche hat die Bundeskanzlerin bei dem Berliner angerufen und für die Zustimmung geworben. (...)
(*Karl-Georg Wellmann*) (...) tendiert inzwischen zum „Ja". Er wolle die Kanzlerin nicht alleine lassen, sagt er. Für ihn sei wichtig, dass die Koalition in einer so wichtigen Frage nicht auf die Unterstützung der Opposition angewiesen sei. Ganz will er sich allerdings doch noch nicht festlegen: Denn Voraussetzung für seine Zustimmung sei, dass nicht noch „etwas völlig Verstörendes aus Washington, aus Paris, aus Frankfurt oder sonst woher kommt".
Da ist sie wieder, die Unsicherheit. Und das Gefühl, Rotkäppchen im Schneesturm zu sein.
Oliver das Gupta: Rotkäppchen unter Fraktionszwang, Süddeutsche Zeitung v. 28.9.2011, in: www.sueddeutsche.de (Zugriff: 10.11.2012)

Immunität: Ein Abgeordneter darf nur mit Genehmigung des Bundestages wegen einer strafbaren Handlung zur Verantwortung gezogen und verhaftet werden, es sei denn, er wird auf frischer Tat ertappt oder im Laufe des folgenden Tages festgenommen

Indemnität: Abgeordnete dürfen zu keiner Zeit wegen Abstimmungen oder Äußerungen im Bundestag, in der Fraktion oder in einem Ausschuss gerichtlich oder dienstlich verfolgt oder sonst außerhalb des Parlaments zur Verantwortung gezogen werden

M29 Entmachtung des Bundestages?

Der ehemalige Präsident des Bundesverfassungsgerichts Hans-Jürgen Papier im Gespräch mit dem Tagesspiegel.
Tagesspiegel: (...) Immer mehr Entscheidungen werden am Parlament vorbei getroffen, in Kommissionen, im Koalitionsausschuss oder in sogenannten Konsensgesprächen. Greift das die Substanz des Bundestages an?
Papier: Der Deutsche Bundestag ist das einzige Verfassungsorgan, das unmittelbar demokratisch legitimiert ist. Es ist auf Bundesebene das einzige Verfassungsorgan, das aus allgemeinen Wahlen hervorgeht. Wir beobachten derzeit in der Bundesrepublik eine gewisse Entparlamentarisierung.
Tagesspiegel: Was meinen Sie damit konkret?
Papier: Immer mehr Entscheidungen von wirklich zentraler Bedeutung werden von außerparlamentarischen Gremien und Kommissionen getroffen. Zwar verabschiedet der Bundestag die Gesetze nach wie vor formal. Aber er ist an der Substanz der Entscheidungen immer weniger beteiligt. Die Weichenstellungen fallen dann beispielsweise in einer Hartz-Kommission. Wenn diese Entwicklung fortschreitet, nimmt unser ganzes parlamentarisches System Schaden. Ich halte das für sehr bedenklich.
Tagesspiegel v. 14.9.2003, in: www.tagesspiegel.de (Zugriff: 10.11.2012). Das Gespräch führten Martin Gehlen, Heike Jahberg und Hermann Rudolph

7 Arbeiten Sie heraus, in welchem Spannungsverhältnis sich der Abgeordnete Wellmann (M 28) befindet. Bewerten Sie seine Entscheidung.

8 Recherchieren Sie den Tagesablauf eines Parlamentariers (z. B. über Ausschnitte aus Terminkalendern auf den Internetseiten der Abgeordneten). Stellen Sie einen Ausschnitt daraus als Rollenspiel dar. Was fällt auf? Könnten Sie sich vorstellen, Abgeordneter zu werden? Begründen Sie Ihre Einschätzung. (→ *Simulationsmethoden*)

9 Erläutern Sie, welchen Prozess Hans-Jürgen Papier mit einer „gewissen Entparlamentarisierung" beklagt (M 29). Recherchieren Sie dazu aktuelle Beispiele bzw. Hintergründe und nehmen Sie Stellung zur These von der „Beschädigung des parlamentarischen Systems".

Bundeskanzler und Bundesregierung

Der Bundeskanzler steht der Bundesregierung vor und bestimmt die „Richtlinien" der Politik der Bundesrepublik. Diese stellt die Spitze der Exekutive dar, nimmt aber zugleich wesentliche Funktionen in der Legislative wahr (Gewaltenverschränkung) und wird i. d. R. von der Mehrheit des Bundestages getragen. Seit dem Jahr 2005 hat mit Angela Merkel erstmals in der Geschichte eine Frau dieses wichtigste Amt der bundesdeutschen Politik inne.
Der Bundesregierung gehören neben der Bundeskanzlerin auch die Bundesminister an, wobei die Zahl der Ministerien und deren genauer Zuschnitt („Ressorts") bis auf einige in der Verfassung vorgegebene Ministerien nicht festgeschrieben sind, sondern von den Regierungsparteien – meist im Zuge der Koalitionsgespräche zur Regierungsbildung – bestimmt werden. Die Vermittlung von Politik geschieht im Wesentlichen über die Medien, und Amt und Person der Bundeskanzlerin sind hier von herausgehobener Bedeutung. Deshalb werden auch die Auswirkungen der medialen Inszenierung von Spitzenpolitiker/innen etwas näher beleuchtet.

M 30 Die Bundeskanzler der Bundesrepublik Deutschland

Konrad Adenauer (1949–1963)

Ludwig Erhard (1963–1966)

Kurt Georg Kiesinger (1966–1969)

Willy Brandt (1969–1974)

Helmut Schmidt (1974–1982)

Helmut Kohl (1982–1998)

Gerhard Schröder (1998–2005)

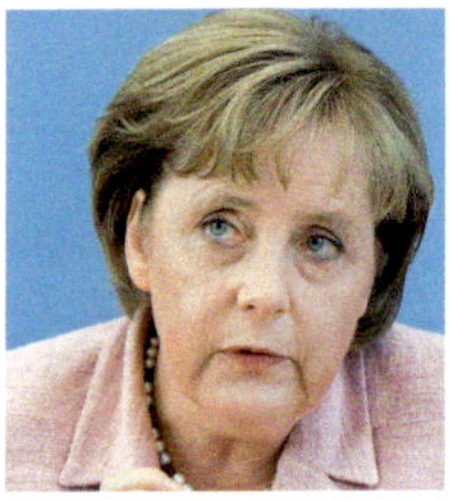
Angela Merkel (seit 2005)

1 Erläutern Sie anhand eines Schaubildes die Wahl und Ernennung des Bundeskanzlers (M 31). Arbeiten Sie die grundgesetzlichen Hinweise auf die besondere Stellung des Bundeskanzlers heraus. (→ *Präsentationsmethoden*)

2 Lesen Sie ergänzend **M 32**. Erklären Sie die Begriffe „Ressortprinzip" und „Kabinettsprinzip". Erläutern Sie dabei auch die Arbeitsweise in den Ministerien (Exekutive, Verwaltung, Weisungen) und machen Sie deutlich, wie Gesetze umgesetzt werden.

3 Erstellen Sie ein Schaubild, aus dem die Zusammenarbeit innerhalb der Bundesregierung hervorgeht. Weisen Sie in dieser Darstellung auch ständige Ausschüsse und wichtige Ministerien aus. (→ *Präsentationsmethoden*)

4 Die der Bundeskanzlerin grundgesetzlich zugesicherte Richtlinienkompetenz wird in **M 33** aufgegriffen. Erörtern Sie das Spannungsverhältnis, in dem sich die Bundeskanzlerin bewegt. Nehmen Sie dabei Bezug auf die Rolle von nicht in der Verfassung spezifizierten Gremien wie Koalitionsausschüsse oder Fraktionen.

5 Bei jeder Neuwahl politischer Spitzenämter taucht die Frage der Direktwahl der jeweiligen Position auf. Erörtern Sie Vor- und Nachteile einer Direktwahl solcher Spitzenämter (**M 34**). Gehen Sie dabei auf die Unterscheidung präsidentieller und parlamentarischer Regierungssysteme ein.

M31 Die Bundesregierung im Grundgesetz

Artikel 62 GG
Die Bundesregierung besteht aus dem Bundeskanzler und aus den Bundesministern.

Artikel 63 GG
(1) Der Bundeskanzler wird auf Vorschlag des Bundespräsidenten vom Bundestage ohne Aussprache gewählt.

Artikel 64 GG
(1) Die Bundesminister werden auf Vorschlag des Bundeskanzlers vom Bundespräsidenten ernannt und entlassen.

Artikel 65 GG
(1) Der Bundeskanzler bestimmt die Richtlinien der Politik und trägt dafür die Verantwortung. Innerhalb dieser Richtlinien leitet jeder Bundesminister seinen Geschäftsbereich selbständig und unter eigener Verantwortung. Über Meinungsverschiedenheiten zwischen den Bundesministern entscheidet die Bundesregierung. Der Bundeskanzler leitet ihre Geschäfte nach einer von der Bundesregierung beschlossenen und vom Bundespräsidenten genehmigten Geschäftsordnung.

Artikel 67 GG
(1) Der Bundestag kann dem Bundeskanzler das Misstrauen nur dadurch aussprechen, dass er mit der Mehrheit seiner Mitglieder einen Nachfolger wählt und den Bundespräsidenten ersucht, den Bundeskanzler zu entlassen. Der Bundespräsident muss dem Ersuchen entsprechen und den Gewählten ernennen.

Artikel 68 GG
(1) Findet ein Antrag des Bundeskanzlers, ihm das Vertrauen auszusprechen, nicht die Zustimmung der Mehrheit der Mitglieder des Bundestages, so kann der Bundespräsident auf Vorschlag des Bundeskanzlers binnen einundzwanzig Tagen den Bundestag auflösen. Das Recht zur Auflösung erlischt, sobald der Bundestag mit der Mehrheit seiner Mitglieder einen anderen Bundeskanzler wählt.

Artikel 69 GG
(1) Der Bundeskanzler ernennt einen Bundesminister zu seinem Stellvertreter.
(2) Das Amt des Bundeskanzlers oder eines Bundesministers endigt in jedem Falle mit dem Zusammentritt eines neuen Bundestages, das Amt eines Bundesministers auch mit jeder anderen Erledigung des Amtes des Bundeskanzlers.

M32 Funktionsweise der Bundesregierung

Die Funktionsweise der Bundesregierung lässt sich nach Art. 65 GG in drei Prinzipien fassen: 1. das Ressortprinzip, d. h. die verantwortliche Führung der einzelnen Ministerien durch ihre Minister, 2. das Kabinettsprinzip, d. h. die Debatte und Abstimmung aller Minister unter dem Vorsitz des Bundeskanzlers über Angelegenheiten von allgemeiner Bedeutung einschließlich aller Gesetzentwürfe und 3. die Richtlinienkompetenz des Bundeskanzlers. Diese drei Prinzipien überschneiden sich und können in unterschiedlichen Regierungsstilen akzentuiert werden.
Jeder Minister leitet sein Ministerium. Dabei assistieren ihm die parlamentarischen und beamteten Staatssekretäre. Während der Minister kein Spezialist in seinem Ressort sein muss, (...) sind die obersten Beamten Spezialisten. Die parlamentarischen Staatssekretäre sind gleichzeitig Abgeordnete. Im Bundeskanzleramt und im Außenministerium tragen sie den Titel Staatsminister. 1998 wurde für den neu geschaffenen Staatsminister für Kultur und Medien eine Sonderregelung geschaffen, da er nicht Abgeordneter war.
Eine Hauptaufgabe der Ministerien ist die Vorbereitung von Gesetzen. Auch wenn der Bundestag Gesetzesinitiativen ergreift, werden die fachlichen Aspekte im Allgemeinen in den Ministerien erarbeitet, die nach der Geschäftsordnung der Bundesregierung dazu im Vorfeld Kontakte zu den Spitzenverbänden in ihrem Bereich aufnehmen. Dies ist nur ein Aspekt der Interessenbeziehung und auch Interessenfärbung von Ministerien oder einzelnen Abteilungen und Unterabteilungen. Damit ergibt sich neben der verbandlichen Einflussnahme auch *inside lobbying*, d. h. die Vertretung von Eigeninteressen und Bereichsinteressen durch die Bürokratie.
Da der Hauptteil der Verwaltung von den Bundesländern in eigener Zuständigkeit ausgeführt wird, verfügen nur wenige Ministerien über einen breiten administrativen Unter-

Im Jahr 2011 wurde die Wehrpflicht ausgesetzt, die **Bundeswehr** rekrutiert nur noch Freiwillige. Im November 2012 dienten noch 194 000 Soldaten und Soldatinnen in der Bundeswehr. Perspektivisch soll die Zahl auf ca. 185 000 sinken. (*Angaben nach www.bundeswehr.de, Zugriff: 22.11.2012*)

bau. Die größte Bundesverwaltung ist mit der Bundeswehr verbunden. Sie zählte 2002 285 000 Soldaten und 124 000 Zivilangestellte. Eine weitere Verkleinerung ist absehbar. Quantitativ sind außerdem der Bundesgrenzschutz und die Finanz- und Zollverwaltung des Bundes zu nennen. Das Auswärtige Amt verfügt über einen umfangreichen diplomatischen Dienst. Neben diesen Großbehörden sind der Bundesregierung weitere 102 Oberste Bundesbehörden und andere Organisationen unterstellt, unter anderem das Statistische Bundesamt, die Bundesanstalt für Arbeit, die Wasser- und Schifffahrtsverwaltung, der Bundesdisziplinarhof, das Bundesarchiv und die Gauck-Behörde. (...)

Innerhalb der Ministerien gilt das hierarchische Prinzip der Weisung durch den Vorgesetzten: Der Minister kann (direkt oder durch den Staatssekretär) seine Abteilungsleiter anweisen, dieser die Unterabteilungsleiter und diese schließlich die Referenten für die einzelnen Sachgebiete, die wieder mehrere Mitarbeiter haben können. (...) Scheint einem Beamten eine Weisung sachlich falsch zu sein, so kann er remonstrieren (*Einwände erheben*) und notfalls auch die Entscheidung seines Vorgesetzten einholen. Werden seine Bedenken nicht berücksichtigt, so hat er die Entscheidung auszuführen. (...)

Gegenüber dem Parlament und der Regierung trägt der Minister die Verantwortung für seinen Geschäftsbereich. Nach außen hin haben alle Beamten den Standpunkt des Ministers zu vertreten. Während die Beamten grundsätzlich unkündbare Fachleute sind, gilt für das eigentliche Führungspersonal, insbesondere die Staatssekretäre, die Pressesprecher und die persönlichen Referenten, der Status des „politischen Beamten", der jederzeit in den „einstweiligen Ruhestand" versetzt werden kann. Von dieser Möglichkeit wird im Allgemeinen nur Gebrauch gemacht, wenn die Parteizugehörigkeit des Ministers wechselt, zuweilen aber auch bei andersartigen Meinungsverschiedenheiten.

Aus Größe und Aufgaben ergibt sich die unterschiedliche Wichtigkeit der verschiedenen Ministerien. Das begehrteste Ministerium, welches am meisten im Blickpunkt der Öffentlichkeit steht, ist das Außenministerium, das seit 1966 immer vom Vorsitzenden oder einem Hauptrepräsentanten des zweitstärksten Koalitionspartners besetzt worden ist. Außenminister wie Brandt, Scheel, Genscher und Fischer hatten großes bundespolitisches Gewicht. Weiter gelten die „klassischen Ressorts" als gewichtig. Nach der Verfassung haben das Innen-, Justiz- und Finanzministerium im Entscheidungsprozess besondere formale Rechte. Das Wirtschaftsministerium, das seit Ludwig Erhard hohes Prestige genoss, ist 2002 als „Superministerium" wieder aufgewertet worden.

Insbesondere das Innen- und das Verkehrsministerium verfolgen die Ausführung der Bundesgesetze durch die Länder und bemühen sich um ihre Koordinierung. Zur Abstimmung zwischen den Ministerien bestehen seit 2002 fünf Kabinettsausschüsse: der Bundessicherheitsrat aus Verteidigungs-, Außen-, Innen-, Justiz-, Finanz- und Entwicklungsminister und dem Chef des Bundeskanzleramtes, der Kabinettsausschuss Neue Länder, der Kabinettsausschuss für den Jahreswirtschaftsbericht, der Kabinettsausschuss für Zukunftstechnologie und der Kabinettsausschuss für Umwelt und Gesundheit.

Gesetzentwürfe der Bundesregierung, zwischen Ministerien strittige Entscheidungen und andere wichtige Vorgänge werden vom Bundeskabinett behandelt. Es tagt in der Regel wöchentlich unter Vorsitz des Bundeskanzlers, alle Minister gehören ihm an. Es berät vertraulich und legt durch Abstimmung die Linie der Bundesregierung fest, an die dann alle Minister gebunden sind. Die Positionen der Minister werden stark von Ressortzuständigkeiten und Parteiloyalitäten geprägt.

Dietrich Thränhardt: Bundesregierung; in: Uwe Andersen/Wichard Woyke (Hg.): Handwörterbuch des politischen Systems der Bundesrepublik, 4. Aufl. Opladen 2000, S.62 f.

M 33 Das Bedürfnis nach Führung

Die Frage, wie viel persönliche Macht ein Kanzler in der repräsentativen Demokratie innehat und auf welche Weise er sie ausübt, ist so alt wie die Bundesrepublik. Verfassungsexperten verweisen auf Grundgesetz-Artikel 65, in dem die „Richtlinienkompetenz" des Bundeskanzlers festgeschrieben ist. Doch wird diese herausgehobene Stellung des Regierungschefs im selben Absatz gleich doppelt relativiert. Einmal durch die Eigenverantwortung der Bundesminister für ihren jeweiligen Geschäftsbereich („Ressortprinzip"), zum anderen durch die Gesamtverantwortung des Kabinetts in allen wesentlichen Fragen („Kabinettsprinzip").

Mehr noch als durch die Verfassungstheorie wird die Führungsposition des Bundeskanzlers seit jeher durch die politische Praxis beeinträchtigt, vor allem im Zeichen von Koalitionsregierungen. Politik-Professor Gerd Langguth spricht von „Ausnahmefällen", in denen ein Kanzler auf Kosten eines seiner Minister von seiner Richtlinienkompetenz Gebrauch gemacht habe: Konrad Adenauer (CDU) vergatterte einst seinen Wirtschaftsminister Ludwig Erhard zu einer europafreundlichen Handelspolitik, Gerhard Schröder (SPD) schrieb seinem Umweltminister Jürgen Trittin (Grüne) vor, wie dieser sich bei der Brüsseler Abstimmung über die EU-Altautoverordnung zu verhalten habe.

Ansonsten vermieden es alle Kanzler, machtwortgewaltig auf den Kabinettstisch zu hauen, weil davon – wie Willy Brandt (SPD) einmal bemerkte – nicht einmal der Tisch beeindruckt sei. Auch „Basta"-Kanzler Schröder musste vor heiklen Entscheidungen seiner rot-grünen Regierung das Einvernehmen mit seinem Vize Joschka Fischer oder den Kompromiss innerhalb der Koalitionsrunde suchen. „Faktisch", sagt Gerd Langguth, „ist Deutschland eine Konsensdemokratie." Neben der Bundesregierung übten die Länder und das Verfassungsgericht als „Vetospieler" Macht aus.

Allerdings ist das Bedürfnis nach politischer Führung offenkundig gewachsen. Nach Ansicht von Demokratie-Forscher Ludger Helms haben dazu die Massenmedien durch Personalisierung ebenso beigetragen wie die internationale Politik selbst durch eine ausufernde „Gipfel-Diplomatie". Außerdem erhofften sich viele Bürger, „mithilfe starker Führungspersönlichkeiten strukturelle Schwächen der Demokratie" zu überwinden, wie Politik-Professor Gary S. Schaal von der Bundeswehr-Universität in Hamburg sagt. Politischer Einfluss wird in der „Postdemokratie" (*s. S. 174f.*) (weniger den Wählern zugeschrieben als mächtigen Lobbygruppen der Wirtschaft, Expertengremien oder supranationalen Institutionen (EU, UNO, G 8, G 20). Daher setzten die Menschen laut Helms besonders auf die „Inhaber exekutiver Spitzenämter".

Klar, dass von einer so unbestritten populären Bundeskanzlerin wie Angela Merkel erst recht erwartet wird, Führungskraft zu zeigen

NACHSITZEN IN DER SOMMERPAUSE

Richtlinienkompetenz *Zeichnung: Erl*

und eigene Vorstellungen durchzusetzen, national wie weltweit. Doch äußerte sich die CDU-Chefin jüngst eher zurückhaltend zu ihren Möglichkeiten: „In bestimmter Weise habe ich auch was zu sagen, aber ich kann viel sagen, wenn nicht andere mitmachen und wenn wir nicht bestimmte Dinge auch gemeinsam unternehmen." Das klang wie eine gleichermaßen ehrliche wie ernüchternde Zustandsbeschreibung ihrer Führungsrolle in der schwarz-gelben Koalition.

So muss sie einstweilen damit leben, dass die Medien „Dr. Merkels gesammeltes Schweigen" (Süddeutsche Zeitung) als Indiz für eine „Autoritätskrise der Kanzlerin" (Stern) werten, wogegen CDU-Vize Roland Koch und CSU-Hoffnungsträger Karl-Theodor zu Guttenberg der Regierungschefin einen „alternativlosen" und sogar „exzellenten Führungsstil" bescheinigen. Pragmatisch, präsidial, unideologisch – so wird Angela Merkels „Politik der kleinen Schritte" weithin beschrieben.

Für eine große Koalition, findet ihr Biograf Langguth, war die „Virtuosin der Macht" als Moderatorin wie geschaffen. Doch an der Seite der FDP gerate die Kanzlerin neuerdings bei vielen wertorientierten Mitgliedern und Anhängern ihrer Partei zunehmend in die Kritik, „weil sich die Frage nach ihrem inneren Kompass stellt".

Gunther Hartwig: Das Bedürfnis nach Führung, Südwest Presse v. 14.1.2010, in: http://www.swp.de (Zugriff: 11.11.2012)

Strukturelle Schwächen der Demokratie: Bürger haben kaum Einfluss auf Sachentscheidungen; sie können nur das Führungspersonal auswählen, das die Entscheidungen trifft

Formen repräsentativer Demokratie:
Parlamentarismus und Präsidentialismus

M34 Regierung und Parlament

Im parlamentarischen Regierungssystem hat das Parlament das Recht und die Pflicht, für eine handlungsfähige Regierung zu sorgen. (...) Ohne das fortgesetzte Vertrauen der Parlamentsmehrheit, ausgedrückt in ihrer Bereitschaft, die amtierende Regierung nicht abzusetzen oder durch eine andere zu ersetzen, gibt es im parlamentarischen Regierungssystem gar keine Regierung.

Die Abberufbarkeit des Premierministers oder Kanzlers und faktisch zumeist indirekt auch seines Kabinetts durch das Parlament, genauer: durch die Parlamentsmehrheit, schafft eine besondere Beziehung zwischen Exekutive und Legislative. Die Regierung muss sich ständig der Unterstützung durch „ihre" Mehrheit vergewissern, darf deren Folgebereitschaft nicht überstrapazieren und sollte sich höchstens gelegentlich über deren Willen hinwegsetzen, will sie nicht ihren eigenen Fortbestand gefährden.

Mit diesem Recht der Parlamentsmehrheit geht die Aufgabe einher, ständig über die Funktionsfähigkeit der Regierung zu wachen; scheint diese nicht mehr gewährleistet, obliegt es der Mehrheit, die Exekutive ganz oder teilweise auszutauschen. Es ist das Parlament – und nur das Parlament –, das den Wählern direkte politische Rechenschaft schuldet – auch und gerade für die Qualität der Regierung.

Wie zentral dieses Strukturprinzip ist, wird besonders deutlich in der Unterscheidung zum präsidentiellen Regierungssystem. Dort bestehen Exekutive und Legislative unabhängig voneinander. Erstere bedarf nicht des Vertrauens der Mehrheit, um für eine volle Wahlperiode im Amt zu bleiben (...). Als Konsequenz kann oder muss sich die Exekutive im Präsidentialismus nicht auf eine feste Mehrheit stützen, sie kann oder muss sich fallweise Abstimmungsmehrheiten für ihre Vorhaben besorgen. Entsprechend lässt sich aus Sicht der Legislative argumentieren: Sie steht gegenüber den Wählenden nicht in der Verantwortung für die Regierung, denn sie hat schließlich keine Macht über die Amtsdauer der Exekutive. Diese existenzielle Unabhängigkeit der beiden Gewalten voneinander wird in der Regel dadurch verstärkt, dass sich das Volk im Präsidentialismus durch Direktwahl des Staatschefs selbst eine Regierung schafft. Demokratische Legitimität der Regierung entsteht hier durch direkte Wahl (...).

Ebensolche Legitimität kann das Parlament für sich beanspruchen, denn auch dieses ist direkt vom Volk gewählt.

Die Tatsache, ob ein Parlament die Regierung abberufen kann oder nicht, setzt also grundlegende Bedingungen dafür, welche Akteure welchen Einfluss haben und wie sie im alltäglichen politischen Geschäft miteinander umgehen.

Suzanne Schüttemeyer: Die Logik der parlamentarischen Demokratie, Informationen zur politischen Bildung 295 (2007), in: http://www.bpb.de (Zugriff: 11.11.2012)

6 Diskutieren Sie die Auswirkungen der in **M 35** vorgeschlagenen Direktwahl des Bundeskanzlers hinsichtlich dessen Verhältnis zu Bundestag und Bundesregierung.

7 Ein klassisches Element der Demokratietheorie stellt die Lehre der Gewaltenteilung dar. In der Bundesrepublik Deutschland spricht man eher von einer „Gewaltenverschränkung". Erläutern Sie diesen Umstand (**M 36**) und gehen Sie dabei besonders auf das Verhältnis von Bundesregierung und Bundestag ein.

8 In **M 37** und **M 38** wird auf unterschiedliche Weise dargestellt, wie die Kontrolle der Bundesregierung gewährleistet wird. Beschreiben Sie knapp die Unterschiede. Diskutieren Sie anschließend, welche der beiden Darstellungen die politischen Verhältnisse in der Bundesrepublik Deutschland besser abbildet.

9 Erläutern Sie die in **M 39** beschriebene Veränderung der Wahrnehmung von Politik durch Fernsehen und neue Medien.

10 Diskutieren Sie in Kleingruppen Ihre eigene Wahrnehmung von Politik. Nehmen Sie Bezug auf die Unterscheidung aus **M 39** zwischen der Inszenierung von Politik (und deren Spitzenvertretern, z. B. der Bundeskanzlerin) auf der einen und politischen Inhalten auf der anderen Seite.

11 Nehmen Sie begründet Stellung zu der in **M 39** gegebenen Einschätzung, dass Politik aufgrund der Medien und deren Neigung, Politik zu personifizieren, immer mehr zur Show wird und politische Inhalte dabei auf der Strecke bleiben.

M35 Direktwahl des Bundeskanzlers

Christian Wulff (CDU) plädiert dafür, dass Bundeskanzler und Ministerpräsidenten direkt vom Volk gewählt werden. Solche Direktwahlen könnten dazu beitragen, das öffentliche Interesse an politischen Prozessen zu beleben, sagte Wulff nach einem Bericht der Mitteldeutschen Zeitung. „Dies wird, ähnlich wie in Frankreich oder den USA, zu einer eher präsidialen Verfassung führen, in denen der Regierungschef mit unterschiedlichen Mehrheiten in den Parlamenten umgehen muss", erklärte Wulff. „Das ist bei uns ausgeschlossen. Man ist als Kanzler zunächst von der Fraktion und von der Partei abhängig und nicht vom ganzen Volk."

Dpa/AP: Wulff plädiert für Direktwahl des Bundeskanzlers, Stern.de v. 11.6.2006, in: http://www.stern.de (Zugriff: 11.11.2012)

Christian Wulff (geb. 1959), ehemaliger niedersächsischer Ministerpräsident und Bundespräsident

M36 Gewaltenteilung oder Gewaltenverschränkung

Das Grundgesetz legt in Art. 20 fest, die Staatsgewalt werde durch „besondere Organe der Gesetzgebung, der vollziehenden Gewalt und der Rechtsprechung ausgeübt". Es knüpft damit an die klassische Gewaltenteilung in Legislative, Exekutive und Judikative an, die von dem französischen Staatsphilosophen Montesquieu formuliert worden ist. Ihr liegt der Gedanke zugrunde, dass in einer politischen Ordnung die Freiheit nur gesichert ist, wenn die staatliche Macht nicht, wie in den absoluten Monarchien, in einer Hand liegt, sondern geteilt ist. (...)

In parlamentarischen Demokratien wie der Bundesrepublik Deutschland hat sich eine andere Form der Gewaltenteilung herausgebildet. Die Trennlinie verläuft nicht mehr zwischen Parlament und Regierung, sondern zwischen Parlamentsmehrheit und Regierung auf der einen und der Opposition auf der anderen Seite. Die Regierung geht aus den Mehrheitsfraktionen hervor und wird von ihnen getragen. Die Mitglieder der Regierung sind in der Regel auch Mitglieder des Parlaments. Gegenspielerin von Regierung und Parlamentsmehrheit ist die Opposition. In Bundesstaaten wird die Macht des Bundes auch durch die Länder begrenzt. Die staatliche Gewalt und die staatlichen Aufgaben sind zwischen Bund, Ländern und Gemeinden aufgeteilt. In der Bundesrepublik Deutschland wirken die Länder durch den Bundesrat an der Gesetzgebung des Bundes mit. Die Verwaltung, der die Ausführung der Gesetze und Rechtsverordnungen obliegt, ist überwiegend Sache der Bundesländer und auf der untersten Ebene Aufgabe der Kommunen.

Statt durch eine strikte Trennung der Gewalten ist die parlamentarische Demokratie gekennzeichnet durch eine Gewaltenverschränkung. Legislative und Exekutive sind miteinander verknüpft, getrennt von ihnen ist dagegen die Rechtsprechung. In der Bundesrepublik Deutschland ist die Beschränkung und Kontrolle der Macht der Regierenden gewährleistet durch:

- die Opposition im Bundestag,
- das föderalistische System mit der Aufteilung der staatlichen Gewalt und der staatlichen Aufgaben auf Bund, Länder und Gemeinden,
- die unabhängige Justiz, vor allem die weitreichenden Befugnisse des Bundesverfassungsgerichts,
- die öffentliche Meinung.

Opposition

Im Grundgesetz kommt der Begriff „Opposition" nicht vor, ebenso wenig in den meisten Landesverfassungen. In Deutschland hat sich das Verständnis für die Bedeutung der Opposition nur langsam durchsetzen können. Opposition wurde lange mit Obstruktion, mit bloßer Verneinung gleichgesetzt. In England wurde die Opposition schon im 18. Jahrhundert neben dem Prinzip der Repräsentation als die zweite große Erfindung des parlamentarischen Systems bezeichnet. In der Bundesrepublik Deutschland hat das Bundesverfassungsgericht 1952 das „Recht auf verfassungsmäßige Bildung und Ausübung einer Opposition" zu den „grundlegenden Prinzipien der freiheitlichen demokratischen Grundordnung" gezählt. Die Opposition hat die Aufgabe, die Regierung zu kritisieren, zu kontrollieren und Alternativen anzubieten.

Horst Pötzsch: Die Deutsche Demokratie, 5. Aufl. Bonn (Bundeszentrale) 2009, S. 61–86

Charles de Secondat, Baron de Montesquieu (1689–1755), französischer Schriftsteller und Staatstheoretiker. Er gilt als einer der Begründer der staatlichen Gewaltenteilung.

M 37 **Kontrollfunktion der Opposition**

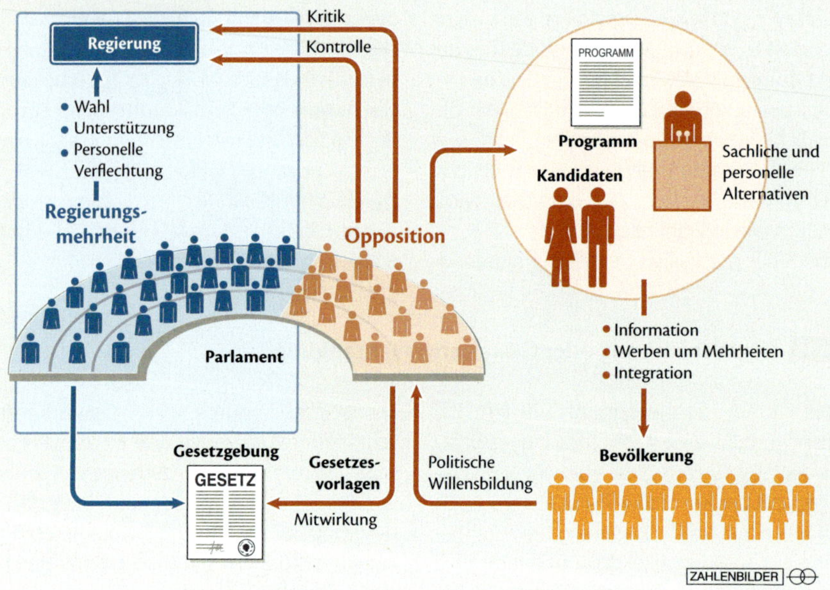

M 38 **Zusammenspiel der Verfassungsinstitutionen**

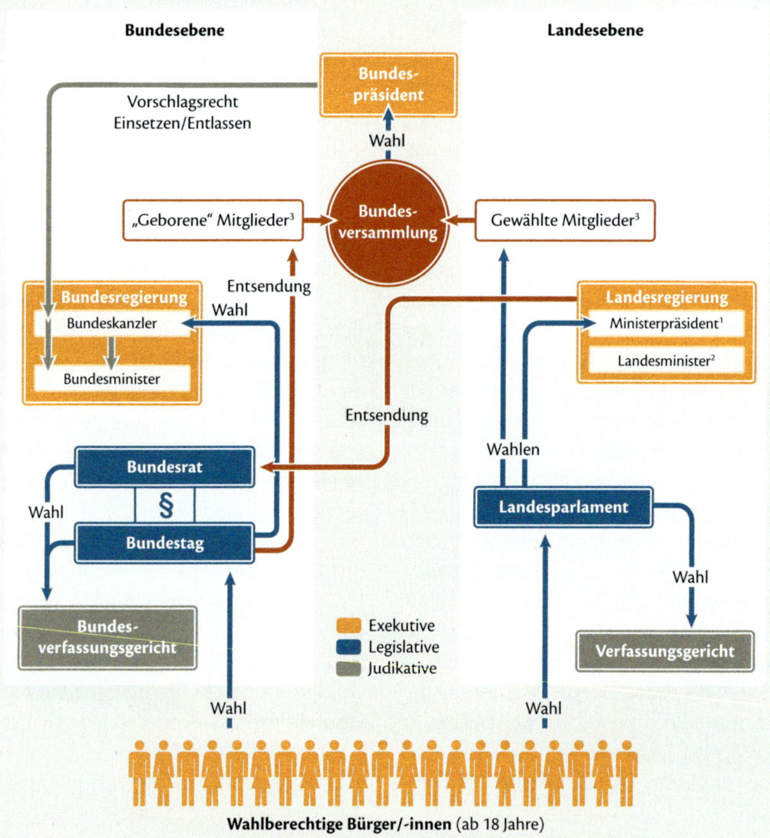

1 Der Regierungschef heißt in Bremen Bürgermeister, in Hamburg Erster Bürgermeister und in Berlin Regierender Bürgermeister.
2 In den Stadtstaaten werden die Landesminister Senatoren genannt, in Bayern heißen sie Staatsminister.
3 Mitglieder der Bundesversammlung sind alle Mitglieder des Bundestages sowie von den Landesparlamenten gewählte Vertreter des Volkes, die selbst nicht den Landesparlamenten angehören müssen.

M39 Die Theatralisierung von Politik

Sommerinterview der ARD mit Angela Merkel, 2012

Politik in der Demokratie lebt von der kontinuierlichen Legitimation ihrer Absichten, Handlungen und von den Handlungserfolgen. Dies kann in der Mediengesellschaft allein auf dem Weg der medienvermittelten Kommunikation geschehen. Demokratische Politik ist daher existenziell und fortwährend auf Kommunikationserfolge in der öffentlichen Arena angewiesen. (...)

Aufseiten der Politik führt die Schlüsselrolle des Mediensystems zur Vermehrung und zur Professionalisierung der Anstrengungen, ein Höchstmaß an Kontrolle über die Darstellung der Politik im Mediensystem zurückzugewinnen. Zu diesem Zweck mediatisiert sie sich mit Energie und professionellem Rat aus Leibeskräften selbst, sie wird zum „Politainment". (...) Es erhebt sich die Frage, ob Politik unter diesen Bedingungen überhaupt noch in angemessenem Ausmaß ihrer eigenen Logik folgen kann oder in der Hauptsache zum Lieferanten für die spezifischen Bedürfnisse des Mediensystems wird – in der Hoffnung, auf diese Weise ihren unbegrenzten Bedarf an öffentlicher Zustimmung umfassend und risikoarm befriedigen zu können. (...) Die Auswirkungen dieser Entwicklung sind umfassend und vielgestaltig. Sie verändern nicht nur die Struktur der Darstellung des Politischen, sondern auch seine Herstellung. Welche Themen auf den Tisch kommen, welche Politikerin oder welcher Politiker Aufstiegschancen hat, wer die Führung übernimmt und wie groß ihre oder seine Spielräume zur Definition ihrer oder seiner Politik sind – gegenüber der eigenen Partei, gegenüber den Kontrahenten und gegenüber der Öffentlichkeit –, wird durch mediale Vermittelbarkeit und Mediencharisma mitentschieden. Wo beides nicht gegeben ist, haben Themen und Interessen, auch wenn sie im Hinblick auf Gerechtigkeit, Zukunftsfähigkeit und das Gemeinwohl wichtig wären, wenig Aussicht auf Berücksichtigung. (...)

Symbolische Scheinpolitik

Der klassische Fall symbolischer Scheinpolitik lag vor, als sich Präsident Ronald Reagan vor den versammelten TV-Kameras auf der Schulbank eines Klassenzimmers mit Lehrern und Schülern ins Gespräch vertiefte und unter den Augen des Publikums leidenschaftliches Interesse am Bildungswesen zeigte, nachdem er gerade dessen Etat empfindlich gekürzt hatte. (...)

Das Parlament erfährt sowohl infolge der Marginalisierung der politischen Parteien als auch durch die Auswirkungen der Medienlogik auf seine eigenen Handlungsbedingungen einen spürbaren Bedeutungsverlust. Die Vertreterinnen und Vertreter der Regierungspartei(en) im Parlament stehen (...) unter dem Eindruck der Erfahrung (...), dass sie ihren Wahlerfolg in ausschlaggebendem Maße der medialen Durchschlagskraft ihres Spitzenkandidaten verdanken. Sie können zudem täglich beobachten, dass Unstimmigkeiten zwischen den politischen Absichtsbekundungen ihres Regierungschefs und Vertretern der zugeordneten Parlamentsfraktion(en) dessen Mediencharisma schmälern und allmählich aufbrauchen. Darum sind sie in aller Regel zum voraus- oder nacheilenden Konsens mit dessen Vorgaben bereit.

Zwischen Show und politischer Information

Unter dem Druck insbesondere der privaten Fernsehanstalten nimmt auch in der Bundesrepublik gleichwohl der theatrale Inszenierungsaspekt nicht nur im Fernsehen, sondern auch in einem Teil der Printmedien einen wachsenden Raum ein und beherrscht einen sehr großen Teil der tatsächlichen Politikvermittlung. Die angemessene Berücksichtigung der politischen Informationen und Argumentationen, die zur Urteilsbildung über ein Thema oder eine Person notwendig wären, wird dabei in der Regel vernachlässigt.

Thomas Meyer: Die Theatralität der Politik in der Mediendemokratie, in: Aus Politik und Zeitgeschichte 53/2003, S. 14 f.

Das Bundesverfassungsgericht

Hüter des Grundgesetzes – so wird für gewöhnlich die Funktion des Bundesverfassungsgerichts im politischen System der Bundesrepublik Deutschland umschrieben. Geleitet durch die Aufgabe und den Anspruch, dem Geist der Verfassung zu entsprechen, entscheidet das oberste deutsche Gericht darüber, wie die Bestimmungen des Grundgesetzes im gesellschaftlichen und politischen Alltag auszulegen sind. Indem es politisches und gesellschaftliches Handeln auf seine Vereinbarkeit mit dem Grundgesetz überprüft, leistet das Bundesverfassungsgericht eine unverzichtbare Aufgabe für den freiheitlich-demokratischen Rechtsstaat.

Verhandlung des Bundesverfassungsgerichts, November 2012

1 Klären Sie mithilfe der Materialien **M 40–M 42** die Organisation des Bundesverfassungsgerichts und skizzieren Sie seine wesentlichen Aufgaben. (→ *Auswertungsmethoden*)

2 Bilden Sie Kleingruppen. Erarbeiten Sie mittels **M 43** ein Schaubild, anhand dessen die Zuständigkeiten des Bundesverfassungsgerichts übersichtlich dargestellt werden. Erläutern Sie jeden Zuständigkeitsbereich durch eine knappe Definition. Tauschen Sie Ihre Arbeitsergebnisse aus. (→ *Präsentationsmethoden*)

3 Bilden Sie Kleingruppen. Wählen Sie eines der Materialien **M 44–M 47** aus. Fassen Sie die jeweilige Entscheidung des Bundesverfassungsgerichts zusammen und legen Sie begründet dar, welchem Zuständigkeitsbereich der Fall zuzuordnen ist.

4 Recherchieren Sie über aktuelle Entscheidungen des Bundesverfassungsgerichts und verfahren Sie entsprechend. (→ *Erhebungsmethoden*)

M 40 Organisation des Bundesverfassungsgerichts

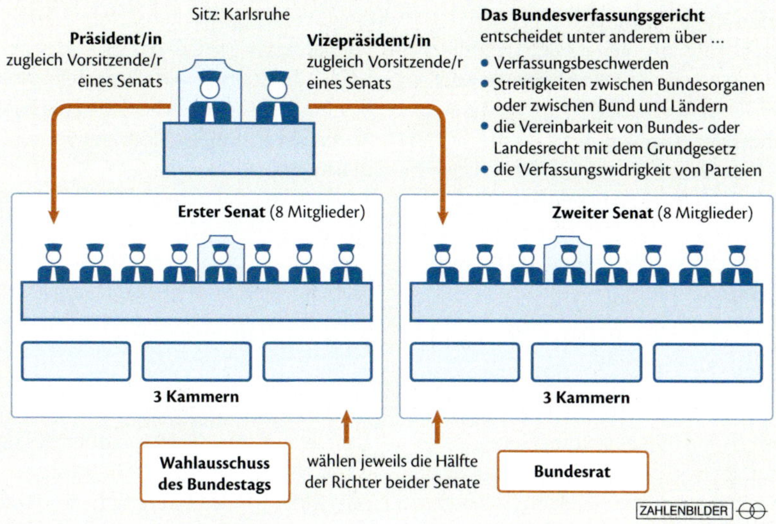

Erster Senat: In den Zuständigkeitsbereich des Ersten Senats fallen vor allem Fragen über die Auslegung der Grundrechte, also Verfassungsbeschwerden (s. M 43). Deshalb wird der Erste Senat auch als „Grundrechtssenat" bezeichnet

Zweiter Senat: Der Zweite Senat befasst sich vorrangig mit Organstreitigkeiten (s. M 43). Er wird auch als „Staatsrechtssenat" bezeichnet

M 41 „In Karlsruhe gibt es ein Bundesverfassungsgericht"

Wir haben uns längst daran gewöhnt: In Karlsruhe gibt es ein Bundesverfassungsgericht. Ab und zu wird dort verhandelt. Dann gehen Bilder durch die „Tagesschau" und Berichte durch die Zeitungen. Und irgendwann ergeht ein Urteil. Ein Gesetz, das der Bundestag oder ein Landtag erlassen hat, wird für gültig oder ungültig erklärt. Oder es wird in anderen Fragen entschieden, die politisch oft von hoher Brisanz sind. Ist das eigentlich so selbstverständlich? Ist es richtig, dass Richterinnen und Richter Gesetze aufheben können, die das Parlament erlassen hat, wenn sie verfassungswidrig sind? Ist es nicht Aufgabe der Richterinnen und Richter, ein Gesetz anzuwenden? Darf eine Richterin oder ein Richter sich über das Parlament stellen und damit zu einer Art „Supergesetzgeber" werden? Bedeutet das nicht, dass Recht und Politik in unerträglicher Weise miteinander verbunden und Richterinnen und Richter in den Streit der Parteien hineingezogen werden? Müssen Richterinnen und Richter nicht unparteiisch bleiben? Was soll das Ganze überhaupt? Wäre es nicht viel besser, der Bundestag würde seine Gesetze erlassen und damit die Sache erledigt sein?
Dieses Stelldichein von Fragen und Fragezeichen beschäftigt schon seit über 200 Jahren die Gemüter. Damals erblickten die ersten modernen Verfassungen das Licht der Welt: in Amerika 1787 und in Frankreich 1791. Seitdem gibt es den Grundsatz, dass auch der Gesetzgeber, also das Parlament, an die Verfassung gebunden ist und beispielweise die Menschenrechte nicht verletzen darf. Seitdem gibt es auch die Frage, wer das eigentlich überprüfen soll.

Uwe Wesel: Recht, Gerechtigkeit und Rechtsstaat im Wandel, in: Aus Politik und Zeitgeschichte Nr. 35–36/2011, S. 41ff.

M 42 „Institution mit großer Macht"

Das Bundesverfassungsgericht ist eine Institution mit großer Macht. (...) Es hat die Befugnis, mit dem Grundgesetz die Bedienungsanleitung der Republik verbindlich auszulegen und zu entwickeln. Es hat das Recht, dem Gesetzgeber, der Rechtsprechung und der Regierungspolitik Grenzen zu setzen. Nur 21 400 Wörter enthält das Grundgesetz in der Textausgabe des Deutschen Bundestages. Die Entscheidungen des Bundesverfassungsgerichtes dagegen füllen ganze Bibliotheken. Erst diese Berge aus Papier geben dem schmalen Bändchen des Verfassungstextes seinen konkreten und verbindlichen Inhalt.

Wolfgang Neskovic: Raus aus den Hinterzimmern, in: Frankfurter Allgemeine Sonntagszeitung v. 11.10.2009, S. 13

Normenkontrolle: Überprüfung von geltendem Recht

M43 Zuständigkeiten des Bundesverfassungsgerichts

1. Verfassungsbeschwerde

Durch sie kann der Bürger seine Grundrechte und seine grundrechtsähnlichen Rechte wahren und durchsetzen. (...) Verfassungsbeschwerde kann von jedermann mit der Behauptung erhoben werden, er sei durch die öffentliche Gewalt in seinen Grundrechten verletzt worden. Der Beschwerdeführer muss durch den angegriffenen Hoheitsakt selbst betroffen sein (...).

Die Grundrechtsverletzung kann in einem Gesetz, der Anordnung einer Verwaltungsbehörde oder in einem Gerichtsurteil liegen. (...) Als verletzte Grundrechte kommen die in Artikel 1 bis 19 des Grundgesetzes aufgeführten Freiheitsverbürgungen, wie etwa die Freiheit der Meinungsäußerung, die Berufsfreiheit und die Gewährleistung des Eigentums in Betracht, sowie gewisse grundrechtsähnliche Rechte, beispielsweise das Recht auf Gewährung rechtlichen Gehörs oder auf den gesetzlichen Richter.

Die Verfassungsbeschwerde kann jedermann selbst ohne Inanspruchnahme eines Richters schriftlich erheben. (...) Um die übermäßige oder missbräuchliche Benutzung der Verfassungsbeschwerde zu verhindern, kann sie nur dann erhoben werden, wenn allein durch sie die Grundrechtsverletzung beseitigt werden kann. Der Betroffene muss zunächst versuchen, die Verletzung seiner Grundrechte auf dem allgemeinen Instanzenweg zu beseitigen, (...) (*das bedeutet, dass die*) Verfassungsbeschwerde (...) die vorherige Ausschöpfung des Rechtsweges innerhalb der jeweiligen Fachgerichtsbarkeit (*erfordert*) (...).

Die Verfassungsbeschwerde bedarf der Annahme zur Entscheidung. (...) Sie ist zur Entscheidung anzunehmen, wenn ihr grundsätzliche verfassungsrechtliche Bedeutung zukommt (objektive Funktion der Verfassungsbeschwerde) oder wenn es zur Durchsetzung der Grundrechte angezeigt ist (...).

Die große Bedeutung der Verfassungsbeschwerde, mit dem der Bürger jeden Akt der staatlichen Gewalt, von dem er betroffen ist, auf einen Grundrechtsverstoß hin überprüfen kann, liegt auf der Hand. Verfassungsbeschwerden machen zahlenmäßig auch die Hauptarbeitslast des Gerichts aus. (...)

2. Normenkontrolle

(...) Außer auf Antrag des Bürgers hin, kann ein Gesetz auch dadurch zum Gegenstand eines verfassungsgerichtlichen Verfahrens werden, dass ein Gericht oder bestimmte Verfassungsorgane eine Normenkontrolle beantragen. Zu unterscheiden ist die konkrete von der abstrakten Normenkontrolle.

a) Konkrete Normenkontrolle

(...) Das Verfahren der konkreten Normenkontrolle wird durch ein Verfahren eines Gerichts eingeleitet, dass einen bei ihm anhängigen (konkreten) Rechtsstreit aussetzt, weil es für dessen Entscheidung auf eine gesetzliche Bestimmung ankommt, die das Gericht für verfassungswidrig hält. (...) Losgelöst von einem konkreten Fall und deshalb abstrakt ist die Normenkontrolle dann, wenn sie auf Antrag der Bundesregierung oder einer Landesregierung (...) oder mindestens eines Drittels der Mitglieder des Bundestags erfolgt (...).

b) Abstrakte Normenkontrolle

Im Wege der abstrakten Normenkontrolle kann insbesondere die Opposition im Bundestag, sofern sie über ein Drittel der Sitze verfügt, das Bundesverfassungsgericht anrufen, wenn sie ein von der Mehrheit der Abgeordneten gegen ihre Stimmen beschlossenes Gesetz (...) für verfassungswidrig hält. Auf diese Weise erfüllt das Bundesverfassungsgericht eine wichtige Funktion zum Schutz der parlamentarischen Minderheit. (...)

3. Verfassungsstreitigkeiten zwischen staatlichen Organen

(...) Die bisher dargestellten Zuständigkeiten des Bundesverfassungsgerichts haben die Überprüfung von Gesetzen und anderen Hoheitsakten, die sich auf den einzelnen Bürger und bestimmte Gruppen beziehen, zum Gegenstand. Daneben ist das Bundesverfassungsgericht aber auch zur Entscheidung von Streitigkeiten zwischen sich gegenüberstehenden Parteien berufen. (*Zu unterscheiden sind dabei Organsstreitigkeiten, Bund-Länder-Streitigkeiten und Landesverfassungsstreitigkeiten.*)

a) Organstreitigkeiten

Nach Art. 93 Abs. 1 Nr. 1 GG entscheidet das Bundesverfassungsgericht über die Auslegung des Grundgesetzes aus Anlass von Streitigkeiten über den Umfang der Rechte und Pflichten eines obersten Bundesorgans (...). Solche Organe – daher die Bezeichnung Organstreit – sind der Bundespräsident, die Bundesregierung, der Bundesrat und der

Bundestag sowie Teile dieser Organe, z. B. eine Fraktion des Deutschen Bundestages (...). Es streiten also Staatsorgane darüber, ob ein Verfassungsorgan sich im Rahmen der ihm von der Verfassung zugewiesenen Aufgabe bewegt oder ob es seine Kompetenzen überschritten hat. (...)

b) Bund-Länder-Streitigkeiten

In einem Bundesstaat wie der Bundesrepublik Deutschland (...) kann es nicht nur zu Konflikten zwischen den bundesstaatlichen Organen, sondern auch zu Auseinandersetzungen zwischen dem Bund und den Ländern sowie zwischen den Ländern untereinander über die gegenseitigen Rechte und Pflichten kommen. Vor allem Streitigkeiten über die grundgesetzlich festgelegte Kompetenzabgrenzung zwischen Bund und Ländern sind von Bedeutung. (...) Das Verfahren (*kann*) sowohl vom Bund als auch von einem (...) Bundesland eingeleitet werden. Als Antragsteller und Antragsgegner stehen sich dann für den Bund die Bundesregierung und für das jeweilige Land die Landesregierung gegenüber. (...)

Folge des Verbots der Kommunistischen Partei Deutschlands (KPD) durch das Bundesverfassungsgericht 1956: Am 17. August 1956 werden das Parteihaus, die Redaktionsräume und der Verlag der kommunistischen „Sozialistischen Volkszeitung" in Frankfurt am Main polizeilich geschlossen.

4. Weitere Aufgaben des Bundesverfassungsgerichts

Dem Bundesverfassungsgericht sind eine Reihe weiterer Aufgaben übertragen, die ebenfalls (...) dem Schutz der demokratischen Ordnung dienen. (*Dazu zählen insbesondere Parteiverbotsverfahren, die Aberkennung von Grundrechten sowie Wahlprüfungsverfahren.*)

a) Parteiverbotsverfahren

Der Wille des Volkes, von dem in der Demokratie alle Staatsgewalt ausgeht (Art. 20 Abs. 2 GG), kann sich im modernen Staat nur mithilfe der Parteien artikulieren. Sie sind wichtige Träger unseres Verfassungslebens. Ihre Gründung und ihr Wirken sind frei. (...) Parteien, die nach ihren Zielen oder nach dem Verhalten ihrer Anhänger darauf ausgehen, die freiheitliche demokratische Grundordnung zu beeinträchtigen oder zu beseitigen (...), können vom Bundesverfassungsgericht verboten werden (Art. 21 Abs. 2 GG). Dies ist bisher in zwei Fällen geschehen: Im Oktober 1952 wurde die Sozialistische Reichspartei – SRP – und im August 1956 die KPD (*Kommunistische Partei Deutschlands*) aufgelöst. Das Bundesverfassungsgericht leitet Parteiverbotsverfahren nur auf Antrag ein, den der Bundestag, der Bundesrat oder die Bundesregierung sowie – für eine auf ein Landesgebiet beschränkte Partei – auch eine Landesregierung (...) stellen können. (...)

b) Verwirkung von Grundrechten

(...) Wer Grundrechte wie die Meinungsfreiheit, die Presse- und Versammlungsfreiheit oder die Vereinigungsfreiheit zum Kampf gegen die demokratische Grundordnung missbraucht, verwirkt diese Rechte. Die Verwirkung kann vom Bundesverfassungsgericht auf Antrag des Bundestages, der Bundesregierung oder einer Landesregierung ausgesprochen werden. (...) Bislang ist es noch nicht zum Ausspruch einer Grundrechtsverwirkung gekommen.

c) Wahlprüfungsverfahren

(*Bei Zweifeln hinsichtlich der Rechtmäßigkeit einer Wahl zum Deutschen Bundestag können Mitglieder des Bundestages, der Bundesrat oder ein Quorum von mindestens 101 Wahlberechtigten eine Wahlprüfungsbeschwerde einlegen. Die Prüfung über die Gültigkeit einer Wahl liegt zunächst beim Bundestag selbst [Art. 41 Abs. 1 GG]. Lehnt der Wahlprüfungsausschuss des Bundestags die Beschwerde ab, entscheidet auf Antrag das Bundesverfassungsgericht über die Wahlprüfungsbeschwerde. Erachtet es diese als ganz oder teilweise begründet, wird das Ergebnis geändert oder eine Neuwahl angeordnet).*

Horst Säcker: Das Bundesverfassungsgericht, Bonn (Bundeszentrale) 2003, S. 55–72

M 44 Frau und Mann – als Eltern nicht gleichberechtigt? (1959)

Vier Ehefrauen und Mütter hatten Artikel 3 („Männer und Frauen sind gleichberechtigt") beim Wort genommen und dem Gericht die Frage vorgelegt, ob zwei antiquierte Vorschriften des „Bürgerlichen Gesetzbuches" mit diesem Gebot im Einklang stehen. Der eine Paragraf (1628) war unter dem Namen „Stichentscheid des Vaters" bekannt. Sein Wortlaut: „Können sich die Eltern nicht einigen, so entscheidet der Vater." Der andere (1629 Absatz 1) sparte die Mutter ebenfalls aus: „Die Vertretung des Kindes steht dem Vater zu." Die Beamten des Bundesjustizministeriums, um eine Stellungnahme gebeten, sahen alles im Lot. (...) Das Privileg des Vaters erfülle einen guten Zweck – „Schutz und Erhaltung von Ehe und Familie in ihrer christlich-abendländischen Prägung". Es sei geboten, bei Meinungsverschiedenheiten „die Entscheidungsbefungis einem Elternteil" zu übertragen; das sei nach „Herkommen" und „Übung" nun mal der Vater.
Ein Einwand der Bonner Amtsjuristen war besonders fadenscheinig. Sie trugen in Karlsruhe allen Ernstes vor: Die Gleichberechtigung betreffe ihrer „Natur nach" nur das „Verhältnis zwischen Mann und Frau untereinander", „nicht aber ihr Verhältnis zu Dritten". Mit dem „Dritten" war das gemeinsame Kind gemeint. Spätestens an diesem Argument wurde deutlich, dass es 1959 immer noch hohe Beamte gab, die – zehn Jahre nach Inkrafttreten des Grundgesetzes – weder dessen Wortlaut noch dessen Geist begriffen hatten.
Die Verfassungsrichter wiesen sie kühl zurecht: Es können keinen Zweifel geben, dass „Mann und Frau auch in ihrer Ehe gleichberechtigt sind". Schon aus „ihrer gemeinsamen Verantwortung gegenüber dem Kind" folge die Gleichstellung von Vater und Mutter. „Da diese Verantwortung unteilbar ist, trifft sie die Eltern in gleicher Weise." Bei der „Zurücksetzung der Mutter" durch die strittigen BGB-Paragrafen handele es sich nicht um eine Nebensächlichkeit, die „hinzunehmen wäre", sondern um „den Kern der Gleichordnung der Eltern".

Rolf Lamprecht: Das Bundesverfassungsgericht. Geschichte und Entwicklung, Bonn (Bundeszentrale) 2011, S. 74 f.

M 45 Gleichgeschlechtliche Lebenspartnerschaften – eine Gefährdung der Ehe zwischen Frau und Mann? (2002)

Die CDU-regierten Länder Bayern, Sachsen und Thüringen klagten (*vor dem Bundesverfassungsgericht*) gegen das von einer rot-grünen Mehrheit im Bundestag verabschiedete (Lebenspartner-)Gesetz. Es erlaubt Homosexuellen (Frauen wie Männern), eine Lebenspartnerschaft einzugehen – durch Vertragsabschluss vor einer Behörde. Sie führen einen gemeinsamen Namen, sorgen füreinander und erben voneinander. Nach einer mündlichen Verhandlung entschied das Gericht am 17. Juli 2002 zugunsten des Gesetzes – mit einer 5:3-Mehrheit. „Die Rechtsfolgen der Lebenspartnerschaft sind", heißt es im Urteil, „zum Teil den Rechtsfolgen der Ehe nachgebildet." Just dieser Umstand hatte die Gegner erbost. Günther Beckstein, damals bayerischer Innenminister, argumentierte in der mündlichen Verhandlung: Aus dem im Grundgesetz verbürgten Schutz von Ehe und Familie ergebe sich ein „Abstandsgebot" für andere Formen der Partnerschaft. (...) Aus der Distanz betrachtet, steckten in dem Prozess alle Elemente eines Glaubenskrieges. Statt zu argumentieren, (...) beriefen sich (*die Kläger*) unentwegt auf den Schutz der Ehe, ohne sagen zu können, warum und wie Lebenspartnerschaften diese Garantie gefährden. (...) Das Urteil reagierte adäquat, mit aufklärender Milde. Die Ehe werde durch das Gesetz, (...) „weder geschädigt noch sonst beeinträchtigt" (...). Ein Appell zur Toleranz schwang mit. Die fünf Richter konnten und wollten aus dem Gebot des Grundgesetzes, die Ehe zu begünstigen, kein Gebot herauslesen, andere Lebensformen zu benachteiligen. Sie hielten fest: Das strittige Gesetz entziehe der Ehe keine Förderung, die sie bisher erfahren hat (...).

Rolf Lamprecht: Das Bundesverfassungsgericht. Geschichte und Entwicklung, Bonn (Bundeszentrale) 2011, S. 272 f.

M46 Lebenslänglich: lebenslang hinter Gittern? (1977)

Wie es um die Rechtskultur einer Gesellschaft bestellt ist, zeigt sich auch daran, wie sie mit ihren Schwerverbrechern umgeht. In der Bundesrepublik sah es lange so aus, als ob die verantwortlichen Strafrichter glaubten, der Staat habe mit der Abschaffung der Todesstrafe im Jahr 1949 sein Soll an Humanität erfüllt. Mörder wurden weggesperrt. (...) Bis das Schwurgericht in Verden an der Aller, das einen Mörder zu verurteilen hatte, dem Bundesverfassungsgericht die Frage vorlegte, ob die rigide deutsche Praxis mit dem Grundgesetz vereinbar sei: „Nach ungefähr 20 Jahren Strafanstaltsaufenthalt sei der Gefangene körperlich und seelisch nichts als ein Wrack." (...)

Die Richter (*des ersten Senats des Bundesverfassungsgerichts*) (...) kamen (...) zu dem Schluss, dass der Vollzug lebenslanger Freiheitsstrafen nicht „zwangsläufig zu irreparablen Schäden psychischer und physischer Art führt". Es gab (*aber*) einen Grund, um diese Aussage einzuschränken, nämlich die unterschiedliche Gnadenpraxis in den Ländern: Hamburg ließ nach 16 Jahren frei, Rheinland-Pfalz erst nach mehr als 22 Jahren; einer der 975 Lebenslänglichen saß schon 30 Jahre hinter Gittern. Die Richter hielten diese Ungleichheit für untragbar und entschieden: „Das Rechtsstaatsprinzip gebietet eine Verrechtlichung der Entlassungspraxis."

Diese Überlegung führte zu einem gewaltigen Sprung nach vorn – zu einem Gedanken, der das deutsche Recht veredelt: „Ein menschenwürdiger Vollzug der lebenslangen Freiheitsstrafe ist nur dann sichergestellt, wenn der Verurteilte eine konkrete und grundsätzlich auch realistische Chance hat, zu einem späteren Zeitpunkt die Freiheit wiedergewinnen zu können." Und weiter: „Der Kern der Menschenwürde wird getroffen, wenn der Verurteilte ungeachtet der Entwicklung seiner Persönlichkeit jegliche Hoffnung, seine Freiheit wiederzuerlangen, aufgeben muss" – er muss mithin einen Lichtschimmer am Ende des Tunnels vor Augen haben.

Rolf Lamprecht: Das Bundesverfassungsgericht. Geschichte und Entwicklung, Bonn (Bundeszentrale) 2011, S. 165 f.

M47 Die NPD-Verfahrensfehler retten eine demokratiefeindliche Partei (2001–2003)

Forderung nach Verbot der NPD, Demonstration in München, November 2011

Am 18. März 2003 stellte der Zweite Senat das Verbotsverfahren gegen die NPD ein – ohne sich mit der Gefährlichkeit der rechtsradikalen Partei auseinandergesetzt zu haben. (...) Übrig blieb ein historisches Datum. Es erinnerte im Laufe der Zeit nicht mehr an ein Urteil, sondern nur noch an ein Desaster. Wie bei allen zurückliegenden Ereignissen (...) reduzierten sich die Zusammenhänge allmählich auf ein Schlagwort – (...): Verbot der NPD scheitert in Karlsruhe. (...)

Der Zweite Senat hätte ein Trauma der Geschichte aufarbeiten können. (...) Vor Gericht stand eine „Bewegung", die nach herrschender Ansicht in ihrem Gesamtbild nationalsozialistisch, antisemitisch, rassistisch sowie antidemokratisch geprägt ist: die NPD. Deshalb hatten drei Staatsorgane – Bundesregierung, Bundestag und Bundesrat – beantragt, diese Partei zu verbieten. Begründung: Sie lege die „Basis für die organisierte Unterwanderung des Rechtsstaates, vergifte das politische Klima, erzeuge Angst und verführe junge Menschen zu gewalttätigem Fremdenhass". (...) Zum Schluss waren es fast 600 Seiten Material, das die Antragsteller auf den Richtertisch legten. Die Verhandlung war für Februar 2002 angesetzt. Da schlug – Ende Januar – ein Anruf aus dem federführenden Bundesinnenministerium in Karlsruhe wie eine Bombe ein. Eher beiläufig erfuhren die Richter, dass ein Kronzeuge, der dem Vorstand der Partei angehörte, vom Verfassungsschutz als V-Mann geführt wurde. Das Gericht sagte daraufhin den Prozesstermin ab. Heribert Prantl (ein Redakteur der „Süddeutschen Zeitung") brachte den Skandal auf den Punkt. Der Innenminister habe, schrieb er (...), „den höchsten Richtern verschmutztes Beweismaterial vorgelegt".

Rolf Lamprecht: Das Bundesverfassungsgericht. Geschichte und Entwicklung, Bonn (Bundeszentrale) 2011, S. 277 ff.

Föderalismus

„Die Ausübung der staatlichen Befugnisse und die Erfüllung der staatlichen Aufgaben ist Sache der Länder, soweit dieses Grundgesetz keine andere Regelung trifft oder zulässt." Dieser Auszug aus dem Grundgesetz der Bundesrepublik Deutschland (Art. 30 GG) betont die herausgehobene Rolle, die die Bundesländer im Rahmen des politischen Systems der BRD spielen. Im Mittelpunkt steht dabei das Prinzip des Föderalismus, welches die Aufteilung staatlicher Aufgaben zwischen einem Gesamtstaat (Bundesrepublik) und den in ihm verbundenen Mitgliedsstaaten (Bundesländer) vorsieht.
In der öffentlichen Diskussion über Politik dominiert oft die Perspektive des Bundesstaates, dem die Regelung vermeintlich besonders wichtiger Angelegenheiten – etwa im Bereich der Außenpolitik – obliegt. Ein genauerer Blick zeigt jedoch, dass gerade auf Ebene der Bundesländer zahlreiche politische Entscheidungen getroffen werden, die den Alltag der Bürger maßgeblich betreffen. Das wichtigste Beispiel ist in diesem Zusammenhang die Bildungspolitik.
An diesem Beispiel zeigt sich auch: Das Prinzip des Föderalismus ist hoch umstritten. Während Befürworter auf einen produktiven „Wettbewerb der Lösungsansätze" sowie auf die Eingrenzung bzw. Verteilung staatlicher Macht verweisen, problematisieren Kritiker eine Verschwendung von Ressourcen und die Erzeugung von ungleichen Lebensbedingungen in den einzelnen Bundesländern.

Das Innere der Paulskirche in Frankfurt am Main mit den Fahnen der Bundesländer

1. Fassen Sie kurz zusammen, was man unter dem Prinzip des Föderalismus versteht.
2. Recherchieren Sie im Internet über die Kompetenzverteilung zwischen Bund und Ländern.
3. Erläutern Sie, warum der Bereich Bildung/Schule als besonders wichtiges Beispiel für das Prinzip des Föderalismus in der BRD gilt.
4. Analysieren Sie die Schulsysteme innerhalb der Bundesrepublik Deutschland im Hinblick auf Gemeinsamkeiten und Unterschiede.
5. Stellen Sie Ihre Ergebnisse aus Aufgabe 1 einander in einer Tabelle gegenüber. (→ *Präsentationsmethoden*)
6. Arbeiten Sie heraus, welche Vor- und Nachteile im Zusammenhang mit dem Föderalismus im Bildungssystem gesehen werden.
7. Untersuchen Sie arbeitsteilig die einzelnen Pro- und Kontraargumente zum Föderalismus und ergänzen Sie die einzelnen Argumente möglichst um konkrete Beispiele.
8. Informieren Sie sich mithilfe der Placemat-Methode gegenseitig über Ihre Ergebnisse.
9. Gestalten Sie ein Flugblatt: Der Föderalismus – ein sinnvolles politisches Prinzip? (→ *Artikulationsmethoden*)

M 48 Das Schulsystem in Deutschland

- Hauptschule als eigenständige Schulform abgeschafft
- Kooperation von Haupt- und Realschulen an einzelnen Standorten
- Traditionell ohne Hauptschule

abc Dauer der Grundschule

Letzte Entscheidung beim Übertritt von der Grundschule aufs Gymnasium liegt bei ..

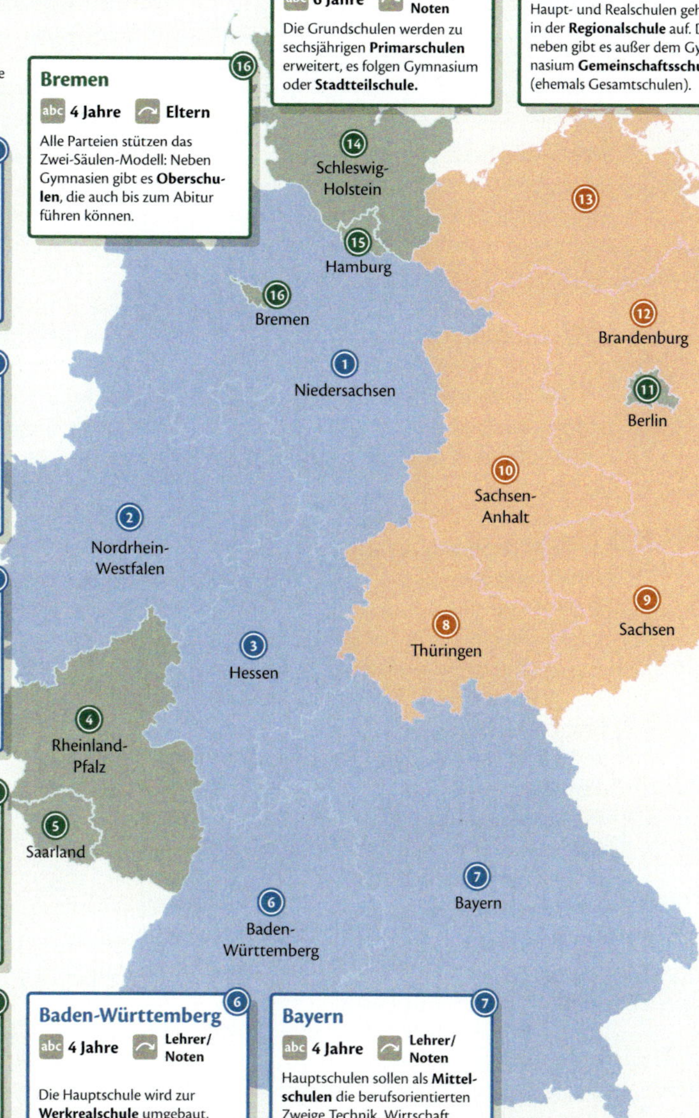

Niedersachsen (1)
abc 4 Jahre – Eltern
Das dreigliedrige System wird verteidigt. Neue **Gesamtschulen** dürfen gegründet werden, die Bedingungen sind aber schwer zu erfüllen.

Nordrhein-Westfalen (2)
abc 4 Jahre – Lehrer/Noten
Haupt- und Realschulen können als **Verbundschulen** unter einem Dach kooperieren; das dreigliedrige System soll aber im Kern erhalten bleiben.

Hessen (3)
abc 4 Jahre – Eltern
Das mehrgliedrige System soll erhalten bleiben, Haupt- und Realschulzüge können aber verbunden werden; traditionell gibt es viele **Gesamtschulen**.

Rheinland-Pfalz (4)
abc 4 Jahre – Eltern
Im Zwei-Säulen-Modell gibt es neben dem Gymnasium die **Realschule plus**, an der teilweise auch die Hochschulreife erworben werden kann.

Saarland (5)
abc 5 Jahre (geplant) – Eltern
Haupt- und Realschulen wurden zur **Erweiterten Realschule** zusammengelegt. Sie sollen **Gemeinschaftsschulen** werden, in denen die Kinder möglichst lange gemeinsam lernen.

Baden-Württemberg (6)
abc 4 Jahre – Lehrer/Noten
Die Hauptschule wird zur **Werkrealschule** umgebaut, die mit Berufsschulen kooperiert und auch bis zur Mittleren Reife führt.

Bayern (7)
abc 4 Jahre – Lehrer/Noten
Hauptschulen sollen als **Mittelschulen** die berufsorientierten Zweige Technik, Wirtschaft und Soziales anbieten und bis zu einem mittleren Abschluss führen.

Bremen (16)
abc 4 Jahre – Eltern
Alle Parteien stützen das Zwei-Säulen-Modell: Neben Gymnasien gibt es **Oberschulen**, die auch bis zum Abitur führen können.

Hamburg (15)
abc 6 Jahre – Lehrer/Noten
Die Grundschulen werden zu sechsjährigen **Primarschulen** erweitert, es folgen Gymnasium oder **Stadtteilschule.**

Schleswig-Holstein (14)
abc 4 Jahre – Eltern
Haupt- und Realschulen gehen in der **Regionalschule** auf. Daneben gibt es außer dem Gymnasium **Gemeinschaftsschulen** (ehemals Gesamtschulen).

Mecklenburg-Vorpommern (13)
abc 4 Jahre – Eltern
Regionalschulen vereinen Haupt- und Realschule; daneben gibt es Gesamtschulen und Gymnasien.

Brandenburg (12)
abc 6 Jahre – Lehrer/Noten
Neben dem Gymnasium gibt es die **Oberschule**; das Abitur vergeben nur Gymnasien und Gesamtschulen.

Berlin (11)
abc 6 Jahre – Eltern
Haupt-, Real- und Gesamtschulen fusionieren zu **Sekundarschulen.** Dort ist auch das Abitur möglich.

Sachsen-Anhalt (10)
abc 4 Jahre – Lehrer/Noten
Im Zwei-Säulen-Modell gibt es neben dem Gymnasium die **Sekundarschule.** Dort besuchen Schüler von der 7. Klasse an Haupt- und Realschulklassen.

Sachsen (9)
abc 4 Jahre – Lehrer/Noten
Pisa-Sieger Sachsen sieht keinen Grund für Reformen; es gibt neben dem Gymnasium die **Mittelschule,** die von der 7. Klasse an nach Leistung differenziert.

Thüringen (8)
abc 4 Jahre – Lehrer/Noten
Die **Regelschule** vereint Haupt- und Realschule, von der 7. Klasse an gibt es teilweise getrennten Unterricht. Geplant sind Gemeinschaftsschulen, in denen bis zur 8. Klasse gemeinsam unterrichtet wird.

Nach: http://www.generation-bildung.de/wp-content/uploads/2010/01/schulsystem1.jpg

M 49 Kultusminister lobt Bildungsföderalismus

In der Schulpolitik kocht jedes Bundesland sein eigenes Süppchen – und das soll auch so bleiben. Ludwig Spaenle, Präsident der Kultusministerkonferenz, verteidigt den Bildungsföderalismus und lobt dessen Bürgernähe.

Schule und Bildung seien in der Verantwortung der Länder „sehr gut angesiedelt", erklärte Bayerns Kultusminister Ludwig Spaenle (CSU) in seiner Eigenschaft als Präsident der Kultusministerkonferenz (KMK) am Donnerstag in Berlin. Spaenle reagierte damit auf eine am Mittwoch veröffentlichte Allensbach-Umfrage. Demzufolge befürworteten 61 Prozent der Deutschen eine Abschaffung des Bildungsföderalismus und mehr Einheitlichkeit in der Schulpolitik, die der Bund garantieren soll. Nur 21 Prozent seien für eine Zuständigkeit der Länder. (...)

Der Bildungsföderalismus stelle eine größere Nähe zu den Bürgern sicher, meinte Spaenle und kritisierte die Art der Fragestellung: Wenn Allensbach nach der Bedeutung der regionalen Nähe zur Lösung von Schulproblemen gefragt hätte, sähe das Ergebnis der Umfrage ganz anders aus. „Ich möchte nicht wissen, wie die Menschen reagieren würden, wenn Bildungspolitik von Berlin aus gemacht würde", so der Kultusminister.

Spaenle beteuerte, die deutschen Schulen hätten in den vergangenen Jahren „messbare Leistungsverbesserungen erzielt, den Unterricht auf die individuelle Förderung fokussiert und die Quoten von Schulabbrechern verringert". Dies sei ein klarer Beleg für die Reformfähigkeit.

Andrea Hennis/dpa: Kultusminister. Schule bleibt Ländersache, Focus Schule online v. 1.4.2010, in: http://www.focus.de (Zugriff: 20.1.2012)

M50 Ein deutscher Sadismus

Der Bildungsföderalismus quält Lehrer, Eltern und Schüler: Er ist praktizierte Bürgerferne, er ist schikanös, er ist eine staatsrechtliche Spielform des Sadismus.

Der deutsche Föderalismus ist so, dass er sogar die alten Spruchweisheiten Lügen straft: „Variatio delectat" sagen die Lateiner. Vielfalt macht Freude. Die Vielfalt gibt es in Deutschland, die Freude nicht: Die 16 Bundesländer leisten sich 16 verschiedene Bildungssysteme. Das ist keine schöne Abwechslung. Wem macht es Freude, wenn in Deutschland einige tausend verschiedene Lehrpläne gelten? Wem macht es Freude, wenn jedes Bundesland seine eigenen Hochschulen betreibt? Wenn hier Studiengebühren erhoben werden und dort nicht?

Wem macht es Freude, wenn ein Lehrer aus Hamburg nicht in München unterrichten darf, weil ihm ein Seminarschein fehlt? Und wer hat Freude daran, dass ein Umzug mit schulpflichtigen Kindern von Hamburg nach München einer Auswanderung nach Australien gleichkommt? Wer hat sein Vergnügen, wenn ein Juniorprofessor leichter von Berlin nach Bologna wechselt als von Berlin nach Potsdam? Und wem macht es Spaß, dass jedes Land seine Schulformen festlegt und die Ausbildung seiner Lehrer regelt? Der Spaß beschränkt sich auf die 16 Kultusminister und ihre Bürokratien. (...)

Die Anforderungen im Gymnasium weichen so stark voneinander ab, dass Jugendliche besser in Köln bleiben, wenn Väter oder Mütter eine neue Arbeitsstelle in München antreten. Ist das die Bürgernähe, von der Landespolitiker reden, wenn sie den Föderalismus verteidigen? Dieser Bildungsföderalismus ist praktizierte Bürgerferne, er ist schikanös, er ist eine staatsrechtliche Spielform des Sadismus: Er quält die Lehrer, er quält die Eltern, und er quält die Schüler.

Die Föderalismusreform der Jahre 2005/06 hat nichts besser gemacht, im Gegenteil. Die „Bildung" war der größte Zankapfel zwischen Bund und Ländern. Man hat so lange gestritten, dass man auf ein großes neues Konzept hätte hoffen können, das Antwort gibt auf Fundamentalfragen: Wie stellt man gleiche Bildungschancen her? Wie kann man ein Ganztagsschulsystem auf die Beine stellen, das ärmere Familien individuell fördert und zugleich den Bedürfnissen von berufstätigen Müttern und Vätern entgegenkommt? Und wie erreicht man eine bessere Ausstattung der Schulen und Hochschulen?

Keine dieser Fragen ist beantwortet worden. Gesiegt hat der Scheuklappenegoismus der Länder. Und der Bund hat seine Restkompetenzen in der Bildungspolitik an die Länder verscherbelt. Bundesbildungsministerin Annette Schavan verdient seitdem ihre Amtsbezeichnung nicht, die sie trägt. Sie hat Einfluss auf die Forschung, doch in der Bildung erschöpft sich ihre Zuständigkeit im Wesentlichen darin, Interviews zu geben. Ansonsten kann sie noch Studien in Auftrag geben, und selbst dies nur, wenn die Länder mitspielen. Im Vergleich zu ihr ist der machtlose Bundespräsident ein Ausbund an Macht.

Heribert Prantl: Bildung und Föderalismus. Ein deutscher Sadismus, Sueddeutsche.de v. 22.10.2008, in: http://www.sueddeutsche.de (Zugriff: 20.1.2012)

M51 Stichwort: Föderalismus

Wer die Bundesrepublik Deutschland regiert, (...) muss sich in der Kunst des Regierens in einem „halbsouveränen Staat" üben: Die Handlungsspielräume der Exekutive sind hierzulande eng begrenzt – aufgrund strenger Machtaufteilung und einer großen Zahl an Mitregenten und Vetospielern. Hierbei kommt dem Föderalismus eine besonders wichtige Rolle zu.

Einheitsstaaten wie Frankreich, Großbritannien oder Schweden haben nur eine Regierung. In der Bundesrepublik Deutschland aber sind siebzehn Regierungen am Werke: eine im Bund und sechzehn in den Ländern. (...)

Jedes Bundesland hat die Attribute der Staatlichkeit: eine eigenständige Regierung mit landeseigener Verwaltung, ein Landesparlament, eine Verfassung und eine eigene Verfassungsgerichtsbarkeit (außer Schleswig-Holstein). Ansonsten aber sind Deutschlands Bundesländer von unterschiedlicher Statur: Flächenstaaten und Stadtstaaten (Berlin, Bremen und Hamburg) gehören zu ihnen, kleine und große Länder, wirtschaftsstarke und -schwache Gliedstaaten sowie CDU/CSU- und SPD-regierte Gemeinwesen. Bremen ist mit rund 660 000 Einwohnern ein Kleinstaat. Doch Nordrhein-Westfalen mit 18 Millionen, Bayern mit zwölf und Baden-Württemberg mit knapp elf Millionen sind bevölkerungsstärker als die meisten Mitgliedsstaaten der Europäischen Union. Neben wirtschafts- und finanzschwachen Ländern mit hohen Arbeitslosenquoten – allen voran die neuen Bundesländer – existieren strukturstarke Gliedstaaten wie Bayern, Baden-Württemberg und Hessen. (...)

Ohne die „Landesfürsten", die Ministerpräsidenten der Länder, geht im Beziehungsgeflecht von Bund und Ländern in der Tat wenig voran. Besonders großen Einfluss erlangen die Länder auf die Bundespolitik durch den Bundesrat, ihre Vertretung auf Bundesebene. Durch den Bundesrat wirken die Länder maßgebend bei der Gesetzgebung und der Verwaltung des Bundes mit – und seit 1992 sogar in Angelegenheiten der Europäischen Union. (...)

Der Föderalismus hat Wesentliches zur Aufteilung politischer Macht in Deutschland beigetragen und einen ausgeprägten Polyzentrismus hervorgebracht. (...)

Der föderalistische Polyzentrismus ergänzt die ohnehin schon ausgeprägte horizontale Fragmentierung der Staatsorganisation in vertikaler Richtung. (...) Die Exekutive in der Bundesrepublik ist infolge der föderalen Struktur nicht nur horizontal fragmentiert, sondern auch vertikal: Ein Innen-, ein Finanz-, ein Justiz-, ein Wissenschafts- und ein Wirtschaftsministerium gibt es auf Bundesebene und in jedem Bundesland.

Manfred G. Schmidt: Das politische System Deutschlands, München 2007, S. 196–198, 210

Polyzentrismus: System mit mehreren Zentren

M52 Die Bundesländer im Überblick

Land	Stimmen im Bundesrat	Einwohner in Millionen
1 Baden-Württemberg	6	10,754
2 Bayern	6	12,539
3 Berlin	4	3,461
4 Brandenburg	4	2,503
5 Bremen	3	0,661
6 Hamburg	3	1,786
7 Hessen	5	6,067
8 Mecklenb.-Vorpommern	3	1,642
9 Niedersachsen	6	7,918
10 Nordrhein-Westfalen	6	17,845
11 Rheinland-Pfalz	4	4,004
12 Saarland	3	1,018
13 Sachsen	4	4,149
14 Sachsen-Anhalt	4	2,335
15 Schleswig-Holstein	4	2,834
16 Thüringen	4	2,235

Quelle: Bundeszentrale für politische Bildung (www.bpb.de/files/CNIKL1.pdf)

Spillover-Effekt: Übertragungseffekt

M53 Kontroverse um den Föderalismus

Die Deutschen lebten in zwei Ordnungen – der einzelstaatlichen und der gesamtdeutschen. Das eigentliche Zentrum der Staatlichkeit waren dabei über Jahrhunderte hinweg die Einzelstaaten und Fürstentümer.
Doch selbst wenn man die Entwicklungslinie von den historischen Vorläufern zum heutigen föderalen System zieht und die Länder auch kulturell und landsmannschaftlich unterscheiden kann, ist im 21. Jahrhundert die Frage erlaubt, welchen Sinn es in einem modernen Industrie- und Leistungsstaat ergibt, diese föderale Gliederung aufrechtzuerhalten.

Argumente kontra Föderalismus

- Der Bundesstaat schafft Ungleichheit, da die unterschiedliche Politik der Gliedstaaten auch Unterschiede in den Lebensbedingungen zur Folge haben kann. In welchem Maß die Bürgerinnen und Bürger in den Genuss von Chancengleichheit und öffentlicher Unterstützung kommen, hängt bei einzelnen staatlichen Leistungen wie zum Beispiel der Kinderbetreuung auch davon ab, in welchem Land der Bundesrepublik sie leben.
- Im Unterschied zu reinen Mehrheits- oder Konkurrenzdemokratien, in denen die jeweilige parlamentarische Mehrheit nicht nur die Regierungsmehrheit, sondern auch die Gesetzgebungsmehrheit und damit eine von der parlamentarischen Opposition kaum eingeschränkte Gestaltungsfreiheit besitzt, birgt der politische Prozess in der Bundesrepublik Deutschland mit seinen Elementen der Konsensdemokratie die Gefahr, dass sich die politisch Verantwortlichen gegenseitig blockieren. (...)
- Aufgrund der Vielzahl von Wahlen findet fast permanent Wahlkampf statt – auch das erschwert die politische Entscheidungsfindung und die Möglichkeiten, einmal getroffene Entscheidungen praktisch umzusetzen.
- Im Föderalismus wird die Staatstätigkeit unübersichtlich. 17 verschiedene Entscheidungszentren in der Bundesrepublik Deutschland, zahlreiche formelle und informelle Gremien, über die Bund und Länder miteinander kooperieren, sowie schwer durchschaubare Entscheidungsprozesse machen es den Bürgerinnen und Bürgern fast unmöglich, das politische Geschehen zu analysieren. Weil der Öffentlichkeit Ziele, Mittel, Verfahrensabläufe und Ergebnisse politischen Handelns in diesem sogenannten Mehrebenensystem verborgen bleiben, nimmt die Gefahr der Staats- und Politikverdrossenheit zu.
- Die mangelnde Transparenz schafft unklare Verantwortlichkeiten. Politische (Miss-)Erfolge sind oft nicht eindeutig bestimmten Entscheidungsträgern zuzurechnen. Dies führt dazu, dass politische Entscheidungsträger der Verantwortung für einen Fehler ausweichen oder sich mit „fremden Federn" schmücken können.
- Föderale Strukturen haben zur Folge, dass Güter oder Infrastrukturleistungen, die in einem Gliedstaat angeboten werden, auch von den Bürgerinnen und Bürgern der anderen Länder in Anspruch genommen werden können, ohne dass diese zu den Kosten beitragen. Langfristig kann daraus eine Unterversorgung erwachsen, wenn die jeweiligen Landesregierungen sich kostenträchtige Leistungen in der Annahme sparen, dass diese schon vonseiten des Nachbarlandes gestellt werden (es treten sogenannte Spillover-Effekte auf).
- Bundesstaatliche Strukturen spielen angesichts der unitarisierenden Wirkung des Parteienwettbewerbs eine eher untergeordnete Rolle. Selbst wenn sich Reformkommissionen auf eine verfassungsrechtliche Stärkung der Länder einigen, wirkt sich diese in der politischen Praxis schon deshalb kaum aus, weil die Ministerpräsidenten häufig vor allem an einer bundespolitischen (Partei-)Karriere und weniger an einem wirklichen Kompetenzzuwachs für ihre Landtage und damit einer Stärkung der Landespolitik interessiert sind. (...)

Argumente pro Föderalismus

- In einer föderalen Ordnung können demokratische Werte eher verwirklicht werden: Durch Wahlen auf den verschiedenen staatlichen Ebenen (Bund, Länder sowie Gemeinden) hat die Bevölkerung diverse Möglichkeiten, sich politisch zu beteiligen. Dieses Mehr an Partizipation erhöht die Identifikation der Bürger mit dem politischen System und schafft so Stabilität und Funktionsfähigkeit.
- Staatliches Handeln wird überschaubarer, denn im Föderalismus werden staatliche Entscheidungen an die kleinstmögliche

Untereinheit delegiert (Subsidiarität). Dies erleichtert das politische Engagement besonders für Belange der unmittelbaren Umgebung. Die Möglichkeit der politischen Einflussnahme und der Beobachtung ist größer als im Einheitsstaat. Zudem wird der Zentralstaat entlastet.

- Föderalismus fördert die Experimentierfreude und begünstigt, unter der Voraussetzung ausreichender Kompetenzen, den Wettbewerb um die beste Politik: Einzelne Länder können sich in ihrem Zuständigkeitsbereich (zum Beispiel bei der Ganztagsschule oder der Gestaltung der Kommunalverfassung) als „Laboratorien" profilieren. Haben sie mit einer Maßnahme Erfolg, werden die anderen Länder ihnen nacheifern. Bei Misserfolg bleibt der Schaden auf ein Land begrenzt und fällt weniger ins Gewicht.
- Das föderale System wirkt der Machtkonzentration entgegen. Das horizontale Gewaltenteilungsprinzip (Exekutive, Legislative, Judikative) wird durch die vertikale Gewaltenteilung (Bund und Länder) ergänzt. Bund und Länder sind in ihren Machtbefugnissen begrenzt, müssen aber zur Erfüllung staatlicher Aufgaben zusammenwirken und können sich so gegenseitig beeinflussen, kontrollieren und auch hemmen. Extreme und einseitige Politik wird so vermieden.
- Föderalismus fördert den Wettbewerb zwischen den Parteien, integriert die Opposition und verbessert deren Chancen. Die parlamentarischen Regierungssysteme in Bund und Ländern zwingen die Parteien dazu, die Wählerinnen und Wähler ständig zu umwerben und ihnen sachliche und personelle Alternativen anzubieten. Unterschiedliche Mehrheitsverhältnisse in Bundestag und Landesparlamenten ermöglichen es den Oppositionsparteien, in einer Anzahl von Ländern die Regierung zu stellen, auf diese Weise ihre Regierungsfähigkeit zu beweisen und sich schließlich gegenüber der Regierungskoalition der Bundesebene zu profilieren.
- In einem Bundesstaat ist der Bedarf an politischem Führungspersonal größer als in einem Einheitsstaat. Die Länder sind Reservoire qualifizierter politischer Kräfte für Bundesaufgaben. Umgekehrt dient der Bundestag oft als Ausgangspunkt für politische Spitzenfunktionen in den Ländern. Das bundesstaatliche Gefüge wird auch davon geprägt, dass diese Personen in den politischen Ämtern auf verschiedenen politischen Ebenen ganz unterschiedliche Sichtweisen einnehmen müssen. So wie Regierungspolitiker immer auch vor Augen haben sollten, dass ihnen eines Tages die Oppositionsbank „droht", müssen sich Landes- wie Bundespolitiker darauf einstellen, eines Tages für die andere Ebene zu sprechen und zu handeln.
- Eine bundesstaatliche Ordnung begünstigt die kulturelle und gesellschaftliche Vielgestaltigkeit eines Landes und ermöglicht geistige Vielfalt, da jeder Gliedstaat seine eigenen kulturellen, wirtschaftlichen und sozialen Akzente setzen kann.
- Auch im wirtschaftlichen Bereich kann eine föderale Staatsorganisation effizienter sein. Unterschiede bei den Ressourcen und in den geografischen Ausgangsbedingungen verlangen eine differenzierte Wirtschaftspolitik. Gerade im europäischen Binnenmarkt zählt die Fähigkeit der einzelnen Regionen und Kommunen, ihre besonderen Standortvorteile im Vergleich zu den europäischen Konkurrenten zu entwickeln.
- Eine föderale Staatsordnung ermöglicht die Zulassung von Asymmetrien, also rechtlicher und/oder politischer Sonderlösungen, ohne die zum Beispiel ethnisch heterogene Staaten von der Spaltung bedroht wären.

Ursula Münch: Charakteristika des Föderalismus, in: Bundeszentrale für politische Bildung (Hg.): Föderalismus in Deutschland, Bonn (Bundeszentrale) 2008, in: www.bpd.de (Zugriff: 21.11.2012)

Demonstration zur Föderalismusreform in Berlin, 2006

Methode: Die Fallanalyse

Ökonomische, politische und gesellschaftliche Sachverhalte lassen sich aus einer allgemeinen, theoretisch orientierten Perspektive in den Blick nehmen. Im Mittelpunkt steht dabei die Auseinandersetzung mit allgemein vorgefundenen bzw. wirksamen Prinzipien und Strukturen sowie deren theoretische Erklärung.

So können auf diesem Wege zum Beispiel Grundprinzipien, Funktion und Stellenwert des föderalen Aufbaus der Bundesrepublik Deutschland mithilfe geeigneter politikwissenschaftlicher Ansätze erklärt werden.

Die ökonomische, politische und gesellschaftliche Realität begegnet uns in der Regel jedoch zunächst nicht in Form allgemeiner Prinzipien und theoretisch geschlossener Denkgebäude. Es überwiegen vielmehr konkrete Ereignisse, die an bestimmte Personen (bzw. Personengruppen) und/oder (wirtschaftliche, politische oder gesellschaftliche) Institutionen sowie deren jeweils verfolgte Interessen angebunden sind.

Ein solches konkretes Ereignis könnte beispielsweise ein aktueller Vorschlag aus dem politischen Alltagsgeschehen sein, der darauf abzielt, den Bildungsföderalismus z. B. über die Einführung bundeseinheitlicher Abiturprüfungen einzuschränken.

Die gezielte Auseinandersetzung mit entsprechenden Ereignissen bzw. „Fällen" ermöglicht es, konkretes Geschehen in seinen unterschiedlichen Dimensionen zu erfassen, zu analysieren und zu verstehen. Auf dieser Grundlage kann daraufhin ein Bezug zu übergeordneten Sachverhalten und Prinzipien sowie theoretischen Hintergründen hergestellt werden. Dabei lassen sich insgesamt zwei wesentliche Ziele erreichen:

- Das Verständnis des herangezogenen Falles profitiert von der gezielten Analyse und Verknüpfung mit übergeordneten theoretischen Hintergründen.
- Die Einsicht in übergeordnete Sachverhalte und Prinzipien sowie theoretische Hintergründe profitiert von der engen Anbindung an ein konkretes Fallbeispiel. Dabei sollten keineswegs nur Fakten erlernt werden – es bietet sich zudem die Möglichkeit, theoretische Perspektiven praxisbezogen einem kritischen Blick zu unterziehen.

M 54 Prinzip einer Fallanalyse

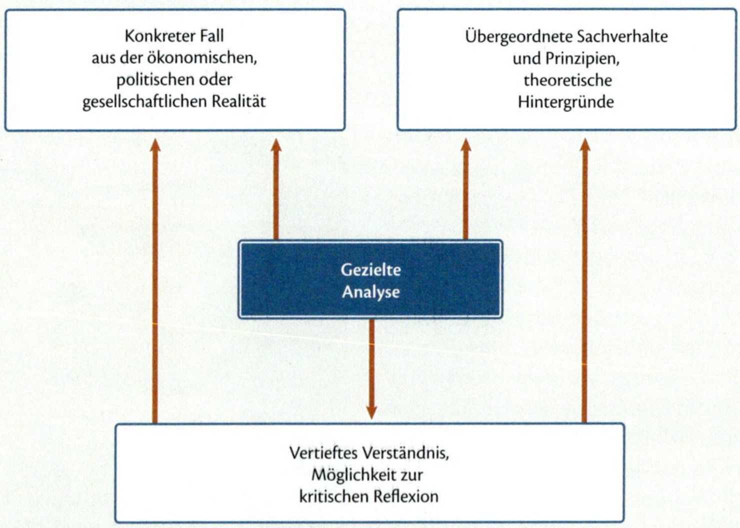

Text und Abbildung nach: Dirk Lange (Hg.): Grundwissen Wirtschaft, Sekundarstufe II, Berlin (Cornelsen) 2011, S. 266 (geändert)

Die Kultusministerkonferenz (KMK) – ein Versuch, die Bildungssysteme der Länder anzugleichen (hier in Hamburg 2012). Die „Ständige Konferenz der Kultusminister der Länder in der Bundesrepublik Deutschland" wurde 1948 gegründet. Sie ist ein freiwilliger Zusammenschluss der für Bildung, Erziehung und Forschung sowie kulturelle Angelegenheiten zuständigen Minister bzw. Senatoren der Länder mit Sitz in Berlin und Bonn.

Fallanalyse zum Bildungsföderalismus: Die Checkliste

Die folgende Checkliste bezieht sich beispielhaft auf den Problembereich *Föderalismus in Deutschland*. Entsprechende Hintergrundinformationen finden sich auf den Seiten 80–85 im vorliegenden Buch.

Als konkreter Fall wird der Vorschlag herangezogen, künftig in Deutschland bundeseinheitliche Abiturprüfungen durchzuführen:

M55 Unionsländer für bundeseinheitliche Abitur-Aufgabenpools

Die unionsgeführten Bundesländer wollen bis 2014 national einheitliche Aufgabenpools für Abiturprüfungen durchsetzen. Das bringe die Vergleichbarkeit von Schulabschlüssen in Deutschland einen großen Schritt weiter, sagte Bayerns Kultusminister Ludwig Spaenle (CSU) am Mittwoch nach einer Klausurtagung der zuständigen Unions-Minister und -Senatoren in Hamburg. Inzwischen seien acht Länder Teil der Initiative. Zuletzt hätten sich bei der Tagung am Dienstagabend die Länder Hamburg, Schleswig-Holstein und Niedersachsen zur Teilnahme bereiterklärt. „Die werden das jetzt erst einmal prüfen – und dann muss man schauen, ob wir das bis 2013, 2014 ins Auge fassen können," sagte Spaenle. (…)
Trotz der Zuständigkeit der Länder für die Bildung gebe es eine gesamtstaatliche Verantwortung, betonte Spaenle. Konkret müsse das Grundrecht auf Bildung mit dem Grundrecht auf Mobilität, also der Möglichkeit, frei von einem Bundesland in das andere zu ziehen, in Einklang gebracht werden. Dies setze eine Vergleichbarkeit der Schulabschlüsse und eine Verlässlichkeit in der bundesdeutschen Bildungspolitik voraus.
dpa: Unionsländer für bundeseinheitliche Abitur-Aufgabenpools, in: Braunschweiger-Zeitung v. 2.2.2011, in: http://www.braunschweiger-zeitung.de (Zugriff: 20.10.2012)

Für die einzelnen Schritte der Fallanalyse kann nun die folgende Checkliste herangezogen werden:

Phase	Aufgabe
1. Konfrontation	Grundlegende Erschließung des zu analysierenden Sachverhalts.
2. Information	Vertiefte Erschließung des Sachverhalts unter Hinzuziehung von Hintergrundinformationen.
3. Exploration	Erarbeitung und Erörterung möglicher Perspektiven bzw. Lösungsmöglichkeiten.
4. Resolution	Entscheidung für die (argumentativ gestützte) Befürwortung einer bestimmten Perspektive bzw. Lösungsmöglichkeit.
5. Disputation	Diskussion der unterschiedlichen fallbezogenen Standpunkte.
6. Kollation	Vergleich der erarbeiteten Perspektiven bzw. Lösungen mit der in der Realität abgelaufenen Entwicklung.

Nach: Dirk Lange (Hg.): Grundwissen Wirtschaft. Sekundarstufe II, Berlin (Cornelsen) 2011, S. 267, geändert

Allgemeine Leitfragen	Beispielhafter Bezug zum Fall
Worum geht es genau? Wer ist beteiligt? Welche unterschiedlichen Interessen treffen aufeinander?	Problem: Sollen – entgegen dem Prinzip des Bildungsföderalismus – bundeseinheitliche Abiturprüfungen durchgeführt werden? *Beteiligte/Interessen:* Bildungspolitiker (Länder, Bund, Interessenverbände), Schüler, Eltern, Lehrer mit jeweils eigenen Interessen.
Welche zusätzlichen Informationen werden für das genaue Verständnis des zu analysierenden Falles benötigt? Welche Bezüge zu übergeordneten Prinzipien und/oder theoretischen Hintergründen lassen sich herstellen?	*Zusätzliche Informationen:* Wie ist die Abiturprüfung bisher organisiert? Wie soll eine Neuregelung genau ausgerichtet sein? Bezüge zu übergeordneten Prinzipien: Föderalismus in Deutschland, insbesondere Bildungsföderalismus.
Welche Perspektiven/Lösungsmöglichkeiten sind grundsätzlich denkbar? Welche Folgen bzw. Vor- und Nachteile wären in Bezug auf unterschiedliche Perspektiven/ Lösungsmöglichkeiten zu erwarten?	*Lösungsmöglichkeiten (Auswahl):* 1. Vollständig einheitliche Abiturprüfungen im gesamten Bundesgebiet. 2. Keine vollständig einheitlichen Abiturprüfungen, jedoch Einigung auf gemeinsame Standards. 3. Einheitliche Abiturprüfungen nur in einigen Bundesländern, die diesen Ansatz unterstützen. 4. Ablehnung einer bundeseinheitlichen Regelung, weiterhin Zuständigkeit der Länder für die Abiturprüfung. *Vor- und Nachteile (Auswahl):* Sicherung von Vergleichbarkeit, gerechtere Bewertung, Sicherung der Mobilität innerhalb der Bundesrepublik / Verhinderung von Schwerpunktsetzungen nach Umfeld oder Lerngruppe, Förderung eines ausschließlich prüfungsbezogenen Lernens, „Mammut-Verfahren" mit hoher Störanfälligkeit.
Welche Alternative wird als besonders sinnvoll erachtet?	Jeweils individuelle, begründete Stellungnahme vor dem Hintergrund der unterschiedlichen Entscheidungsalternativen und hierauf bezogener Argumente.
Welche Vorteile der gewählten Alternative sind besonders hervorzuheben? Wo könnten mögliche Kritikpunkte liegen, und was ist diesen zu entgegnen?	Jeweils bezogen auf die ausgewählte Entscheidungsalternative.
Welche Entwicklung hat der Fall in der Realität genommen (bzw. welche Entwicklung ist absehbar)? Worin unterscheidet sich die tatsächliche Entwicklung von den eigenen Überlegungen? Wie sind eventuelle Unterschiede zu bewerten?	Ermittlung des aktuellen Sachstandes und Abgleich mit den eigenen Ergebnissen. Anbindung an unterschiedliche Perspektiven der aktuellen politischen Auseinandersetzung in Bezug auf den analysierten Fall.

Demokratie und Wirtschaft

In welchem Verhältnis stehen Ökonomie und Politik? Und herrschen in diesen beiden Sphären eigene Logiken und Gesetzmäßigkeiten? Diese grundlegenden Fragen lassen sich für das politisch-ökonomische System der Bundesrepublik Deutschland kaum beantworten, weil beide gesellschaftlichen Subsysteme auf vielfältige Weise miteinander verknüpft sind. Die Politik legt die wirtschaftlichen Rahmenbedingen und die wirtschaftspolitischen Ziele fest, ist aber zugleich in vielfacher Weise durch die Wirtschaft beeinflusst, denn die Wirtschaft ist die Basis des Wohlstands und bestimmt wesentlich die Steuereinnahmen des Staates. Die wirtschaftliche Lage entscheidet darüber, wie zufrieden die Bürger/-innen mit der jeweiligen Regierung und ggf. auch mit dem politischen System überhaupt sind.
Weitere – und in der Öffentlichkeit häufig kritisch gesehene – Verflechtungen ergeben sich dadurch, dass Politiker häufig Nebentätigkeiten in der Privatwirtschaft bekleiden und umgekehrt die Wirtschaft in Form von Lobbyisten in vielfacher Weise politische Entscheidungen in ihrem Sinne zu beeinflussen versucht.

Geräuschkulisse.
Zeichnung: Sakurai

1 Beschreiben Sie, welche Wertvorstellungen Ihrer Ansicht nach kennzeichnend a) für die Marktwirtschaft und b) für die Demokratie sind. Bilden Sie Gruppen, in denen Sie sich über Ihre Ergebnisse austauschen, und ordnen Sie diese nach Überschneidungen und Gegensätzen.

2 Lesen Sie die Quellen **M 56** und **M 57**. Erläutern Sie die in den Texten aufgezeigten Parallelen und Unterschiede hinsichtlich der Wertvorstellungen, die für die Demokratie und den Kapitalismus typisch sind. Vergleichen Sie Ihre Ergebnisse. Erörtern Sie die in **M 57** enthaltene These, dass der Kapitalismus Ungleichheit produziere, die Demokratie aber auf Gleichheit basiere. (→ *Auswertungsmethoden*)

3 In **M 58** werden zwei Verständnisse der Rolle des demokratischen Staates im Verhältnis zur Wirtschaft deutlich. Zeigen Sie die beiden Positionen auf und diskutieren Sie, welche der beiden Positionen Ihnen überzeugender erscheint. (→ *Auswertungsmethoden*)

4 In **M 59** zieht Stiglitz ein Resümee aus der Finanzkrise. Beschreiben Sie knapp die Lehren, die sich seiner Meinung nach aus der Finanzkrise ziehen lassen. Ordnen Sie Stiglitz' Position hinsichtlich der Unterscheidung zwischen libertärer und sozialer Demokratie ein. (→ *Auswertungsmethoden*)

5 Erläutern Sie, welcher Paradigmenwechsel in **M 60** beschrieben wird. Welche wirtschaftspolitischen Aufgaben lassen sich daraus ableiten? (→ *Auswertungsmethoden*)

M56 Historische Verflochtenheit von Demokratie und Kapitalismus

Historisch ist die Entstehung der Demokratie und des Kapitalismus eng miteinander verflochten. Die Geschichte zeigt, dass freie Märkte, das Wirtschaftsbürgertum und eine Vorstellung von Freiheitsrechten und deren staatlichen Garantien sich in wechselseitiger Abhängigkeit entwickelt haben. Exemplarisch für diese Verflochtenheit ist die amerikanische Unabhängigkeitsbewegung im 18. Jahrhundert, die „no taxation without representation", das heißt „keine Besteuerung ohne Repräsentation", von der britischen Kolonialmacht forderte, also ökonomische Rechte und politische Freiheitsrechte miteinander verband (...). Ein Beispiel aus der jüngsten Geschichte ist der Umbruch in den staatssozialistischen Ländern vor 20 Jahren: Ende der 1980er-Jahre gingen in Mittel- und Osteuropa die demokratische Wende und der Übergang von der Planwirtschaft zum Marktkapitalismus Hand in Hand. Mit diesem Umbruch schien für manche der globale Siegeszug von Demokratie in Verbindung mit Marktkapitalismus vorgezeichnet zu sein. Francis Fukuyama sprach gar von einem „Ende der Geschichte," bei dem sich alle Staaten am westlichen Modell orientieren würden. 20 Jahre später zeigt sich, dass es global keinen zwangsläufigen Trend zu einer Symbiose von Demokratie und Kapitalismus gibt. Vor allem das seit über 30 Jahren boomende China, das mit einem autoritären Kapitalismus jährliche Zuwachsraten von häufig mehr als 10 Prozent erreicht und sogar von der im Jahr 2008 begonnenen Weltwirtschaftskrise nicht erfasst wurde, wirft die Frage auf, ob das westliche Modell einen neuen Konkurrenten in Form eines autoritär geführten Kapitalismus hat, der auch für andere Staaten attraktiv erscheint. (...)

Das Paradox der Demokratie ist also: Kapitalismus ist einerseits eine Voraussetzung für Demokratie. Andererseits kann ein ungezügelter Kapitalismus Bedingungen schaffen, die demokratischer Teilhabe entgegenlaufen und zu einer defekten Demokratie führen. Wie dieses Verhältnis interpretiert wird, hängt auch von der Ausprägungsform der Demokratie ab, der man anhängt.

Wolfgang Schroeder/Simon Vaut: Wirtschaft und Demokratie, Demokratie in Deutschland, hg. von der Friedrich Ebert Stiftung, Bonn 2011, in: http://www.demokratie-deutschland-2011.de (Zugriff: 12.11.2012)

Kapitalismus: Privateigentum an den Produktionsmitteln. Allein der Markt regelt Angebot und Nachfrage und steuert so Produktion und Konsum

Planwirtschaft: Vergesellschaftetes Eigentum an den Produktionsmitteln. Politische und gesellschaftliche Akteure steuern Produktion und durch Preisvorgaben Konsum

M57 Wertvorstellungen und Kapitalismus

Kapitalismus und Demokratie basieren auf Freiheit, unterscheiden sich aber wesentlich im Hinblick auf den Wert der Gleichheit. Demokratie basiert auf Gleichheitsprinzipien, vor allem auf gleichen Grundrechten für alle Bürger, und Mehrheitsentscheidungen und freien und gleichen Wahlen und Abstimmung. Kapitalismus hingegen basiert auf Ungleichheit. Im Kapitalismus werden die Preise von Waren und Dienstleistungen durch den Markt bestimmt, privates Eigentum ist gewährleistet, und es gibt sowohl Lohneinkommen als auch Kapitaleinkommen. Die Preisfindung der Löhne über den Markt und Unterschiede zwischen Lohneinkommen und Kapitaleinkommen führen zu einer unterschiedlichen Verteilung von Einkommen und Reichtum und damit zu Ungleichheit. Absolute Gleichheit würde die Grundprinzipien des Kapitalismus Wettbewerb und Preisfindung außer Kraft setzen. Ein Spannungsfeld ergibt sich also daraus, dass im Kapitalismus zwangsläufig Ungleichheiten entstehen und die Demokratie auf Gleichheit basiert. Vereinfacht gesagt stehen sich das Prinzip „one man, one vote" und „one dollar, one vote" gegenüber.

Ähnlich führt es der Ökonom Lester Thurow aus, der schreibt, dass Demokratie und Kapitalismus zwei grundverschiedene Ansichten über die angemessene Verteilung von Macht haben. Die Demokratie beruht auf gleicher Verteilung der Macht: Jeder hat eine Stimme. Kapitalismus beruht auf dem Gedanken (...) des Rechts des Stärkeren und produziert damit eine ungleiche Machtverteilung.

Ebenda

Friedrich August von Hayek (1899–1992), österreichischer Ökonom und Sozialphilosoph, wichtiger Vertreter des Liberalismus

John Maynard Keynes (1883–1946), britischer Ökonom, Politiker und Mathematiker. Seine Ideen haben bis heute Einfluss auf ökonomische und politische Theorien.

M58 Libertäre und soziale Demokratie

Thomas Meyer stellt in der „Theorie der Sozialen Demokratie" (2008) zwei verschiedene Demokratietypen dar, die sich wesentlich in ihrem Verhältnis zwischen Wirtschaft und Demokratie unterscheiden: die libertäre Demokratie und die soziale Demokratie. (...)

Libertäre behaupten, dass Marktwirtschaft auch zu politischer Freiheit und Demokratie führe. Die soziale Demokratie zeigt auf, wie die Wirtschaft reguliert werden muss, um Freiheit zu bewahren.

Friedrich August von Hayek ist der wohl einflussreichste libertäre Denker des 20. Jahrhunderts. Der „Weg zur Knechtschaft" ist ein Klassiker, dessen Sichtweise noch heute im Neoliberalismus wirkt. In den 1980er-Jahren lieferte er die Blaupause für den „Thatcherismus" und die „Reaganomics" – die Ideologie, die ausgehend von Großbritannien und den USA den Staat zurückgedrängt hat. Er stellte die ökonomische Freiheit über alles: „Unsere Generation hat eben vergessen, dass das System des Privateigentums die wichtigste Garantie für die Freiheit ist, und zwar nicht nur für diejenigen, die Eigentum besitzen, sondern auch fast ebenso sehr für die, die keines haben."

Hayek sieht die Demokratie als vom Kapitalismus abhängig: Staatliche Eingriffe in die Wirtschaft, selbst wenn sie in bester Absicht geschehen, führen laut Hayek zu Planwirtschaft und Diktatur. (...) Eingriffe in die Wirtschaft bedeuten für Hayek den Weg in die Knechtschaft: „Schritt für Schritt haben wir jene Freiheit der Wirtschaft aufgegeben, ohne die es persönliche und politische Freiheit in der Vergangenheit nie gegeben hat." Eine Koordinierung und soziale Einrahmung der Wirtschaft sieht Hayek nicht als Voraussetzung für Demokratie, sondern als ihre Gefährdung. (...)

Im Ton moderater, aber auf denselben Theorien basierend sind Wahlslogans wie „Privat vor Staat" und „Steuern runter, Arbeitsplätze rauf", die auch in Deutschland bei der letzten Bundestagswahl großen Zuspruch erhielten.

Dieses libertäre Denken führt zur Verletzung der universellen Grundrechte, die den Ausgangspunkt für die Theorie der sozialen Demokratie bilden. Die Gefahr eines ungezügelten Kapitalismus im Sinne der libertären Demokratie besteht vor allem in:

- übermäßigen Ungleichheiten, die zu Abhängigkeits- und Unterordnungsverhältnissen führen können;
- grundrechtswidrigen Fremdbestimmungen, zum Beispiel durch menschenunwürdige Arbeitsverhältnisse;
- sozialen und bildungsbezogenen Ungleichheiten, die die Wahrnehmung politischer Staatsbürgerrechte untergraben können.

Deshalb wird in der Theorie der sozialen Demokratie argumentiert, dass es im Kapitalismus sozialen Ausgleich und Regulierung sowie neben der Garantie von bürgerlichen Rechten auch eine Garantie von sozialen Grundrechten geben muss. Die Verwerfungen und die Krisen des Kapitalismus müssen eingehegt werden, damit Demokratien stabil bestehen können.

Die soziale Demokratie bezieht sich unter anderem auf die Vorstellungen von John Maynard Keynes, der als einer der einflussreichsten Ökonomen des 20. Jahrhunderts einen gesteuerten Kapitalismus vertreten hat und der geistige Gegenspieler des libertären Hayek ist. Keynes stellt dar, dass eine demokratische Ordnung nur in einem gesteuerten Kapitalismus stabil ist und „Laisser-faire-Kapitalismus" früher oder später zu großen ökonomischen, sozialen und politischen Verwerfungen führt. Keynes suchte nach der fatalen Weltwirtschaftskrise in der ersten Hälfte des 20. Jahrhunderts, die in Deutschland und anderen Ländern auch zum Zusammenbruch der Demokratie beitrug, nach wirtschaftspolitischen Instrumenten, um das kapitalistische System zu stabilisieren, zu regulieren und vor selbstzerstörerischen Tendenzen zu bewahren. (...)

Eine zeitgenössische Interpretation liefert Peter Bofinger. Er analysiert mit Keynes'schen Theorien die aktuelle Krise und folgert: „Die Krise des Marktes hat das Potenzial, zu einer Krise der Demokratie zu werden." Er folgert, dass es keinen Gegensatz zwischen Markt und Staat gibt, wie es Libertäre in der Tradition von Hayek behaupten. Beide Institutionen müssen zusammenspielen. Er betont deren gegenseitige Abhängigkeit, bei der der demokratische Staat und die soziale Marktwirtschaft entweder gemeinsam siegen oder gemeinsam untergehen.

Wolfgang Schroeder/Simon Vaut: Wirtschaft und Demokratie, Demokratie in Deutschland, hg. von der Friedrich Ebert Stiftung, Bonn 2011, in: http://www.demokratie-deutschland-2011.de (Zugriff: 12.11.2012)

M 59 Bittere Lehren aus dem Krisenjahr

Der US-amerikanische Ökonom Joseph Stiglitz, 2009:

Das Beste, was über 2009 gesagt werden kann, ist: Es hätte schlimmer kommen können. (...) Die Welt hat zwar ein paar wertvolle Lehren gezogen, aber zu einem hohen Preis hinsichtlich des gegenwärtigen und zukünftigen Wohlstands.

Die erste Lehre ist, dass Märkte nicht selbstkorrigierend sind. Vielmehr tendieren sie ohne angemessene Regulierung zum Exzess. 2009 wird uns wieder einmal klar, warum Adam Smiths unsichtbare Hand oftmals unsichtbar bleibt: weil es sie nämlich nicht gibt. Das eigennützige Streben der Banker (Gier) führte nicht zum Wohl der Gemeinschaft, ja es war nicht einmal für Aktionäre und Anleihebesitzer von Nutzen. Ganz sicher nichts davon hatten die Hausbesitzer, die ihr Heim verloren; Arbeitnehmer, die ihre Jobs einbüßten; Rentner, die zusehen mussten, wie sich ihre Altersvorsorge in Luft auflöste; oder die Steuerzahler, die hunderte Milliarden Dollar zur Rettung der Banken zahlen mussten.

Angesichts des drohenden Zusammenbruchs des ganzen Systems wurde das Sicherheitsnetz – das eigentlich für bedauernswerte Personen in Notlagen gedacht ist – generös auf Geschäftsbanken, dann auf Investmentbanken, Versicherungen, Autohersteller, ja sogar auf Autokreditfirmen erweitert. (...)

Normalerweise denken wir, dass der Staat das Geld von den Reichen zu den Armen umverteilt. In diesem Fall aber wurden die Mittel der Armen und Durchschnittsverdiener zu den Reichen dirigiert.

Die Bankenrettung enthüllte die allumfassende Heuchelei. Diejenigen, die haushaltspolitische Zurückhaltung gepredigt hatten, als es um kleine Sozialprogramme für die Armen ging, forderten nun lautstark das größte Sozialprogramm der Welt. (...)

Zu der zweiten wichtigen Lehre gehört das Verständnis, warum Märkte oft nicht so funktionieren, wie sie sollten. Für Marktversagen gibt es viele Gründe. In diesem Fall waren es perverse Anreize bei jenen Finanzinstitutionen, die zu groß sind, um sie scheitern zu lassen. Wenn sie zockten und gewannen, streiften sie die Profite ein; wenn sie verloren, mussten die Steuerzahler einspringen. (...)

Die dritte Lektion sagt uns, dass keynesianische Politik funktioniert. Länder wie Australien, die umfassende, wohldurchdachte Konjunkturprogramme umsetzten, kamen früher und schneller aus der Krise. Andere Länder ergaben sich der alten ökonomischen Orthodoxie, hinter der genau jene Finanzjongleure standen, die uns diese Misere eingebrockt hatten.

Wenn eine Ökonomie in die Rezession schlittert, kommt es zu Haushaltsdefiziten, weil die Steuereinnahmen schneller sinken als die Ausgaben. Die alte Orthodoxie besagt, dass man das Defizit senken muss – durch Steuererhöhungen oder Kürzungen der Ausgaben –, um „das Vertrauen wiederherzustellen". Diese Politik führte allerdings fast immer zu einer sinkenden Gesamtnachfrage, wodurch die Wirtschaft noch tiefer einbrach und das Vertrauen noch weiter untergraben wurde. (...)

Nicht jede Innovation (*führt*) zu einer effizienteren und produktiveren Ökonomie – geschweige denn zu einer besseren Gesellschaft. (...) Die Innovationen waren vielmehr darauf ausgerichtet, die Ausbeutung der weniger Gebildeten zu perfektionieren sowie jene Regulierungen und Rechnungslegungsvorschriften zu umgehen, die die Märkte effizienter und stabiler hätten gestalten sollen. (...)

Wir werden bald wissen, ob wir die Lektionen aus der Krise diesmal besser gelernt haben als bei vorangegangenen Krisen. Wenn allerdings die USA und andere Industrieländer im Jahr 2010 nicht größere Fortschritte bei den Reformen des Finanzsektors machen, könnten wir leider bald wieder die Gelegenheit haben, entsprechende Lehren zu ziehen.

Joseph Stiglitz: Fünf bittere Lehren aus dem Krisenjahr 2009, Der Standard v. 29.12.2009, in: http://derstandard.at (Zugriff: 12.11.2012)

Joseph E. Stiglitz (geb. 1943), US-amerikanischer Ökonom und Kritiker des Neoliberalismus; 2001 Nobelpreis für Ökonomie

Innovation meint hier neue Finanzinstrumente bzw. Finanzprodukte („Derivate")

M60 Wirtschaftswachstum und Lebensqualität

Club of Rome: Einflussreicher Zusammenschluss von Personen aus Wirtschaft und Politik, die gemeinsam wichtige Zukunftsfragen diskutieren und 1972 das vielbeachtete Buch „Die Grenzen des Wachstums" herausgaben

Vor fast 40 Jahren sah der „Club of Rome" das Ende des Wachstums voraus. Nun erfüllt sich die Prognose – und die alte Debatte beginnt von vorn. Seit mehr als zwei Jahrhunderten, unterbrochen nur durch Kriege und Krisen, folgten alle kapitalistisch verfassten Gesellschaften dem gleichen Ziel: mehr Produktion und mehr Konsum. Allein in den vergangenen 60 Jahren hat sich so die globale Warenproduktion mehr als verfünffacht, der Ölverbrauch stieg gar um das Achtfache. Das Prinzip der steten Mehrung habe „nachgerade religiösen Charakter" angenommen, konstatierte der Kulturwissenschaftler Harald Welzer. Eindrucksvoll bestätigte das zuletzt Angela Merkel, als sie voller Inbrunst verkündete: „Ohne Wachstum keine Investitionen, ohne Wachstum keine Arbeitsplätze, ohne Wachstum keine Gelder für die Bildung, ohne Wachstum keine Hilfe für die Schwachen."

Doch nun wird jeden Tag deutlicher, dass diese simple (Wachstums-)Logik keine Zukunft hat. Nicht nur, dass die Nutzung der Atmosphäre als Abgasdeponie einen Klimawandel heraufbeschwört, der Milliarden Menschen mit Vertreibung bedroht. Zugleich werden mit dem Aufstieg der Schwellenländer viele Rohstoffe knapp, und es offenbart sich eine völlig unhaltbare Lage: Ein Fünftel der Menschheit verbraucht vier Fünftel aller Ressourcen. Das kann so nicht bleiben. Entweder die Privilegierten werden freiwillig ihren Verbrauch mindern oder Krieg und Gewalt werden dies erzwingen. Gleichzeitig hat das Platzen der Kreditblase die meisten reichen Länder in eine tiefe Rezession gestürzt, und niemand weiß, ob es einen anhaltenden „Aufschwung" danach überhaupt noch geben wird.

Quer durch die Wohlstandszone ist darum eine Debatte ausgebrochen, ob im Großen zu erreichen ist, was Unternehmer (...) im Kleinen schon geschafft haben: eine Wirtschaft ohne Wachstum bei abnehmendem Ressourcenverbrauch. (...) Darum gelte es ein „neues Modell" zu entwickeln, das nicht auf Verschwendung beruhe. In Großbritannien legte eine Regierungskommission eine umfassende Studie über einen möglichen „Wohlstand ohne Wachstum" vor. In den USA wandten sich Wissenschaftler rund um das renommierte Worldwatch Institute frontal gegen den Irrglauben, der technische Fortschritt werde das Ressourcenproblem lösen. Der Kern der Krise sei vielmehr der „exzessive Konsum", heißt es in dem Worldwatch-Bericht. „Wenn wir den Zusammenbruch der Zivilisation verhindern wollen, brauchen wir eine Umwälzung der kulturellen Muster des Konsumismus", forderte der Leitautor Erik Assadourian.

Und auch in Deutschland hat das große Nachdenken begonnen. So warnt neuerdings Meinhard Miegel, der langjährige Berater des CDU-Politikers Kurt Biedenkopf, vor dem „Wachstumswahn", der nur noch „zerstörend" wirke, und mahnt die Entwicklung eines „neuen Lebensstils" an. Ganz ähnlich forderte jüngst SPD-Fraktionschef Walter Steinmeier „eine neue Qualität der wirtschaftlichen Entwicklung", die „Lebensqualität" und „soziale Teilhabe" wachsen lasse. Und ausgerechnet zur Vereidigung der zweiten Regierung Merkel, die sich der „Wachstumsbeschleunigung" verschrieben hat, forderte der zurückgetretene Bundespräsident Horst Köhler, man müsse künftig „mit weniger Verbrauch zufrieden sein". Nun haben SPD und Grüne sogar beschlossen, im Bundestag eine Enquetekommission einzurichten, die Vorschläge für den Übergang zur Post-Wachstumsgesellschaft entwickeln soll. All das klingt revolutionär – und ist doch gar nicht neu. Genau die gleichen Fragen bewegten auch schon in den 70er-Jahren des vergangenen Jahrhunderts die westlichen Gesellschaften. Den Anstoß dazu gab im Jahr 1972 eine bis dahin völlig unbekannte Verei-

Der Bericht des Club of Rome zur Lage der Menschheit mit dem Titel „Die Grenzen des Wachstums"

nigung namens „Club of Rome". Dahinter verbarg sich zunächst nur ein Debattenzirkel, den der italienische Industrielle Aurelio Peccei ins Leben gerufen hatte. Peccei, der damals 60 Jahre alte Chef des Olivetti-Konzerns, hatte bereits in seinem 1969 erschienenen Buch über den „Abgrund vor uns" über den engen Zusammenhang von Wirtschaftssystem und Umweltzerstörung geschrieben. Um das Thema in die Weltpolitik zu tragen, scharte er einen Kreis von 100 führenden Denkern aus allen Kontinenten um sich, der sich alsbald als „Club of Rome" etablierte. Aber erst ein junger amerikanischer Überflieger namens Dennis Meadows verhalf Pecceis Ideen zur Zündung. Der damals gerade 28 Jahre alte Ökonom und Professor des Massachusetts Institute of Technologie (MIT) übernahm den Auftrag, mit einem 16-köpfigen Team eine computergestützte Weltprognose für den Club zu entwickeln. Es wurde die Aufgabe seines Lebens. Für die Welt wurde das Resultat ein Schock. (...)

Meadows und seine Mitstreiter (*trafen*) den Nerv der Zeit. Die wachsende – und damals noch sichtbare – Umweltzerstörung machte vielen Menschen Angst. 1972 war auch das Jahr der ersten Umweltkonferenz der Vereinten Nationen. Im folgenden Winter demonstrierten dann die arabischen Ölstaaten mit ihrem Lieferboykott wegen des Krieges um Palästina, wie abhängig die Industriestaaten vom Erdöl waren. Die hohen Energiepreise trieben die Welt in die Rezession und die „Ölkrise" beförderte – so wie jetzt die Finanzkrise – die Suche nach Alternativen. In der Folge wurde die Meadows-Studie weltweit zwölf Millionen Mal verkauft und stiftete viele an, sich dem geltenden Fortschrittsglauben entgegenzustellen. Atomkraft, Autoverkehr, Agrarchemie und andere Errungenschaften erschienen plötzlich als Treiber der ökologischen Zerstörung. Scharfsinnige Denker wie der Jesuit Ivan Illich wurden populär, wenn sie etwa den Widersinn eines Verkehrssystems geißelten, „wo die Menschen einen erheblichen Teil des Tages arbeiten, um das Geld zu verdienen, das sie brauchen, um überhaupt zur Arbeit zu kommen". Und massenhaft regten sich Basisinitiativen, die schließlich zur Gründung grüner Parteien führten.

Schon damals wurde die bis heute alles bestimmende Maßzahl des wirtschaftlichen Erfolgs, das Bruttoinlandsprodukt (BIP), als sinnlose Größe erkannt. „Es wächst, wenn immer mehr Abfälle die Umwelt belasten. Und es wächst noch einmal, um Umweltschäden zu beseitigen. Es wächst, wenn der Lärm in unseren Städten zunimmt. Und es wächst noch einmal, wenn wir Lärmschutzanlagen anbringen", schrieb Erhard Eppler, damals SPD-Minister für Entwicklungshilfe und einsamer Vordenker seiner Partei. Darum forderte er „mehr Lebensqualität" anstatt wachsender Umsätze. Das stieß bei den Regierenden zwar auf taube Ohren. Aber viele junge Leute wollten aus dem Widersinn ausbrechen und brachten eine ganze Bewegung von alternativen und ökologisch orientierten Unternehmen in Gang.

Harald Schumann: Mythos Wachstum – die Grenzüberschreitung, Tagesspiegel v. 5.6.2010, in: http://www.tagesspiegel.de (Zugriff: 12.11.2012)

6 Arbeiten Sie heraus, welche Chancen und Gefahren die Beteiligung von „Lobbyisten" am Gesetzgebungsprozess birgt (**M 61** und **M 62**).

7 Grundlegende Fragen der Wirtschaftspolitik und des Lobbyismus sowie fragwürdiger Verbindungen führender Politiker mit Unternehmern sind regelmäßig Gegenstand kontroverser Debatten im Bundestag. Bilden Sie Kleingruppen und informieren Sie sich im Internet über die Position je einer Partei zu o. g. Fragen. Verfassen Sie eine Bundestagsrede, in der Sie die jeweilige Position zum Lobbying und zur Rolle des Staates in der Marktwirtschaft deutlich machen. Reflektieren Sie anschließend gemeinsam die Positionen und versuchen Sie, als Klasse eine Position zu formulieren. (→ *Erhebungsmethoden*, → *Artikulationsmethoden*)

8 Die von den Volksvertretern erlassenen Gesetze sollen zum Wohle des Volkes sein. Wie würden Sie vor diesem Hintergrund die in **M 61** beschriebene Praxis beurteilen?

Karl-Theodor zu Guttenberg:
Wirtschafts- und Verteidigungsminister, 2011 zurückgetreten

M61 Die Gesetzesflüsterer

Die Kanzlei Linklaters ist einer der großen Anwaltskonzerne der Welt. 2400 Rechtsanwälte und Berater sind bei dem britischen Unternehmen, Jahresumsatz 1,5 Milliarden Dollar, beschäftigt, rund um die Welt lässt sich auf die Dienste der Firma zurückgreifen. „Wir sind überall, wo der Kunde uns braucht", wirbt die Großkanzlei.

Spätestens seit voriger Woche ist das Unternehmen nun auch einer breiteren Öffentlichkeit bekannt – dank eines aufsehenerregenden Mandats, das es für Bundeswirtschaftsminister Karl-Theodor zu Guttenberg erledigte. Der CSU-Mann hatte bei Linklaters den Entwurf für ein Gesetz bestellt, das staatliche Zwangsmaßnahmen für marode Banken regeln soll.

Seit der Vorgang zum Politikum wurde, ist die Empörung groß. Nicht nur die politische Konkurrenz fragt sich nun, wieso ein Ministerium, das über einen ganzen Stab versierter Juristen verfügt, Gesetzentwürfe von Wirtschaftsanwälten ausarbeiten lässt, die in der Regel Stundensätze von über 500 Euro nehmen. Die Gesetzgebung gehört schließlich zu den Kernbereichen politischen Handelns, aus der unbestechlichen Regelung allgemeiner Belange bezieht der Staat einen wesentlichen Teil seiner Legitimität. Nach allgemeiner Auffassung werden Gesetze noch immer von Regierungen oder Parlamentsfraktionen vorbereitet und von den gewählten Volksvertretern verabschiedet. Die Mitwirkung von Kanzleien an der Gesetzgebung kennt die Verfassung nicht. (...) Allein in der nun zu Ende gehenden Legislaturperiode waren die Gesetzesflüsterer aus der Privatwirtschaft bei 17 Gesetzes- und Verordnungsentwürfen beteiligt. Gern gesehener Klient bei Großkanzleien wie Linklaters oder Freshfields Bruckhaus Deringer ist Bundesfinanzminister Peer Steinbrück. Kaum einer seiner Gesetzentwürfe zur Bankenrettung infolge der Finanzmarktkrise ist komplett in seinem Haus entstanden. (...) Aber auch das Innen- und das Forschungsministerium, beide CDU-geführt, kommen ohne fremde Unterstützung nicht aus. (...)

Die Hinzuziehung externer Berater hat Tradition, bis vor kurzem konnten Abgesandte der Privatwirtschaft völlig unreglementiert in den Ministerien Platz nehmen, um dort „Kompetenz" und „Sachverstand" beizusteuern, wie die offizielle Begründung hieß. So arbeitete eine Juristin einer Fondsgesellschaft im Bundesfinanzministerium unter Hans Eichel 2003 am Gesetz zur Modernisierung der Investmentbranche mit. Das Gesetz ermöglichte es Privatanlegern erstmals, Anteile an Hedgefonds zeichnen zu können – Hochrisikoanlagen, die sich als einer der Treibsätze der Finanzmarktmisere entpuppten.

Dietmar Hipp/Christian Reiermann/Marcel Rosenbach/Barbara Schmid/Andreas Wassermann: Die Gesetzesflüsterer, Spiegel Online v. 17.8.2009, in: http://www.spiegel.de (Zugriff: 12.11.2012)

Aktion der Initiative für Transparenz und Demokratie „LobbyControl" in Berlin, April 2008

M62 Politikbeeinflussung oder Bürgerbeteiligung?

Lobbyismus (*ist*) zwar kein neues Phänomen. Er hat sich in den letzten Jahren jedoch quantitativ ausgeweitet (zum Beispiel zählt die Bundestagsverwaltung aktuell 2 177 eingetragene Lobbyorganisationen) und qualitativ verändert: von der eher allgemeinen Interessenvertretung hin zu einem eher konflikthaften Durchsetzen eng definierter Interessen. (...) Der Einfluss privilegierter Eliten, vor allem von Unternehmen, auf die Regierung nimmt in stärkerem Maße zu als der von eher allgemein aufgestellten anderen Interessengruppen oder Nichtregierungsorganisationen (...). Im Schatten der Finanz- und Wirtschaftskrise und einer Reihe von Vorkommnissen wird die Macht der Lobbyisten unheimlich (...). Zu diesen Vorkommnissen gehören:

- die Formulierung von mindestens 17 Gesetzes- und Verordnungsentwürfen allein in der letzten Legislaturperiode durch externe Anwaltskanzleien, die gleichzeitig von diesen Gesetzen direkt betroffene Mandanten vertreten haben;
- die Platzierung von „Leihbeamten" aus der Wirtschaft in der Ministerialverwaltung, welche der Bundesrechnungshof als „Risikopotenzial" für die Unabhängigkeit der Behörden bezeichnet hat;
- der unmittelbare Wechsel nach der Amtszeit von Spitzenpolitikern als Interessenvertreter in die Wirtschaft;
- der Zusammenhang von Wahlkampfspenden und Beschlüssen der Bundesregierung (zum Beispiel das „Mövenpick-Gesetz" zur Ermäßigung des Mehrwertsteuersatzes für Hotels). (...)

Der Publizist und Volkswirt Roger de Weck legt in seinem Buch „Nach der Krise – Gibt es einen anderen Kapitalismus?" dar, wie der Staat in den letzten Jahrzehnten zunehmend von der privaten Wirtschaft abhängig wurde und dass in dieser Abhängigkeit einige Gründe für die Krise liegen. Als Beispiel für Lobbyismus führt de Weck an, dass die amerikanische Bank Goldman Sachs aus ihren Reihen zuletzt zwei US-Finanzminister hintereinander, den Stabschef des Präsidenten und sogar den Verwalter des amerikanischen Krisen-Rettungsfonds stellte. Bei der Gesetzgebung zur Bankenrettung in der Krise wurde auf eine Wall-Street-Expertise zurückgegriffen. Was de Weck für die USA beschreibt, gilt ebenso für die Bundesrepublik Deutschland. Auch hier wurde nach der Finanzmarktkrise der Bock zum Gärtner gemacht, indem Akteure, die von der Deregulierung der Finanzmärkte profitiert haben, nun Lösungen zur Reregulierung erarbeiten sollen. (...)

Wirtschaftliche Machtkonzentration ist nicht nur eine Gefahr, weil damit die Durchsetzung unternehmerischer Partikularinteressen zunimmt. Sie kann auch zur Durchsetzung persönlicher politischer Interessen dienen. Ein Beispiel dafür ist die bereits erwähnte radikal-libertäre Tea-Party-Bewegung in den USA. Diese Bewegung deklariert sich als Graswurzelorganisation, wird aber maßgeblich finanziert von den beiden Milliardären David und Charles Koch, über die die Süddeutsche Zeitung schreibt: „Die Kochs wollen den totalen Kapitalismus, und sie sind bereit zu kämpfen – gegen ein staatliches Gesundheitssystem, gegen den Klimaschutz und alles andere, das sie für Auswüchse des Sozialismus halten."

Korruption kann auch eine Folge wirtschaftlicher Machtkonzentration sein. Missbräuchliche Vorteilsnahmen von Politikern gerieten mit dem Flick-Spendenskandal in den 1980er-Jahren und dem „Bimbes-System" von Helmut Kohl, das Ende der 1990er zu einem politischen Erdbeben führte, in den Fokus der öffentlichen Aufmerksamkeit.

Wolfgang Schroeder/Simon Vaut: Wirtschaft und Demokratie, Demokratie in Deutschland, hg. von der Friedrich Ebert Stiftung, Bonn 2011, S. 14 f., in: http://www.demokratie-deutschland-2011.de (Zugriff: 12.11.2012)

Ein Demonstrant in Frankfurt/Main mit einem Wortspiel auf die Bank Goldman Sachs, Oktober 2011

Verbände im politischen Prozess

Von Ludwig Erhard (1949–1963), dem ersten Bundeswirtschaftsminister und späteren Bundeskanzler (1963–1966) ist bekannt, dass er den Einfluss von Interessenverbänden auf die Politik mit Argwohn betrachtete. Bezüglich deren Einbindung in die Gesetzgebung bemerkte er einmal: „Wenn wir dem nicht rechtzeitig Einhalt gebieten, dann kann, so glaube ich, die Demokratie daran zugrunde gehen." Gleichwohl mochte auch Erhard nicht auf die Expertise von Interessenverbänden verzichten: Wie jeder andere Spitzenpolitiker auch band er Interessenvertreter in die Gesetzgebung ein.

Als organisierte Vertretungen gesellschaftlicher Partikularinteressen stellen Interessenverbände ebenso eine Notwendigkeit wie auch eine Herausforderung der Demokratie dar. Denn zum einen setzt die demokratische Willensbildung voraus, dass sich gesellschaftliche Interessen formieren und organisieren können (weshalb in Demokratien die Koalitionsfreiheit der Individuen gilt). Zum anderen kann die Arbeit von Interessenverbänden zu einer Gefahr für die Demokratie werden: Nicht alle in der Gesellschaft vertretenen Interessen lassen sich gleichermaßen organisieren und die politische Schlagkraft eines Verbandes hängt wesentlich auch von seiner finanziellen Ausstattung ab.

Treffen von Kanzlerin Angela Merkel nebst Fachministern im Kleinen Kabinettssaal des Bundeskanzleramts mit den Spitzen des DGB und der Arbeitgeberverbände, 2008

1. M 63: Nehmen Sie kritisch Stellung zu der These, dass Verbände „Abbild der Gesellschaft" seien.
2. Erläutern Sie ausgehend von **M 63** die ambivalente Bedeutung von Verbänden für die Demokratie.
3. Werten Sie die Karikatur „In eigener Sache" auf S. 100 aus. (→ *Auswertungsmethoden*)
4. Erklären Sie das Schaubild **M 64** unter Bezug auf die in **M 65** aufgeführten primären und sekundären Verbandsfunktionen.
5. Stellen Sie mithilfe von **M 67** und **M 68** übersichtlich dar, wie sich die unterschiedlichen politischen Systeme Deutschlands auf die Organisation von Interessenverbänden ausgewirkt haben. (→ *Auswertungsmethoden*)

M63 Ein Land, vereint im Verband

Noch ist der Begriff Podcast längst nicht der Mehrheit der Deutschen geläufig. Trotzdem ist er bereits fest in der Gesellschaft verankert, dafür gibt es ein sicheres Indiz. Seit Ende 2005 existiert der Deutsche Podcast Kulturverband. Damit hat das Produzieren und Senden von Audio- und Videodateien via Internet (...) gleichsam offiziell die deutsche Staatsbürgerschaft.

Wer einen Verband gründet, wird ernst genommen, so ist das in Deutschland. Die Verwertungsgesellschaft Gema war zunächst überrascht, dann aber erfreut, als sie von der Existenz der Lobbyisten hörte. Die Podcaster klopften bei der Gema an, um ein Gebührenmodell auszuhandeln. „Dass auch die Podcaster ihre Interessen gemeinsam vorbringen konnten, hat die Verhandlung für beide Seiten natürlich viel einfacher gemacht", sagt Marc Schmidt, Gründungsmitglied des Deutsche Podcast Kulturverbandes. „So kamen wir schneller zu einem Ergebnis."

Der Deutsche mag es, sich in Verbänden zu organisieren. Kaum ein Klischee über (...) (*Deutschland*) dürfte mehr der Wahrheit entsprechen. 14 000 Verbände gibt es laut Deutscher Gesellschaft für Verbandsmanagement (DGVM) derzeit, und jedes Jahr kommen mehr als 100 neue dazu. Ihre Mitglieder eint oft nicht viel mehr als der Beruf oder eine gemeinsame Leidenschaft.

„Verbände sind ein Abbild der Gesellschaft", sagt DGVM-Geschäftsführer Wolfgang Lietzau. „Genauso wie sich Branchen weiter entwickeln und verändern, kommen auch neue Verbände dazu, die den jeweiligen Trend widerspiegeln." Da ist es nur logisch, dass sich der Verband der Fuhrwerkhersteller quasi von selbst aufgelöst hat. Dafür haben sich nun sowohl die Internetdienstleister als auch die ästhetisch-plastischen Chirurgen zusammengeschlossen.

Großen Verbänden fällt es allerdings zunehmend schwerer, die Interessen ihrer Mitglieder zu bündeln. Stattdessen entstehen viele kleinere Gruppen, die spezielle Anliegen vertreten. Biobauern etwa treten lieber einem der Ökoverbände wie Demeter bei als dem Bauernverband, der alle Landwirte unter seinem Dach vereinen möchte. Denn mit ihren Anbaumethoden und strengeren Vorschriften für die Stallhaltung fühlen sie sich von diesen Organisationen besser vertreten. „Meist verlassen gerade die konfliktfähigen Gruppen einen großen Verband, um ihre Interessen lieber alleine durchzusetzen", sagt Britta Rehder vom Max-Planck-Institut für Gesellschaftsforschung in Köln. „Die verbleibenden werden dadurch natürlich geschwächt."

Besonders stark bekommen das Gewerkschaften zu spüren. Piloten, Lokführer und Ärzte verhandeln Arbeitszeiten und Löhne lieber allein mit den Arbeitgebern, als sich etwa von ver.di vertreten zu lassen. Für sie ist das attraktiv, denn sie arbeiten in Berufen, die besonders wirkungsvolle Streiks entfachen können. Aber auch aufseiten der Arbeitgeber gibt es diesen Trend. Große Unternehmen wie Daimler Chrysler, Deutsche Bahn und Siemens schicken lieber eigene Leute nach Berlin, anstatt sich von einem Verband vertreten zu lassen.

Den besten Ruf genießen Verbände nicht. Denn wer Interessen teilt, will sie durchsetzen. Das mag man bei Pudelfreunden, Präparatoren und Puppenspielern wohlwollend belächeln. Anders sieht dies aus, wenn wirtschaftlich starke Gruppen wie Energieunternehmen oder die Zigarettenindustrie organisiert ihre Interessen vertreten.

Als Hauptgeschäftsführer des Verbands der Zigarettenindustrie (VDC) zählt Wolfgang Hainer zu den einflussreichsten Lobbyisten Deutschlands. In diesem Amt muss er stellvertretend für die ganze Branche die Rolle des bösen Buben übernehmen. „Während ich mit Politikern meist sachlich diskutieren kann, treten einige Nichtregierungsorganisationen schon aggressiv auf", sagt Hainer. Damit geht er ganz gelassen um. Hainer hat zuvor schon für den Industrieverband Körperpflege- und Waschmittel gearbeitet. Da musste er Tierversuche verteidigen. „Das war nicht weniger emotional als heute die Diskussionen um Rauchverbote."

Experten gehen davon aus, dass der Einfluss der Verbände in den vergangenen Jahren gestiegen ist. „Da die Gesetze einen immer engeren Bereich regeln, brauchen Politiker dafür ein Spezialwissen, das sie von den entsprechenden Verbänden vermittelt bekommen", sagt Jochen Bäumel, Mitglied im Vorstand von Transparency International Deutschland. An sich ist das nicht verwerflich. Denn wie sonst sollen etwa die Mitarbeiter im Gesundheitsministerium auf dem aktuellen Stand der medizinischen Forschung bleiben? Oder die Beamten im Verkehrsministerium wissen, was sie bei der Abgasverordnung von der Industrie verlangen können?

Interessenverbände sind freiwillige Zusammenschlüsse von Personen, Körperschaften und juristischen Personen, um gleich gerichteten oder ähnliche Interesssen ihrer Mitglieder zu vertreten. Zu diesen Verbänden gehören Gewerkschaften und Arbeitgeberverbände

Gema (Gesellschaft für musikalische Aufführungs- und mechanische Vervielfältigungsrechte): Verwertungsgesellschaft, die in Deutschland die Nutzungsrechte aus dem Urheberrecht derjenigen Komponisten, Textdichter und Verleger von Musikwerken vertritt, die als Mitglied in ihr organisiert sind

Transparency International: Weltweit agierende nichtstaatliche Organisation, die sich in der nationalen und internationalen volks- und betriebswirtschaftlichen Korruptionsbekämpfung engagiert

„In eigener Sache" *Zeichnung: Hanitzsch*

Trotz aller Vorurteile gegenüber Lobbyarbeit braucht eine Demokratie Verbände, die die Interessen ihrer Mitglieder abfragt und gemeinsam vorträgt. Das spart Zeit und ist einfacher, als wenn Politiker aus dem Verbraucherministerium selbst bei den Zuckerrübenbauern in Niederbayern anrufen. Entstehen jedoch immer mehr Untergruppen, gehen der Politik die großen Ansprechpartner verloren. Das begünstigt kleine Interessengruppen. Ihre Chancen, Entscheidungen und Gesetze in die genehme Richtung zu steuern, steigen. Wie man das Dilemma ansatzweise lösen kann, haben die USA vorgemacht.
Dort muss jede Lobbyorganisation mitteilen, wie viel Geld sie aufgewendet hat, um ein bestimmtes Gesetz in ihrem Sinne zu beeinflussen. In Deutschland dagegen gibt es nur die Lobbyliste des Deutschen Bundestages. Der Eintrag ist jedoch freiwillig. Etwa 2000 haben das bislang gemacht. Bei 614 Abgeordneten kommen dabei schon rein rechnerisch auf einen Parlamentarier drei Lobbygruppen. „Deutschland braucht ein verpflichtendes Lobbyregister, wo jeder sehen kann, welchen Aufwand Verbände betrieben haben und wer letztendlich davon profitiert", fordert Transparency-Mann Bäumel.
Denn bislang müssen Verbände ihre Finanzen nur den Mitgliedern präsentieren. Daher weiß auch keiner, woher die Mittel kommen und über wie viel sie verfügen. Sogar vom mit 377 Mitgliedern noch recht kleinen Podcast-Club ist auf die Frage nach der Finanzierung nur zu hören: „Sponsorengelder".
Viktoria Unterreiner: Ein Land, vereint im Verband, Welt am Sonntag Nr. 19/2007, 13. Mai 2007, S. 31

M 64 Die Macht der Lobbyisten

Quelle: Bundeszentrale für politische Bildung

M 65 Funktionen von Verbänden

Laut Pluralismustheorie liegt die Bedeutung von Verbänden für ein politisches System in der Repräsentation gesellschaftlicher Vielfalt. Sie realisieren damit einen wichtigen Aspekt der Volkssouveränität. Durch vier grundlegende Funktionen vermögen Verbände diesen Anspruch zu erfüllen: Aggregation, Selektion, Artikulation und Integration politischer Interessen sind die primären Aufgaben verbandlichen Handelns. Dazu gesellen sich zusätzliche sekundäre Verbandsfunktionen (Partizipation, Legitimation, sozioökonomische Selbstregulierung), die nicht primär die Aufgaben gegenüber ihrer Klientel betreffen, sondern freie Leistungen oder Leistungen im Auftrag des gesamten politischen Systems darstellen.

1. Primäre Verbandsfunktionen

Interessenaggregation

Unter Interessenaggregation wird die Bündelung einer Vielzahl heterogener Forderungen zu (gemeinsamen) (...) Zielen und (...) Aussagen verstanden. Dieser Prozess ist nicht auf

Verbände beschränkt. Er verläuft auch in Parteien und Bürgerinitiativen (...). Besonders Großverbände sehen sich mit komplizierten Aggregationsprozessen konfrontiert (...). Als Faustregel gilt: Je heterogener die Interessenlage innerhalb eines Verbandes ist, desto schwieriger gestaltet sich die Aggregation. (...) Die Aggregation von Interessen (...) *(ist)* eine Vorbedingung für die Verbandsarbeit überhaupt. Kernaufgabe der Aggregation ist die Auswahl einer eindeutig bestimmbaren Position aus den Einzelmeinungen, Wünschen, Bedürfnissen und Forderungen eines Interessenspektrums. Einerseits geschieht dies durch Bündelung, also die Zusammenfassung ähnlicher Interessen. Andererseits werden Forderungen auch komprimiert, auf ihre Kerninhalte reduziert. Auf diese Weise erreicht der Verband eine eindeutige (...) Position, die er nun nach außen vertreten kann. (...)

Aggregation ist aber auch hilfreich für die Entscheidungsfähigkeit der Adressaten im politischen System. Nur klar bestimmbaren Positionen und Forderungen können eindeutige Maßnahmen zugeordnet werden. (...) Würden Verbände diese Funktion nicht erfüllen, wären unzählige (einander widersprechende) Einzelforderungen gegenüber dem Entscheidungssystem die Folge. Die Befriedung gesellschaftlicher Konflikte durch politische Steuerungsmaßnahmen wäre vor diesem Hintergrund nur schwer möglich.

Interessenselektion

Selektion bezeichnet die aus der Aggregation resultierenden Wirkungen der Verbände auf das politische System. Um die beschriebene Überlastung des Systems zu verhindern, sind Filtermechanismen vonnöten, mit deren Hilfe eine Vorauswahl getroffen wird.

Verbände erfüllen diese Funktion, indem sie nur diejenigen Interessen vertreten, die realistisch durchsetzbar sind. Mit Selektion ist damit zunächst einmal (...) gemeint, (...) dass unterschiedliche Interessen auf einen Minimalkonsens zu bringen sind. Selektion ist daher die Findung eines Kompromisses (...). Dazu gehört auch der systematische Ausschluss von Extrem- und Minderheitsmeinungen. Verbände wählen Forderungen aus, die sie einerseits als besonders wichtig erachten, andererseits zu einem bestimmten Zeitpunkt für optimal durchsetzbar halten. Aus diesem Grund entwerfen sie Prioritätenlisten und verfolgen kurz-, mittel- oder langfristige Ziele. (...) Je eher ein Verband dazu in der Lage ist, die politische Diskussion innerhalb und außerhalb des Parlamentes mitzubestimmen, desto erfolgreicher wird die verbandliche Arbeit sein. (...) Andererseits kommt diese Filterfunktion aber auch den Adressaten der Verbandspolitik zu: Amtsinhaber sind für an sie herangetragene Wünsche unterschiedlich empfänglich. Abgeordnete etwa haben selektiven Kontakt mit ausgesuchten Verbandsvertretern: Sie wählen aus, welche Interessen in ihrem Wahlkreis besonders berücksichtigt werden sollten. (...)

Interessenartikulation

Artikulation bedeutet die Umformung von latenten in manifeste Interessen. Verbände wenden sich zur Durchsetzung der Mitgliederinteressen mit Forderungen an das zentrale politische Entscheidungssystem. In diesem Sinne leiten sie die Interessen der Mitglieder zunächst einmal lediglich weiter. Weitaus häufiger aber müssen Einzelinteressen des Verbandes erst einmal in konkrete Aussagen umformuliert werden. Allgemeine Einstellungen werden auf diesem Wege zu kollektiven Verhaltenserwartungen verdichtet. Dies geschieht entweder auf dem Wege der öffentlichen Diskussion oder durch den direkten Zugang zur für die Sachentscheidung zuständigen Stelle im Staatsapparat.

In dieser Funktion wird deutlich, dass Verbände Sachwalter ihrer Mitglieder sind. Sie versuchen, auf der Basis eines „generalisierten Mandats" deren Interessen vorzutragen und durchzusetzen. Insofern sind die Verbände auch als soziale Mechanismen zu betrachten: Sie machen auf Problemlagen aufmerksam, formulieren latente Interessen und machen diese öffentlich. (...) *(Ein)* Verband weist dabei *(in der Regel)* umso mehr Durchsetzungsfähigkeit auf, je höher sein Organisationsgrad ist. (...) Kleine Verbände *(können)* großen Einfluss erlangen, wenn sie im Falle des Ausstandes großflächigen volkswirtschaftlichen Schaden bewirken können. (...)

Integration

Verbände wirken außerdem an der langfristigen Integration der Bürgerinnen und Bürger in den Staat mit. Neben den primären (Familie, „peer-group") und sekundären Integrationsinstanzen (Vorschule, Schule) bilden Verbände zusammen mit Parteien und Kirchen eine dritte Form politischer Integration. Sie bauen das Individuum in *(gesellschaftliche)* Vermittlungsprozesse ein (...). (...) Damit ist auch politischer Ausgrenzung und subjektivem Empfinden der Machtlosigkeit ein Riegel vorgeschoben. Insofern ist die Integrationsfunktion für die Befriedung von Gesellschaften elementar. (…)

2. Sekundäre Verbandsfunktionen

Partizipation

Verbände bieten die Chance zur politischen Teilhabe (…). Partizipation ist dabei ein logisches Ergebnis der Integration. Verbände ermöglichen prinzipiell die Beteiligung von Individuen an der politischen Willensbildung über den zeitlich festgesetzten und begrenzten Wahlakt hinaus. (…)

Sozioökonomische Selbstregulierung

Mit sozioökonomischer Selbstregulierung ist die Tatsache gemeint, dass es Politikbereiche gibt, in denen der Staat Aufgaben an Verbände delegiert hat (Wirtschaft, Gesundheit). (…) Mit der Übernahme von Regulationsfunktionen in ihrem Bereich entlasten Interessengruppen den Staat. (…) Dem zentralen politischen Entscheidungssystem wird die kostenintensive Informationssuche erleichtert und abgenommen. Stattdessen wird die gebündelte, mehrheitsfähige Position eines Interessenspektrums fertig „serviert". (…)

Legitimation

(…) Die Legitimation politischen oder sozialen Handelns ist in Demokratien mit transparenten Entscheidungsprozessen verknüpft. Verbände erfüllen diese Funktion, indem sie zentralen gesellschaftlichen Forderungen Ausdruck verleihen. (…) Sie ermöglichen es dem Individuum, auch abseits der Wahlurne auf die Formulierung von Politik Einfluss zu nehmen. Außerdem wird in täglicher Verbandsarbeit sichergestellt, dass politische Entscheidungen nicht fernab konkreter Lebenssituationen der Menschen getroffen werden. Solange eine gesellschaftliche Gruppe eine reelle Chance sieht, den eigenen Forderungen erfolgreich Nachdruck zu verleihen, stellt sie die Legitimität des politischen Systems nicht infrage. Insofern verdeutlichen verbandliche Forderungskataloge an staatliche Instanzen eine enge Bindung an die Gegebenheiten des politischen Systems. Diese Forderungen sind Ausdruck der Akzeptanz seiner demokratischen Spielregeln und Spiegelbild des Vertrauens in die Effektivität seiner Prozesse.

Alexander Straßner: Funktionen von Verbänden in der modernen Gesellschaft, in: Aus Politik und Zeitgeschichte Nr. 15–16/2006, S. 10–17

M 66 Entstehung und Arbeit von Verbänden

Beispiele für Methoden und Adressaten von Lobbyismus

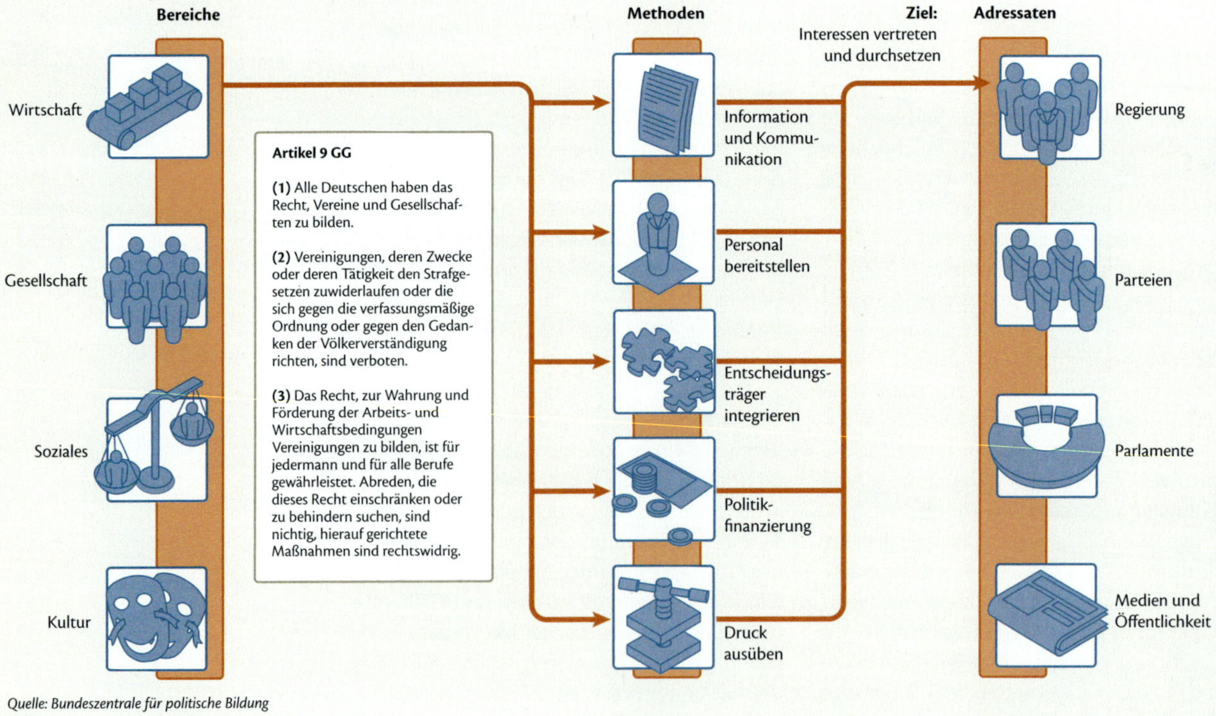

Quelle: Bundeszentrale für politische Bildung

M67 Interessenverbände in Deutschland vor 1945

Auch die vorindustrielle Gesellschaft war schon eine „organisierte Gesellschaft", aber in einem völlig anderen Sinn als heute. Formen und Träger politischer Interessenvertretung beschränkten sich bis Anfang des 18. Jahrhunderts auf persönliche Einflussnahme bei Regenten, Höfen und Verwaltungen, auf ständisch-soziale Repräsentation (Zünfte und Gilden) bzw. auf Formen lokaler politischer Repräsentation (Privilegien freier Städte). Zünfte, Gilden und Stände dominierten als Organisationsformen. Sie regelten vom Anspruch her alle Lebenssphären ihrer Mitglieder. (...) Mitglied wurde man nicht durch freiwilligen Beitritt, sondern durch Geburt, Stand oder Beruf. In diesem Sinne handelte es sich um Zwangskorporationen (...).

Das „Neue" moderner Vereine und Verbände gegenüber Gilden und Zünften besteht in zwei Aspekten: Sie besitzen als korporative Akteure eine eigene Rechtspersönlichkeit und können wie natürliche Personen eigenständig handeln, und sie beruhen als kollektive Akteure auf Selbstorganisation nach dem Mitgliedschaftsprinzip, d. h., der Entschluss zum Beitritt oder Austritt erfolgt aufgrund einer freiwilligen, subjektiven Entscheidung (...).

Die Weimarer Republik (*1919–1933*) erlebte die volle Entfaltung eines differenzierten Systems organisierter Interessen – nicht nur im ökonomischen, sondern auch im kulturellen Bereich, im Freizeitbereich, im sozialen und im gesellschaftspolitischen Bereich. (*Anders als im deutschen Kaiserreich konnten sich nun auch Arbeitnehmerinteressen frei organisieren.*) Die Mitgliederzahlen von Vereinen und Verbänden erreichten Anfang der zwanziger Jahre einen Höchststand. (...) Aber die Weimarer Republik (...) trug den Keim ihres Untergangs (...) auch durch die fehlende Akzeptanz demokratischer Normen in der (...) Verbändelandschaft (...) (*in sich*). So konnte es den Nationalsozialisten gelingen, unter den Bedingungen schwacher politischer Institutionen (...) eine Vielzahl der freiwilligen Vereinigungen schon vor der Machtergreifung zu erobern. (...) Alle politischen Ebenen, von der Gemeinde bis zum Reich, wurden „vereinheitlicht" und mit NSDAP-Funktionären besetzt. (...) Der Organisationsgrad der Verbände im Dritten Reich war wegen der Mitgliedschaft qua Gesetz so hoch wie noch nie (z. B. Zwangsmitgliedschaft in Berufsverbänden wie dem *Nationalsozialistischen Kraftfahrerkorps*). (...) Es gab keinen Verbandspluralismus mehr. (...) Die gesamte Bevölkerung (*wurde*) in Zwangsorganisationen „erfasst", „erzogen" und damit kontrolliert.

Ralf Kleinfeld: Die historische Entwicklung der Interessenverbände in Deutschland, in: Thomas von Winter/Ullrich Willems: Interessenverbände in Deutschland, Wiesbaden 2007, S. 53–87

M68 Verbände in der DDR

Die DDR kannte so wenig wie der Nationalsozialismus ein freies Verbände- und Vereinswesen. Alle gesellschaftlichen Organisationen standen unter Aufsicht und Anleitung der Staatspartei SED (Sozialistische Einheitspartei Deutschlands). (...) Interessenverbände brauchen Demokratie für ihre Arbeit wie die Luft zum Atmen. Die ungehinderte politische und gesellschaftliche Betätigung freigebildeter Zusammenschlüsse von Bürgern ist nur unter einer demokratischen Verfassung möglich. (...) Die offiziellen Verbände der ehemaligen DDR hatten nicht nur gesellschaftliche, sondern auch halböffentliche Funktionen. Der FDGB (*Freier Deutscher Gewerkschaftsbund*) nahm Aufgaben des Arbeitsrechts, der betrieblichen und staatlichen Sozialpolitik, der Touristik mit seinem Feriendienst, der Weiterbildung und der Kulturpolitik wahr. Die FDJ (*Freie Deutsche Jugend*) war ein Organ der Jugendpolitik in Schulen, Betrieben, Hochschulen und Freizeit. Über Schulungen wurde der Führungsnachwuchs der SED herangezogen.

Der DFD (*Demokratischer Frauenbund Deutschlands*) sollte die Frauen an die aktive Mitwirkung im gesellschaftlichen Leben heranführen, die Integration der Frauen in den Produktionsprozess fördern und das Leben der werktätigen Frauen erleichtern. (...) Der *Kulturbund* war ursprünglich überparteilich gegründet worden, um auch für die bürgerliche Intelligenz ein Auffangbecken außerhalb der politischen Organisationen zu bilden. (...)

Ulrich von Alemann: Wie, wann und warum entstanden Verbände?, in: Informationen zur politischen Bildung Nr. 253, 1996, Bonn (Bundeszentrale), S. 9–17

Initiativen und Bewegungen im politischen Prozess

Auch in einer gefestigten Demokratie – und das ist das wiedervereinigte Deutschland trotz aller Schwächen und Mängel – haben Bürgerinitiativen und Bürgerbewegungen ihr Aufgabenfeld. Denn Demokratie ist nichts, was einmal gewonnen ist, was für alle Zeit währt.
Konrad Weiß, Wer ernennt Bürgerrechtler?

Politik wird häufig kurzschlüssig mit dem Handeln von Berufspolitikern in Bundestag, Landtagen und Ministerien identifiziert. Zugleich wird vielfach ein merkliches Nachlassen des Interesses an dieser institutionalisierten Form der Politik beklagt – etwa in Form von rückläufiger Wahlbeteiligung oder schlechter Umfragewerte. Ist dieser Sachverhalt mit dem Terminus „Politikverdrossenheit" richtig beschrieben? Denn zugleich gibt es eine Gegenbewegung – immer mehr Menschen engagieren sich jenseits der etablierten Parteipolitik, sie beteiligen sich an Aktionen, um konkrete politische Ziele zu erreichen oder als falsch empfundene politische Entscheidungen zu verhindern (Stuttgart 21, Atomausstieg, Occupy-Bewegung).
Offenbar gibt es weiterhin einen erheblichen Bedarf an politischer Mitbestimmung und Teilhabe, wobei allerdings alternative Formen demokratischer Partizipation und Bürgerbeteiligung bevorzugt werden. Darin zeigt sich die große Bedeutung zivilgesellschaftlicher Akteure (Nichtregierungsorganisationen, Bürgerinitiativen, Umweltverbände u. Ä.). Damit verbunden ist ein Bürgerverständnis, das neben partizipativen Rechten v. a. auch Freiheitsrechte beinhaltet – also auch das Recht, sich gezielt für oder gegen von der institutionalisierten Politik getroffene Entscheidungen zu stellen. Nichtregierungsorganisationen (NRO) wie Greenpeace und Amnesty International sind populär, ihre Aktivisten werden weithin geachtet. Von Berufspolitikern hingegen haben die meisten Menschen ein weniger positives Bild. Die Demokratie – namentlich eine repräsentative Demokratie – braucht letztlich zweierlei: das Engagement der Bürgerinnen und Bürger innerhalb wie außerhalb der etablierten politischen Institutionen.

Occupy vor der Europäischen Zentralbank in Frankfurt/Main, 2012

1 **M 70, M 71**: Diskutieren und dokumentieren Sie in Kleingruppen Ihre Vorstellungen von der Arbeit von NRO (z. B. Greenpeace). Benennen Sie Gründe für die unterschiedliche öffentliche Bewertung von Berufspolitikern einerseits und politischen Initiativen andererseits.

2 Beschreiben, auf welche Weise Greenpeace Einfluss auf politische Entscheidungen nimmt. Informieren Sie sich über das Selbstverständnis dieser Organisation (**M 69**, Internet).

3 Welche Rolle spielt „die Öffentlichkeit" für die politischen Einflussmöglichkeiten von Nichtregierungsorganisationen wie Greenpeace oder Amnesty International (**M 69**, **M 70**, Internet)?

4 Notieren Sie in Kleingruppen die Ihnen bekannten Bürgerinitiativen. Arbeiten Sie typische Bereiche heraus, in denen sich Bürgerinitiativen engagieren (**M 72**, **M 73**). Entwerfen Sie gemeinsam ein fiktives (oder reales) Projekt, für das Sie sich vorstellen könnten, politisch aktiv zu werden. Erstellen Sie ein Flugblatt, um auf Ihr Anliegen aufmerksam zu machen. Überlegen Sie, welche Möglichkeiten Sie haben, Ihrem Anliegen im „politischen Prozess" Ausdruck zu verleihen (**M 73**). (→ *Interventionsmethoden*)

5 In **M 74** werden Bürgerinitiativen als Ausdruck eines Wertewandels beschrieben. Erörtern Sie diesen Sachverhalt. Beschreiben Sie die Rolle von Bürgerinitiativen für die bundesdeutsche Demokratie.

6 Beschreiben Sie knapp den Ansatz der deliberativen Demokratie. Gehen Sie dabei auf die Bedeutung der Zivilgesellschaft und besonders auf die Rolle von Initiativen und Bewegungen ein (M 75).

7 Nehmen Sie begründet Stellung zu der Forderung, dass die „repräsentative parlamentarische Demokratie um deliberative Elemente erweitert werden" müsse (M 75), und stellen Sie Bezüge zur Rolle von Initiativen und Bewegungen für den politischen Prozess her.

8 Beurteilen Sie die Chancen, durch verstärkte politische Einbindung die Integration gesellschaftlicher Randgruppen zu fördern (M 76).

M 69 Greenpeace-Erfolg: Die letzten finnischen Urwälder gerettet

Hartnäckigkeit und langer Atem haben sich gelohnt: Nach jahrelanger Greenpeace-Kampagne sind die letzten acht großen Urwälder Nordfinnlands jetzt geschützt. Der Entscheidung gingen mehrwöchige Verhandlungen voraus. Gestern Nachmittag stimmten alle Beteiligten einer Einigung zu. Damit ist ein langjähriger Konflikt um den Schutz der Urwälder Nordlapplands beendet.

Diese Einigung ist ein großartiger Erfolg, jetzt ist ein großer Teil dieser Urwälder vor der Säge sicher, sagt Greenpeace-Waldexperte Oliver Salge. Der Erfolg in Finnland und anderen Regionen weltweit zeigt, dass sich lange, hartnäckige Kampagnen auszahlen. Die deutschen Verlage haben schon frühzeitig von ihren Papierlieferanten eine Lösung gefordert. Nun können sie sicher sein, dass für ihre Produkte keine der großen finnischen Urwälder mehr zerstört werden.

Die Verhandlungen hatten sich über sechs Wochen hingezogen. Am Tisch saßen das finnische Forstamt Metsähallitus, Greenpeace, die Holzindustrie, die Gemeinde Lappland, das Parlament der Saami-Ureinwohner, das Umweltcenter Lapplands und Rentierhalter. Es war ein zähes Ringen, an dessen Ende nun 96 900 Hektar Urwald geschützt sind. 9300 weitere Hektar sollen unter Berücksichtigung besonderer Kriterien bewirtschaftet werden.

Greenpeace setzt sich seit neun Jahren für den Schutz dieser Urwälder ein. Mit zahlreichen Aktionen in Deutschland und anderen europäischen Ländern prangerten Greenpeace-Aktivisten die Urwaldzerstörung in Finnland an. Mehrfach nahmen sie im Lübecker Hafen Papierfrachter aus Finnland in Empfang und protestierten gegen die Entladung.

Sigrid Totz: Greenpeace-Erfolg: Die letzten finnischen Urwälder gerettet, in: http://www.greenpeace.de (Zugriff: 12.11.2012)

NGO ist die Abkürzung von Non-Governmental Organization; die deutsche Übersetzung ist **NRO** (Nichtregierungsorganisation)

Urwald in Finnland

M70 Amnesty International

AMNESTY INTERNATIONAL

Von der Öffentlichkeit gehört, von Menschenrechtsverletzern gefürchtet: Amnesty International setzt sich seit über 50 Jahren für die Menschenrechte ein.

Amnesty International ist eine weltweite, von Regierungen, politischen Parteien, Ideologien, Wirtschaftsinteressen und Religionen unabhängige Mitgliederorganisation.

Auf Grundlage der Allgemeinen Erklärung der Menschenrechte wendet sich Amnesty gegen schwerwiegende Menschenrechtsverletzungen. Amnesty ist Teil einer Bewegung, in der Menschen zusammenkommen, um sich gemeinsam gegen Menschenrechtsverletzungen einzusetzen – und zwar nicht abstrakt, sondern ganz konkret und für Tausende, die in Gefahr sind. 1977 erhielt Amnesty International den Friedensnobelpreis.

Die Stärke von Amnesty liegt im freiwilligen Engagement von mehr als drei Millionen Menschen weltweit: Junge und Alte verschiedenster Nationalitäten und Kulturen beteiligen sich. Sie alle bringen unterschiedliche religiöse und politische Einstellungen und Lebenserfahrungen mit. Aber alle setzen ihre Kraft und Fantasie ein für eine Welt ohne Menschenrechtsverletzungen. Sie engagieren sich für die Opfer und unterstützen und schützen Menschenrechtsverteidiger. Jeder kann sich an unseren Aktionen beteiligen und Veränderungen bewirken. Das Credo von Amnesty International lautet: Du kannst.

http://www.amnesty.de (Zugriff 24.11.2012)

M71 Bürgerinitiative Dehrenberg – „gemeinsam gegen industrielle Tierhaltung"

Die Bürgerinitiativen Tuchtberg (Ithbörde), Weserbogen (Polle) und Dehrenberg (Aerzen), die sich gegen Massentierhaltung starkmachen, wollen gemeinsam operieren. Das haben sie auf einer gemeinsamen Sitzung beschlossen. „Die Massentierhaltung ist einer Kulturnation unwürdig", heißt es in ihrer Erklärung, die von Marrie Powell, Dieter Klenke und Dr. Ludger Frieler unterzeichnet wurde. Frieler ist Sprecher der Initiative, die sich aus Protest gegen zwei geplante Hähnchenmastställe mit fast 80 000 Tieren in Dehrenberg gegründet hat.

http://www.bi-dehrenberg.de
(Zugriff: 12.11.2012)

M72 Schlagzeilen

Greenpeace erreicht Ende der Dünnsäureverklappung

Bürgerinitiative erzwingt Baustopp

Bürgererfolg: Flugrouten kommen auf den Prüfstand

Stuttgart 21 – Bürgerinitiative erwirkt Volksentscheid

Nach Erfolg der Bürgerinitiative: Ortsumgehung soll kommen

Nach Bürgerprotesten: Flugrouten werden überprüft

Nach massiven Protesten: Hallenbad wird saniert

Bürger wehren sich gegen Flüchtlingswohnheim

M73 Was ist eine Bürgerinitiative?

Bürgerinitiativen sind spontane, zeitlich meist begrenzte, organisatorisch eher lockere Zusammenschlüsse einzelner Bürger, die sich außerhalb der etablierten Beteiligungsformen der repräsentativen Parteiendemokratie zumeist aus einem konkreten Anlass, häufig auch als unmittelbar Betroffene zu Wort melden, und sich, sei es direkt im Wege der Selbsthilfe, sei es „indirekt" im Wege der öffentlichen Meinungswerbung und der Ausübung politischen Drucks, um Abhilfe im Sinne ihres Anliegens bemühen. Der vorstehende Satz ist nicht als „fertige" Definitionsformel zu verstehen. Das Charakteristische an Bürgerinitiativen ist gerade ihre amöbenhafte Unabgeschlossenheit, ihre organisatorische Vielgestalt sowie die Vielfalt möglicher Zielsetzungen: Bürgerinitiativen kommen und gehen, sie haben in der Regel einen konkreten, eng begrenzten Aktionsanlass, und sie lösen sich oft auch wieder auf, wenn ihre Bemühungen scheitern oder wenn sie erfolgreich sind (jedenfalls gilt dies uneingeschränkt für die Bürgerinitiativen der „ersten Generation"). Ihre Attraktivität beruht nicht zuletzt darauf, dass jeder sie „machen" kann und dass nahezu jedes denkbare Anliegen zum Gegenstand einer Initiative werden kann.

Uwe Andersen/Wichard Woyke (Hg.): Handwörterbuch des politischen Systems der Bundesrepublik Deutschland. 5., aktual. Aufl. Bonn (Bundeszentrale) 2003, in: http://www.bpb.de (Zugriff: 12.11.2012)

M74 Rolle der Bürgerinitiativen in der Demokratie

Der Bruch, welchen die Bürgerinitiativbewegung signalisiert, ist nicht nur ein Bruch auf der Ebene der politischen Institutionen und Einwirkungsformen, sondern zugleich ein geistiger Strukturbruch: Die überkommenen Orientierungen der produktions- und erwerbszentrierten „Arbeitsgesellschaft" werden auf breiter Front von den Werten einer industrie- und konsumkritischen Lebensorientierung bedrängt.

Man hat diesen, von der empirischen Sozialforschung schon seit geraumer Zeit beobachteten Wert- und Einstellungswandel mit dem Begriff „postmaterialistisch" (R. Inglehart) gekennzeichnet. Träger dieses Wandlungsprozesses sind ganz überwiegend die Angehörigen der besser ausgebildeten und besser verdienenden Mittelschichten, aus denen sich auch das Gros der Sozialaktiven der Bürgerinitiativbewegung rekrutiert.

Dieser Wertewandel trifft die programmatisch eher profilarmen Volksparteien weitgehend unvorbereitet. Die Mechanismen der Wettbewerbsdemokratie verleiten dazu, Themen und Meinungen erst dann aufzugreifen, wenn diese mehrheitsfähig erscheinen. Bürgerinitiativen „konkurrieren" mit den Parteien häufig nicht bloß auf dem Boden einer vom Prinzipiellen her identischen Politik um diese oder jene Einzelverbesserung. Sie stehen in ihrer großen Mehrzahl für das „ganz Andere" bisheriger Politik: für die Abkehr von der bloßen Klientelpolitik, für das Misstrauen gegenüber der Berufung auf Sachzwänge, für die tief empfundene Skepsis gegenüber wissenschaftlicher Planung und Politikanleitung, für die Abwehr von zu vielen und zu schnellen sozialen Wandlungsprozessen, zumal jenen der Globalisierung.

Die Parteien, die Volksparteien zumal, erscheinen als Teil jener „großen" Strukturen, welche von den Bürgerinitiativen negiert werden: Sie scheinen nach Anliegen und innerem Aufbau in vielfältiger Weise gerade jener Wertewelt verpflichtet, deren Humanverträglichkeit und deren Legitimität von den Bürgerinitiativen zunehmend in Zweifel gezogen werden. Das Verhältnis Bürgerinitiative/Parteien ist von daher immer weniger in den Kategorien der bloßen Personalkonkurrenz und des einfachen Meinungs- oder Sympathiewettbewerbs zu beschreiben, sondern immer mehr auch in den Kategorien eines schwerlich überbrückbaren Wert- und Prinzipienkonflikts.

Hier wird als Gefahr sichtbar, dass der für das Funktionieren der repräsentativen Parteiendemokratie bestandsnotwendige Minimalkonsens verloren gehen und die Bürgerinitiativen insgesamt auf die schiefe Ebene einer Systemopposition abgedrängt werden könnten.

Bürgerinitiativen zielen jedoch keineswegs von vornherein auf Systemüberwindung. Sie sind auch als „plebiszitäre Korrektive" einer basisdemokratischen Beteiligung mit den verfassungspolitischen Leitlinien der repräsentativen Ordnung durchaus zu vereinbaren. Die gesamtstaatliche Repräsentativverfassung

Klientelpolitik: Politik, die nur einer bestimmten Gruppe (= Klientel) zugute kommt

Protest einer Bürgerinitiative in Hamburg, 2012

kann ihre Vorzüge nur entfalten, wenn dem plebiszitären Element in den gesellschaftlichen Untergliederungen, d.h. in Bürgerzusammenschlüssen, Bewegungen und freien Initiativen ausreichend Spielraum verbleibt.

Ebenda

Jürgen Habermas (geb. 1929), deutscher Sozialphilosoph

M75 Zivilgesellschaft

„Die Zivilgesellschaft setzt sich aus mehr oder weniger spontan entstandenen Vereinigungen, Organisationen und Bewegungen zusammen, welche die Resonanz, die die gesellschaftlichen Problemlagen in den privaten Lebensbereichen finden, aufnehmen, kondensieren und lautverstärkend an die politische Öffentlichkeit weiterleiten. Den Kern der Zivilgesellschaft bildet ein Assoziationswesen, das problemlösende Diskurse zu Fragen allgemeinen Interesses im Rahmen veranstalteter Öffentlichkeiten institutionalisiert" (Jürgen Habermas, Faktizität und Geltung, 1992)

Was Jürgen Habermas in seinem bahnbrechenden Buch „Faktizität und Geltung" abstrakt, aber präzise formuliert hat, weist die Richtung für ein angemessenes Verständnis von Zivilgesellschaft unter sozialdemokratischen Vorzeichen: Zivilgesellschaft kann sinnvollerweise nur als ein politisches Projekt der Selbstbestimmung von aufgeklärten Bürgerinnen und Bürgern verstanden werden, die sich mittels zivilgesellschaftlicher Organisationen in den politischen Prozess einmischen und ihn als ihre eigene Angelegenheit begreifen. Das Ziel einer besseren Demokratie, die zu mehr Freiheit, Gerechtigkeit und selbstbestimmter Eigenverantwortung führt, ist das entscheidende Antriebsmoment für ein tragfähiges Konzept von Zivilgesellschaft. Im Modell der solidarischen Zivilgesellschaft geht es im Sinne einer deliberativen (*beratschlagenden*) Demokratie vor allem um diesen Aspekt, also um eine „Demokratisierung der Demokratie" im Zeitalter ihrer Gefährdung durch postdemokratische Tendenzen (s. S. 174 f.).

Die Idee der deliberativen Demokratie (...) nimmt ihren Ausgang von der Überlegung, dass demokratische Entscheidungen nur dann als legitim gelten können, wenn alle von ihnen (potenziell) Betroffenen die Chance haben, darüber mitzuberaten. Sie geht ferner davon aus, dass Verständigung über politische Ziele mittels kommunikativen Handelns im Raum der Öffentlichkeit tatsächlich möglich ist, auch wenn dieser Raum faktisch mehr oder weniger stark vermachtet ist. Der Gedanke einer öffentlichen Deliberation über politische Ziele entspricht den legitimen Freiheits- und Gerechtigkeitsansprüchen einer pluralistischen modernen Gesellschaft. Nimmt man diesen Gedanken ernst, dann muss die repräsentative parlamentarische

Demokratie um deliberative Elemente erweitert werden. Das würde auch dem (...) Anspruch auf Teilhabe entgegenkommen. (...) Das muss heute, neben der Garantie materieller Teilhabe, auch die diskursive Teilhabe am Prozess der Politik beinhalten.
Soweit die knappe idealtypische Skizze. Faktisch lässt sich aber in den letzten Jahren eine ganz andere, nämlich gegenläufige Tendenz beobachten. Die rechtsstaatlich-demokratischen Verfahren, inklusive der bisherigen Instrumente der Bürgerbeteiligung, werden zunehmend von informellen – und demokratisch nicht legitimierten – Prozessen der Entscheidungsfindung überlagert. Die Demokratie ist durch den massiven Einfluss ökonomischer Interessen, durch eine Depotenzierung staatlicher Politik, durch eine Politik der Kommissionen (Hartz, Rürup etc.), durch Privatisierung, Deregulierung und weitere Faktoren ausgehöhlt worden. Das führt zu einem starken Akzeptanzverlust bei Wählerinnen und Wählern, die sich mehr und mehr vom demokratischen Prozess parteipolitischer Prägung abwenden. Die stark gesunkenen Beteiligungsquoten bei Bundestags-, Landtags- und Kommunalwahlen in Deutschland sind eindeutiger Beleg dafür.
Serge Embacher: Zivilgesellschaft und Sozialdemokratie in Europa. Aktuelle Entwicklungen und normative Perspektiven, Berlin 2010, S. 2, in: http://library.fes.de (Zugriff: 20.11.2012); Zitat darin: Jürgen Habermas: Faktizität und Geltung. Beiträge zur Diskurstheorie des Rechts und des demokratischen Rechtsstaats, Frankfurt/Main 1992

M76 Engagement und Integration

Teilhabe ermöglichen, Integration und gesellschaftlichen Zusammenhalt fördern: Diese Erwartung an das bürgerschaftliche Engagement wird in der Fachöffentlichkeit weithin geteilt. Damit ist auch die Vorstellung verbunden, bisher engagementferne Menschen zu gewinnen und für sie passgenaue Möglichkeiten zur Beteiligung und zur Mitgestaltung eines pluralen, demokratischen Gemeinwesens zu schaffen. Integrationschancen sollen dabei auf unterschiedlichen Ebenen liegen. Eine wichtige Dimension besteht darin, dass sich über das Engagement Gelegenheiten für das Knüpfen sozialer Beziehungen und für Interaktionen zwischen Menschen unterschiedlicher kultureller Herkunft, aber auch aus verschiedenen gesellschaftlichen Schichten und Milieus ergeben sollen. Jemand, der sich engagiert und Verantwortung für andere übernimmt, fühlt sich anerkannt, zugehörig und eingebettet in einen größeren Zusammenhang. Durch Engagement bieten sich zudem Anstöße und Gelegenheiten, um Wissen und Kompetenzen zu erwerben, was positive Auswirkungen auch auf Ausbildung und berufliche Positionierung haben kann. Bei näherer Betrachtung zeigt sich allerdings, dass die genannten Integrationschancen zwar real bestehen, aber auch voraussetzungsreich sind.
Die Ergebnisse des Freiwilligensurveys (...) weisen in der nun dritten Befragungswelle erneut darauf hin, dass Bildungsstatus, sozioökonomische Faktoren und Engagementbeteiligung eng zusammenhängen: Angehörige der Mittelschicht, vor allem die Erwerbstätigen unter ihnen, engagieren sich überproportional – Menschen also, die ohnehin sozial gut integriert sind. Dies gilt vor allem für das in organisierten Strukturen stattfindende Engagement. Einkommensschwächere Menschen mit niedrigen Bildungsabschlüssen partizipieren hingegen vergleichsweise wenig an dieser öffentlich sichtbaren, organisierten Form des Engagements.
Editorial, Forschungsjournal Soziale Bewegungen, 24. Jg, 3/2011, S. 6

Der **Freiwilligensurvey (Erhebung)** wird seit 1999 im Auftrag der Bundesregierung zum bürgerschaftlichen Engagement in Deutschland durchgeführt

Kompetenzcheck

Anforderungsbereich I:

- Nennen Sie die Verfassungsorgane der BRD.
- Beschreiben Sie die Funktionen, die Parteien in der BRD erfüllen.
- Skizzieren Sie die Funktionen des Deutschen Bundestags.
- Stellen Sie dar, was unter dem Stichwort des „Lobbyismus" verstanden wird.

Anforderungsbereich II:

- Erläutern Sie die Verfassungsgrundsätze der BRD.
- Erklären Sie den Unterschied zwischen Verfassungsnorm und Verfassungswirklichkeit.
- Charakterisieren Sie das Demokratiemodell des Grundgesetzes der BRD.
- Stellen Sie die rechtlichen Grundlagen für die Wahl zum Deutschen Bundestag dar.
- Erläutern Sie die Funktionen von Verbänden in der BRD.
- Untersuchen Sie die Rolle von Initiativen und Bewegungen im Hinblick auf eine mögliche Förderung der Entstehung einer umfassenden Zivilgesellschaft.

Anforderungsbereich III:

- Erörtern Sie die Folgen, die sich aus Abweichungen von der Verfassungsnorm ergeben, anhand eines konkreten Beispiels.
- Nehmen Sie begründet Stellung: Wie frei können Abgeordnete des Deutschen Bundestags entscheiden?
- Diskutieren Sie: Sollte das Amt des Bundeskanzlers durch eine Direktwahl vergeben werden?
- Beurteilen Sie: Das Bundesverfassungsgericht – eine Institution mit großer Macht?
- Beschreiben, analysieren und interpretieren Sie die Karikatur:

Zeichnung: Horsch

3 Das politische System der Europäischen Union

Europa spielt in unserem Alltag eine herausgehobene Rolle: Reise- und Niederlassungsfreiheit, ein gemeinsamer Binnenmarkt und eine europäische Währung kommen uns heute selbstverständlich vor. Dies war jedoch nicht immer so – so tobte noch vor gut 60 Jahren mitten in Europa der vom Deutschen Reich ausgelöste Zweite Weltkrieg, in dem sich heutige europäische Partner in tiefer Feindschaft gegenüberstanden. Umso beeindruckender ist die darauf folgende Entwicklung: Es entstand ein tiefgreifender Prozess einer europäischen Einigung, der in die heutige Europäische Union mündete.
Die Regelung politischer, gesellschaftlicher und wirtschaftlicher Angelegenheiten ist heute in vielen Fällen eine europäische bzw. europäisch beeinflusste Angelegenheit. Hieran beteiligt ist ein Gefüge aus unterschiedlichen Institutionen, das in seiner Gesamtheit das politische System der Europäischen Union ergibt. Wenngleich die europäische Einigung gemeinhin als Erfolgsgeschichte gilt, zeigt sich in der politischen Realität, dass sich für die Europäische Union neue Herausforderungen stellen, die ihre Weiterentwicklung zu einer wichtigen politischen Gestaltungsaufgabe werden lassen.

Historische Entwicklung der Europäischen Union

„Kontinent der Gewalt“ – so umschreibt der amerikanische Historiker James J. Sheehan den Charakter Europas vor Beginn der europäischen Integration in der zweiten Hälfte des 20. Jahrhunderts. Über Jahrhunderte hinweg bestimmten kriegerische Auseinandersetzungen das Leben der europäischen Völker. Die verhängnisvollsten dieser bewaffneten Konflikte – der Erste Weltkrieg mit seinen fast 20 Millionen Todesopfern und der Zweite Weltkrieg, der über 50 Millionen Menschenleben forderte – führten jeweils zu Überlegungen, die europäischen Staaten in eine politische Gemeinschaft zu überführen.
Die Europäische Union ist ein Staatenbund, der aktuell 27 Mitgliedsstaaten umfasst und über 500 Millionen Menschen beheimatet. Sie ist das Ergebnis eines nunmehr seit über sechs Jahrzehnten andauernden wirtschaftlichen und politischen Integrationsprozesses. Im frühen 21. Jahrhundert zählt Europa zu den friedlichsten Regionen der Welt. Die Europäische Union repräsentiert den weltweit größten Binnenmarkt, und ihre Mitgliedsstaaten arbeiten auch jenseits der Wirtschaftspolitik eng zusammen. Doch wie wurde der Staatenbund zu dem, was er heute ist?

Karikatur, ca. 1980

1 Beschreiben Sie die Darstellung Europas in **M 1** und ordnen Sie diese vor ihrem historischen Hintergrund ein. Diskutieren Sie: Wie könnte eine entsprechend visualisierte Karte heute aussehen?

2 **M 3**: Arbeiten Sie die zentralen Thesen über die Zukunft Europas heraus, mit denen sich Churchill 1946 an die „Jugend Europas“ wandte. Stellen Sie begründete Vermutungen auf, wie diese Rede a) auf deutsche Jugendliche, b) auf Jugendliche anderer europäischer Nationen gewirkt haben könnte.

3 Arbeiten Sie aus **M 4** die zentralen Stationen des europäischen Integrationsprozesses heraus. Erstellen Sie auf dieser Grundlage eine Zeitleiste der europäischen Integration.

4 Erläutern Sie jeweils die Kernaussagen von **M 5**, **M 6** und **M 7**. Ordnen Sie die Materialien jeweils begründet in den europäischen Integrationsprozess ein.

5 Diskutieren Sie: Welche Erwartungen haben Sie hinsichtlich der Zukunft der Europäischen Union?

M1 Ein Kontinent voller Todfeinde

„Das heutige Europa." Karikatur aus dem Züricher „Nebelspalter" Nr. 45/1887

M2 „Die Nation hat aufgehört, die ideale Organisationsform der Völker zu sein"

Im Frühjahr 1941 schrieb Léon Blum, der 1936 der erste sozialistische Regierungschef Frankreichs gewesen war, in einer feuchten Kerkerzelle des Vichy-Regimes: „Entweder entstehen nach diesem Krieg starke europäische Institutionen, oder dieser Krieg wird nicht der letzte gewesen sein." „Mit der tiefsten und unerschütterlichsten Überzeugung" sprach der Sohn elsässischer Juden noch vor dem Abtransport in ein deutsches Konzentrationslager aus, was eine ganze Kriegsopfergeneration dachte.

Altiero Spinelli, unter dessen Ägide später im Europäischen Parlament ein Vertragsentwurf mit Verfassungsanspruch für die EU ausgearbeitet wurde, notierte zeitgleich mit Blum auf seiner italienischen Gefängnisinsel Ventotene: „Die Nation hat aufgehört, die ideale Organisationsform der Völkergemeinschaft zu sein." Die Idee, das Gegeneinander der Nationalstaaten durch supranationales Denken und Lenken unschädlich zu machen, hatte lange schon vor dem nationalsozialistischen Terror (...) begeistert. (...)

Historiker haben errechnet, dass vor 1940 bis zu 200 Skizzen, Pläne und Entwürfe zur europäischen Einigung vorgelegt wurden. Hätte man einige davon in die Tat umgesetzt – beispielsweise die von Coudenhove-Kalergi schon 1923 vorgeschlagene Zusammenlegung der deutschen und französischen Kohle- und Stahlindustrien –, dem Kontinent wäre der schlimmste seiner zahlreichen Kriege erspart geblieben.

Jean-Claude Juncker: Der weite Weg in die Zukunft, in: Spiegel Special Nr. 1/2002, S. 96–105

Léon Blum (1872–1950): französischer Politiker und Schriftsteller; 1902 Gründungsmitglied der „Parti socialiste français"; 1936 erster sozialistischer Premierminister Frankreichs; 1943–1945 in deutschen KZs interniert; 1946/47 erneut Premierminister

Altiero Spinelli (1907–1986): italienischer Politiker; Mitglied der kommunistischen Partei Italiens; politischer Gefangener unter Mussolini; entwickelte in der Gefangenschaft ein Programm eines europäischen Bundesstaates; nach dem Krieg wurde er als Europapolitiker bekannt

Vichy-Regime: Regierung von Vichy-Frankreich, der unbesetzten Zone Frankreichs nach dem Waffenstillstand mit dem Deutschen Reich vom 22.6.1940. Das Regime bestand bis zum 25.8.1944. Den Namen erhielt es nach seinem Regierungssitz, dem Kurort Vichy in der Auvergne

Winston Churchill (1874–1965): britischer Politiker; stammte aus alter Adelsfamilie; zunächst Offizier und Teilnehmer an verschiedenen Kolonialkriegen; zog 1901 zunächst für die Konservativen ins britische Unterhaus, trat aber bereits 1904 zu den Liberalen über; rasche politische Karriere, mehrfach Minister in der britischen Regierung; von 1940 bis 1945 und von 1951 bis 1955 Premierminister

M3 Die Idee der Vereinigten Staaten von Europa

Am 19. September 1946, keine anderthalb Jahre nach Ende des Zweiten Weltkrieges, der mindestens 50 Millionen Menschen das Leben kostete, hielt der britische Premierminister Winston Churchill in der Universität Zürich eine Rede an die Jugend Europas. Wie der Historiker Hagen Schulze betont, wurden Churchills Ausführungen von den meisten Zeitgenossen mit Argwohn betrachtet. Denn Churchills Idee über die Zukunft des europäischen Kontinents sah eine konsequente Einbindung Deutschlands vor – der Nation, die den verheerendsten Krieg in der Geschichte der Menschheit entfesselt hatte:

In ausgedehnten Gebieten Europas starrt eine Menge gequälter, hungriger, sorgenerfüllter und verwirrter Menschen die Ruinen ihrer Städte und Heime an und sucht den dunklen Horizont nach den Zeichen irgendeiner neuen kommenden Gefahr, einer Tyrannei oder eines neuerlichen Terrors ab. (...) Trotzdem gibt es ein Heilmittel, das allgemein und spontan angewendet, die ganze Szene wie durch ein Wunder verwandeln und innerhalb weniger Jahre ganz Europa, oder doch dessen größten Teil, so frei und glücklich machen könnte, wie es heute die Schweiz ist. Dieses Mittel besteht in der Erneuerung der europäischen Völkerfamilie oder doch einer so großen Zahl ihrer Mitglieder, als es im Rahmen des Möglichen liegt, und ihrem Neuaufbau unter einer Ordnung, unter der sie Freiheit, Sicherheit und Frieden leben kann. Wir müssen eine Art Vereinigte Staaten von Europa errichten. (...)

Wir alle müssen dem Schrecken der Vergangenheit den Rücken kehren und uns der Zukunft zuwenden. Wir können es uns einfach nicht leisten, durch all die kommenden Jahre den Hass und die Rache mit uns fortzuschleppen, die den Ungerechtigkeiten der Vergangenheit entsprossen sind. Sollte das die einzige Lehre der Geschichte sein, die die Menschheit zu erlernen unfähig ist? Lasst Gerechtigkeit, Barmherzigkeit und Freiheit walten!

Ich will jetzt etwas sagen, was Sie vielleicht in Erstaunen setzen wird: Der erste Schritt bei der Neubildung der europäischen Familie muss ein Zusammengehen zwischen Frankreich und Deutschland sein. (...) Es gibt kein Wiedererstehen Europas ohne ein geistig großes Frankreich und ein geistig großes Deutschland.

Die Struktur der Vereinigten Staaten von Europa wird, wenn sie richtig und dauerhaft errichtet werden soll, so geartet sein müssen, dass die materielle Stärke einzelner Staaten an Bedeutung einbüßt. Kleine Nationen werden so viel wie große gelten und sich durch ihren Beitrag für die gemeinsame Sache Ruhm erringen können. (...) Der erste Schritt hierzu wäre es, einen Europäischen Rat ins Leben zu rufen. Wenn alle Staaten Europas dieser Union fürs Erste nicht beitreten wollen oder können, so müssen wir doch alle jene sammeln, die willens und imstande sind, es zu tun. (...) Bei diesem so dringend notwendigen Werk müssen Frankreich und Deutschland zusammen die Führung übernehmen. Großbritannien, das Britische Commonwealth, das mächtige Amerika und, wie ich hoffe, auch die Sowjetunion – denn in diesem Falle würde tatsächlich alles gut sein – müssen dem neuen Europa als wohlwollende Freunde gegenüberstehen und ihm zu seinem Lebensrecht verhelfen. So möge denn Europa erstehen!

Zit. nach: Anton Schäfer: Verfassungsentwürfe zur Gründung einer Europäischen Union 1923–2004, CD-ROM, Dornbirn 2005, S. 64 f.

Gemeinsam stark. Europa-Plakat 1948

M4 Die historische Entwicklung der Europäischen Union

Die europäische Integration beruht auf vier Gründungsverträgen: dem Vertrag zur Europäischen Gemeinschaft für Kohle und Stahl (1951), dem Vertrag zur Gründung der Europäischen Wirtschaftsgemeinschaft und dem der Europäischen Atomgemeinschaft (1957) sowie dem Vertrag über die Europäische Union, auch Vertrag von Maastricht genannt (1992).

Die „Europäische Gemeinschaft für Kohle und Stahl" (EGKS)

Bei den ersten (...) Schritten (...) ging es zunächst darum, militärstrategisch wichtige Güter einer gemeinsamen Behörde zu unterstellen. Das sollte langfristig den Frieden sichern. Deutschland, Frankreich, Italien und die Benelux-Staaten waren dabei federführend. Robert Schuman (s. S. *117*), der damalige französische Außenminister, schlug in einer Rede am 9. Mai 1950 vor, die Kohle- und Stahlindustrie gemeinsam zu verwalten. Daher gilt der 9. Mai 1950 als Geburtstag der heutigen EU. Außerdem wird er seit 1985 als „Europatag" gefeiert. Bereits ein Jahr später, im April 1951, gründeten dieselben Länder die „Europäische Gemeinschaft für Kohle und Stahl" (EGKS) – auch „Montanunion" genannt. Die Schaffung eines gemeinsamen Marktes für Kohle- und Stahlprodukte hatte auch zum Ziel, die noch junge Bundesrepublik Deutschland in das Nachkriegseuropa einzugliedern.
Gleichzeitig wurden eigene Institutionen geschaffen. Die Hohe Behörde (...) (*verfügte über weitgehende Entscheidungsrechte im Bereich der Montanindustrie und bildete somit das Exekutivorgan. Sie bildete den Urahnen der späteren Europäischen Kommission.*) Eine Parlamentarische Versammlung fungierte als Diskussionsgremium. Ein Ministerrat war legislativ tätig. Und ein Gerichtshof überwachte die Vertragsauslegung. Zum ersten Mal wurden damals nationale Hoheitsrechte auf eine übernationale ausführende Behörde übertragen. Der Ministerrat sollte die Entscheidungen der Hohen Behörde mit der Wirtschaftspolitik in den einzelnen Ländern koordinieren. Damit war das so genannte „Europa der 6" geschaffen. Das EGKS-Vertragswerk bildete die Keimzelle der heutigen Europäischen Union.

Die „Europäische Wirtschaftsgemeinschaft" (EWG)

Kohle und Stahl waren nur der Anfang: Auf der Konferenz von Messina 1955 einigten sich die sechs EGKS-Staaten darauf, ihre wirtschaftliche Zusammenarbeit zu erweitern. So vereinbarten sie im März 1957, ihre Kooperation auf die gesamte Wirtschaft und den gesamten Handel auszudehnen. In Rom unterzeichnen sie die Bildung der „Europäischen Wirtschaftsgemeinschaft" (EWG). Außerdem wurde die Europäische Atomenergie-Gemeinschaft (EURATOM) gegründet. Damit verständigten sich die Länder auf eine Behörde für die Entwicklung der Nuklearindustrie. Die EWG orientierte sich organisatorisch an der Europäischen Gemeinschaft für Kohle und Stahl. Die Hohe Behörde als Exekutivgewalt hieß jetzt (in beiden neu gegründeten Gemeinschaften) Kommission, der Ministerrat war Gesetzgeber. Die parlamentarische Versammlung debattierte über Berichte und war das Bindeglied zu den nationalen Parlamenten.
Die unterschiedlichen Standorte für die verschiedenen Institutionen resultierten auch aus dieser Zeit. Die Frage des Sitzes war nämlich lange ein Streitpunkt zwischen den Mitgliedsstaaten. Unter der EGKS tagte die parlamentarische Versammlung in Straßburg. Die Hohe Behörde, der Rat und der Gerichtshof saßen in Luxemburg. Brüssel wurde für EURATOM und EWG als Sitz für Rat und Kommission gewählt.
Wirtschaftlich gesehen bedeutete die Unterzeichnung der „Römischen Verträge" nun auch Zusammenarbeit in Landwirtschaft, Wettbewerb und Außenhandel. Langfristig dachten die sechs Staaten schon an eine Zollunion. Sie wollten Handelshemmnisse abbauen und einen gemeinsamen Außenzoll ins Leben rufen. Zusätzlich sah der EWG-Vertrag vor, einen gemeinsamen Markt zu schaffen. Mit freiem Personen-, Dienstleistungs- und Kapitalverkehr.

Die „Europäische Gemeinschaft" (EG)

Am 1. Juli 1967 wurden die Organe der drei Gemeinschaften (EGKS, EWG und EURATOM) zusammengelegt zur EG, der Europäischen Gemeinschaft. Für die EG wurde ein gemeinsamer Rat (...) eingesetzt.
In mehreren Schritten gelang es, 1968 die Zölle zwischen den Mitgliedsstaaten abzubauen und einen gemeinsamen Außenzoll zu schaffen.
Mittlerweile war die westeuropäische Gemeinschaft auch für andere Länder attraktiv geworden: Dänemark, Irland und das Vereinigte Königreich von Großbritannien und Nordirland traten 1973 der EG bei. (...)

Die Hohe Behörde der EGKS sowie die Kommissionen von EURATOM und EWG verschmolzen zur **Europäischen Kommission** mit Sitz in Brüssel (s. S. *130ff.*); einige Dienststellen blieben in Luxemburg, dem vormaligen Sitz der Hohen Behörde der EGKS

1979 trat das EWS, das Europäische Währungssystem, in Kraft. Mit dem EWS erreichten die Staaten stabile Wechselkurse zwischen den beteiligten Währungen. Das Europäische Währungssystem war die Grundlage für die spätere Wirtschafts- und Währungsunion.
1979 war auch das Jahr des Europäischen Parlaments. Zum ersten Mal konnten die EG-Bürger die Abgeordneten für Europa direkt wählen. Und der Kreis der Wähler bekam wenige Jahre später weiteren Zuwachs: 1981 trat Griechenland der EG bei, 1986 Portugal und Spanien. Man sprach vom „Europa der 12". Diese zwölf Mitgliedstaaten machten 1986 einen weiteren wichtigen Schritt auf dem Weg zur Europäischen Union: In der „Einheitlichen Europäischen Akte" setzten sie sich einen gemeinsamen Binnenmarkt bis 1993 zum Ziel.
Die Jahre 1989 und 1990 veränderten Europa nachhaltig. Die Beendigung des Ost-West-Konflikts brachte der Europäischen Gemeinschaft neue Perspektiven und Aufgaben. Über die Wiedervereinigung wurde mit der DDR quasi über Nacht ein ehemals kommunistisches Land Mitglied der EG. Mit dem Ende des Kalten Kriegs waren im Prinzip auch schon die Weichen für eine Osterweiterung der Gemeinschaft gestellt.
Anfang der 90er-Jahre hatte die EG neuen Schwung bekommen. 1990 begann die erste Stufe der Wirtschafts- und Währungsunion (WWU). Damit begann ein Prozess in drei Stufen. Er sollte die Wirtschafts- und Währungspolitik der Mitgliedstaaten unter einen Hut bringen und schließlich zu einer gemeinsamen Währung führen. In der ersten Stufe wurde der Kapitalverkehr zwischen den Staaten liberalisiert und die Zentralbanken arbeiteten stärker zusammen.
Planmäßig wurde am 1.1.1993 der EG-Binnenmarkt vollendet. Die EG war nun ein Wirtschaftsraum ohne Grenzen. Der Binnenmarkt gewährleistet seitdem den freien Verkehr von Personen, Waren, Dienstleistungen und Kapital. Damit wurde auch die alte Idee der EWG aus den 50er-Jahren Realität.

Die „Europäische Union" (EU)
1993 trat auch der Maastrichter Vertrag von 1992 in Kraft und begründete schließlich die Europäische Union. Darin wurde die Kooperation in weiteren Politikbereichen vereinbart: in Angelegenheiten der Gemeinsamen Außen- und Sicherheitspolitik (GASP) oder im Bereich Justiz und Inneres. Außerdem verständigten sich die Mitgliedsstaaten auf Abstimmungen bei Verbraucherschutz, Umweltfragen, Gesundheitswesen und Entwicklungshilfe. Ein Jahr später begann die zweite Stufe der WWU. Eine gemeinsame Währung rückte näher. Die Mitgliedstaaten verpflichteten sich beispielsweise, Preis- und Währung stabil zu halten und übermäßige öffentliche Defizite zu vermeiden. Gleichzeitig sollte der Aufbau einer Europäischen Zentralbank vorbereitet werden. Dazu wurde das Europäische Währungsinstitut in Frankfurt am Main errichtet.
Mitte der 90er-Jahre bekam die EU weiteren Zuwachs: 1995 traten Finnland, Schweden und Österreich bei. Im gleichen Jahr trat das Schengener Abkommen in Kraft. Damit wurden unter anderem die Behandlung von Asylanträgen, die Einreise von Ausländern, Maßnahmen gegen Drogenhandel und die polizeiliche Zusammenarbeit geregelt. Das sogenannte „Schengener Informationssystem" sollte die grenzüberschreitende Verbrechensbekämpfung erleichtern.
1997 unterzeichneten die EU-Länder den Amsterdamer Vertrag, zwei Jahre später trat er in Kraft. Er sollte Europa auf das 21. Jahrhundert vorbereiten und so die Fortentwicklung der EU sichern. Darüber hinaus schrieb er Reformen der EU-Institutionen vor. Das Europaparlament bekam zum Beispiel mehr Rechte bei Mitentscheidungen. Die Stärkung der Gemeinsamen Außen- und Sicherheitspolitik und eine intensivere Kooperation im Bereich Justiz und Inneres wurden ebenfalls neu festgelegt.
Im bargeldlosen Zahlungsverkehr gab es den Euro schon 1999, da in diesem Jahr die dritte Stufe der Wirtschafts- und Währungsunion begann. Am 1. Januar 2002 war es dann soweit. In den Mitgliedstaaten der Europäischen Währungsunion wurde das Euro-Bargeld zum alleinigen Zahlungsmittel. Ende der 90er-Jahre verhandelte der Europäische Rat auch schon die nächsten Beitritte: 1998 zunächst mit Ungarn, Polen, Estland, der Tschechischen Republik, Slowenien und Zypern. 1999 auch mit Bulgarien, Lettland, Litauen, Malta, Rumänien und der Slowakei.
Am 1. Mai 2004 traten dann zehn neue Mitgliedstaaten der EU bei: Estland, Lettland, Litauen, Tschechien, Slowakei, Slowenien, Ungarn, Polen, Malta und Zypern. 2007 folgten mit Bulgarien und Rumänien zwei weitere Länder. Weitere Beitrittskandidaten sind Kroatien und die Türkei.
Rainer Leckebusch: Geschichte der EU. Internetpräsenz „Planet Wissen", 2009, in: http://www.planet-wissen.de (Zugriff: 18.3.2012)v

M5 Der Schuman-Plan

Europa lässt sich nicht mit einem Schlage herstellen (...): Es wird durch konkrete Tatsachen entstehen (...). Die Vereinigung der europäischen Nationen erfordert, dass der jahrhundertealte Gegensatz zwischen Frankreich und Deutschland ausgelöscht wird. Das begonnene Werk muss in erster Linie Deutschland und Frankreich erfassen.
Zu diesem Zweck schlägt die französische Regierung vor, in einem begrenzten, doch entscheidenden Punkt sofort zur Tat zu schreiten. Die französische Regierung schlägt vor, die Gesamtheit der französisch-deutschen Kohle- und Stahlproduktion einer gemeinsamen Hohen Behörde zu unterstellen, in einer Organisation, die den anderen europäischen Ländern zum Beitritt offensteht. Die Zusammenlegung der Kohle- und Stahlproduktion wird sofort die Schaffung gemeinsamer Grundlagen für die wirtschaftliche Entwicklung sichern – die erste Etappe der europäischen Föderation – und die Bestimmung jener Gebiete ändern, die lange Zeit der Herstellung von Waffen gewidmet waren (...).
Die Solidarität der Produktion, die so geschaffen wird, wird bekunden, dass jeder Krieg zwischen Frankreich und Deutschland nicht nur undenkbar, sondern materiell unmöglich ist. (...) So wird einfach und rasch die Zusammenfassung der Interessen verwirklicht, die für die Schaffung einer Wirtschaftsgemeinschaft unerlässlich ist und das Ferment einer weiteren und tieferen Gemeinschaft der Länder einschließt, die lange Zeit durch blutige Fehden getrennt waren.
Zit. nach: Internetpräsenz der Europäischen Union, in: http://europa.eu (Zugriff: 18.3.2012)

Robert Schuman (1886–1963), französischer Staatsmann
Die nebenstehende Erklärung des französischen Außenministers Robert Schuman, die er am 9. Mai 1950 vor der geladenen Presse verlas, ging als „Schuman-Plan" in die Geschichte ein. Schuman hatte das Vorhaben der französischen Regierung vorher u. a. mit dem deutschen Bundeskanzler Konrad Adenauer abgestimmt

M6 Die „Einheitliche Europäische Akte"

Außenminister Hans-Dietrich Genscher (FDP) warb am 13. November 1986 vor dem Deutschen Bundestag um die Ratifizierung der Einheitlichen Europäischen Akte (s. M 4, S. 116):
Die integrations- und außenpolitische Bedeutung der Europäischen Akte kann nicht hoch genug eingeschätzt werden. Viele Anläufe in den letzten 30 Jahren haben zu diesem Reformwerk geführt, das der wirtschaftlichen und politischen Einigung unserer Gemeinschaft neuen Auftrieb gibt. (...) Die Europäische Akte ist ein wichtiger Zwischenschritt auf dem Weg zur Europäischen Union. (...) Diesem Ziel soll uns die Europäische Akte mit ihren Vorschriften über den Binnenmarkt, über die Zusammenarbeit in der Wirtschafts- und Währungspolitik, über die Technologiegemeinschaft und über die Verbesserung der Entscheidungsverfahren im Rat und in der Beteiligung des Europäischen Parlaments näherbringen.
Wir wissen: Aus einem großen und freien Binnenmarkt und einer vertieften Währungszusammenarbeit ergeben sich für uns als dem wirtschaftlich stärksten Partner in der Gemeinschaft Chancen und Herausforderungen.
Zit. nach: Internetpräsenz Centre Virtuel de la Connaissance sur l'Europe, Pfad: http://www.cvce.eu (Zugriff: 18.3.2012)

M7 Die Verwirklichung der dritten Stufe der Europäischen Wirtschafts- und Währungsunion

Bundeskanzler Helmut Kohl (CDU) warb am 23. April 1998 um die Zustimmung des Deutschen Bundestages zur dritten Stufe der Europäischen Wirtschafts- und Währungsunion (Redeauszug):
Die Verwirklichung der Europäischen Währungsunion ist (...) der wichtigste Meilenstein im europäischen Einigungsprozess seit der Gründung der Montanunion 1951 und der Europäischen Wirtschaftsgemeinschaft 1957. (...) Wir sind jetzt auf einem guten Weg, das Europäische Haus zu bauen. Der Euro (...) bringt die Teilnehmerstaaten noch enger zusammen. (...) Die Einführung des Euro liegt im ureigensten wirtschaftlichen Interesse auch und nicht zuletzt der Deutschen. Die Wirtschafts- und Währungsunion ist eine notwendige Antwort Europas auf einen immer schärferen weltweiten Standortwettbewerb zwischen den Ländern und Regionen.
Zit. nach: Deutscher Bundestag (Hg.): Protokoll der 230. Sitzung in der 13. Wahlperiode (23. April 1998), in: http://dip21.bundestag.de (Zugriff: 15.11.2012)

Vertragliche und gesetzliche Grundlagen

Die Europäische Union ist eine Union für die Bürger, die in den 27 Mitgliedsstaaten leben. Sie ermöglicht es etwa, ohne Grenzkontrollen von Stockholm nach Lissabon zu reisen. Auch kann jeder Unionsbürger mit der Gemeinschaftswährung Euro zahlen oder sich darauf verlassen, dass europaweit die Handygebühren bei Anrufen aus dem Ausland nach Hause gering ausfallen.

Der Euro – Symbol des vereinten Europas

Damit die Europäische Union so funktionieren kann, benötigt sie ein rechtlich-politisches Fundament: Die Europäische Union ist heute ein komplex aufgebauter Staatenbund mit gemeinsamen politischen Zielen, supranationalen Organen und einem europäischen Binnenmarkt. Im Vertrag von Lissabon, der am 1. Januar 2009 in Kraft getreten ist, verpflichteten sich die EU-Mitgliedsstaaten nicht nur auf gemeinsame Werte wie Demokratie, Rechtsstaatlichkeit und die Sicherung der Grundrechte, sondern auch auf zentrale Regelungen über die Aufgaben und den Aufbau der Europäischen Union.
Eine detaillierte Analyse der rechtlichen Grundlagen der Europäischen Union anhand des Lissabonner Vertrags lässt nicht nur Rückschlüsse zu auf Ziele und Aufbau der EU, sondern auch auf das rechtliche Verhältnis der EU zu den Mitgliedstaaten oder auf das Zusammenspiel einzelner EU-Institutionen. Dies wird z. B. deutlich, wenn der Weg einer EU-Richtlinie veranschaulicht wird.

1 Erschließen Sie **M 9** in Partnerarbeit mithilfe der Methode „Das fiktive Interview" (s. Methode „Befragung"):
a) Studieren Sie den Text und notieren Sie fünf zentrale Aufgaben/Fragen, die mit dem Material beantwortet werden können.
b) Sie sind der Interviewer, Ihr Partner der Interviewte. Stellen Sie ihm Ihre Aufgaben und überprüfen Sie die Richtigkeit und Vollständigkeit seiner Aussagen. Geben Sie ihm am Ende eine Rückmeldung.
c) Nun sind Sie der Interviewte (siehe b).

2 Erläutern Sie die Grafik „Die drei Säulen der Europäischen Union bis 2009" (**M 8**), die in den Vertrag von Lissabon integriert wurden. Entwerfen Sie – evtl. in Partner- oder Kleingruppenarbeit – auf Basis Ihrer bisherigen Kenntnisse ein aktuelles Schema „Die Europäische Union 2012".

3 Überprüfen Sie, inwiefern Rifkins Beschreibung Europas (**M 11**) in den rechtlichen Rahmenbedingungen der Europäischen Union verankert ist.

4 Informieren Sie sich selbstständig in einer Internetrecherche über die Hintergründe zur Ausarbeitung und dem Scheitern der EU-Verfassung. Diskutieren Sie auf Basis von **M 13** die These, der Vertrag von Lissabon sei der kleinste gemeinsame Nenner, auf den sich alle Mitgliedstaaten einigen konnten.

5 Skizzieren Sie die Positionen zur Diskussion um das Demokratiedefizit der Europäischen Union (**M 13**), indem sie eine Pro-Kontra-Debatte durchführen.

6 Diskutieren Sie nach Analyse der Statistiken (**M 12**) auch Ihre persönlichen Einstellungen zu einer gemeinsamen europäischen Verfassung.

7 Stellen Sie nach der Diskussion die Argumente in einer Abschlussreflexion gegenüber und gewichten Sie sie. (→ *politische Urteilsbildung*)

M8 Die drei Säulen der Europäischen Union bis 2009

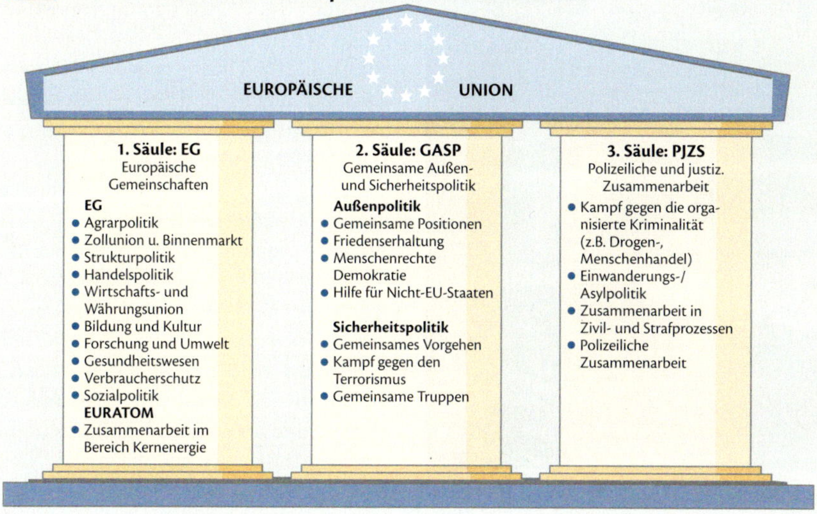

M9 Vertrag über die Europäische Union (EUV), Lissabon 2007

Der Vertrag von Lissabon trat am 1. Dezember 2009 in Kraft. Er hat zum Ziel, die Institutionen der EU zu modernisieren und ihre Arbeitsmethoden zu optimieren. Mithilfe dieses Vertrags soll die EU effizienter und wirkungsvoller als bisher neue Herausforderungen bewältigen können: Globalisierung, Klimawandel, demografischer Wandel, Sicherheit und Energieversorgung. Außerdem soll mit diesem Vertrag die Demokratie in der EU gestärkt werden.

Teil I

Art. 1a: Die Werte, auf die sich die Union gründet, sind die Achtung der Menschenwürde, Freiheit, Demokratie, Gleichheit, Rechtsstaatlichkeit und die Wahrung der Menschenrechte einschließlich der Rechte der Personen, die Minderheiten angehören. Diese Werte sind allen Mitgliedstaaten in einer Gesellschaft gemeinsam, die sich durch Pluralismus, Nichtdiskriminierung, Toleranz, Gerechtigkeit, Solidarität und die Gleichheit von Frauen und Männern auszeichnet.

Art. 2: (1) Ziel der Union ist es, den Frieden, ihre Werte und das Wohlergehen ihrer Völker zu fördern. (2) Die Union bietet ihren Bürgerinnen und Bürgern einen Raum der Freiheit, der Sicherheit und des Rechts ohne Binnengrenzen, in dem (...) der freie Personenverkehr gewährleistet ist. (3) Die Union errichtet einen Binnenmarkt. Sie wirkt auf die nachhaltige Entwicklung Europas auf der Grundlage eines ausgewogenen Wirtschaftswachstums und von Preisstabilität, eine in hohem Maße wettbewerbsfähige soziale Marktwirtschaft, die auf Vollbeschäftigung und sozialen Fortschritt abzielt, sowie ein hohes Maß an Umweltschutz und Verbesserung der Umweltqualität hin. (...) (4) Die Union errichtet eine Wirtschafts- und Währungsunion, deren Währung der Euro ist. (...)

Art. 3a: (1) Alle der Union nicht in den Verträgen übertragenen Zuständigkeiten verbleiben (...) bei den Mitgliedstaaten. (...) (3) Nach dem Grundsatz der loyalen Zusammenarbeit achten und unterstützen sich die Union und die Mitgliedstaaten gegenseitig bei der Erfüllung (ihrer) Aufgaben (...).

Art. 6: (1) Die Union erkennt die Rechte, Freiheiten und Grundsätze an, die in der Charta der Grundrechte der Europäischen Union (...) niedergelegt sind; die Charta der Grundrechte und die Verträge sind rechtlich gleichrangig. (...)

(2) Die Union tritt der Europäischen Konvention zum Schutz der Menschenrechte und Grundfreiheiten bei. Dieser Beitritt ändert nicht die in den Verträgen festgelegten Zuständigkeiten der Union.

(3) Die Grundrechte, wie sie in der Europäischen Konvention zum Schutz der Menschenrechte und Grundfreiheiten gewährleistet sind und wie sie sich aus den gemeinsamen Verfassungsüberlieferungen der Mitgliedstaaten ergeben, sind als allgemeine Grundsätze Teil des Unionsrechts.

Art. 7a: (1) Die Union entwickelt besondere

Unterzeichnung des Vertrags von Lissabon, 2007

Beziehungen zu den Ländern in ihrer Nachbarschaft, um einen Raum des Wohlstands und der guten Nachbarschaft zu schaffen, der auf den Werten der Union aufbaut und sich durch enge, friedliche Beziehungen auf der Grundlage der Zusammenarbeit auszeichnet.

(2) Für die Zwecke des Absatzes 1 kann die Union spezielle Übereinkünfte mit den betreffenden Ländern schließen. Diese Übereinkünfte können gegenseitige Rechte und Pflichten umfassen und die Möglichkeit zu gemeinsamem Vorgehen eröffnen. (...)

Art. 8: Die Union achtet in ihrem gesamten Handeln den Grundsatz der Gleichheit ihrer Bürgerinnen und Bürger, denen ein gleiches Maß an Aufmerksamkeit seitens der Organe, Einrichtungen und sonstigen Stellen der Union zuteil wird. Unionsbürger ist, wer die Staatsangehörigkeit eines Mitgliedstaats besitzt. Die Unionsbürgerschaft tritt zur nationalen Staatsangehörigkeit hinzu, ohne diese zu ersetzen.

Art. 8a: (1) Die Arbeitsweise der Union beruht auf der repräsentativen Demokratie.

1. Die Bürgerinnen und Bürger sind auf Unionsebene unmittelbar im Europäischen Parlament vertreten. Die Mitgliedstaaten werden im Europäischen Rat von ihrem jeweiligen Staats- oder Regierungschef und im Rat von ihrer jeweiligen Regierung vertreten, die ihrerseits in demokratischer Weise gegenüber ihrem nationalen Parlament oder gegenüber ihren Bürgerinnen und Bürgern Rechenschaft ablegen müssen. (...)

(3) Alle Bürgerinnen und Bürger haben das Recht, am demokratischen Leben der Union teilzunehmen. Die Entscheidungen werden so offen und bürgernah wie möglich getroffen.

(4) Politische Parteien auf europäischer Ebene tragen zur Herausbildung eines europäischen politischen Bewusstseins und zum Ausdruck des Willens der Bürgerinnen und Bürger der Union bei.

Art. 8b: (1) Die Organe geben den Bürgerinnen und Bürgern und den repräsentativen Verbänden in geeigneter Weise die Möglichkeit, ihre Ansichten in allen Bereichen des Handelns der Union öffentlich bekannt zu geben und auszutauschen. (...)

Art. 9: (1) Die Union verfügt über einen institutionellen Rahmen, der zum Zweck hat, ihren Werten Geltung zu verschaffen, ihre Ziele zu verfolgen, ihren Interessen, denen ihrer Bürgerinnen und Bürger und denen der Mitgliedstaaten zu dienen sowie die Kohärenz, Effizienz und Kontinuität ihrer Politik und ihrer Maßnahmen sicherzustellen.

Die Organe der Union sind

- das Europäische Parlament,
- der Europäische Rat,
- der Rat (Ministerrat),
- die Europäische Kommission,
- der Gerichtshof,
- die Europäische Zentralbank,
- der Rechnungshof. (...)

Art. 10a: (1) Die Union lässt sich bei ihrem Handeln auf internationaler Ebene von den Grundsätzen leiten, die für ihre eigene Entstehung, Entwicklung und Erweiterung maßgebend waren und denen sie auch weltweit zu stärkerer Geltung verhelfen will: Demokratie, Rechtsstaatlichkeit, die universelle Gültigkeit und Unteilbarkeit der Menschenrechte und Grundfreiheiten, die Achtung der Menschenwürde, der Grundsatz der Gleichheit und der Grundsatz der Solidarität sowie die Achtung der Grundsätze der Charta der Vereinten Nationen und des Völkerrechts.

Die Union strebt an, die Beziehungen zu Drittländern und zu regionalen oder weltweiten internationalen Organisationen, die die in Unterabsatz 1 aufgeführten Grundsätze teilen, auszubauen und Partnerschaften mit ihnen aufzubauen. Sie setzt sich insbesondere im Rahmen der Vereinten Nationen für multilaterale Lösungen bei gemeinsamen Problemen ein. (...)

Art. 11: (...) (3) Um die Kohärenz und die Transparenz des Handelns der Union zu gewährleisten, führt die Kommission umfangreiche Anhörungen der Betroffenen durch.

(4) Mindestens eine Million Bürgerinnen und Bürger aus einer erheblichen Zahl von Mitgliedstaaten können die Kommission auffordern, geeignete Vorschläge zu Themen zu unterbreiten, zu denen es nach Ansicht der Bürgerinnen und Bürger eines Rechtsakts der

Union bedarf, um diese Verfassung umzusetzen. Die Bestimmungen über die besonderen Verfahren und Bedingungen, die für eine solche Bürgerinitiative gelten, werden durch ein Europäisches Gesetz festgelegt.

Teil II

Art. 2d: (1) Die Mitgliedstaaten koordinieren ihre Wirtschaftspolitik innerhalb der Union. Zu diesem Zweck erlässt der Rat Maßnahmen; insbesondere beschließt er die Grundzüge dieser Politik.

Für die Mitgliedstaaten, deren Währung der Euro ist, gelten besondere Regelungen.

(2) Die Union trifft Maßnahmen zur Koordinierung der Beschäftigungspolitik der Mitgliedstaaten, insbesondere durch die Festlegung von Leitlinien für diese Politik.

(3) Die Union kann Initiativen zur Koordinierung der Sozialpolitik der Mitgliedstaaten ergreifen. (...)

Art. 6: (1) Dieser Vertrag bedarf der Ratifikation durch die Hohen Vertragsparteien im Einklang mit ihren verfassungsrechtlichen Vorschriften. Die Ratifikationsurkunden werden bei der Regierung der Italienischen Republik hinterlegt.

(2) Dieser Vertrag tritt am 1. Januar 2009 in Kraft, sofern alle Ratifikationsurkunden hinterlegt worden sind, oder andernfalls am ersten Tag des auf die Hinterlegung der letzten Ratifikationsurkunde folgenden Monats.

Zit. nach: http://europa.eu/lisbon_treaty/index_de.html (Zugriff: 12.2.2012)

M 10 Die lange Geschichte europäischer Verträge

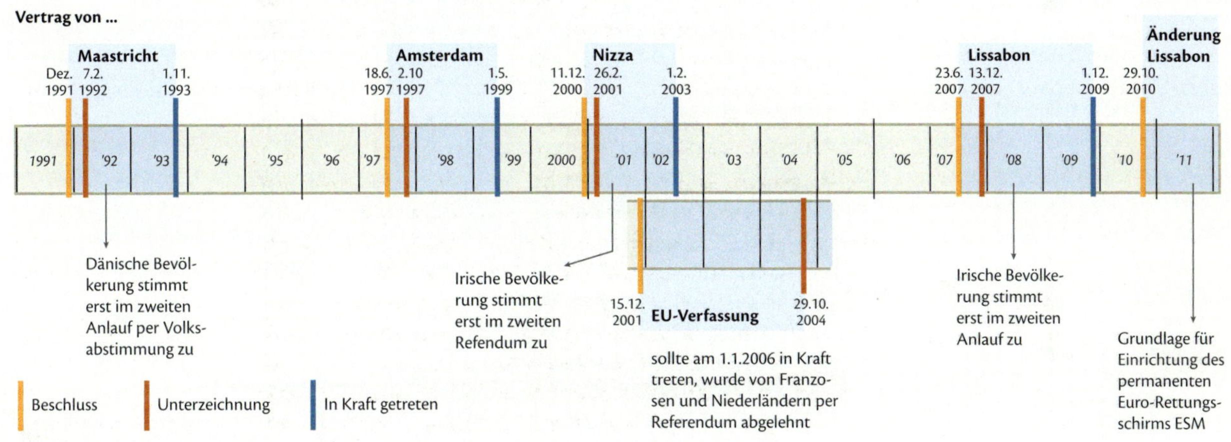

M 11 Was ist Europa?

Alles in allem ist die EU ein bemerkenswerter Erfolg, vor allem, wenn man bedenkt, dass noch nicht mal ihre Architekten sich sicher sind, was sie genau ist. Das Problem besteht darin, dass es eine Regierungsinstitution wie die EU zuvor noch nie gegeben hat. Sie ist kein Staat, agiert aber wie einer. Ihre Gesetzgebung steht über den nationalen Gesetzen der 25 Einzelstaaten. Mit Ausnahme Großbritanniens, Schwedens und Dänemarks haben die 15 „alten" Mitglieder eine gemeinsame Währung – den Euro. Die EU regelt Wirtschaft und Handel und koordiniert Energie, Transport, Kommunikation und zunehmend das Bildungswesen über viele Nationalgrenzen hinweg. Ihre Bürger haben alle den EU-Pass. Es gibt ein europäisches Parlament und einen europäischen Gerichtshof, dessen Entscheidungen für alle EU-Bürger und -Mitgliedstaaten bindend sind. Sie hat einen Präsidenten und erste gemeinsame Streitkräfte. Die EU weist viele Charakteristika eines Staats auf. Allerdings kann sie keine Steuern eintreiben und die Mitglieder haben bei Entscheidungen über militärische Einsätze ein Vetorecht.

Vor allem aber ist die EU keine territoriale Entität. Sie koordiniert und reguliert zwar Aktivitäten innerhalb des Territoriums der Mitgliedsstaaten, aber sie hat kein eigenes Land, ist also eine extraterritoriale Regierungsorganisation. Das macht sie so einzigartig. (...)

Die EU ist de facto die erste postmoderne Regierungsinstitution. Sie wirkt amorph, weil

Jeremy Rifkin (geb. 1945), US-Ökonom und Journalist, Berater der EU-Kommission

M 12 Einstellungen zur Verfassung für Europa

Gründe dafür (in Prozent)	D	F	NL	GB	DK	S
wesentlich für den europäischen Aufbau	41	45	26	11	34	20
wesentlich für die Integration der neuen Mitgliedsländer	26	13	11	14	22	7
wesentlich für die Funktionsfähigkeit der EU-Institutionen	36	30	23	21	21	14
erster Schritt zu einem sozialen Europa	22	13	16	10	17	4
stärkt das Gefühl europäischer Identität	30	22	20	21	27	13
schafft wahre europäische Bürgerschaft	15	18	5	11	8	5
erster Schritt zu einer politischen Union	29	15	20	14	20	9
stärkt die EU gegenüber der USA	27	33	15	11	30	12
ich war immer für den Aufbau Europas	15	19	11	12	20	15
stärkt die Demokratie in Europa	22	18	27	23	18	17
Gründe dagegen (in Prozent)	**D**	**F**	**NL**	**GB**	**DK**	**S**
Verfassung geht zu weit/zu schnell	24	11	21	8	24	6
Verlust nationaler Souveränität	45	18	28	42	42	45
Verfassung ist wirtschaftlich zu liberal	8	21	6	3	7	3
nicht genug soziales Europa	19	27	8	2	12	4
zu technokratisch, zu viel Regulierung	12	14	20	14	13	15
zu wenig Informationen	34	25	26	26	37	22
zu komplex	15	25	16	15	15	13
ich bin gegen den Türkei-Beitritt bzw. weitere Beitritte	29	20	14	4	22	4
nicht demokratisch genug	9	9	14	13	17	24
gegen die nationale Regierung	6	4	5	9	2	9
ich bin gegen europäische Integration	9	9	8	25	19	17
ich sehe nicht, was positiv sein sollte	24	23	15	13	20	19
kein Bezug auf Christentum	11	3	6	4	2	1

Aus: Helmut Kuhne: Die wachsende Europa-Skepsis der Deutschen, in: Europäische Politik 3/2006, http://library.fes.de (Zugriff 15.2.2012)

sie in einer Welt ständiger Erneuerung und schnell wechselnder Realitäten agiert. (...) Die EU-Verfassung ist in der Geschichte etwas ziemlich Einzigartiges. Sie ist zwar manchmal schwerfällig und nicht so eloquent formuliert wie etwa die französische und die amerikanische Verfassung, aber sie ist das erste Dokument dieser Art, das die Rechte und Verantwortlichkeiten des gesamten menschlichen Daseins (...) ins globale Bewusstsein bringt. (...) Der Text spricht eine universelle Sprache und stellt damit klar, dass er sich nicht auf ein Volk oder Territorium oder Volk beschränkt, sondern die Rechte der gesamten Menschheit meint. Wenn wir die Essenz des Dokuments erfassen wollen, dann ist es der Respekt vor der menschlichen Diversität, die Förderung der Inklusivität, der Überordnung der Menschen- und Naturrechte, die Förderung von Lebensqualität und nachhaltiger Entwicklung, die Freiheit des Denkens und die freie Entfaltung der Persönlichkeit, das Streben nach dauerhaftem Frieden und einem globalen Bewusstsein. Zusammen repräsentieren diese Ziele und Werte, die sich in vielerlei Formen durch die Verfassung ziehen, (*den*) Europäischen Traum.

Jeremy Rifkin: Der Europäische Traum. Die Vision einer leisen Supermacht, Frankfurt 2004, S. 216–232

Inklusivität: Zugehörigkeit

Surftipps: Einen umfassenden Einblick in die Entstehung des Lissabonner Vertrags gewährt: http://www.dadalos-d.org/europa/grundkurs_3/etappe_6.htm

Unter dem Stichwort **„Demokratiedefizit Europäische Union"** finden Sie im Internet zahlreiche, gut recherchierte Webseiten, z. B. http://europa.eu/legislaton_ summa-ries/glossary/democratic_deficit_de.htm

Subsidiarität: Übergeordnete Behörden und politischen Organe dürfen Aufgaben übernehmen, die untergeordnete Einheiten nicht wahrnehmen können

M 13 Der Lissabonner Vertrag – große Ziele, wenig erreicht?

Vertragsänderungen sind immer wieder nötig, um die Strukturen der Europäischen Union an moderne Herausforderungen anzupassen (z. B. die Aufnahme neuer Mitgliedsstaaten). Schon 2002/2003 beschäftigte sich der EU-Verfassungskonvent mit einer gemeinsamen EU-Verfassung. Im Zuge der Ausarbeitung und Ratifizierung kam es zu Kontroversen auf EU- und Nationalstaatsebene. Vor allem das seit Bestehen der Europäischen Union bemängelte Demokratiedefizit war Gegenstand heftiger Diskussionen.

a) „Europa rückt zusammen"

Die Europäische Union (EU) hat sich einen Grundlagenvertrag geschaffen, der wie eine Verfassung daherkommt – aber so nach ablehnenden Referenden nicht genannt werden darf. Daher haben die europäischen Regierungschefs nach jahrelangen Verhandlungen seine Struktur in die bereits existierenden EU-Verträge eingearbeitet.
Dennoch regelt der Änderungsvertrag, den die 27 EU-Mitgliedstaaten am 13. Dezember 2007 in Lissabon unterzeichnet haben, die Politik in Europa grundlegend neu. Ziele sind, die EU demokratischer, transparenter und effizienter zu machen. Einige neue Regelungen des Vertrags:

1. Der Europäische Rat ist Organ der EU. Er wählt einen Ratspräsidenten für eine Amtszeit von zweieinhalb Jahren. Daneben gibt es weiter den (Minister-)Rat, der in verschiedenen Zusammensetzungen tagt.
2. Ein „Hoher Vertreter der Union für die Außen- und Sicherheitspolitik" übernimmt die Aufgaben eines Außenministers für die EU.
3. Die EU-Grundrechte-Charta ist rechtsverbindlich, mit gewissen Einschränkungen für einige Staaten.

4. Von 2014 an gilt bei Abstimmungen die doppelte Mehrheit, die größere Länder wie Deutschland stärkt: 55 Prozent der Staaten, in denen 65 Prozent der Bürger leben, müssen zustimmen.
5. Das Europäische Parlament (EP) hat mehr Rechte. Es wird als Gesetzgeber gemeinsam mit dem Rat tätig und übt gemeinsam mit dem Rat die Haushaltsbefugnisse aus. Das Europäische Parlament wählt auch den Präsidenten der Kommission.
6. Die Rolle der nationalen Parlamente wird gestärkt. Sie werden über Gesetzgebungsakte der EU informiert und können die Einhaltung des Subsidiaritätsgrundsatzes einfordern.
7. Von 2014 an stellt nicht mehr jedes Land einen EU-Kommissar, sondern lediglich zwei Drittel der EU-Staaten.
8. Bürgerbegehren werden möglich: Mit Unterschriften von mindestens einer Million Unionsbürgern kann die EU-Kommission mit einer Gesetzgebung beauftragt werden.
9. Die Europäische Union besitzt Rechtspersönlichkeit.

Jan Rübel: Europa rückt zusammen, in: Das Parlament, Nr. 53, 2009, in: http://www.das-parlament.de (Zugriff: 15.11.2012)

b) Das Lissabon-Urteil des Bundesverfassungsgerichts

Der Zweite Senat des Bundesverfassungsgerichts hat heute (30.6.2009) entschieden, dass das Zustimmungsgesetz zum Vertrag von Lissabon mit dem Grundgesetz vereinbar ist. Dagegen verstößt das Gesetz über die Ausweitung und Stärkung der Rechte des Bundestages und des Bundesrates in Angelegenheiten der Europäischen Union insoweit gegen Art. 38 Abs. 1 in Verbindung mit Art. 23 Abs. 1 GG, als Bundestag und Bundesrat im Rahmen von europäischen Rechtssetzungs- und Vertragsänderungsverfahren keine hinreichenden Beteiligungsrechte eingeräumt wurden. Die Ratifikationsurkunde der Bundesrepublik Deutschland zum Vertrag von Lissabon darf so lange nicht hinterlegt werden, wie die von Verfassungs wegen erforderliche gesetzliche Ausgestaltung der parlamentarischen Beteiligungsrechte nicht in Kraft getreten ist.
Der Entscheidung liegen im Wesentlichen folgende Erwägungen zugrunde:
Das Urteil konzentriert sich auf den Zusammenhang zwischen dem vom Grundgesetz vorgeschriebenen demokratischen System auf Bundesebene und dem erreichten Niveau selbstständiger Herrschaftsausübung auf europäischer Ebene. (...) Der Umfang politischer Gestaltungsmacht der Union ist – nicht zuletzt durch den Vertrag von Lissabon – stetig und erheblich gewachsen, sodass inzwischen in einigen Politikbereichen die Europäische Union einem Bundesstaat entsprechend – staatsanalog – ausgestaltet ist. Demgegenüber bleiben die internen Entscheidungs- und Ernennungsverfahren überwiegend völkerrechtsanalog dem Muster einer internationalen Organisation verpflichtet; die Europäische Union ist weiterhin im Wesentlichen nach dem Grundsatz der Staatengleichheit aufgebaut. (...) Solange im Rahmen einer europäischen Bundesstaatsgründung nicht ein einheitliches europäisches Volk als Legitimationssubjekt seinen Mehrheitswillen gleichheitsgerecht politisch wirksam formulieren kann, bleiben die in den Mitgliedstaaten verfassten Völker der Europäischen Union die maßgeblichen Träger der öffentlichen Gewalt, einschließlich der Unionsgewalt. Für den Beitritt zu einem europäischen Bundesstaat wäre in Deutschland eine Verfassungsneuschöpfung notwendig, mit der ein erklärter Verzicht auf die vom Grundgesetz gesicherte souveräne Staatlichkeit einherginge. Ein solcher Akt liegt hier nicht vor. (...)
Durch den Ausbau der Kompetenzen des Europäischen Parlaments kann die Lücke zwischen dem Umfang der Entscheidungsmacht der Unionsorgane und der demokratischen Wirkmacht der Bürger in den Mitgliedstaaten verringert, aber nicht geschlossen werden. Das Europäische Parlament ist weder in seiner Zusammensetzung noch im europäischen Kompetenzgefüge dafür hinreichend gerüstet, repräsentative und zurechenbare Mehrheitsentscheidungen als einheitliche politische Leitentscheidungen zu treffen. Es ist gemessen an staatlichen Demokratieanforderungen nicht gleichheitsgerecht gewählt und innerhalb des supranationalen Interessenausgleichs zwischen den Staaten nicht zu maßgeblichen politischen Leitentscheidungen berufen. (...) Angesichts dieses strukturellen, im Staatenverbund nicht auflösbaren Demokratiedefizits dürfen weitere Integrationsschritte über den bisherigen Stand hinaus weder die politische Gestaltungsfähigkeit der Staaten noch das Prinzip der begrenzten Einzelermächtigung aushöhlen.

Bundesverfassungsgericht: Pressemeldung 72/2009

Supranationalität: Überstaatlichkeit; hier bedeutet sie eine Übertragung von Kompetenzen an die EU, Vorrang des Gemeinschaftsrechts vor nationalem Recht, Mehrheitsentscheidungen im Rat der EU sowie eine eigenständige Gerichtsbarkeit auf überstaatlicher Ebene

Politische Prozesse in der Europäischen Union

Europarat? Europäischer Rat? Wo liegt der Unterschied? Die europäische Union besitzt ein außergewöhnliches institutionelles Gefüge. Die einzelnen Organe arbeiten supranational organisiert, d. h. auf überstaatlicher Ebene. Ihre Entscheidungen haben unmittelbare Wirkung auf die Mitgliedstaaten, die sich dem Staatenverbund EU angeschlossen haben. Allerdings besitzen die Organe der Europäischen Union selbst keine Kompetenzkompetenz. So kann die EU im Gegensatz zur Bundesrepublik Deutschland zum Beispiel die Verteilung der Zuständigkeiten innerhalb des Systems nicht selbst gestalten. Alle Mitgliedsstaaten haben daher ausdrücklich die rechtlichen und inhaltlichen Zuständigkeiten der einzelnen EU-Organe vertraglich vereinbart.
Vor allem das „institutionelle Dreieck" von EU-Komission, EU-Parlament und Ministerrat, in dem sowohl Verordnungen als auch Richtlinien eingebracht, ausgestaltet und verabschiedet werden, ist maßgeblich für gesetzliche Entscheidungen auf EU-Ebene verantwortlich. Darüber hinaus sind aber noch viele weitere Institutionen am Entscheidungsverfahren über EU-Gesetze beteiligt.
Die Analyse des Gesetzgebungsverfahrens am konkreten Beispiel der EU-Richtlinie „2005/36/EG Anerkennung von Berufsabschlüssen" entwickelt ein vertieftes Verständnis der Aufgaben einzelner Institutionen sowie ihrer Rolle im komplexen Gestaltungs- und Entscheidungsprozesses der Europäischen Union. Sie lässt darüber hinaus aber auch Rückschlüsse auf das Verhältnis zwischen der Europäischen Union und einzelnen Nationalstaaten zu.
Und nicht zuletzt dank dieser Richtlinie ist die grenzüberschreitende Bildungsmobilität innerhalb der europäischen Union gestiegen.

Wie wird in Europa Politik gemacht?
Zeichnung: Mester

1 Erstellen Sie arbeitsteilig und kooperativ in Kleingruppen anhand der Seiten 124–141 eine Wandtapete, die am Beispiel der EU-Richtlinie 2005/36/EG (*S. 128*) den Gesetzgebungsweg auf europäischer Ebene sowie die Bedeutung deutscher Institutionen im Gestaltungs- und Entscheidungsprozess veranschaulicht. Wesentliche Informationen über den Aufbau, die Aufgaben sowie die Bedeutung der jeweiligen Institution sollten in der Wandtapete ebenfalls visualisiert werden.

Hinweis:
Die Seiten S. 124–141 bieten Basisinformationen und Denkanstöße für diesen Arbeitsauftrag. Weitere Informationen finden Sie mittels einer Internetrecherche.
Die oben stehende Karikatur kann als Einstieg bzw. Diskussionsanlass genutzt werden.
Die Materialien **M 14–M 19** bieten Grundlagen für alle Gruppen. **M 20** soll Ihnen zur Auswertung, **M 28** zur theoretischen Vertiefung dienen. Die Abschnitte über die einzelnen Institutionen (Kommission, Europäischer Rat, Ministerrat, Europäisches Parlament, Europäischer Gerichtshof) können Sie zur Vorbereitung in den Kleingruppen heranziehen. Sie können diese aber auch separat und punktuell bearbeiten. Dort finden Sie u. a. Internetlinks für weitere Recherchen.

Vorgehensweise:
Teilen Sie die folgenden Themenbereiche auf die Gruppen auf: EU-Kommission; Europäisches Parlament; Europäischer Rat/Ministerrat; Bundesministerium/Bundesregierung; Bundestag/ Bundesrat.
Erstellen Sie gemeinsam einen Zeit- und Arbeitsplan und legen Sie das Ziel fest. Während der Erarbeitung sollten Sie sich untereinander austauschen, um das gemeinsame Ziel zu erreichen. Bei der Präsentation des Produkts (s. u.) sollte jede Gruppe ihren Beitrag vorstellen.
Mögliche Produkte zur Präsentation: Plakat, Flussdiagramm auf Flipchart etc., selbstgedrehter Videofilm, Podcast, Wikipedia-Artikel, …
Sie können die Abschnitte S. 130–133, 134–137 und 138–141 aber auch separat bearbeiten.

M14 So funktioniert die EU

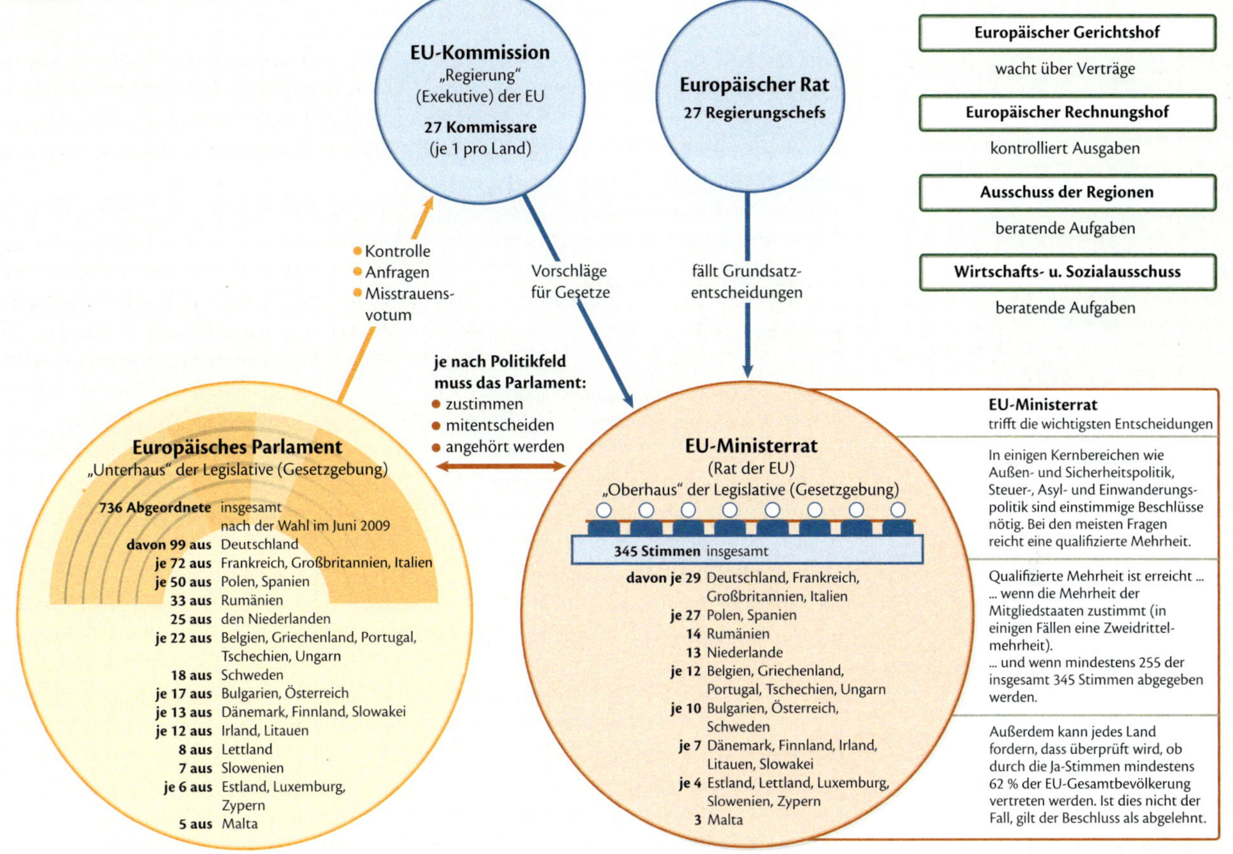

M15 Vertrag über die Arbeitsweise der Europäischen Union (Rechtsakte)

Die Europäische Union kennt eine Vielzahl von Gesetzgebungsverfahren. Das ordentliche Gesetzgebungsverfahren ist in der Praxis am häufigsten zu beobachten: Hier werden Richtlinien erarbeitet, die für alle Mitgliedsstaaten bindend sind, aber noch in jeweiliges nationales Recht umgesetzt werden müssen.
Auszug aus der Rechtsakte:

Artikel 288
Für die Ausübung der Zuständigkeiten der Union nehmen die Organe Verordnungen, Richtlinien, Beschlüsse, Empfehlungen und Stellungnahmen an. (...)
Die Richtlinie ist für jeden Mitgliedstaat, an den sie gerichtet wird, hinsichtlich des zu erreichenden Ziels verbindlich, überlässt jedoch den innerstaatlichen Stellen die Wahl der Form und der Mittel. (...)
Artikel 289
(1) Das ordentliche Gesetzgebungsverfahren besteht in der gemeinsamen Annahme (...) einer Richtlinie (...) durch das Europäische Parlament und den Rat auf Vorschlag der Kommission. Dieses Verfahren ist in Artikel 294 festgelegt. (...)
(4) In bestimmten, in den Verträgen vorgesehenen Fällen können Gesetzgebungsakte auf Initiative einer Gruppe von Mitgliedstaaten oder des Europäischen Parlaments, auf Empfehlung der Europäischen Zentralbank oder auf Antrag des Gerichtshofs oder der Europäischen Investitionsbank erlassen werden.
Artikel 291
(1) Die Mitgliedstaaten ergreifen alle zur Durchführung der verbindlichen Rechtsakte der Union erforderlichen Maßnahmen nach innerstaatlichem Recht. (...)
Artikel 294
(1) Wird in den Verträgen hinsichtlich der Annahme eines Rechtsakts auf das ordentliche Gesetzgebungsverfahren Bezug genommen, so gilt das nachstehende Verfahren.

Internetlinks für die eigenständige Recherche:

Die Europäische Kommission:
www.ec.europa.eu

Der Rat der Europäischen Union:
www.consilium.europa.eu

Das Europäische Parlament:
www.europarl.europa.eu

Der Europäische Gerichtshof:
www.curia.europa.eu

www.bundesregierung.de

www.bundestag.de

www.bundesrat.de

(2) Die Kommission unterbreitet dem Europäischen Parlament und dem Rat einen Vorschlag.

Erste Lesung

(3) Das Europäische Parlament legt seinen Standpunkt in erster Lesung fest und übermittelt ihn dem Rat.

(4) Billigt der Rat den Standpunkt des Europäischen Parlaments, so ist der betreffende Rechtsakt in der Fassung des Standpunkts des Europäischen Parlaments erlassen.

(5) Billigt der Rat den Standpunkt des Europäischen Parlaments nicht, so legt er seinen Standpunkt in erster Lesung fest und übermittelt ihn dem Europäischen Parlament.

(6) Der Rat unterrichtet das Europäische Parlament in allen Einzelheiten über die Gründe, aus denen er seinen Standpunkt in erster Lesung festgelegt hat. Die Kommission unterrichtet das Europäische Parlament in vollem Umfang über ihren Standpunkt.

Zweite Lesung

(7) Hat das Europäische Parlament binnen drei Monaten nach der Übermittlung

a) den Standpunkt des Rates in erster Lesung gebilligt oder sich nicht geäußert, so gilt der betreffende Rechtsakt als in der Fassung des Standpunkts des Rates erlassen;

b) den Standpunkt des Rates in erster Lesung mit der Mehrheit seiner Mitglieder abgelehnt, so gilt der vorgeschlagene Rechtsakt als nicht erlassen;

c) mit der Mehrheit seiner Mitglieder Abänderungen an dem Standpunkt des Rates in erster Lesung vorgeschlagen, so wird die abgeänderte Fassung dem Rat und der Kommission zugeleitet; die Kommission gibt eine Stellungnahme zu diesen Abänderungen ab.

(8) Hat der Rat binnen drei Monaten nach Eingang der Abänderungen des Europäischen Parlaments mit qualifizierter Mehrheit

a) alle diese Abänderungen gebilligt, so gilt der betreffende Rechtsakt als erlassen;

b) nicht alle Abänderungen gebilligt, so beruft der Präsident des Rates im Einvernehmen mit dem Präsidenten des Europäischen Parlaments binnen sechs Wochen den Vermittlungsausschuss ein.

(9) Über Abänderungen, zu denen die Kommission eine ablehnende Stellungnahme abgegeben hat, beschließt der Rat einstimmig.

Vermittlung

(10) Der Vermittlungsausschuss, der aus den Mitgliedern des Rates oder deren Vertretern und ebenso vielen das Europäische Parlament vertretenden Mitgliedern besteht, hat die Aufgabe, mit der qualifizierten Mehrheit der Mitglieder des Rates oder deren Vertretern und der Mehrheit der das Europäische Parlament vertretenden Mitglieder binnen sechs Wochen nach seiner Einberufung eine Einigung auf der Grundlage der Standpunkte des Europäischen Parlaments und des Rates in zweiter Lesung zu erzielen.

(11) Die Kommission nimmt an den Arbeiten des Vermittlungsausschusses teil und ergreift alle erforderlichen Initiativen, um auf eine Annäherung der Standpunkte des Europäischen Parlaments und des Rates hinzuwirken.

(12) Billigt der Vermittlungsausschuss binnen sechs Wochen nach seiner Einberufung keinen gemeinsamen Entwurf, so gilt der vorgeschlagene Rechtsakt als nicht erlassen.

Dritte Lesung

(13) Billigt der Vermittlungsausschuss innerhalb dieser Frist einen gemeinsamen Entwurf, so verfügen das Europäische Parlament und der Rat ab dieser Billigung über eine Frist von sechs Wochen, um den betreffenden Rechtsakt entsprechend diesem Entwurf zu erlassen, wobei im Europäischen Parlament die Mehrheit der abgegebenen Stimmen und im Rat die qualifizierte Mehrheit erforderlich ist. Andernfalls gilt der vorgeschlagene Rechtsakt als nicht erlassen.

(14) Die in diesem Artikel genannten Fristen von drei Monaten beziehungsweise sechs Wochen werden auf Initiative des Europäischen Parlaments oder des Rates um höchstens einen Monat beziehungsweise zwei Wochen verlängert. (...)

Artikel 297

(1) Gesetzgebungsakte, die gemäß dem ordentlichen Gesetzgebungsverfahren erlassen wurden, werden vom Präsidenten des Europäischen Parlaments und vom Präsidenten des Rates unterzeichnet. (...) Die Gesetzgebungsakte werden im Amtsblatt der Europäischen Union veröffentlicht. Sie treten zu dem durch sie festgelegten Zeitpunkt oder anderenfalls am zwanzigsten Tag nach ihrer Veröffentlichung in Kraft.

(2) (...) Verordnungen, Richtlinien, die an alle Mitgliedstaaten gerichtet sind, sowie Beschlüsse, die an keinen bestimmten Adressaten gerichtet sind, werden im *Amtsblatt der Europäischen Union* veröffentlicht. Sie treten zu dem durch sie festgelegten Zeitpunkt oder anderenfalls am zwanzigsten Tag nach ihrer Veröffentlichung in Kraft.

Zit. nach: Amtsblatt der Europäischen Union vom 30.3.2010, Quelle: eur-lex.europa.eu (Zugriff: 12.2.12)

M 16 Das ordentliche Gesetzgebungsverfahren in der EU

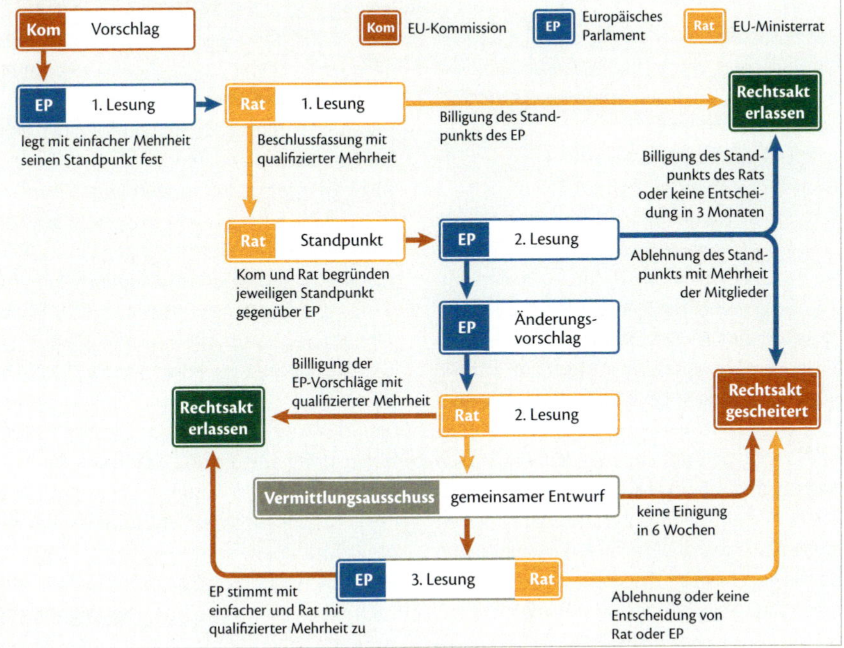

Das Schema gibt Anhaltspunkte zum komplexen Verfahren der ordentlichen Gesetzgebung in der EU. Allerdings müssen die Richtlinienentscheidungen in nationales Recht umgesetzt werden, weswegen der Weg eines Gesetzes bis zur endgültigen Bestätigung durch die Mitgliedsstaaten auch dort jeweils ein Verfahren durchläuft

M 17 Allgemeine Zielsetzungen zu Bildung, Jugend und Sport innerhalb der Europäischen Union

Auszug aus der Rechtsakte:
Artikel 165

1. Die Union trägt zur Entwicklung einer qualitativ hoch stehenden Bildung dadurch bei, dass sie die Zusammenarbeit zwischen den Mitgliedstaaten fördert und die Tätigkeit der Mitgliedstaaten unter strikter Beachtung der Verantwortung der Mitgliedstaaten für die Lehrinhalte und die Gestaltung des Bildungssystems sowie der Vielfalt ihrer Kulturen und Sprachen erforderlichenfalls unterstützt und ergänzt. (...)

2. Die Tätigkeit der Union hat folgende Ziele:
- Entwicklung der europäischen Dimension im Bildungswesen, insbesondere durch Erlernen und Verbreitung der Sprachen der Mitgliedstaaten;
- Förderung der Mobilität von Lernenden und Lehrenden, auch durch die Förderung der akademischen Anerkennung der Diplome und Studienzeiten;
- Förderung der Zusammenarbeit zwischen den Bildungseinrichtungen;
- Ausbau des Informations- und Erfahrungsaustauschs über gemeinsame Probleme im Rahmen der Bildungssysteme der Mitgliedstaaten; (...)

3. Die Union und die Mitgliedstaaten fördern die Zusammenarbeit mit dritten Ländern und den für den Bildungsbereich und den Sport zuständigen internationalen Organisationen, insbesondere dem Europarat.

4. Als Beitrag zur Verwirklichung der Ziele dieses Artikels.
- erlassen das Europäische Parlament und der Rat gemäß dem ordentlichen Gesetzgebungsverfahren und nach Anhörung des Wirtschafts- und Sozialausschusses und des Ausschusses der Regionen Fördermaßnahmen unter Ausschluss jeglicher Harmonisierung der Rechts- und Verwaltungsvorschriften der Mitgliedstaaten. (...)

Artikel 166

(...)

2. Die Tätigkeit der Union hat folgende Ziele:
(...)
- Erleichterung der Anpassung an die industriellen Wandlungsprozesse (...)
- Erleichterung der Aufnahme einer beruflichen Bildung sowie Förderung der Mobilität der Ausbilder und der in beruflicher Bildung befindlichen Personen, insbesondere der Jugendlichen;
- Förderung der Zusammenarbeit in Fragen der beruflichen Bildung zwischen Unterrichtsanstalten und Unternehmen;
- Ausbau des Informations- und Erfahrungsaustauschs über gemeinsame Probleme im Rahmen der Berufsbildungssysteme der Mitgliedstaaten.

Zit. nach: http://europa.eu (Zugriff: 13.3.2012)

M 18 2005/36/EG – eine zukunftsweisende EU-Richtlinie

Das Europäische Parlament und der Rat der Europäischen Union haben (*diese Richtlinie erlassen*) (...) auf Vorschlag der Kommission, nach Stellungnahme des Europäischen Wirtschafts- und Sozialausschusses, (...) in Erwägung nachstehender Gründe:

1. Nach Artikel 3 Absatz 1 Buchstabe c des Vertrages (über die Europäische Union) ist die Beseitigung der Hindernisse für den freien Personen- und Dienstleistungsverkehr zwischen den Mitgliedstaaten eines der Ziele der Gemeinschaft. Dies bedeutet für die Staatsangehörigen der Mitgliedstaaten insbesondere die Möglichkeit, als Selbstständige oder abhängig Beschäftigte einen Beruf in einem anderen Mitgliedstaat als dem auszuüben, in dem sie ihre Berufsqualifikationen erworben haben. Ferner (...), dass Richtlinien für die gegenseitige Anerkennung der Diplome, Prüfungszeugnisse und sonstigen Befähigungsnachweise erlassen werden.

2. Nach der Tagung des Europäischen Rates in Lissabon vom 23. und 24. März 2000 hat die Kommission eine Mitteilung „Eine Binnenmarktstrategie für den Dienstleistungssektor" vorgelegt, die insbesondere darauf abzielt, die Erbringung von Dienstleistungen innerhalb der Gemeinschaft ebenso einfach zu machen wie innerhalb eines Mitgliedstaats. Nach Annahme der Mitteilung „Neue europäische Arbeitsmärkte – offen und zugänglich für alle" durch die Kommission hat der Europäische Rat auf seiner Tagung vom 23. und 24. März 2001 in Stockholm die Kommission beauftragt, für die Frühjahrstagung des Europäischen Rates im Jahr 2002 spezifische Vorschläge für ein einheitlicheres, transparenteres und flexibleres System der Anerkennung von beruflichen Qualifikationen zu unterbreiten.

3. Diese Richtlinie gibt Personen, die ihre Berufsqualifikationen in einem Mitgliedstaat erworben haben, Garantien hinsichtlich des Zugangs zu demselben Beruf und seiner Ausübung in einem anderen Mitgliedstaat unter denselben Voraussetzungen wie Inländern; sie schließt jedoch nicht aus, dass der Migrant nicht diskriminierende Ausübungsvoraussetzungen, die dieser Mitgliedstaat vorschreibt, erfüllen muss, soweit diese objektiv gerechtfertigt und verhältnismäßig sind.

4. Es ist angezeigt, zur Erleichterung des freien Dienstleistungsverkehrs besondere Vorschriften (in den einzelnen Mitgliedsstaaten) zu erlassen, durch die die Möglichkeiten zur Ausübung beruflicher Tätigkeiten unter der im Herkunftsmitgliedstaat erworbenen Berufsbezeichnung erweitert werden. (...)

Diese Richtlinie legt die Vorschriften fest, nach denen ein Mitgliedstaat, der den Zugang zu einem reglementierten Beruf oder dessen Ausübung in seinem Hoheitsgebiet an den Besitz bestimmter Berufsqualifikationen knüpft, für den Zugang zu diesem Beruf und dessen Ausübung die in einem oder mehreren anderen Mitgliedstaaten erworbenen Berufsqualifikationen anerkennt, die ihren Inhaber berechtigen, dort denselben Beruf auszuüben.

Artikel 2

Diese Richtlinie gilt für alle Staatsangehörigen eines Mitgliedstaats, die als Selbstständige oder abhängig Beschäftigte, einschließlich der Angehörigen der freien Berufe, einen reglementierten Beruf in einem anderen Mitgliedstaat als dem, in dem sie ihre Berufsqualifikationen erworben haben, ausüben wollen.

Zit. nach: www.eur-lex.europa.eu (Zugriff 26.2.2012)

M 19 Der politische Entscheidungsprozess in der EU

Um den eigentlichen Prozess der Policy-Findung und -Umsetzung zu untersuchen, (*werden*) die bekannten Phasen (des Politikzyklus) vorgeschlagen. (...) Auf allen Ebenen des politischen Prozesses (...) hat die EU inzwischen tiefgreifende Auswirkungen:

1. *Policy Initiation:* Zu Beginn einer jeden politischen Entscheidung steht die Definition eines Problems, einer regelungsbedürftigen Frage (oder ein bestimmtes Ziel). (...) Ohne Zweifel nimmt die EU-Kommission hier eine Schlüsselposition ein, da sie allein die Kompetenz besitzt, Legislativ-Vorschläge zu unterbreiten und auszuarbeiten. Als „Agenda-Setter" ist sie zentrale Anlaufstelle, Katalysator und Initiator von Gesetzesvorhaben zugleich.

2. *Decision making:* Obgleich dem Rat der Europäischen Union eine wichtige Rolle (...) zukommt, so können die Staaten auch hier nicht ohne die Einbeziehung anderer Akteure auskommen. Allen voran hat das Europäische Parlament im Laufe der Zeit eine Reihe

weitreichender Befugnisse übertragen bekommen und ist heute maßgeblich am politischen Entscheidungsprozess beteiligt. (...)
3. *Implementation:* Auch dieser Bereich zeichnet sich eher durch eine Verschränkung als durch eine klare Trennung der unterschiedlichen Funktionen aus, die durch die verschiedenen Akteure (...) wahrgenommen werden. Die Aufgaben der Politikimplementation, also der Umsetzung von Politikprogrammen, sind rechtlich zwischen Kommission und den Mitgliedsstaaten (bei der praktischen Umsetzung von Rechtsakten etwa im Falle von EU-Richtlinien) aufgeteilt. Dabei findet eine laufende Kontrolle nicht nur durch den jeweils anderen der beiden Akteure, sondern auch durch die subnationalen Regierungen (etwa Landesparlamente, z. B. niedersächsischer Landtag) und verschiedene national und transnational organisierte Verbände statt. Mit der Zeit hat sich in Europa ein System der gegenseitigen Kontrolle herausgebildet, an dem (...) sämtliche Akteure beteiligt sind, die ihre Bemühungen bisher nur auf die nationalen Regierungen konzentriert haben.
4. *Adjudication:* Der Europäische Gerichtshof ist das zentrale Judikativorgan der Gemeinschaftsebene. Durch eine Reihe von Urteilen hat der Gerichtshof dafür gesorgt, dass das europäische Recht in zentrale Bereiche der staatlichen Souveränität hineinwirken konnte.

Andreas Grimmel/Cord Jakobeit (Hg.): Politische Theorien der Europäischen Integration, Wiesbaden 2009, S. 321 ff.

M20 Paradoxien des EU-Systems

Immer mehr ist es die EU, die als Entscheidungsträger in Erscheinung tritt, während die Einzelstaaten – von „oben" unter Zugzwang gesetzt – eher die Rollen nachrangiger Akteure einnehmen, die ihre „Hausaufgaben" zu erledigen haben.
Das Augenfälligste an diesem System ist die große Diskrepanz zwischen einer „schwachen", weil wenig auskristallisierten und unklar kodifizierten Systemstruktur einerseits und einer weitreichenden faktischen Ausübung politischer Entscheidungs- und Handlungsmacht andererseits. Hinzu kommt, dass die Systemstruktur, soweit sie überhaupt als solche wahrgenommen wird, wenig transparent erscheint und nur schwer im Kontext bestehender Formen politischer Herrschaft einzuordnen ist. Weder entspricht die EU dem institutionellen Gefüge eines nationalen Staates, noch lässt sie sich als internationale Organisation charakterisieren. Dementsprechend ist es schwierig, den Sitz politischer Machtausübung klar zu verorten. Weder die europäische Ebene, repräsentiert in erster Linie durch die Kommission, noch die Mitgliedsstaaten, vertreten in Ministerrat und Europäischem Rat, scheinen das Sagen zu haben, vom Europäischen Parlament ganz zu schweigen.
In dieser komplexen Gemengelage, in der einzelnen Akteure und Institutionen zwar über erhebliche Machtmittel verfügen, ein zentraler Kristallisationspunkt politischer Machtausübung jedoch fehlt, lässt sich noch am ehesten die scheinbare Ohnmacht der beteiligten Akteure und Institutionen verorten: Kommissionsvorschläge scheitern regelmäßig am Veto des Ministerrats; der Ministerrat scheitert am inneren Dissens; das Parlament kann sich kaum gegenüber der Kommission, geschweige denn dem Ministerrat durchsetzen, und keines der Organe unterliegt wirksamen Kontrollmechanismen.
Spitzenpolitiker, Minister, ja sogar Regierungschefs scheinen im europäischen Kontext zu weitreichenden Zugeständnissen und Kompromissen gezwungen zu sein, wenn es zu Entscheidungen kommen soll. Häufig enden allerdings Regierungskonferenzen und Gipfeltreffen im Dissens ihrer Akteure und damit in Entscheidungslosigkeit, worin sich die kollektive Ohnmacht des EU-Systems manifestiert. (...)
Das Resultat dieser widersprüchlichen Entwicklungen – bei gleichzeitig zunehmendem Handlungsdruck infolge einer Reihe von neuen Problemen und Sachzwängen – ist eine Systemenwicklung, die auf einer Kette von Hilfskonstruktionen, informellen Regelungen, vorläufigen institutionellen Arrangements, kurz, auf einem vielfältigen und erfindungsreichen Flickwerk beruht, das die juristisch kodifizierte Systemstruktur bis zur Unkenntlichkeit anreichert oder auch deformiert.

Ingeborg Tömmel: Das politische System der EU, München 2008, S. 1–3

EU-Kommission und Europäischer Rat

Die Kommission und der Europäische Rat sind die wohl medial präsentesten Organe der Europäischen Union. Während die Kommission als Exekutivorgan das politische Tagesgeschäft erledigt und vor allem mit ihrem Präsidenten José Emanuel Barroso in Verbindung gebracht wird, tagt der Europäische Rat auf sog. Gipfeltreffen lediglich viermal im Jahr, um die politischen Leitlinien der Union festzulegen. Er setzt sich zusammen aus den Staats- und Regierungschefs. So verständigt sich etwa Bundeskanzlerin Merkel hier auf höchster Ebene mit den europäischen Partnern über Ziele und Maßnahmen der EU-Politik.

Beide Organe prägen wesentlich das Bild der Europäischen Union, sprechen dabei aber nicht immer mit einer Stimme: Während der Eurokrise stellte der Kommissionspräsident 2011 ein Konzept für den zukünftigen „Euro-Rettungsschirm" ESM vor, welches weit über die Vorstellungen der meisten Staats- und Regierungschef hinausging. Im Zuge einer öffentlichen Debatte um den „richtigen Kurs" in der Krise zeigten sowohl Deutschland, Frankreich als auch die Kommission deutliche Konfliktlinien auf. Vor dem Hintergrund der klar geregelten Kompetenzbereiche beider Organe sind diese Diskussionen Teil der politischen Agenda, verweisen aber äußerst anschaulich auf das Wesen des europäischen Willensbildungs- und Entscheidungsprozesses: Kontroversität und Kompromiss.

Mithilfe der Materialien können nicht nur die Aufgaben der Organe sowie ihre Stellung im institutionellen System analysiert, sondern auch ihr Verhältnis zueinander verdeutlicht werden.

Zeichnung: Stuttmann

1. Beschreiben Sie Aufbau und Aufgaben der EU-Kommission bzw. des Europäischen Rates (M 21–M 25).
2. Erläutern Sie nach eingehender Analyse der Stellung beider Organe im institutionellen System mögliche Problemlagen in der Zusammenarbeit. Recherchieren Sie ggf. an einem konkreten politischen Problem, wie Kommission und Europäischer Rat zusammenarbeiten (Bsp.: Eurokrise und „Euro-Rettungsschirm ESM", Einführung sog. Eurobonds).
3. Informieren Sie sich im Internet und in der Tagespresse über aktuelle Auseinandersetzungen über die Europäische Kommission.
4. Die Zahl der Kommissare ist derzeit von der Zahl der Mitgliedsländer der EU abhängig. Diskutieren Sie Möglichkeiten, die Zahl der Kommissare zu reduzieren.
5. Es gibt unterschiedliche Europäische Räte, was häufig zu Verwechslungen führt. Recherchieren Sie über diese Räte und fertigen Sie einen kurzen Überblick an, der die Unterschiede deutlich macht.
6. Stellen Sie die Kompetenzen des Rats der Europäischen Union, der Europäischen Kommission und des Europäischen Parlaments (s. S. *134 f.*) in einer Synopse gegenüber.
7. Vergleichen Sie die Europäische Kommission mit der Bundesregierung und stellen Sie Unterschiede fest.
8. Stellen Sie einen Gesamtvergleich an zwischen dem politischen System der EU und dem der Bundesrepublik Deutschland.

M21 Der Aufbau der EU-Kommission

Die 27 Kommissare aus den einzelnen EU-Mitgliedstaaten übernehmen die politische Leitung der Kommission für einen Zeitraum von fünf Jahren. Der Präsident der Kommission überträgt jedem Kommissar die Verantwortung für einen bestimmten Politikbereich. (...)
Der Präsident (der Kommission) wird vom Europäischen Rat ernannt. In Abstimmung mit dem amtierenden Präsidenten ernennt der Rat auch die anderen Kommissare.
Die Ernennung der Kommissare und des Präsidenten bedarf der Zustimmung des Europäischen Parlaments. Die amtierenden Kommissionsmitglieder sind dem Parlament gegenüber rechenschaftspflichtig, und nur das Parlament ist befugt, die Kommissionsmitglieder zu entlassen. (...)

Welchen Zweck erfüllt die Europäische Kommission?
Die Kommission vertritt und wahrt die Interessen der ganzen EU. Sie überwacht die Strategien der EU-Politikbereiche und setzt diese um, indem sie:
- dem Parlament und dem Rat Vorschläge für neue Rechtsvorschriften vorlegt;
- den Haushaltsplan der EU verwaltet und Finanzhilfen zuweist;
- das EU-Recht durchsetzt (gemeinsam mit dem Europäischen Gerichtshof);
- die EU auf internationaler Ebene vertritt, z. B. beim Aushandeln von Vereinbarungen zwischen der EU und Drittstaaten.

Vorschläge für neue Rechtsvorschriften
Die Kommission hat das „Initiativrecht". Das heißt, dass die Kommission neue Rechtsvorschriften vorschlagen kann, die die Interessen der EU und ihrer Bürger schützen sollen. Diese Vorschläge betreffen ausschließlich Angelegenheiten, die auf nationaler, regionaler oder lokaler Ebene nicht wirksam geregelt werden können (Subsidiaritätsprinzip).
Wenn die Kommission einen Vorschlag für eine neue Rechtsvorschrift erarbeitet, ist sie bemüht, einer möglichst großen Vielzahl von Interessen gerecht zu werden. Um korrekte fachliche Informationen einzuholen, zieht die Kommission Experten aus verschiedenen Ausschüssen und Gruppen zu Rate. Des Weiteren organisiert sie öffentliche Konsultationen.
Die Abteilungen der Kommission erarbeiten einen Entwurf für einen Vorschlag der neuen Rechtsvorschrift. Wenn mindestens 14 der 27 Kommissare dem Entwurf zustimmen, wird er dem Rat und dem Parlament vorgelegt. Diese erörtern und ändern gegebenenfalls den Entwurf und entscheiden anschließend, ob er als Rechtsvorschrift verabschiedet wird.

Verwaltung des Haushaltsplans der EU und Zuweisung von Finanzhilfen
Zusammen mit dem Rat und dem Parlament legt die Kommission im „Finanzrahmen" der EU allgemeine langfristige Ausgabenprioritäten für die EU fest. Außerdem erarbeitet sie den jährlichen Haushaltsplan, der vom Parlament und vom Rat angenommen werden muss, und überwacht, wofür z. B. Agenturen, nationale oder regionale Behörden die EU-Mittel ausgeben. Die Verwaltung des Haushaltsplans durch die Kommission wird vom Europäischen Rechnungshof sorgfältig überprüft.
Die Kommission verwaltet die Finanzierung von politischen Maßnahmen (z. B. für Landwirtschaft und ländliche Entwicklung) und Programmen der EU (z. B. Erasmus, dem Austauschprogramm für Studenten).

Durchsetzung des europäischen Rechts
Als „Hüterin der Verträge" überwacht die Kommission, ob die einzelnen EU-Mitgliedstaaten das EU-Recht ordnungsgemäß anwenden.
Wenn die Kommission feststellt, dass die Regierung eines EU-Mitgliedstaates die EU-Rechtsvorschriften nicht anwendet, fordert sie den Staat in einem amtlichen Schreiben auf, diesem Missstand abzuhelfen. Als letztes Mittel übergibt die Kommission die Angelegenheit dem Gerichtshof. Der Gerichtshof kann Strafen verhängen und seine Urteile sind für die Mitgliedstaaten und die Organe der EU bindend.

Vertretung der EU auf internationaler Ebene
Die Europäische Kommission vertritt die EU-Mitgliedstaaten in internationalen Foren wie der Welthandelsorganisation (WTO).
Außerdem handelt die Kommission im Namen der EU internationale Verträge aus. Ein Beispiel dafür ist das Abkommen von Cotonou, in dem die Hilfs- und Handelspartnerschaft zwischen der EU und den Entwicklungsländern Afrikas, des karibischen Raums und des Pazifischen Ozeans festgelegt ist.
Zit. nach: http://europa.eu/about-eu (Zugriff: 4.3.2012)

M 22 Struktur und Aufgaben der EU-Kommission

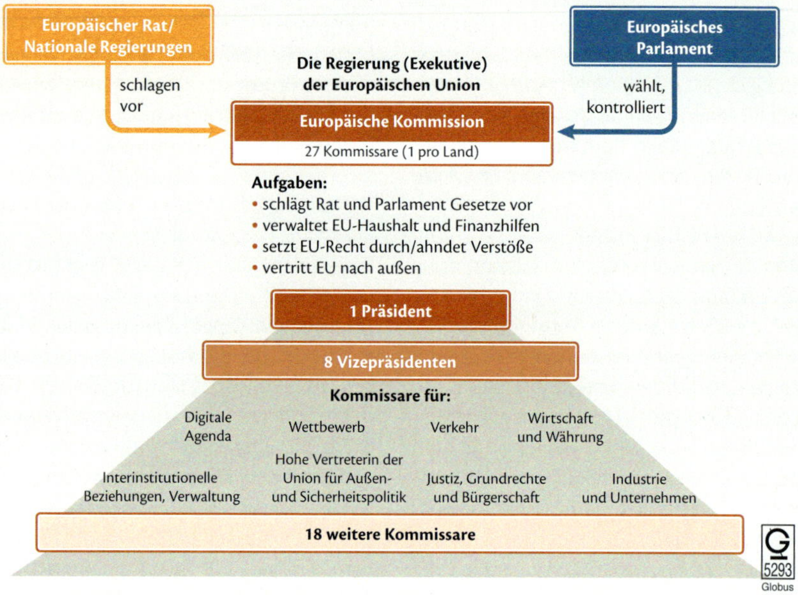

M 23 Die Mitglieder der Europäischen Kommission 2010

Präsident **José Manuel Barroso** Portugal	**Catherine Ashton** *Großbritannien* Hohe Vertreterin der Union für Außen- und Sicherheitspolitik	**Viviane Reding** *Luxemburg* Justiz, Grundrechte und Bürgerschaft	**Antonio Tajana** *Italien* Industrie und Unternehmen
Maroš Šefčovič *Slowakei* Interinstitutionelle Beziehungen, Verwaltung	**Joaquín Almunia** *Spanien* Wettbewerb	**Siim Kallas** *Estland* Verkehr	**Olli Rehn** *Finnland* Wirtschaft und Währung
Neeli Kroes *Niederlande* Digitale Agenda	**László Andor** *Ungarn* Beschäftigung, Soziales und Integration	**Michel Barnier** *Frankreich* Binnenmarkt und Dienstleistungen	**Dacian Cioloş** *Rumänien* Landwirtschaft und ländliche Entwicklung
John Dalli *Malta* Gesundheit und Verbraucherpolitik	**Maria Damanaki** *Griechenland* Maritime Angelegenheiten und Fischerei	**Štefan Füle** *Tschechien* Erweiterung und europäische Nachbarschaftspolitik	**Maíre Geoghegan-Quinn** *Irland* Forschung, Innovation und Wissenschaft
Kristalina Georgieva *Bulgarien* Intern. Zusammenarbeit, humanitäre Hilfe und Krisenreaktionen	**Karel de Gucht** *Belgien* Handel	**Johannes Hahn** *Österreich* Regionalpolitik	**Connie Hedegaard** *Dänemark* Klimapolitik
Janusz Lewandowski *Polen* Haushalt und Finanzplanung	**Cecilia Malmström** *Schweden* Inneres	**Günther Oettinger** *Deutschland* Energie	**Andris Piebalgs** *Lettland* Entwicklung
Janez Potočnik *Slowenien* Umwelt	**Algirdas Šementa** *Litauen* Steuern, Zollunion und Betrugsbekämpfung	**Androulla Vissiliou** *Zypern* Bildung, Kultur, Mehrsprachigkeit und Jugend	Präsident Vizepräsidenten ZAHLENBILDER

M24 Aufgaben des Europäischen Rats

Der Europäische Rat wurde 1974 in der Absicht geschaffen, ein informelles Gesprächsforum für die Staats- und Regierungschefs der EU einzurichten. Er hat sich schnell zu dem Gremium entwickelt, das für alle Tätigkeitsbereiche der Europäischen Union Ziele und Prioritäten festlegt. Einen förmlichen Status erhielt er 1992. Seit 2009 gehört er zu den sieben Organen der EU.

Welche Aufgaben hat der Europäische Rat?
Der Europäische Rat erfüllt zwei Aufgaben: Er legt die allgemeinen politischen Zielvorstellungen und Prioritäten der EU fest und befasst sich mit komplexen oder sensiblen Themen, die auf einer niedrigeren Ebene der zwischenstaatlichen Zusammenarbeit nicht geklärt werden können. Der Europäische Rat nimmt zwar Einfluss auf die Festlegung der politischen Agenda der EU, er ist jedoch nicht befugt, Rechtsvorschriften zu erlassen.

Wer wirkt am Europäischen Rat mit?
Der Europäische Rat setzt sich zusammen aus den Staats- und Regierungschefs der EU-Mitgliedstaaten, dem Präsidenten der Kommission und dem Präsidenten des Europäischen Rates, der den Vorsitz der Tagungen innehat. Die Hohe Vertreterin der Union für Außen- und Sicherheitspolitik nimmt ebenfalls an den Sitzungen teil. (...)

Wann und wo tritt der Europäische Rat zusammen?
Zweimal pro Halbjahr – in der Regel in Brüssel –, doch der Präsident kann erforderlichenfalls eine außerordentliche Tagung einberufen.

Wie trifft der Europäische Rat seine Entscheidungen?
Soweit in den Verträgen nichts anderes festgelegt ist, entscheidet der Europäische Rat im Konsens. In einigen Fällen entscheidet der Europäische Rat einstimmig oder mit qualifizierter Mehrheit, je nach Bestimmungen des Vertrags.
Der Präsident des Europäischen Rates, der Präsident der Kommission und die Hohe Vertreterin der Union für Außen- und Sicherheitspolitik haben keine Stimme.
Zit. nach: http://europa.eu/about-eu (Zugriff: 4.3.2012)

M25 Der Europäische Rat

„EU-Gipfel"
tagt mindestens zweimal im Halbjahr unter Vorsitz des Präsidenten des Europäischen Rats

Mitglieder sind:
- die Staats- und Regierungschefs der EU-Mitgliedstaaten
- der Präsident des Europäischen Rats
- der Präsident der Kommission

Rolle des Europäischen Rats bei der Besetzung der EU-Spitzenpositionen:
- Wahl des Präsidenten des Europäischen Rats
- Vorschlag und Ernennung des Präsidenten der Kommission
- Berufung des Hohen Vertreters für die Außen- und Sicherheitspolitik

„Der Europäische Rat gibt der Union die für ihre Entwicklung erforderlichen Impulse und legt die allgemeinen politischen Zielvorstellungen und Prioritäten hierfür fest."
Vertrag über die Europäische Union, Artikel 15

Der Europäische Rat beschließt auch über die strategischen Interessen und Ziele des auswärtigen Handelns der EU, insbesondere der Gemeinsamen Außen- und Sicherheitspolitik

ZAHLENBILDER

Rat der Europäischen Union und Europäisches Parlament

Der Rat der Europäischen Union, der sog. Ministerrat, wird häufig ebenso wie das Europäische Parlament als wichtiges, aber gegenüber Kommission und Europäischem Rat als nachgelagertes Organ im Willensbildungs- und Entscheidungsprozess betrachtet. Dieses öffentliche Bild besteht seit langem, wenngleich sich die politischen Bedingungen geändert haben: Zwar arbeiten die jeweiligen Minister im Ministerrat nach Weisungen ihrer Regierungs- und Staatschefs, nach dem Subsidiaritätsprinzip müssen jedoch im Rat der Europäischen Union wichtige, konkret umsetzbare Beschlüsse getroffen werden – so etwa beim Europäischen Stabilitätsmechanismus ESM oder in Fragen der Sicherheits- und Außenpolitik. Der Ministerrat hat also durchaus eigene Entscheidungsbefugnisse.

Das EU-Parlament ist im politischen Prozess der EU das einzige repräsentative Organ, das direkt von den EU-Bürgern gewählt werden kann. Seit 1979 die ersten Wahlen stattfanden, setzt sich die EU mit einer Diskussion um das sog. Demokratiedefizit auseinander. Es zeigte sich nämlich, dass das Parlament im Verhältnis zu den anderen Organen eingeschränkte Befugnisse hat, wenngleich diese in den letzten Jahren stetig erweitert wurden. Darüber hinaus werden Ämter in anderen Organen etwa von Regierungen besetzt, ohne dass über diese Entscheidungen öffentliche Debatten geführt werden. Vor diesem Hintergrund werden einzelnen Organen, so auch dem Ministerrat, häufig Intransparenz oder unzulässige Gewaltenverschränkung vorgeworfen.

Die Materialien geben Ihnen einen Einblick in die Funktionsweise der Organe und liefern eine Grundlage, sich mit der Arbeit des Rats und des Parlaments vertraut zu machen. Besonders interessant dürfte im Rahmen einer eigenständigen Recherche sein, wie *innerhalb* der Organe Entscheidungen zustande kommen.

Finanzminister-Tagung in Brüssel, Oktober 2012

1 Ermitteln Sie, wie viele Einwohner die Abgeordneten des Europäischen Parlaments jeweils vertreten. Ermitteln Sie auch Gründe für diese Verteilung.

2 Beschreiben Sie, wie die Mitglieder des Ministerrats und des Europäischen Parlaments jeweils in ihr Amt kommen.

3 Stellen Sie die Aufgaben des Ministerrats und die des Europäischen Parlaments gegenüber und nennen Sie Unterschiede und Gemeinsamkeiten.

4 Arbeiten Sie heraus, welche Probleme aus diesen Verschränkungen entstehen können (Stichwort: Demokratiedefizit).

5 Problematisieren Sie die Rolle von Rat und Parlament im Gesetzgebungsprozess der EU, indem Sie ihre jeweiligen Aufgaben und Funktionsweisen darstellen und hinsichtlich a) der Transparenz der Entscheidungen, b) der Einflussmöglichkeiten der EU-Bürger und c) demokratischer Legitimation vergleichend kommentieren.

M26 Die Arbeit des Rates der Europäischen Union („Ministerrat")

Der Rat der Europäischen Union ist einer der beiden Gesetzgeber der EU. Er besteht aus je einem Minister der derzeit 27 Mitgliedstaaten. Er ist auch gemeint, wenn nur vom „Rat" die Rede ist. Je nach Fachgebiet sind das die Außenminister oder andere Fachminister wie z. B. die Agrarminister, die Sozialminister usw. Insgesamt gibt es zehn verschiedene Ratsformationen. Wenn also dreimal in einer Woche der Rat der Europäischen Union tagt, kann es durchaus sein, dass völlig verschiedene Personen sich treffen. Der Rat lenkt die Arbeit der Europäischen Union und ist – bis auf wenige Ausnahmen – gemeinsam mit dem Europäischen Parlament der Gesetzgeber in der EU.

Entscheidungen im Rat

Wie der Rat Entscheidungen trifft, ist von Fall zu Fall unterschiedlich und in den Verträgen genau festgelegt. Manche Dinge müssen einstimmig entschieden werden, andere werden mit Mehrheit geregelt. In diesem Fall wird im Allgemeinen die „qualifizierte Mehrheit" angewandt, das sind ca. 70 Prozent der Stimmen. Bei Mehrheitsentscheidungen verfügt jeder Staat über ein bestimmtes Stimmengewicht. (...) Grundsätzlich folgt die Stimmenverteilung dem (...) Prinzip der degressiven Proportionalität. Im Einzelnen ist die Stimmenzuteilung jedoch nicht anhand eines klaren Schemas nachvollziehbar, sondern das Ergebnis politischer Aushandlungsprozesse.

Durch den am 1. Dezember 2009 in Kraft getretenen Lissabonner Vertrag wird das System zugunsten einer doppelten Mehrheit verändert, allerdings erst im Jahr 2014, wobei es selbst dann noch für drei Jahre Übergangsregeln gibt. Eine Mehrheitsentscheidung muss der neuen Regelung zufolge die Mehrheit der Mitglieder (mindestens 55 Prozent) auf sich vereinigen, die gleichzeitig die Mehrheit der Bevölkerung (mindestens 65 Prozent) repräsentiert.

Ratspräsidentschaft

Der Vorsitz im Rat der Europäischen Union wechselt halbjährlich. (...) 2012 haben dann Dänemark, gefolgt von Zypern den Vorsitz inne und 2013 Irland und Litauen.

Die jeweilige Präsidentschaft koordiniert die Arbeit des Rates und führt den Vorsitz bei den Ratssitzungen – allerdings nicht bei den Außenministern, dort hat die Hohe Vertreterin für die Außen- und Sicherheitspolitik der Union diese Position inne. Zudem erarbeitet jede Präsidentschaft eigene Schwerpunkte und setzt sie auf die Tagesordnung. Dies führt zu einer nicht zu übersehenden Diskontinuität in der Arbeit des Rates, auch wenn dort vieles auf Arbeitsebene beständig weitergetrieben wird.

Seit 2007 versucht man diesem Mangel durch eine sogenannte Trio-Präsidentschaft abzuhelfen. Das bedeutet, dass jeweils drei Staaten, die die Präsidentschaft hintereinander ausüben, sich zusammentun und gemeinsame Leitlinien für ihre Arbeit entwickeln. Deutschland war das erste Land, das 2007/2008 mit Portugal und Slowenien eine solche Trio-Präsidentschaft bildete. Große Wirkung hat diese Methode allerdings bislang nicht entfaltet. Die Möglichkeit, sich selbst als Präsident(schaft) Europas zu präsentieren, ist offensichtlich zu verlockend, um diesen Ruhm zu teilen.

Die Präsidentschaft spielt nach wie vor eine wichtige Rolle zur Gewährleistung der Abläufe in der EU, hat jedoch durch die Neuregelungen des Lissabonner Vertrages an Bedeutung verloren, da der Europäische Rat mit seinem ständigen Präsidenten sowie die Hohe Vertreterin stärker Einfluss nehmen.

Bundeszentrale für politische Bildung, in: http://www.bpb.de/themen/SKSIQN,0,0,Rat_der_Europaeischen_Union.html (Zugriff: 5.3.2012)

M 27 EU-Ministerrat

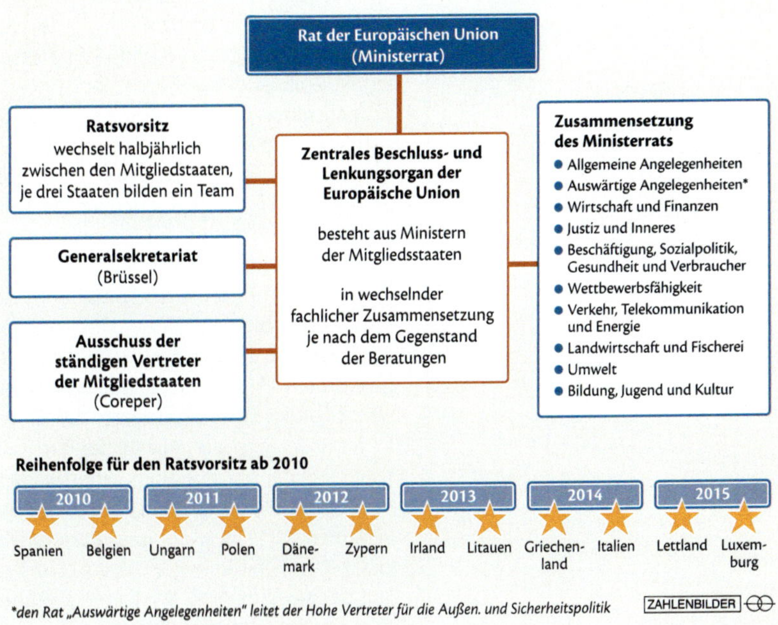

M28 Stimmenverteilung im Rat der Europäischen Union

Land	Stimmen
Deutschland (€), Frankreich(€), Großbritannien, Italien (€)	je 29
Polen, Spanien (€)	je 27
Rumänien	14
Niederlande (€)	13
Belgien (€), Griechenland (€), Portugal (€), Tschechien, Ungarn	je 12
Bulgarien, Österreich, Schweden	je 10
Dänemark, Finnland (€), Irland (€), Litauen, Slowakei (€)	je 7
Estland (€), Lettland, Luxemburg (€), Slowenien (€), Zypern (€)	je 4
Malta (€)	3
Anzahl der Gesamtstimmen	**345**

(€) Mitglieder des Euroraums

Quelle: http://www.bundesfinanzministerium.de (Zugriff: 4.3.2012)

M29 Das Europäische Parlament

Das Europäische Parlament (*EP*) ist die Vertretung der Bürger der Europäischen Union. Die Kompetenzen und Befugnisse des Europäischen Parlaments gliedern sich in die drei traditionellen Kompetenzbereiche eines nationalen Parlaments: Gesetzgebung, Haushalt und Kontrollbefugnisse.

Das Europäische Parlament ist an allen Prozessen der Gesetzgebung innerhalb der Union beteiligt. Zwar kann es selbst keine Gesetze initiieren – dieses Recht hat allein die Kommission –, es kann aber die Kommission auffordern, Vorschläge zu erarbeiten.

Bürger der Europäischen Union haben die Möglichkeit, mittels Petitionen an das Parlament die Kommission auf einen Gesetzgebungsbedarf hinzuweisen. Das Europäische Parlament kann das Arbeitsprogramm der Kommission bezüglich der geplanten Gesetze prüfen und Ergänzungen oder Änderungen fordern. Das Europaparlament wird ferner bei jedem Rechtsetzungsakt konsultiert. In der überwiegenden Anzahl der Rechtsetzungsakte der Europäischen Union kommt das sogenannte ordentliche Gesetzgebungsverfahren zur Anwendung, in dem das EP eine wesentliche Rolle spielt. Sollte es im Verlauf des Verfahrens zu Konflikten zwischen dem Rat der Europäischen Union und dem EP kommen und auch der Vermittlungsausschuss kein Einvernehmen herstellen können, so kann das EP jede Gesetzesinitiative, die durch dieses Verfahren eingebracht wurde, scheitern lassen. (…) Kein Gesetz kann innerhalb der Union ohne eine Stellungnahme der gewählten Abgeordneten verabschiedet werden. Ihre Kompetenzen sind aber insbesondere in Fragen der Gemeinsamen Außen- und Sicherheitspolitik oder der polizeilichen und justiziellen Zusammenarbeit eingeschränkt.

Zusammen mit dem Rat teilt sich das Europäische Parlament die Entscheidungsbefugnis über den Haushalt der Europäischen Union und bildet zusammen mit dem Rat die beiden Arme der Haushaltsbehörde. Das Europaparlament entscheidet gemeinsam mit dem Rat über die Ausgaben der Europäischen Union. (…)

Eng mit seiner Rolle im Zustandekommen des Haushalts ist auch die dritte Funktion des Parlaments verknüpft: die Kontrolle. Das Europäische Parlament ist allein für die Entlastung der Kommission zuständig. Es kann der Kommission eine Annahme des Haushalts verweigern oder ihr die Entlastung versagen. Bei groben Verstößen kann das EP auch ein Misstrauensvotum gegen die Kommission aussprechen.

Seit dem Inkrafttreten des Vertrags von Lissabon wählt das Europaparlament auch den Präsidenten der Europäischen Kommission auf Vorschlag der Staats- und Regierungschefs. Diese müssen bei ihrem Vorschlag auch das Ergebnis der Europawahl berücksichtigen. Mit dem Vertrag von Lissabon wurden auch die Kompetenzen des Hohen Vertreters für die Außen- und Sicherheitspolitik erweitert, der als Mitglied und Vizepräsident der Kommission ebenfalls die Zustimmung der Europaabgeordneten benötigt. Das Gleiche gilt für internationale Abkommen der EU, die mit dem Vertrag von Lissabon ebenfalls vom Parlament gebilligt werden müssen. Aus seiner Mitte können jederzeit Fragen an alle EU-Organe formuliert werden. Hier haben der Rat, die Kommission und auch die Mitgliedsländer eine Informationspflicht, d.h., sie müssen Auskunft geben. Diese Berichte werden dann offiziell vom Parlament geprüft. Diese Kontrollmöglichkeit können auch die Bürger der EU nutzen, wenn sie sich mit Petitionen an das Parlament wenden. Stellt der Petitionsausschuss einen Verstoß fest, kann das Europäische Parlament Klage gegen Organe oder Mitgliedstaaten der EU vor dem Europäischen Gerichtshof erheben. Dabei agiert das Parlament selbst nicht als gerichtliche Instanz. Es ist also nicht in der Lage, Urteile auszusprechen oder auch Gerichtsbeschlüsse durch Gerichte der Mitgliedsstaaten aufheben. Die Petitionen bieten aber eine Möglichkeit der Bürger, auf Missstände aufmerksam zu machen. Die meisten eingehenden Petitionen betreffen Themen des Umweltschutzes, der sozialen Sicherheit, die Freizügigkeit innerhalb der EU oder Bereiche der Steuerharmonisierung.

Bundeszentrale für politische Bildung, http://www.bpb.de (Zugriff: 4.3.2012)

M 30 Aufgaben des Europäischen Parlaments

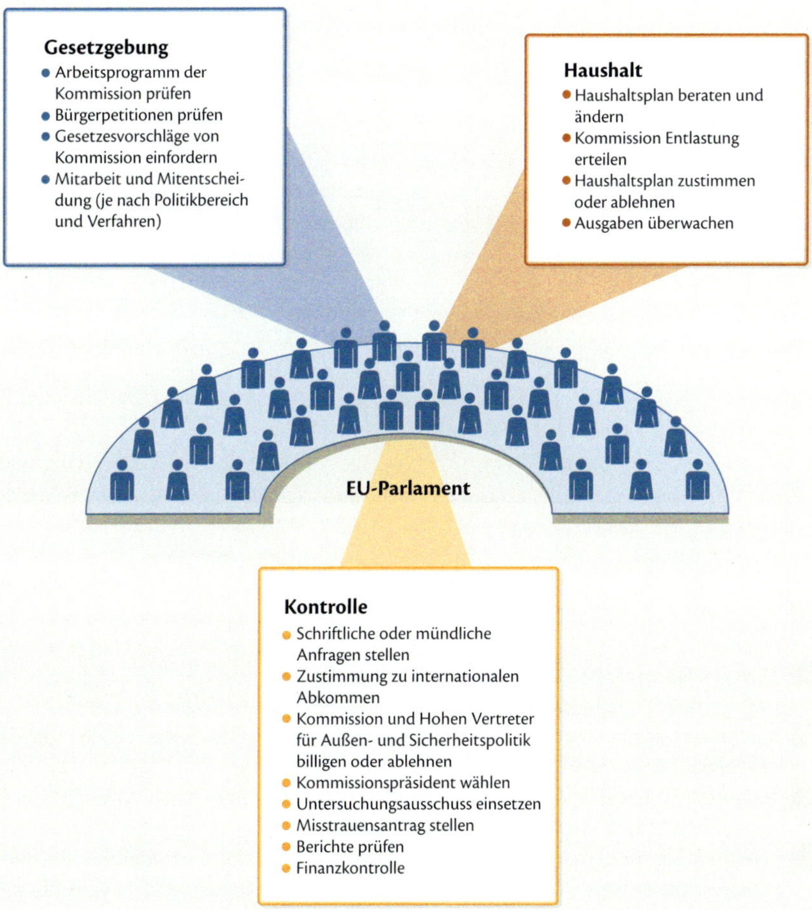

Nach: Bundeszentrale für politische Bildung, http://www.bpd.de/files/HEUNL2.pdf (Zugriff: 3.3.2012)

Der Europäische Gerichtshof

Der Europäische Gerichtshof (EuGH) bildet neben dem Gericht der EU und dem Gericht für den öffentlichen Dienst das Gerichtssystem der Europäischen Union, wobei der EuGH das oberste judikative Organ ist. Nicht zu verwechseln ist das Gericht mit dem Europäischen Gerichtshof für Menschenrechte, der nominell dem Europarat zugeordnet ist und die Einhaltung der Menschenrechtskonvention (EMRK) bei Gesetzgebung und Ausführung überwacht.
Der EuGH bildet ein wichtiges Element im politischen Willensbildungs- und Entscheidungsprozess, und hier liegt zugleich das Problem. Die Judikative besitzt die Aufgabe, die Rechtmäßigkeit der durch die Organe des politischen Prozesses getroffenen Entscheidungen zu überprüfen und etwaige Verstöße gegen den Vertrag über die Europäische Union, den Vertrag über die Arbeitsweise der Europäischen Union und nachgelagerte Verträge zu ahnden. Seit seinem Bestehen hat der Gerichtshof allerdings eine bemerkenswerte Entwicklung durchgemacht, greift er doch in den letzten Jahren wesentlich häufiger in Entscheidungen letztinstanzlich ein. Die Urteile des EuGH können durchaus als politische Richtschnur für Kommission und Rat der Europäischen Union gesehen werden.
Damit ist zugleich das Problem benannt, das häufig im Raum steht: Die Richter sind in ihren Entscheidungen nicht unabhängig, da sie von den Regierungen der Mitgliedsstaaten entsandt werden, deren politische Zielsetzungen und Gesetze sie in ihrer Amtszeit auch zurückweisen können. Zugleich wird dem EuGH bisweilen vorgeworfen, er schaffe selbstständig europäisches Recht, mit dem er nicht legitimiert in die Rechtssysteme der Nationalstaaten eingreife.
Die Materialien bieten Gelegenheit, die Rolle des Europäischen Gerichtshofs selbstständig zu beurteilen und hinsichtlich seiner Entscheidungsbefugnisse zu analysieren.

Der Europäische Gerichtshof in Luxemburg

1 Beschreiben Sie die Rolle des Europäischen Gerichtshofs für die europäische Integration.

2 Belegen Sie an praktischen Beispielen (z. B. des Wehrdienstes von Frauen oder des Arbeitsrechts), wie europäisches Recht das nationale Recht bestimmt.

3 Beurteilen Sie die Möglichkeiten der Bürger der Europäischen Gemeinschaft, europaweit Rechtsschutz zu erlangen

4 Erläutern Sie die Rolle des Europäischen Gerichtshofs im politischen Willensbildungs- und Entscheidungsprozess.

5 Nehmen Sie vor dem Hintergrund einer Materialanalyse und eigenständiger Recherchen zu folgender Aussage begründet Stellung: „Die Kompetenzen der Mitgliedstaaten werden ausgehöhlt. Die immer fragwürdigeren Urteile aus Luxemburg verlangen nach einer gerichtlichen Kontrollinstanz."

M31 Die Rolle des Europäischen Gerichtshofs

Der Europäische Gerichtshof (EuGH) entscheidet über die Auslegung des EU-Rechts. Der EuGH besteht aus je einem Richter pro Mitgliedsland, der von seinem Heimatland im gegenseitigen Einvernehmen mit den anderen Mitgliedstaaten für sechs Jahre ernannt wird und danach auch erneut berufen werden kann. Er hat seinen Sitz in Luxemburg und sollte nicht mit dem Europäischen Gerichtshof für Menschenrechte in Straßburg verwechselt werden, der ein Organ des Europarates ist und institutionell nichts mit der Europäischen Union zu tun hat. Der EuGH hingegen ist das Gericht der Europäischen Union, das letztinstanzlich über die Auslegung des EU-Rechts entscheidet.

Wenn ein Mitgliedsland, das Europäische Parlament oder die Europäische Kommission der Ansicht ist, ein Partnerland oder eine der anderen Institutionen verstießen gegen das Recht der Europäischen Union, können sie in Luxemburg Klage einreichen. Das ist auch allen möglich, die von europäischen Entscheidungen betroffen sind, z. B. von einem Bußgeldbescheid der Europäischen Kommission. Wenn ein nationales Gericht unsicher ist, ob eine Regelung mit europäischem Recht vereinbar ist, holt es eine Stellungnahme des EuGH ein, bevor es unter deren Berücksichtigung entscheidet. So wird die Einheitlichkeit der Auslegung europäischen Rechts gewahrt. 2009 fällte der EuGH, der in seiner Arbeit von acht Generalanwälten unterstützt wird, knapp 600 Entscheidungen.

Eckart D. Stratenschulte: Europäischer Gerichtshof, Bundeszentrale für politische Bildung, 20.10.2010, http://www.bpb.de (Zugriff: 3.3.2012)

M32 Der Europäische Gerichtshof

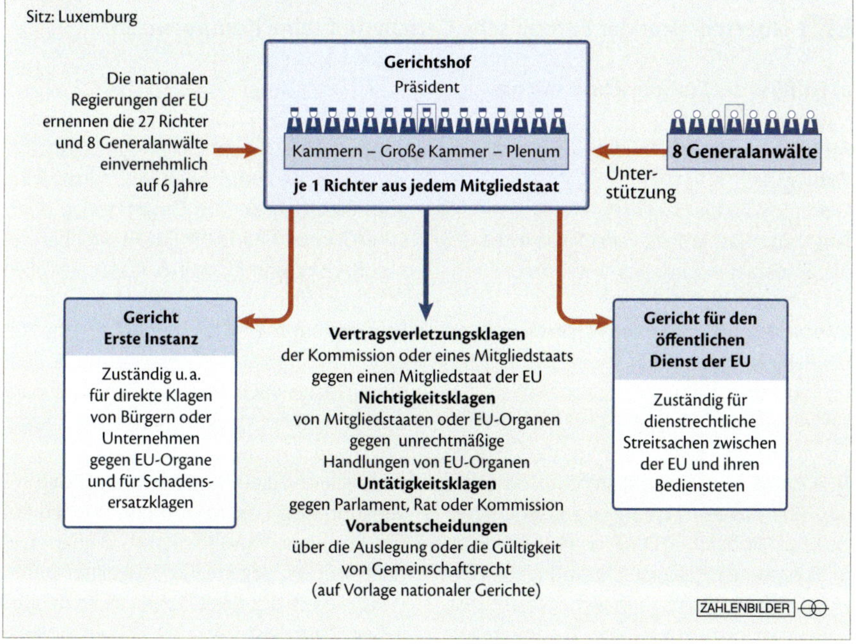

M33 „EU-Richter dürfen deutsche Gesetze außer Kraft setzen"

Das Bundesverfassungsgericht hat ein umstrittenes Urteil des Europäischen Gerichtshofs gebilligt. Dadurch stärkt es die Stellung der europäischen Richter.

Das Bundesverfassungsgericht hat ein umstrittenes Urteil des Europäischen Gerichtshofs (EuGH) gebilligt, das erstmals direkt ein deutsches Gesetz für „unanwendbar" erklärte. Das sogenannte Mangold-Urteil von 2005 des EuGH sei „keine verfassungsrechtlich zu beanstandende Kompetenzüberschreitung" des Luxemburger Gerichts, entschieden die Karlsruher Richter. Damit stärken die Richter die Stellung des Europäischen Gerichtshofs.

Zahlreiche Kritiker, darunter auch der frühere Bundespräsident und einstige Verfassungsrichter Roman Herzog (*s. M 34*), sehen in dem Mangold-Urteil eine von zahlreichen Kompetenzüberschreitungen. Ausgangspunkt des Streits ist eine frühere Regelung, die es ermöglichte, Arbeitnehmer ab 52 Jahren nur noch befristet einzustellen. Die Bundesregierung wollte damit im Rahmen der Hartz-Gesetze die Eingliederung älterer Arbeitsloser fördern. Der EuGH sah in der Regelung jedoch eine unzulässige Altersdiskriminierung und ordnete erstmals an, dass die Reformvorschrift „unangewendet" zu bleiben habe.
Das Bundesarbeitsgericht gab deshalb einem Kläger Recht, der von seinem Arbeitgeber, einem Auto-Zulieferer, die Umwandlung eines befristeten in einen unbefristeten Arbeitsvertrag gefordert hatte. Dagegen hatte die Firma Verfassungsbeschwerde eingereicht und betont, der EuGH habe mehrfach seine Kompetenzen überschritten. Unter anderem, weil laut EU-Vertrag die Richtlinien der Gemeinschaft in den Mitgliedstaaten nicht unmittelbar anwendbar seien. Sie würden von den Regierungen ebenso in nationales Recht umgesetzt wie EuGH-Urteile. Der EuGH habe mit seinem durchgreifenden Urteil insoweit die Position des Gesetzgebers eingenommen.
Karlsruhe wies dies nun zurück. Nach Ansicht von sieben der acht Richter hatte der EuGH seine Kompetenzen mit dem Urteil noch nicht überschritten. Solch ein Verstoß setzte voraus, dass er „offensichtlich kompetenzwidrig" ist und zu einer „strukturell bedeutsamen Verschiebung" im Kompetenzgefüge zwischen Mitgliedstaaten und der EU führt. Zwar habe der EuGH einen allgemeinen Grundsatz des Verbots der Altersdiskriminierung entwickelt, doch in der Praxis würden damit keine neuen Kompetenzen für die EU begründet, heißt es in dem Beschluss.

dpa/AFP: EU-Richter dürfen deutsche Gesetze außer Kraft setzen, Die Zeit v. 26.8.2010, in: http://www.zeit.de (Zugriff: 12.3.2012)

M 34 Überschreitet der Europäische Gerichtshof seine Kompetenzen?

a) Einfluss der Europarichter wächst

Aus einem Artikel der Frankfurter Allgemeinen Zeitung:

Der Europäische Gerichtshof (*EuGH*) hat 50 Jahre lang das Arbeits- und Sozialrecht der Mitgliedstaaten mitbestimmt. Immer häufiger nimmt er sich das letzte Wort.
Werner Mangold war nicht anwesend auf der Berliner Tagung zum Thema „Fünfzig Jahre Rechtsprechung des Europäischen Gerichtshofs zum Arbeits- und Sozialrecht". Trotzdem war sein Name in aller Munde (*s. auch M 33*). Mangold steht für ein Urteil aus 2005, das dem Luxemburger Gericht herbe Kritik einbrachte. Die Richter stellten darin nicht nur die Europarechtswidrigkeit einer Vorschrift im deutschen Arbeitsrecht fest, sondern konstruierten zugleich ohne längere Begründung ein allgemeines europäisches Gleichheitsgebot und eine unmittelbare Wirkung von europäischen Richtlinien für Private und Unternehmen. (...)
Überschreitet das Gericht – vor allem in seiner Rechtsprechung zum Arbeits- und Sozialrecht – seine Kompetenzen? Zu dieser andernorts häufig geäußerten Kritik wollte sich auf der Jubiläumstagung keiner der Referenten ausdrücklich hinreißen lassen. Doch sprach etwa der ehemalige Präsident des Bundesarbeitsgerichts, Hellmut Wißmann, von einer „bemerkenswerten Emanzipation vom Gesetzestext". Im Gegensatz zu deutschen Richtern hätte der EuGH offenbar wenig „Bauchgrimmen" dabei, Gesetzeslücken selbst zu füllen, wenn der Zweck einer Richtlinie dies erfordere. Das Ergebnis sei eine Abkehr von „vertrauten Auslegungsmethoden", die auf Dauer auch die Arbeitsweise der nationalen Richter beeinflussen werde, sagte Wißmann.
„Beispiele für diese Kritik sind mir noch nie genannt worden", behauptete dagegen EuGH-Präsident Vassilios Skouris. Seinem Gericht würden regelmäßig Aussagen unterstellt, die sich aus den Urteilen nicht ableiten ließen. Dass diese tief in die Sozialpolitik der Mitgliedstaaten eingreife, sei keine Anmaßung, sondern eine notwendige Folge des Systems Europäische Union. „Wer ein soziales Europa will, kann uns nicht vorwerfen, wir seien zu weit gegangen." Ulrike Wendeling-Schröder, Arbeitsrechtsprofessorin an der Universität Hannover, widersprach und verwies etwa auf das umstrittene Mangold-Urteil. Der EuGH betreibe zu oft eine „stillschweigende Rechtsfortbildung", die im geltenden Recht keine Basis finde, sagte sie. Das

Gericht weite dadurch die eigenen Kompetenzen aus. (...)
Die deutsche Generalanwältin am EuGH, Juliane Kokott, verteidigte hingegen das Mangold-Urteil ausdrücklich. Die Vertreter der Bundesrepublik hätten in der mündlichen Verhandlung angekündigt, die Vorschriften im deutschen Befristungsrecht zu ändern. Damit hätten sie praktisch einen Gemeinschaftsrechtsverstoß zugestanden. Die Präsidentin des Bundesarbeitsgerichts, Ingrid Schmidt, wies darauf hin, dass die Richter in den Mitgliedsländern zunehmend ermutigt würden, dem EuGH ihre Fälle vorzulegen. Doch sei die europarechtskonforme Auslegung von Rechtsnormen heutzutage ein selbstverständlicher Teil der nationalen Rechtsprechung.
Bundesarbeitsminister Franz Müntefering (SPD) pochte darauf, dass Europa um eine „Soziale Dimension" erweitert werden müsse. Bisher entscheide die EU vor allem über Wirtschafts- und Finanzpolitik, die Einzelstaaten dagegen über Arbeits- und Sozialpolitik. Der EuGH messe aber keineswegs alles an den wirtschaftlichen Freiheitsrechten des EU-Vertrags, unterstrich der deutsche Richter in Luxemburg, Thomas von Danwitz. Für manche Einrichtungen der gesetzlichen Kranken- und Rentenversicherung habe das Gericht entschieden, dass sie einen rein sozialen Zweck verfolgten und keine wirtschaftliche Tätigkeit ausübten. Deshalb fielen sie auch nicht unter den Unternehmensbegriff des EU-Wettbewerbsrechts.

Melanie Amann/Joachim Jahn: Kritik am EuGH. Einfluss der Europarichter wächst. In: Frankfurter Allgemeine Zeitung v. 26.6.2007, in: http://www.faz.net (Zugriff: 08.3.2013)

Vassilios Skouris (geb. 1948), Präsident des Europäischen Gerichtshofs seit 2003

Andreas Voßkuhle (geb. 1963), Präsident des Bundesverfassungsgerichts seit 2008

b) „Zusammenspiel weiter verbessern"

Aus einem Interview mit dem Präsidenten des Bundesverfassungsgerichts, Andreas Voßkuhle, mit der Frankfurter Allgemeinen Zeitung (FAZ):
FAZ: (...) Ihr Gericht steht im Wettbewerb, nämlich zum Europäischen Gerichtshof und zum Europäischen Menschenrechtsgerichtshof. Wie wollen Sie sich behaupten?
Voßkuhle: Unsere Aufgabe der nächsten Jahre wird es sein, uns im Verbund mit den europäischen Gerichten deutlich zu positionieren und unser Zusammenspiel weiter zu verbessern.
FAZ: Immer öfter gehen Kläger erst vergeblich nach Karlsruhe, um dann in Luxemburg oder Straßburg zu siegen – schlecht für Ihr Image.
Voßkuhle: Da die drei Gerichte auf unterschiedlicher normativer Grundlage entscheiden, kann es in Einzelfällen tatsächlich zu divergierenden Entscheidungen kommen. Damit müssen alle Beteiligten leben. Wir sollten nur aufpassen, dass die Bürger nicht insgesamt das Vertrauen in die höchsten Gerichte verlieren. Deshalb muss die Zusammenarbeit zwischen den Gerichten und die Abstimmung ihrer Entscheidungstätigkeit weiter intensiviert werden.
FAZ: Lassen sich die Standards des Grundgesetzes nach Europa exportieren?
Voßkuhle: In Europa besteht ein permanenter Wettbewerb der Rechtssysteme um gute Konfliktlösungen. In der Vergangenheit schien mir die deutsche Politik nicht besonders daran interessiert, deutsche Rechtsvorstellungen in europäische Regeln einfließen zu lassen. Langsam setzt sich aber die Auffassung durch, dass wir auch im Bereich des Rechts für unsere nationalen Errungenschaften werben und kämpfen müssen.

Melanie Amann/Inge Kloepfer: Im Gespräch: Andreas Voßkuhle. „Mehr Europa lässt das Grundgesetz kaum zu", Frankfurter Allgemeine Zeitung v. 25.9.2011, in: http://www.faz.net/ (Zugriff: 9.3.2013)

Die EU und die Nationalstaaten – wer ist zuständig?

Mit jeder Vertragserweiterung haben sich die Kompetenzen der Europäischen Union gegenüber ihren Mitgliedsstaaten erweitert. Inzwischen ist es schwierig, einen Überblick über die nationalen und supranationalen Organe, ihre Aufgaben und Entscheidungsbefugnisse zu behalten. Weil auf europäischer Ebene mittlerweile so weitreichende Entscheidungen für das Leben aller EU-Bürger getroffen werden, lässt sich vielerorts in Europa Angst vor einer Zentralisierung der EU-Zuständigkeiten sowie von Souveränitätseinbußen und einer Unterwanderung des Nationalstaats beobachten. Dabei kann die Übertragung nationalstaatlicher Souveränität durchaus von Vorteil sein: So können EU-weite Regelungen getroffen werden, die im Interesse vieler sind, aber bei einer reinen multilateralen Zusammenarbeit der Nationalstaaten vermutlich gescheitert wären.
Seit dem Inkrafttreten des Vertrags von Lissabon 2009 – und auch im Zuge seiner Entstehung – wurde sowohl auf EU- als auch nationaler Ebene über die Vor- und Nachteile diskutiert, die die zunehmende Kompetenzverlagerung von den Nationalstaaten hin zu EU mit sich bringt. Im ordentlichen Gesetzgebungsverfahren spielen die Mitgliedsstaaten aber weiterhin eine wichtige Rolle: In den Organen der EU können deutsche Politiker bereits Einfluss auf die Formulierung einer Richtlinie nehmen. Nachdem die Richtlinie alle Instanzen der EU durchlaufen hat, prüft zunächst das betreffende Bundesministerium, wie die Richtlinie umgesetzt werden kann, und erarbeitet schließlich einen nationalen Gesetzesentwurf.

Die Europäische Zentralbank in Frankfurt am Main – Übertragung nationaler Kompetenzen an eine Institution der EU

1. Bearbeiten Sie M 37: Teilen Sie den Kurs in zwei Kleingruppen, die jeweils eine Sichtweise vorbereiten und in der Diskussion vertreten sollen. Die Diskussion selbst sollte durch einen Moderator strukturiert werden.
2. Stellen Sie im Anschluss daran die Argumente gegenüber und besprechen Sie sie anhand des Materials M 38.
3. Arbeiten Sie heraus, inwiefern die Souveränitätsabgabe an die EU im Rahmen der Gemeinschaftspolitik von Vorteil ist bzw. wo Nachteile entstehen.
4. Diskutieren Sie im Kurs die Zuständigkeiten der EU sowie der Nationalstaaten. Hat die Bundesrepublik Deutschland ausreichende politische Handlungsmöglichkeiten?
5. Führen Sie eine Pro-Kontra-Debatte zur Frage: „Wird Deutschland von Brüssel aus regiert?"

M35 Die Umsetzung einer EU-Richtlinie in nationales Recht

Die Gesetzgebungsprozesse in der EU sind manchmal ziemlich kompliziert. Grob kann man sich jedoch merken: Die Kommission schlägt vor, der Rat entscheidet unter Mitwirkung des Parlaments.

Am 20. Oktober 2005 trat die Richtlinie 2005/36/EG in Kraft (s. S. 128). Alle Mitgliedsländer der EU haben nun die Aufgabe, die Richtlinie in ihr nationales Recht umzusetzen. Die Bundesregierung muss nun aktiv werden, damit die Ziele der Richtlinie rechtzeitig in Deutschland gültig werden.

Zwei Jahre Zeit gibt es dafür, denn eine Richtlinie muss in Deutschland noch den kompletten Gesetzgebungsprozess durchlaufen. Zunächst wird geprüft, ob ein neues Gesetz für Deutschland geschrieben wird oder ob bestehende Regelungen aktualisiert werden. Bei der Richtlinie 2005/36/EG ist Letzeres der Fall. Hier müssen etwa 80 Änderungsgesetze geschrieben und zudem noch zahlreiche Rechtsverordnungen überarbeitet werden. Jede Menge Arbeit. Wer sie erledigen muss, ob der Bund oder die Länder, entscheidet sich nach dem Inhalt des Gesetzes. An der Richtlinie 2005/36/EG arbeiten sechs Bundesministerien und jeweils drei bis fünf Ministerien in den Ländern.

Liegen die Kompetenzen beim Bund, legt die Bundesregierung eines Gesetzesentwurf vor und schickt ihn vorab an den Bundesrat, damit er sich dazu eine Meinung bilden kann. Dann wird der Regierungsentwurf in den Deutschen Bundestag eingebracht, wo die erste Lesung im Plenum stattfindet. Die eigentlich fachliche Detailberatung findet in den Ausschüssen des Bundestages statt. Der federführende Ausschuss legt seinen Standpunkt fest und schlägt ihn dem Plenum vor. Diese Empfehlung behandelt dann der Bundestag in der Zweiten Lesung. Die Dritte Lesung mit der Schlussabstimmung kommt direkt im Anschluss, sofern es keine Änderungswünsche gibt.

Ist ein Gesetz vom Bundestag verabschiedet, wird es sofort an den Bundesrat geschickt, über den die Länder an der Gesetzgebung des Bundes mitwirken. Je nachdem, ob ein Gesetz der Zustimmung des Bundesrates bedarf (Zustimmungsgesetz) oder ob er nur Einspruch erheben darf (Einspruchsgesetz), regelt sich das Verfahren.

Ist der Bundesrat mit dem vom Bundestag verabschiedeten Entwurf nicht zufrieden, kommt auch hier ein Vermittlungsausschuss ins Spiel. Er hat die Aufgabe, den Gesetzentwurf so zu ändern, dass beide Seiten einverstanden sind. Im Falle von Einspruchsgesetzen kann der Bundestag dem Bundesrat aber überstimmen, wenn es keine Einigung gibt. Dann kann das Gesetz in Kraft treten, ebenso wenn der Bundesrat nichts zu bemängeln hat oder eine Einigung im Vermittlungsausschuss erreicht wurde. Vorher muss es die Bundesregierung noch einmal gegenzeichnen, und der Bundespräsident muss es unterschreiben. Danach wird das Gesetz im Bundesgesetzblatt verkündet.

Glasklar-Magazin des Deutschen Bundestags, 2012, Heft 5, S. 22

Surftipp: Die Internetseite des Deutschen Bundestags erklärt in einer informativen Flash-Animation den Weg eines Gesetzes: www.bundestag.de/blick-punkt/108_Glasklar/030_informieren/04/flash.html

Zeichnung: Schwarwel

M 36 Verstärkte Zusammenarbeit in der EU

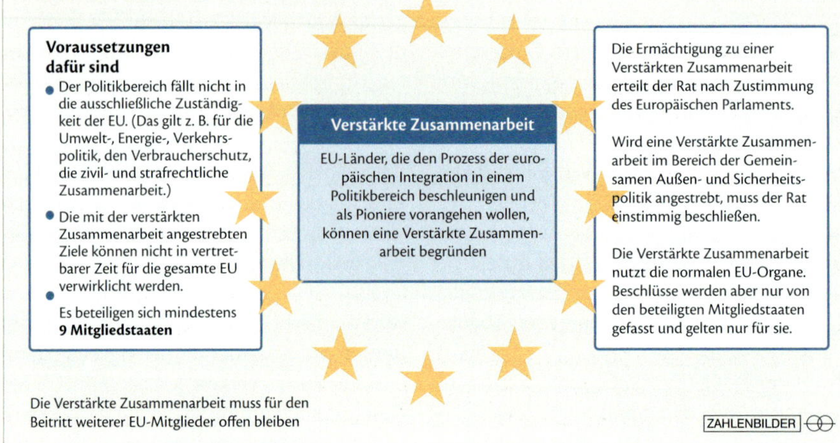

M 37 Zuständigkeiten der EU

Die Europäische Union besitzt nach aktueller Vertragslage weitreichende legislative, exekutive und judikative Kompetenzen. Der Prozess einer „Entstaatlichung", d.h. eines schrittweisen Entzugs nationaler Entscheidungskompetenzen, wie er seit Jahren zu beobachten ist, führt zu einer seit längerem geführten Debatte über die Macht und Ohnmacht der Europäer, die Zuständigkeit der EU und ihrer Mitgliedsstaaten und der Frage, wie viel alleinige Entscheidungsgewalt die deutschen Organe noch besitzen.

a) „Der europäische Werkzeugkasten des Bundestages"

Durch den Lissabon-Vertrag und die deutschen Begleitgesetze hat das deutsche Parlament viele neue Rechte bekommen.

Häppchen gab es nicht, und am Ende vermeldete Hermann Otto Solms (FDP) (...) gewohnt sachlich: „Ich schließe die Aussprache." So unspektakulär endete vor zwei Wochen eine Premiere im Bundestag – die einstündige Debatte zu den geplanten Beitrittsverhandlungen der Europäischen Union (EU) mit Island. Dabei hatte der Bundestag erstmals von seinem neuen Recht Gebrauch gemacht, über die Aufnahme von Beitrittsverhandlungen mit einem EU-Beitrittskandidaten abzustimmen. Die Abgeordneten nutzten ihre Befugnis, die Bundesregierung bei Verhandlungen auf ihre Position zu verpflichten. Nur „aus wichtigen außen- oder integrationspolitischen Gründen" darf diese nun vom Beschluss abweichen, mit dem der Bundestag der Aufnahme von Verhandlungen mit Island zugestimmt hat.

Vetorechte

Dieses Recht ist eines in einer Reihe zusätzlicher Beteiligungsrechte, die das Parlament mit dem Inkrafttreten des Vertrags von Lissabon erhalten hat: In elf Artikeln weist der Vertrag selbst den nationalen Parlamenten nunmehr eine Rolle zu. Größtenteils handelt es sich dabei um Informationsrechte und Unterrichtungspflichten; festgelegt sind aber auch Vetorechte. So kann der Bundestag etwa verhindern, dass sogenannte Brückenklauseln genutzt werden. Diese Klauseln ermöglichen es, den Abstimmungsmodus im Ministerrat zu ändern. Wo normalerweise alle Vertreter der Regierungen zustimmen müssen, reicht nach erfolgreicher Aktivierung der Brückenklausel eine qualifizierte Mehrheit aus. Die nationalen Parlamente haben die Möglichkeit, eine solche Änderung innerhalb von sechs Monaten direkt auf europäischer Ebene zu stoppen. Umfangreich geregelt ist auch, wie die nationalen Parlamente kontrollieren können, dass der Grundsatz der Subsidiarität eingehalten wird.

Wie effektiv diese Instrumente in der Praxis sein werden, ist unter Wissenschaftlern umstritten – Politiker aus dem EU-Ausschuss des Bundestags halten fraktionsübergreifend etwas anderes für entscheidender: „Es ist ein wichtiger Schritt, dass die nationalen Parlamente im Vertrag überhaupt genannt sind," sagt etwa Manuel Sarrazin (Bündnis 90/Die Grünen). „Die Mitverantwortung des Bundestags ist damit öffentlich manifestiert," betont auch Michael Roth (SPD).

Grundlegend neu

Rund 40 Jahre lang haben die nationalen Parlamente fast keine Rolle gespielt im Primärrecht, also in den vertraglichen Grundlagen der EU. Der Vertrag von Maastricht berücksichtigte sie 1992 zwar in einer Erklärung. Doch erst der Vertrag von Amsterdam verankerte sie 1997 im „Protokoll über die Rolle der einzelstaatlichen Parlamente in der Europäischen Union" im Primärrecht. Der Vertrag von Nizza brachte keine Änderungen. Anders nun im Vertrag von Lissabon. Allerdings: Die praktisch wichtigeren Veränderungen für die Abgeordneten folgen aus den Begleitgesetzen. Diese hatte der Bundestag im vergangenen Jahr im Anschluss an das Urteil des Bundesverfassungsgerichts zum Vertrag von Lissabon grundlegend neu strukturieren müssen. Das Gericht hatte kritisiert, dass zu viele Entscheidungen auf europäischer Ebene allein von der Bundesregierung getroffen werden können, und gefordert, den Bundestag stärker einzubinden. Diese Zuständigkeit ist nun im „Integrationsverantwortungsgesetz" ausbuchstabiert. Dort sind mehr als 25 verschiedene Fälle genannt, in denen Bundestag und Bundesrat künftig ein Gesetz beschließen oder einen Beschluss fassen müssen. Meistens darf die Regierung erst danach in Brüssel ihre Stimme abgeben. Praktisch bedeutsam dürfte vor allem die „Flexibilisierungsklausel" sein: Die Vorschrift ermöglicht es dem Ministerrat, ausnahmsweise europäische Vorschriften auch ohne ausdrückliche EU-Kompetenz zu erlassen. Seit dem Inkrafttreten des Vertrags von Nizza im Jahr 2001 weist die Europa-Datenbank „EUR-Lex" mehr als 240 dieser Fälle aus. In Zukunft müssen Bundestag und Bundesrat solchen Ausnahmen zustimmen.

In Gesetzesform gegossen wurde auch die Kooperationsvereinbarung zwischen Bundestag und Bundesregierung: Das „Zusammenarbeitsgesetz" (EUZBBG) konkretisiert die in Artikel 23 des Grundgesetzes festgelegte Unterrichtungspflicht der Bundesregierung in europäischen Fragen gegenüber dem Parlament. Es enthält außerdem Details zum Recht des Bundestages auf Stellungnahmen zu EU-Vorhaben und das Erfordernis des Einvernehmens vor dem Beginn von Beitrittsverhandlungen. Die Premiere zu Island sei übrigens auch ohne Häppchen und Sekt „hervorragend und beispielgebend gelaufen," findet Veronika Bellmann (CDU).

Steffi Menzenbach: Der europäische Werkzeugkasten des Bundestages, in: Das Parlament, Heft 18, 2010, in: http://www.das-parlament.de (Zugriff: 16.11.2012)

b) „Europa entmachtet uns und unsere Vertreter"

Die Menschen sind verunsichert, und sie sind zunehmend zurückhaltend und skeptisch gegenüber der EU, weil sie den Integrationsprozess nicht mehr durchschauen, weil sie das Gefühl einer immer stärkeren, oft sachwidrigen Zentralisierung von Zuständigkeiten beschleicht, und weil sie nicht erkennen können, wer für welche Politik verantwortlich ist. Diese Sorgen sind sehr ernst zu nehmen, zumal sie nicht aus der Luft gegriffen sind. (...) In der Tat sind wir einer immer weiteren, oft sachwidrigen Zentralisierung von Kompetenzen weg von den Mitgliedstaaten hin zur Europäischen Union ausgesetzt. (...) Woher rührt die Tendenz zur Zentralisierung?

Eine erste Ursache liegt darin, dass auch EU-Politiker Politiker und EU-Beamte Beamte sind. Egal, ob sie in einem Ministerium oder in einer EU-Generaldirektion tätig sind: Wenn sie den Auftrag haben, die Umwelt oder potenziell diskriminierte Gruppen zu schützen, dann tun sie das möglichst weitreichend und schaffen so Regulierung.

Bei diesem Streben – bisweilen als gut gemeinter Versuch, Probleme zu lösen, bisweilen als simples Streben nach Einfluss und Macht – spielt es oft nur am Rande eine Rolle, ob die Union die erforderliche Kompetenz besitzt und ob eine EU-weite Lösung wirklich erforderlich ist.

Bei der Verfolgung der letztlich ja politisch vorgegebenen Ziele geschieht es daher auch immer wieder, dass die Europäische Union Dinge reguliert, die beileibe nicht EU-weit vereinheitlicht werden müssen oder für die die EU eigentlich gar keine Kompetenz besitzt. Als Rechtfertigung dient dabei immer wieder das Argument, dass die Mitgliedstaaten keine vergleichbare Regulierung verfügt hätten und daher das Problem nur von der EU gelöst werden könne.

Ein Beispiel sind die massiven Eingriffe in das materielle Arbeitsrecht durch die Diskriminierungsgesetzgebung der Union, obwohl die inhaltliche Ausgestaltung des Arbeitsrechts in die Zuständigkeit der Mitgliedstaaten fällt.

Eine zweite Ursache für sachwidrige Zentralisierung ist das in Brüssel sogenannte Spiel über Bande. Ein nationales Ministerium, etwa das deutsche Bundesumweltministerium, das ein Regulierungsvorhaben auf nationaler Ebene nicht durchsetzen kann – weil zum Beispiel der deutsche Arbeitsminister Widerstand leistet oder es im Bundestag nicht mehrheitsfähig wäre –, „ermutigt" die zuständige Generaldirektion in der Europäischen Kommission diskret, dieses Vorhaben EU-weit zu verwirklichen. In Brüssel trifft dies aus den soeben geschilderten Gründen meist auf ausgeprägte Bereitwilligkeit. Das EU-Vorhaben durchläuft dann den üblichen Gesetzgebungsprozess. Am Ende entscheidet der Ministerrat darüber. In dem sitzen aber im Regelfall genau dasjenige Ministerium, das den Vorschlag überhaupt erst angestoßen hat, und die entsprechenden Fachministerien der anderen Mitgliedstaaten, im Beispiel also 27 Umweltministerien.

Die erforderliche Abwägung auf nationaler Ebene, oft genug auch auf EU-Ebene, etwa mit arbeitsmarktpolitischen Belangen, kommt als Folge dieses Spiels über Bande regelmäßig zu kurz, denn andere Ministerien und vor allem die Parlamente in den Mitgliedstaaten werden nicht einmal näherungsweise in den Entscheidungsprozess eingebunden, wie es für Rechtsakte auf nationaler Ebene selbstverständlich ist und wie es die Verfassungen der Mitgliedstaaten eigentlich vorschreiben.

Vieles, was auf nationaler Ebene nicht durchsetzbar ist, wird so über den Umweg nach Brüssel umgesetzt – jetzt sogar europaweit. Folge ist eine fortschreitende Zentralisierung, angestoßen durch nationale Partikularinteressen.

Als dritte Ursache sind die sogenannten „package deals" im Ministerrat zu nennen. Um Mehrheiten bei der Beschlussfassung zu bilden, werden zwischen den Vertretern der Mitgliedstaaten Allianzen geschlossen und dabei oft sachlich nicht zusammengehörige Vorhaben gebündelt und Kompensationsgeschäfte vereinbart. Gemäß der politischen Verhandlungslogik führen solche Bündnisse im Regelfall zu mehr Regulierung, nicht zu weniger.

Die vierte Ursache für sachwidrige Zentralisierung ist die Rechtsprechung des Europäischen Gerichtshofs. Er offenbart in seinen Urteilen zu Kompetenzfragen die systematische Neigung, zugunsten einer EU-Zuständigkeit zu entscheiden, solange sich dafür irgendwie eine Begründung finden lässt.

Roman Herzog/Lüder Gerken: Die Europäische Union gefährdet die parlamentarische Demokratie in Deutschland, in: Welt am Sonntag v. 14.1.2007

M38 Europa und Deutschland im Licht europäischer Integrationstheorien

Theorien europäischer Integration sollen dazu beitragen, den Integrationsprozess und die Funktionsweise des europäischen politischen Systems über den Einzelfall hinaus beschreiben, erklären und mitunter auch normativ beurteilen zu können.

a) Neofunktionalismus

Integration ist für Neofunktionalisten immer ein Prozess, der sich nur durch das Einbeziehen einer Vielzahl von unterschiedlichen Faktoren und Akteuren erklären lässt und der oftmals wenig linear, geschweige denn politisch planbar, abläuft. (...) Die zwischenstaatliche Integration (die in Wirtschaftssektoren beginnt) wird zu einem funktionalen Druck führen, weitere mit dem ursprünglichen Bereich verbundene Sektoren zu integrieren, um das Ziel zu erreichen (Zum Beispiel erfordert wirtschaftliche Integration der Schwerindustrie auf kurz oder lang auch eine Harmonisierung des Transportes von Gütern oder auch die Abstimmung auf gemeinsame Finanzpolitik, etwa in Form einer Währungsunion). Dieser sog. Funktionale spillover (...) führt zu einer immer größeren Verflechtung der Nationalstaaten. (...) Integration ist ein nicht ausschließlich durch das Handeln von Staaten und Regierungen bestimmter Vorgang. Vielmehr schafften gesellschaftliche Gruppen Zwänge zur Ausweitung und Vertiefung der Integration, denen sich auch die Regierungen nicht entziehen können. So gesehen erscheint der Nationalstaat alles andere als die Triebkraft der europäischen Einigung. (...) Gesellschaftliche Akteure (*wirken*) auf zentrale mit der Regelung bestimmter transnationaler Politikbereiche vertraute Institutionen ein. (...)

So kommt es auch, dass unterschiedliche Interessen an einer Sache bestehen, wobei deren allgemeine Akzeptanz stark von dem zu erwartenden Nutzen abhängt. Die Chancen für das Gelingen (...) werden daher umso größer, je mehr Interessen dadurch befriedigt werden. (...) Die zentralen Akteure (...) sind (...) nicht in der Gestalt großer Staatsmänner zu finden. Die Nationalstaaten und ihre Regierungen treten vor allem als (...) hemmende Kräfte auf. Sie versuchten durch Taktiken des Umgehens, Ignorierens und Sabotierens die Entscheidungen zu umgehen.

Andreas Grimmel/Cord Jakobeit (Hg.): Politische Theorien der Europäischen Integration, Wiesbaden 2009, S. 99 ff.

b) Intergouvernementalismus

Der Intergouvernementalismus lässt sich als zentraler Gegenspieler all derjenigen Theorien begreifen, die das Verschwinden des Nationalstaats in Europa prophezeiten. Insofern richtet sich die Kritik vor allem gegen die neofunktionalistischen Prognosen, die eine stetige Abgabe von nationalstaatlichen Kompetenzen auf die supranationale Ebene voraussagten. (...) Der Dreh- und Angelpunkt und zugleich die zentrale Analyseeinheit ist und bleibt für den Intergouvernementalismus der Nationalstaat. Allerdings sind die Staaten hier weit mehr als bloße Teilchen im internationalen Machtgefüge. (...) Zunächst einmal sei das internationale System durch seine einzelnen Teile – die Staaten – geprägt. Jedes einzelne Teil des Systems sei nun wiederum durch seine ganz spezifischen historischen und geografischen Bedingungen und (...) innenpolitischen Eigenheiten bestimmt. (...) Festzuhalten ist also, dass Staaten, wenn sie aufeinandertreffen, durch eine Vielzahl unterschiedlicher Beweggründe geleitetet werden und dass eine Einigung gerade durch diese vielschichtigen Differenzen erschwert wird. (...) Aus intergouvernementalistischer Sicht kann Kooperation nur durch den autonomen Willen der Staaten – vertreten durch ihre Regierungen – entstehen. Staaten werden immer dann zur Zusammenarbeit bereit sein, wenn es zwischen ihnen zur „Konvergenz" von „nationalen Interessen" (...) kommt. Entscheidend dabei ist eine ähnliche Wahrnehmung der gegenwärtigen Situation (...) und eine geteilte Vision von der gemeinsamen Zukunft. Dennoch stößt Integration, verstanden als das Zusammenwachsen von Nationalstaaten und die Entstehung eines neuen Gemeinwesens, im Intergouvernementalismus schnell an seine Grenzen. (...) Der Nationalstaat ist damit (...) zentraler Akteur.

Andreas Grimmel/Cord Jakobeit (Hg.): Politische Theorien der Europäischen Integration, Wiesbaden 2009, S. 138 ff.

c) Multi-Level-Governance

Eine Theorie muss in der Lage sein, die Welt greifbar zu machen, ohne sie zu verfälschen (oder unzulässig zu vereinfachen). Genau dies ist jedoch die Kritik der Mehrebenenansätze an den staatszentrierten Modellen der europäischen Integration. Der Fokus (...) liege noch immer auf dem einzelnen Staat, obgleich dieser im europäischen Mehrebenensystem sukzessive an Einfluss verloren habe (...). Der Staat habe zwar immer noch eine zentrale Position im Mehrebenensystem, könne heute aber nicht ohne Unterstützung subnationaler und supranationaler sowie anderer nationaler Akteure seiner Lenkungs- und Steuerungsfunktion nachkommen. (...) Anstatt dem Staat als politische Form der Organisation bestimmte Ziele, Interessen und Präferenzen zuzuschreiben, soll der Blick auf die einzelnen, am Prozess beteiligten Akteure gelenkt werden. (...) So bestimmt der Abstimmungsmodus im Rat sicherlich zu einem gewissen Grad die Verhandlungsführung und Beschlussfassung der beteiligten Politiker. Auch werden die Mitglieder der Kommission kaum die Interessen ihres Heimatlandes vertreten können, obgleich sie in der Regel lange Jahre nationale Ämter besetzten. Hier spielen Institutionen ohne Zweifel eine wichtige Rolle. Es wäre aber zu vereinfachend, davon auszugehen, dass Individuen, sobald sie ein bestimmtes Amt bekleiden oder sich in einem bestimmten institutionellen Gefüge bewegen, diesem willenlos untergeordnet sind. (...) Zwar sei der Einfluss der Staaten (...) weiterhin groß, doch zeige sich, dass (die europäische Politik) zunehmend von anderen Akteuren (Parlamente, Bevölkerung) bestimmt werde.

Andreas Grimmel/Cord Jakobeit (Hg.): Politische Theorien der Europäischen Integration, Wiesbaden 2009, S. 315 ff.

EU-Lobbyismus – macht die „fünfte Gewalt" die europäische Politik?

„Der Klimawandel schreitet unaufhaltsam voran," so liest man immer wieder in den Nachrichten. Um in dieser gesellschaftlichen Herausforderung des 21. Jahrhunderts eine gemeinsame politische Linie zu finden, hat die Europäischen Union 2007 Grenzwerte des CO_2-Ausstoßes für Neuwagen geplant. Ab 2010 mussten die Autohersteller Angaben über die Abgasemissionen ihrer Autos an die EU melden. Aus diesen Daten hat die EU Zielvorgaben erstellt, die ab 2012 verbindlich sind. Halten die Hersteller die Obergrenze von 120 g CO_2/km nicht ein, drohen Strafen.

Während des Entscheidungsprozesses in den unterschiedlichen Institutionen der EU versuchte der Interessenverband der Automobilhersteller die Obergrenzen für Abgase möglichst hoch anzusetzen, da sonst das lukrative Geschäft mit stark motorisierten Luxuslimousinen oder Sportwagen bedroht gewesen wäre. Während sog. Lobbyisten der Autohersteller versuchten, den von der EU geplanten Grenzwert anzuheben, wirkten Umweltverbände wie Greenpeace u. a. darauf hin, die geplanten Emissionsobergrenzen durchzusetzen.

Die Auseinandersetzung um die Auto-Emissionen ist nur ein Beispiel für Lobbyismus: Verbände, Vereinigungen und Organisationen verstehen ihre Aufgabe darin, eigene Interessen öffentlich zu machen und in den politischen Entscheidungsprozess in der EU einzubringen. Damit bilden sie die Schnittstelle zwischen den vielfältigen Interessen einer pluralistischen Gesellschaft und politischen Entscheidungsträgern. Allerdings wird Lobbyismus in der öffentlichen Wahrnehmung nicht als gemeinwohlorientierte Interessensvermittlung wahrgenommen, sondern vor allem als organisierte Einflussnahme von Interessengruppen auf die Politik mit fließendem Übergang zu illegaler Beeinflussung und Korruption.

Die EU hat 2008 für mehr Transparenz und Kontrollierbarkeit der Interessengruppen ein freiwilliges Register für Lobbygruppen angelegt. Reicht das aus? Ist Lobbyismus eine legitime Form politischer Einflussnahme? Braucht die EU ein verbindliches Lobby-Register? Wo liegt die Grenze zwischen legaler Interessensvermittlung und illegaler Einflussnahme?

Eine Analyse des EU-Lobbying am Beispiel der Aushandlung des CO_2-Grenzwertes für Neuwagen lässt Rückschlüsse auf die Funktionsweise des Entscheidungsprozesses in der EU zu. Am Ende dieses Kapitel sind Sie in der Lage, die Rolle der EU-Lobbyisten als „fünfte Gewalt" europäischer Politik zu beurteilen.

Zeichnung: Stuttmann

1 Entwickeln Sie anhand der oben stehenden Karikatur problemorientierte Leitfragen/Thesen zur Rolle des Lobbying in der Europäischen Union, die Ihnen als Ausgangspunkt für die Erarbeitung der nachfolgenden Materialien dienen kann.

2 Systematisieren Sie die Positionen der Interessenverbände zur Schaffung EU-weiter Obergrenzen für den CO_2-Ausstoß. Mögliches Produkt: Mindmap, Flussdiagramm, Schaubild.
a) Stellen Sie dazu die Positionen der Verbände gegenüber (**M 40**).
b) Erläutern Sie das Lobbying in der Europäischen Union (**M 39** und **M 41**).
c) Recherchieren sie zusätzlich die aktuellen Entwicklungen zum EU-Lobbying.

3 Diskutieren Sie abschließend, ob der Einfluss der Lobbyisten als „fünfte Gewalt" auf europäischer Ebene legitim ist.
a) Ziehen Sie für die Diskussion die Informationen des Fallbeispiels „CO_2-Ausstoß" sowie demokrathietheoretische Positionen (**M 42**) heran.
b) Überprüfen Sie die rechtlichen Voraussetzungen, unter denen EU-Lobbyismus möglich ist (*s. auch S. 118–123*).

M39 Lobbying in der EU

Der Begriff des Lobbying ist in der Öffentlichkeit negativ besetzt. Die versuchte Einflussnahme auf politische Entscheidungen in Europa weckt Assoziationen von unkontrollierter Politikmanipulation bis hin zur Korruption. Grundsätzlich scheint die politische Durchsetzung von individuellen Interessen zulasten des Allgemeinwohls zu geschehen. Dies ist vor allem dann der Fall, wenn man – wie der politische Denker Jean-Jacques Rousseau (*s. S. 29, 39*) – von einer volonté générale, einem Gemein- oder Volkswillen ausgeht, der sich nur bei Abwesenheit von Teilgesellschaften herausbilden kann. Im Gegensatz zu dieser Vorstellung versteht man in der amerikanischen Politiktradition unter Allgemeinwohl die Summe der Partikularinteressen eines Landes. Deshalb wird dort für eine größtmögliche Vielfalt an Interessenvertretung – für Pluralismus – plädiert.

Auch wenn man zunächst annahm, dass sich die korporatistischen Traditionen einzelner Mitgliedstaaten auf das supranationale Niveau verlagern würden, hat sich in der EU tatsächlich ein solcher Pluralismus herausgebildet. Ohne nationale Interessenpolitik vollständig zu ersetzen, ist supranationale Verbands- und Lobbyarbeit ein wichtiger Bestandteil der europäischen Interessenpolitik geworden. Interessenvertretung in Europa bedeutet deshalb heute, sowohl national, regional wie auch europaweit tätig zu sein.

Betrachtet man die Entwicklung der europäischen Verbände, so zeigt sich, dass sich diese in Reaktion auf supranationale Politikinitiativen formiert haben: Sowohl die Gründung der Europäischen Gemeinschaft wie auch das Binnenmarktprojekt führten zu einem bemerkenswerten Anstieg an supranationalen Verbandsgründungen. (...) Mit seinen über 10 000 geschätzten Lobbyisten hat Brüssel heute die zweitgrößte Lobbyingindustrie, auch wenn sie nur halb so groß ist wie die in Washington, D. C.

Die Zusammensetzung der europäischen Interessenlandschaft reicht von Wirtschaftsverbänden und Unternehmensvertretungen, Gewerkschaften, regionalen Gruppen, Umweltorganisationen, humanitären und gemeinnützigen Einrichtungen und Verbraucherschutzorganisationen bis hin zu Koalitionen zwischen Mitgliedern verschiedener Kategorien, wie beispielsweise dem Verband europäischer Biertrinker. Zählt man Wirtschafts-, Agrar- und Berufsverbände zusammen, zeigt sich allerdings, dass etwa 70 Prozent der organisierten Interessenvertretungen wirtschaftliche Ziele verfolgen. Diese Beobachtung nahmen Europakritiker zum Anlass, Lobbyismus als Gefahr für politische Entscheidungsfindung in Europa zu deuten.

Cornelia Woll: Herrschaft der Lobbyisten in der Europäischen Union?, in: Aus Politik und Zeitgeschichte, Nr. 15–16/2006, in: www.bpb.de (Zugriff: 12.2.2012)

Korporatismus: lat. „corporatio" = Körperschaft; politisches und ökonomisches System, in dem die einzelnen Interessengruppen (Korporationen), vor allem der Arbeitgeber und Arbeitnehmer, Löhne und Arbeitsbedingungen in friedlichem Einvernehmen aushandeln

Greenpeace protestiert gegen die Festlegung zu hoher CO_2-Emissionen durch die EU, 2008 (*s. auch S. 150 f.*)

Der **Verband der Deutschen Automobilindustrie** vertritt die Interessen der deutschen Automobilhersteller und -zulieferer. Die Aufgabe des Verbands ist es, auf politische Entscheidungen Einfluss zu nehmen, die die Wettbewerbsfähigkeit der im Verband angeschlossenen Unternehmen beeinflussen können

M 40 Interessenverbände über die Einführung eines EU-weiten CO_2-Grenzwertes für Neuwagen

Die Umweltschutzorganisation Greenpeace und der Verband der Deutschen Automobilindustrie (VDA) zur Einführung eines EU-weiten CO_2-Grenzwertes:

a) Greenpeace: Zu hohe CO_2-Obergrenzen beschlossen

Das EU-Parlament wird von der Autoindustrie an der Nase herumgeführt. (...) Die massive Lobbyarbeit vor allem der deutschen Autoindustrie scheint wieder einmal Wirkung zu zeigen.
Der am Donnerstag im Europäischen Parlament getroffene Beschluss den CO_2-Ausstoß bei Pkw, nicht wie bisher geplant auf 120 g/km bis 2012 senken zu wollen, sondern lediglich auf 125 g/km bis 2015, ist ein Rückschritt beim Klimaschutz im Verkehrsbereich. „Das Europäische Parlament sendet damit ein klares Signal an die deutsche Autoindustrie: Ihr könnt uns gerne weiter an der Nase herumführen! Nur mit einer Beschränkung des durchschnittlichen CO_2-Ausstoßes auf 120 g/km pro Pkw bis 2012 und auf 80 g/km bis 2020 werden die notwendigen Reduktionen im Verkehrsbereich möglich werden," so Niklas Schinerl von Greenpeace (*s. S. 105*).
Während es in vielen anderen Sektoren gelingt, die CO_2-Emission relativ konstant zu halten, steigt der CO_2-Ausstoß im gesamten Verkehrssektor ununterbrochen an. Um der gesetzlichen Verankerung einer Reduktion der CO_2-Emissionen zu entgehen, hat die deutsche Autoindustrie im Zuge einer freiwilligen Selbstkontrolle bereits 1998 versprochen, die CO_2-Emissionen bis 2008 auf 140 g/km zu reduzieren. Davon ist sie aber meilenweit entfernt und wird dieses Ziel auch nicht mehr erreichen. Derzeit liegt der Durchschnitt der Neuwagen europaweit bei zirka 160g/km. In manchen Ländern wie Österreich war die Tendenz im letzten Jahr sogar wieder ansteigend.
„Mit dem Kompromiss einer Reduktion auf 125 g/km bis 2015 pro PKW schenkt auch die Mehrheit des Parlaments den Lobbyisten der Autoindustrie Glauben und fällt auf ihre Verwässerungs- und Hinhaltetaktik hinein," zeigt sich Niklas Schinerl über das Abstimmungsergebnis enttäuscht. Seit Mitte der 1990er-Jahre herrschte in der Europäischen Union darüber Einigkeit, den CO_2-Ausstoß pro Neuwagen bis 2012 auf 120 g/km reduzieren zu müssen. Dabei wurde das 120 g/km-Ziel immer als verbindliches Ziel verstanden, das von der Autoindustrie durch neue technische Entwicklungen und Adaptierungen erreicht werden muss. Mit massiver Lobbyarbeit vor allem der deutschen Autoindustrie wurde bereits der deutsche Industriekommissär Verheugen davon überzeugt, dass bis 2012 lediglich eine Reduktion auf 130 g/km möglich sei.

Greenpeace: Zu hohe CO_2-Obergrenzen beschlossen, in: www.http://marktcheck.greenpeace.at/5059.98.html (Zugriff: 28.2.2012)

b) „Eine politische Herkulesaufgabe"

Mit Nachdruck hat sich Matthias Wissmann, Präsident des Verbandes der Automobilindustrie (VDA), erneut gegen die Pläne der EU-Kommission zur CO_2-Regulierung in Europa ausgesprochen. „Die deutsche Automobilindustrie würde nach dem Dimas-Barroso-Vorschlag besonders hart getroffen. So müsste beispielsweise Daimler den durchschnittlichen CO_2-Wert seiner Flotte um 26 Prozent und damit um mehr als das Doppelte senken, verglichen mit dem PSA(*Peugeot-Citroen*)-Konzern, obwohl Daimler heute nur um knapp ein Drittel höhere CO_2-Emissionen hat als PSA. Rund ein Drittel der französischen Produkte würde schon heute den Zielwert für das Jahr 2012 erfüllen. Auf diesem bequemen Polster könnten sich unsere Wettbewerber jenseits des Rheins ausruhen, während für die deutschen Hersteller die Latte immer höher gelegt wird. Die EU-Kommission hat sich offensichtlich weniger in den Dienst der Klimapolitik, sondern eher in den der frankophonen Industriepolitik gestellt", unterstrich Wissmann auf dem World Mobility Forum in Stuttgart. Das EU-Parlament verfolge Gott sei Dank einen wesentlich pragmatischeren und integrierten Ansatz. Wissmann: „Das ist schon eher wettbewerbsneutral und klimafreundlich. Im Zusammenspiel mit dem EU-Ministerrat, dem EU-Parlament und der Bundesregierung heißt es jetzt, die gravierenden Geburtsfehler Stück für Stück zu beseitigen. Eine politische Herkulesaufgabe!" Der VDA-Präsident kritisierte auch die Höhe der

geplanten Strafzahlungen. Es sei nicht nachvollziehbar, dass eine Tonne CO_2 die Chemie- oder Stahlindustrie lediglich 20 Euro koste, die EU-Kommission hingegen die Automobilindustrie mit bis zu 500 Euro pro Tonne belasten wolle. Bereits bei einer Zielabweichung von nur 1 g/km CO_2 über die gesamte Flotte müsste die europäische Automobilindustrie nach den Vorstellungen der EU-Kommission bis zu 1,3 Mrd. Euro an Kompensationszahlungen leisten. Wissmann: „Dies erscheint uns völlig überzogen." Wenn die Strafzahlungen in der genannten Höhe kommen sollten, wäre das Premiumsegment mit seiner starken Marktposition der deutschen Hersteller – Weltmarktanteil 80 Prozent – besonders betroffen. Wissmann betonte: „Das hätte natürlich auch Auswirkungen auf die Innovationskraft dieser Schlüsselbranche und damit auf die Sicherheit der Arbeitsplätze – allein bei den deutschen Premiumherstellern sind das über 200 000 Beschäftigte!"
Wissmann: „Das wäre Industriepolitik mit dem Deckmäntelchen der Umweltpolitik. Für den Klimaschutz wäre wenig erreicht. Und industriepolitisch wären die Hersteller schwerer Fahrzeuge bei einer solchen Vorgehensweise sogar gezwungen, ihr Produktprogramm massiv in Richtung Kleinwagen zu erweitern, da hier wesentlich geringere Leistungen gefordert werden." Wenn die 50 meist emittierenden Fahrzeuge den Kraftstoffverbrauch um 20 Prozent senken, würde das die gesamten CO_2-Emissionen gerade einmal um 0,4 Prozent reduzieren. Wenn hingegen die 50 meistverkauften Modelle den Verbrauch um 20 Prozent senken, entspreche das einer CO_2-Minderung von 14 Prozent. „Das heißt: Alle müssen ran, wir können die CO_2-Frage nicht allein mit der Oberklasse beantworten," betonte der VDA-Präsident. Die deutschen Hersteller seien durchaus bereit, in der Oberklasse mehr zu leisten als im Massenmarkt. (…)
Mit den zu erwartenden gesetzlichen Vorgaben, die CO_2-Emission von Pkw bis zum Jahr 2012 auf durchschnittlich 120 g/km zu reduzieren, könnten laut unterschiedlicher Studien jährliche Kosten zwischen 11 und 18 Milliarden Euro auf die Automobilindustrie zukommen, ohne dass hier bereits eventuelle Sanktionszahlungen berücksichtigt seien. Der Autofahrer habe zwar andererseits Vorteile durch einen geringeren Kraftstoffverbrauch der Neuwagen, doch werde dies die höheren Anschaffungskosten im günstigsten Fall erst über Jahre hinweg ausgleichen.

VDA: VDA-Präsident sieht „politische Herkulesaufgabe", in: http://www.vda.de/de/meldungen/archiv/2008/01/29/1941 (Zugriff: 19.2.2012)

M41 Beruf Lobbyist: „Ein guter Lobbyist muss Europa lieben"

Die EU macht 80 Prozent der Wirtschaftsgesetze – kein Wunder, dass Brüssel ein Mekka der Lobbyisten ist. Dort bieten Schulen sogar eine entsprechende Ausbildung an. Weil die Arbeit der Interessenvertreter undurchsichtig ist, startet die EU-Kommission nun ein Lobby-Register.

„Booze, Blondes and Bribes" – eine in den USA, Geburtsland der Interessenvertretung, gängige Assoziation für die Praktiken der Lobbyisten. Spätestens seit Gründung der europäischen Wirtschaftsgemeinschaft hat das angelsächsische Phänomen auch in Europa Einzug gehalten. Der sogenannte „Euro-Lobbyismus" ist längst Brüsseler Realität: 25 000 Menschen, so schätzt Christian Le Clercq, Gründer und Präsident von EIPAL, der ersten Lobbyingschule in Brüssel, zielen tagtäglich darauf ab, die Geschicke der europäischen Institutionen zu beeinflussen.
Beruf Lobbyist – die Nachfrage nach Aus- und Weiterbildungsangeboten ist trotz schlechten Images groß. Laut Definition beeinflusst der Lobbyist gezielt politische Entscheidungen, um Interessen von Unternehmen, Bürgern oder Nicht-Regierungsorganisationen (NROs) durchzusetzen. Dabei sind die Bezeichnungen für die Branche – Interessenvertretung, Public Affairs, politische Kommunikation, Politikberatung – so vielfältig wie das Metier selbst.
Ausländische Diplomaten, Vertreter der Wirtschaft und der Zivilgesellschaft sowie Hochschulabsolventen drücken gemeinsam die Lobby-Schulbank in Brüssel und werden in europäischer Institutionenkunde und Einflusspraktiken unterrichtet. 2850 Euro kostet ein Diplom. „Ein guter Lobbyist", so Le Clercq, „muss Europa lieben, mindestens drei Sprachen sprechen und die Branche kennen."

Enge Zusammenarbeit mit Beamten und Abgeordneten

Seine Schule arbeitet eng mit der Kommission zusammen. Entgegen aller Vorurteile ist das Verwaltungsorgan der EU kein Bürokratie-Monster, sondern beschäftigt für die Be-

Surftipps:

Informationen zur Transparenzinitiative der Europäischen Union:

http://ec.europa.eu/transpa-rency/index_de.htm
u.a. Statistiken über die Anzahl registrierter Lobbyisten

http://www.lobbycontrol.de/blog/
ist eine Internetseite von Anti-Lobbying-Aktivisten, die kritische Blogs publizieren und damit auf mehr Transparenz im EU-Lobbying hinwirken möchte

lange von 500 Millionen Bürgern nur 24 000 Beamte – nicht mehr als die Pariser Stadtverwaltung. Kein Wunder, dass angesichts der komplexen Gesetzestexte und Richtlinien EU-Funktionäre und Abgeordnete überfordert sind und externe Hilfe suchen. „Vertreter von Kommission und Parlament sind daran interessiert, die Meinungen der betroffenen Interessengruppen zu hören," erklärt Robert Mack, Brüsseler Chef von Burson Marsteller, dem weltweit größten und einflussreichsten Public-Relations-Unternehmen. Die Zusammenarbeit mit den Beamten laufe prinzipiell gut, beide profitierten von dem Handel an Informationen.

Eliteschulen als Karrieresprungbrett
Am allerwichtigsten ist die Kontaktpflege. Die ersten sozialen Netzwerke werden oft in privaten Eliteunis geknüpft, wie zum Beispiel dem College of Europe (CoE). Werbewirksam versichert Javier Solana, der „Hohe Vertreter der EU für Außen- und Sicherheitspolitik", auf der Homepage, dass aus dem College „sukzessive Generationen von europäischen Führern hervorgegangen sind" und „Ehemalige zu den bestqualifizierten Entscheidungsträgern zählen". Lobby-Schule will sich die angesehene Institution natürlich nicht nennen, ganz lobbyfern kann die Ausbildung jedoch nicht sein: Laut Robert Mack rekrutiert Burson Marsteller vor allem Absolventen des CoE.
Was macht man dann, als Angestellter der weltweit größten Lobbyfirma in Brüssel? „Es ist ein bisschen übertrieben, zu sagen, dass der Alltag eines Lobbyisten darin besteht, jeden Tag mit Politikern zu dinieren," findet Mack. „Aber man muss natürlich mit den Entscheidungstreffern in Kontakt treten, um ihnen seinen Blickpunkt zu unterbreiten." Das Ergebnis dieser Interaktion sei dann ein demokratischer Dialog.

Mehr Transparenz im Lobbydschungel
Lobbyismus als Helfer der Demokratie? Tatsache bleibt, dass die Interessenvertreter nicht demokratisch legitimiert sind. Und auch sonst ist wenig bekannt über Praktiken und Taktiken derjenigen, die aktiv am politischen Entscheidungsprozess der EU mitwirken. Das soll nun die Transparenzinitiative von Anti-Korruptions-Kommissar Siim Kallas ändern, in deren Rahmen auch ein freiwilliges Lobby-Register veröffentlicht wird. „Das Allerwichtigste im Geschäft ist, verantwortungsbewusst und ethisch korrekt zu handeln," meint auch Robert Mack und begrüßt das Register. Kritikern geht die Maßnahme jedoch nicht weit genug. „Am Lobbying-Register wurde viel Lobbyarbeit geleistet", gibt auch ein Sprecher von Kommissar Kallas zu.

Freiwilliges Lobby-Register der EU-Kommission
Im Rahmen der 2005 von Kommissar und Vizepräsident Siim Kallas ins Leben gerufenen Transparenz-Initiative veröffentlicht die Kommission am 23. Juni 2008 ein freiwilliges Internetregister für Lobbyisten. Sie sind dazu aufgerufen, sich zu registrieren und damit ihre Interessen, Kunden und Finanzen auszuweisen. Gleichzeitig mit der Registrierung unterschreiben sie einen Verhaltenskodex, der zusammen mit den Interessengruppen ausgearbeitet wurde. Ein geplanter Kontrollmechanismus soll die Angaben überprüfen. Die Einführung ist aber nur ein Etappenziel: Langfristig ist geplant, ein einziges Register gemeinsam mit dem EU-Parlament zu schaffen. Das Parlament würde dann nur eingetragene Lobbyisten in das Gebäude lassen. Faktisch wäre das bislang freiwillige Register dann Pflicht – auch ohne Gesetz.
Einen Vorteil hat das Register aber auf jeden Fall: Es gibt einen Überblick über das Ausmaß des Eurolobbyismus, den „bis jetzt keiner hat", so der Kommissionssprecher. Außerdem wird klar, welche Interessen überhaupt vertreten werden. Kim Otto ahnt es schon: „Es dominieren fast immer die Wirtschaftsinteressen." Der Journalist und Professor an der Macromedia-Hochschule in Köln hat aufgedeckt, dass die Europa-Politik sogar ganz direkt von Konzernen bestimmt wird: „Die EU-Kommission ist von Vertretern der Privatwirtschaft infiltriert."

Konzernvertreter schreiben an Richtlinien mit
Diese würden als zeitweilige Beamte an Richtlinien und Verordnungen mitarbeiten und dabei weiterhin von ihren Firmen bezahlt. Konzernvertreter übernehmen legal staatliche Aufgaben – das „In-House-Lobbying", laut Otto eine deutsche Erfindung, wird in zahlreichen Lobbying-Führern als das Nonplusultra der Einflussnahme beschrieben.
Während der Bundestag die Praktiken von Lobbyisten in Ministerien gerade prinzipiell bestätigt hat, will Kommissar Kallas dem jetzt aber in den EU-Behörden ein Ende bereiten und die Verträge der Leihbeamten auslaufen lassen.
Eva Dombo: „Ein guter Lobbyist muss Europa lieben", tagesschau.de 22.6.2008, in: http://www.tagesschau.de (Zugriff: 12.2.2012)

M 42 Demokratietheoretische Ansätze zum Lobbying in der EU

Greenpeace demonstriert gegen das Lobbying von Volkswagen in Brüssel, 2011

Politiknetzwerkanalyse, Pluralismus und Korporatismus werden mittlerweile kaum noch als theoretische Analyserahmen zur Erforschung von Interessenvermittlung herangezogen, da sich die Interessenschwerpunkte der Forschung hin zu handlungs- und demokratietheoretischen Fragen verschoben haben. (...) Welche Akteure beeinflussen politische Entscheidungen in welchem Maß und welchem Verhältnis zu anderen Akteuren? (...)

Ein anders gelagertes theoretisches Interesse betrifft die demokrathietheoretische Bewertung europäischer Interessenvermittlung. Bürger werden sich zunehmend der Tatsache bewusst, dass ihre öffentlichen Autoritäten – regionale und nationale Regierungen – immer weniger selbst entscheiden, sondern europäischen und internationalen Entscheidungen unterliegen. Eine Verlagerung von Kontrolle auf die internationale Ebene kreiert Unsicherheit und Sorge hinsichtlich der Rolle der Demokratie in einem politischen System, dass verschiedene Regierungsebenen miteinander verknüpft. Eine solche Perspektive auf die Rolle von Interessenvermittlung hat im Rahmen zunehmender Relevanz supranationalen Regierens im Laufe des letzten Jahrzehnts einen immer höheren Stellenwert erlangt. (...)

Die Beteiligung von Interessengruppen wird (...) vom Ansatz der deliberativen Demokrathietheorie befürwortet. Sie bezieht sich allerdings auf den Wert von Interessenvertretung als Ausdruck der organisierten Zivilgesellschaft. (...) Deliberative Demokratietheorie besagt, dass eine demokratische Entscheidung von der Deliberation der betroffenen Bürger entsteht, d. h., Mitglieder der Zivilgesellschaft debattieren eine Frage und kommen zu einer Lösung, die für alle akzeptabel ist und als das Beste für das Gemeinwohl erachtet wird. In diesem Kontext spielt das Konzept der Zivilgesellschaft eine besondere Rolle für deliberative Demokratie als der Platz, an dem öffentliche Debatte stattfinden kann, ob diese durch Interessengruppen organisiert oder nicht organisiert ist. (...)

Auch die assoziative Demokratietheorie beschäftigt sich mit dem Beitrag von organisierten Interessen zu demokratischem Regieren, allerdings mit sehr unterschiedlichen Schlussfolgerungen. Diese Theorie behandelt Zivilgesellschaft anders: Das Konzept sieht vor, durch eine deliberative Politik des Zusammenschlusses Fraktionen zu bilden, deren Gruppenbeitrag zu egalitär-demokratischem Regieren führen soll. (...) Vorgeschlagen wird hier, dass möglichst viele Funktionen von Regierungen an Freiwilligenorganisationen deligiert werden, unter der Voraussetzung, dass diese innerdemokratisch organisiert sind. Innerdemokratisch organisierte Gruppen werden als geeigneter erachtet, sowohl die Interessen von Individuen als auch kollektive Bedürfnisse in einer demokratischen Gesellschaft zu erfüllen. Diese Gruppen können die Bedürfnisse und Interessen der Gesellschaft besser repräsentieren, weil ihre Aktivitäten erstens von den Bürgern selbst ausgehen, d. h., sie schließen sich freiwillig zusammen, um kollektiv zu handeln. Zweitens unterliegen Verbände (...) zwei Kontrollgremien, den Mitgliedern und den öffentlichen Behörden. Diese doppelte Aufsicht wird als probates Mittel angesehen, für einen höheren Grad an Verantwortlichkeit gegenüber jenen, für die diese Funktionen ausgeübt werden.

Irina Michalowitz: Lobbying in der EU, Wien 2007, S. 45 ff.

Eine **deliberative Demokratie** betont die aktive Mitwirkung aller Bürger einer Demokratie im Sinne einer partizipatorischen Demokratie

Reform und Perspektiven der EU

Trotz enormer Anstrengungen der Union und seiner Mitgliedsstaaten, die europäische Integration voran zu bringen und die politischen, wirtschaftlichen und sozialen Rahmenbedingungen in Europa zu reformieren, steht die Gemeinschaft vor enormen Herausforderungen: Beitritte neuer Mitgliedsländer, Stärkung demokratischer Elemente auf supranationaler Ebene, Überwindung der Wirtschafts- und Finanzkrise und Sicherung der gemeinsamen Währung Euro, die Folgen des demografischen Wandels, die Lösung der Energiefrage, wirksame Maßnahmen gegen den in Europa agierenden Terrorismus oder die Balance zwischen den Interessen der Mitgliedsstaaten bspw. in der Agrarpolitik.

Die EU ist aber nicht nur ein institutionell verfasster, supranationaler Staatenbund, sondern auch eine Union der Bürger, die trotz kultureller und sozialer Vielfalt gemeinsame Werte wie Menschlichkeit, Demokratie, Rechtsstaatlichkeit respektieren. Deshalb müssen Überlegungen zur Zukunft der EU bei jedem EU-Bürger ansetzen: Was ist jedem Einzelnen wichtig für Europas Zukunft? Welche Herausforderungen bringt das 21. Jahrhundert für die EU und seine Bürger? Sollte wieder über eine gemeinsame Verfassung diskutiert werden? Muss die EU mehr Regelungsmöglichkeiten erhalten? Sollten aus einem Staatenbund die „Vereinigte Staaten von Europa" werden? Führen kulturelle Disparitäten zwischen den Mitgliedsstaaten sowie ihre geografische und soziale Lage zu Konflikten in der Zukunft? Welche Lösungsmöglichkeiten aktueller Probleme können für eine gemeinsame Zukunft in Europa entwickelt werden?

Am Ende dieses Kapitel zur Europäischen Union steht ein Ausblick: Sie selbst sind aufgefordert, Probleme zu erkennen und zu recherchieren, Wünsche zu formulieren sowie Ideen und Lösungswege zu erarbeiten und zu diskutieren.

Lösung der Eurokrise?
Zeichnung: Schwarwel

1 Entwickeln Sie in Kleingruppen mithilfe einer Zukunftswerkstatt Problemskizzen und Lösungsmöglichkeiten zum Thema „Die Zukunft Europas".

1. Findungsphase – Brainstorming
Notieren Sie auf einem Blatt Ihre Assoziationen: Was ist wichtig für Europas Zukunft? Hängen Sie alle Blätter gut sichtbar aus. Betrachten und diskutieren Sie die Ergebnisse in der Gruppe.

2. Arbeitsphase – Kritik und Utopie
Die Gruppe wird in Kleingruppen aufgeteilt. Je eine Gruppe analysiert die vorliegenden Materialien (**M 43– M 51**) und entwickelt Hypothesen/Fragen und erste Ideen. Recherchieren Sie selbstständig in der Kleingruppe Ihr Thema in allen Aspekten. Suchen Sie dabei bzw. entwickeln Sie selbst eigene Lösungskonzepte. Motto: „Angenommen, ihr habt die Macht und die Möglichkeiten ..., welche Lösungen für ... seht ihr?"

3. Präsentationsphase – Darstellung der Ergebnisse
Stellen Sie der gesamten Gruppe Ihre Recherchen vor. Konzentrieren Sie sich bei der Darstellung auf die Lösungsmöglichkeiten. Diskutieren Sie (entweder nach jeder Gruppe oder im Anschluss an alle Gruppen) die Realisierbarkeit der Lösungsvorschläge und Ideen.

4. Realisierungsphase – aktiv werden?
Zukunftswerkstätten sollen Vorstellungen in konkrete Umsetzungsschritte transformieren. Wägen Sie in der Gruppe ab, ob Sie für Lösungen eines ausgewählten Problems konkrete Erfolgsaussichten haben. Sollte dies der Fall sein, werden Sie aktiv und leiten Sie Ihre Ideen an politische Akteure (Bundestag, EU-Kommission, Abgeordneter des EU-Parlaments in Ihrer Stadt, ...) oder an zivilgesellschaftliche Gruppen (Verbände, Vereine usw.) weiter bzw. veröffentlichen Sie Ihre Gedanken (Schülerzeitung, Tageszeitungen, Blogs, Social Media wie Facebook usw.).
Mögliche Produkte: Wandzeitung, Internetblogs, Themenzeitung, Videodokumentation, ...

M43 „Inspirieren und neu gestalten"

Die EU wird es sich nicht leisten können, die gegenwärtige Phase der Konsolidierung vorbeiziehen zu lassen, ohne gestalterische Akzente zu setzen. Die 2010 eingesetzte EU-Kommission und das seit 2009 amtierende Parlament stehen vor der Herausforderung, jenseits bisher erprobter Wege und Rituale der europäischen Politik neue Impulse zu geben. Dazu müssen sie sich einerseits selbstkritisch befragen (und befragen lassen), andererseits den Willen projizieren, das heißt: inspirieren und gestalten zu wollen. Für ein System des Regierens, das auf Konsens, Harmonie und Ausgleich angelegt ist, bleibt dies die Quadratur des Kreises. Die Schwierigkeiten, die mit diesem Neuaufbruch verbunden sind, zeigen sich im Rückblick: Die Perspektive europaweiter politischer Parteien wird seit Jahren diskutiert, ebenso die Frage nach einem europäischen Wahlrecht oder die Frage einer Direktwahl des EU-Präsidenten.

Immer wieder verfangen sich die Akteure der europäischen Politik in selbstgesetzten Rahmenbedingungen ihres Handelns. Dies ist einerseits ein großer Schutzmechanismus gegenüber politisch-institutioneller Willkür. Es ist andererseits die Quasi-Garantie für Langsamkeit, ja Lethargie und Innovationshemmung. Das Ergebnis: Europa will sein, was es nicht werden kann, solange es nicht wird, was es sein muss.

Das Ganze wird derzeit als Reiz-Reflex-Schema verhandelt: Die EU erwartet Reize, um reflexartig reagieren zu können. Es bleibt zu hoffen, dass sich die Akteure von dieser Attitüde lösen und nach dem gestalterischen Auftrag fragen, der ihnen übertragen worden ist: der Ordnung des freien menschlichen Zusammenlebens einen Rahmen zu geben, der zur Erneuerung befreit, indem er zugleich das Bewahrenswerte sichert und das schützt, was sich nicht selbst schützen kann. Europa vor seiner Zukunft – in gewissem Sinne hat die europäische Integration erst begonnen. Sie ist, wie alle Ordnungen des Politischen, ein tägliches Plebiszit. Der Frieden ist zum europäischen Testfall geworden.

Es bleibt eine völlig offene Frage, ob sich um die Diskurse, die vor diesem Hintergrund zu führen wären, europäische politische Parteien etablieren werden. Sie sind aber die zwingende Voraussetzung, um die europaweite und kontroverse Debatte um Zukunftsfragen des europäischen Gesellschaftsmodells aus den Sphären des Feuilletons in die Arena des Politischen, des Ringens um Interessen, Macht und Konsens zu überführen. Insofern bleibt Politik der europäische Testfall.

Europas Identität ist ein historisch gewachsenes, verschachteltes Gebäude. In einer historischen Betrachtungsperspektive lässt sich ein über zweitausendjähriger Diskurs nachzeichnen und mit all seinen Spannungen, Transformationen und Brüchen rekonstruieren. Europa als politische Kategorie ist einerseits unaufhebbar in diesen Identitätstraditionen verankert, andererseits als Union gegen viele der Identitätsstränge gesetzt. Europa ist kulturell das Gewordene, Europa ist politisch das zu Werdende (wobei diese Dimension immer auch der Kultur eigen ist). Der gebotene Brückenschlag erfordert eine Neubestimmung der politischen Kultur Europas, zumal im Zeitalter der Globalisierung.

Zentral wird dabei die Frage sein, ob Europa einen zeitgemäßen Begriff seines spezifischen Universalismus erarbeiten kann. In der Kulturgeschichte Europas standen die großen Leitbegriffe in Kultur, Theologie und Politik, in Kunst und Literatur stets für einen universalen Anspruch. Europa definierte Begriffe, Normen, Dogmen als inhärent (*ihm innewohnend*) universalistisch. Im Zeitalter des Relativismus, der Selbstzweifel und der postmodernen Kulturtheorien ist dieser Anspruch arg in die Defensive geraten, ja häufig sogar diskreditiert worden. Im Zeitalter der Globalität aber sollte auch in Europa neu nach dem Begriff des Universalismus und seiner Universalisierbarkeit gefragt werden.

Dabei präsentiert sich Europa heute in einem eigenwilligen Zwitterzustand. Auf der einen Seite hat sich die europäische Politik in eine Rhetorik des Prozesshaften versteift: Alles ist im Fluss, jedes Thema lässt sich durch multilaterale Prozesse irgendwie managen, so lautet eine weit verbreitete Doktrin. Auf der anderen Seite projiziert Europa, ausgehend von der Erfahrung des europäischen Binnenmarkts, seine Normen als technische Standards mit universalem Geltungsanspruch. Kein Dokument zu Welthandelsfragen oder zur Partnerschaft mit irgendeiner Weltregion, bei der nicht – von phytosanitären (*pflanzengesundheitlichen*) bis zu Copyright- und Klimaschutz-Normen – europäische Standards angerufen werden. Norm-Universalismus ist zum Markenzeichen der EU geworden.

Dies entlastet offenkundig von der Aufgabe, Normbegründungen oder Zielprojektionen mitzuliefern. Man konzentriert sich auf die Definition von „Standards" und entledigt sich damit der Frage, welche inhärenten Normen und Werte diesen zugrunde liegen oder welche Normen und Werte aus ihrer Anwendung erfolgen könnten. Dies mag Methode sein. Vielleicht ist es auch nur Gedankenlosigkeit, vornehme Zurückhaltung oder das kluge Umschiffen von innereuropäischen Bruchlinien des Denkens.

Es ist leicht, in China auf Normen für Steckdosen hinzuweisen, aber offenbar sensibel, die dort grassierende Kinderarbeit als Norm- und Wertproblem anzusprechen. Es ist leicht, im Gasgeschäft mit Russland auf technische Normen zu achten, aber sensibel, auf Defizite im russischen Rechtssystem aufmerksam zu machen. Es ist leicht, im Dialog mit Afrika auf allgemeine Normen der good governance zu verweisen, die sich auch in jedem UNO-Dokument wiederfinden, aber sensibel, die Frage nach strikten Kontroll- und Evaluierungsmethoden aufzuwerfen. Dieser Widerspruch kann nicht von Dauer sein, wenn Europa ein globaler Akteur sein will. Die Projektion eigener Interessen, Werte und Normen geht über technische Standards, inklusive technische politische, hinaus. Es erfordert ein Plädoyer für die normativen Gründe des technisch Gewünschten und mithin eine aktualisierte, auch sprach- und diskussionsfähige Darlegung der Universalansprüche europäischer Normen und Werte. Davon war lange nicht mehr die Rede. Europa hat Überprüfungs- und Erneuerungsbedarf, der weite Teile des geistig-kulturellen Hintergrundes und Resonanzbodens des Zeitalters der Globalität berührt.

Diese Gedanken mögen auf den ersten Blick abstrakt und akademisch erscheinen. Bei Lichte besehen haben sie große Auswirkungen auf die heute primär funktionalistisch reflektierte Globalisierungsthematik. Auf Dauer wird Globalität nur gelingen, wenn nicht nur technische, sondern in einer immer enger zusammenfindenden Welt auch normative, ethisch-moralische und geistig-kategoriale Standards etabliert werden können. Inmitten der Konsolidierung des politischen Projekts der europäischen Integration rückt mithin eine gewichtige geistig-kulturelle Frage in den Mittelpunkt der Aufgaben, vor denen Europa steht.

Es wird darauf ankommen, dass nicht rückwärtsgewandte Antworten gefunden werden, die Kultur in Antithese zum Politischen sehen. Es kommt vielmehr darauf an, den Blick nach vorne zu bewahren und die kulturelle Anfrage an Europa im Zeitalter der Globalität als eminent politische Frage, als zentrale Anforderung an die politische Kultur Europas zu begreifen. Antworten werden diskursiv erwachsen, wie üblich im Dialog, in der Kontroverse und in Bemühungen um synthetisierende Kompromisse. Aber eine EU als Wertegemeinschaft, die als Weltpartner globale Gestaltungsansprüche projiziert, wird sich im Bereich von Normen, Werten und Interessen nicht indifferent geben und auf technisch-funktionalistische Begriffe zurückziehen können. Europas Aufgaben sind noch längst nicht erfüllt – weder für sich selbst noch im Dialog mit den anderen Regionen, Kulturen und Partnern in aller Welt.

Ludger Kühnhardt: Die zweite Begründung der europäischen Integration, in: Aus Politik und Zeitgeschichte, Nr. 18/2010, S. 7 ff.

M 44 Jugendarbeitslosigkeit in Europa

Arbeitslosenquote unter 25 Jahren in Prozent

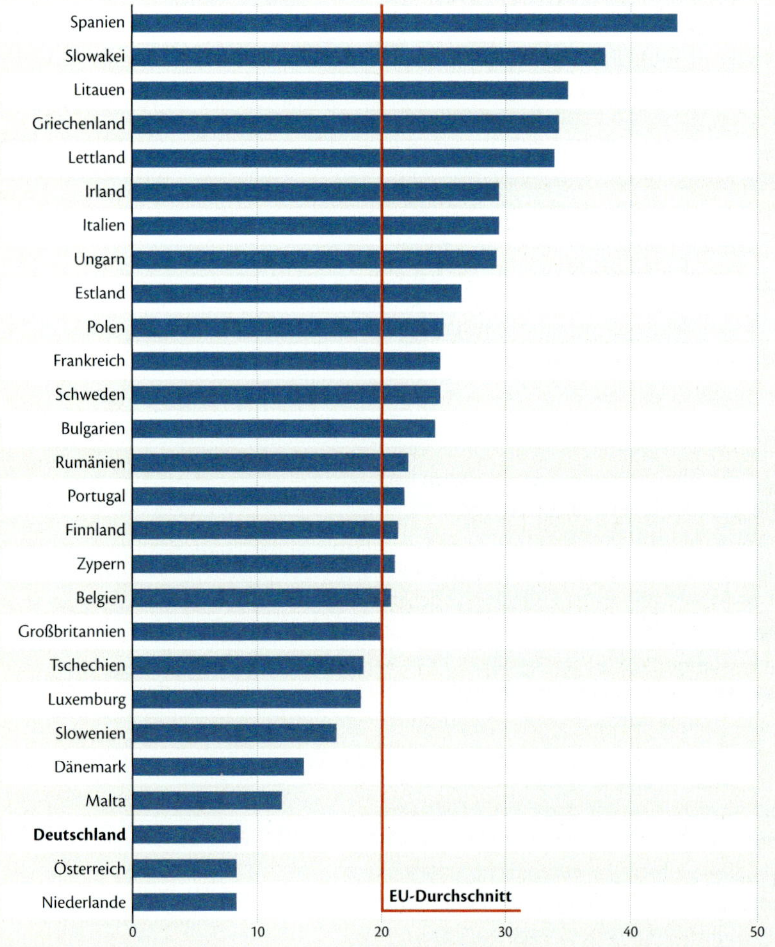

Quelle: Die Welt, 9.6.2011

M45 Die Zukunft Europas – „kosmopolitische Vision"

Welches Europa übersteht die aktuelle Krise? Seine zivilisatorische Rolle hat der Kontinent verloren, denn nur eine Minderheit der Europäer ist wirklich bereit, etwas für die Weltgerechtigkeit abzugeben. Doch zu dem globalen Lernprozess, Gerechtigkeit immer wieder neu zu erfinden, kann Europa entscheidend beitragen – und vieles für sich selbst dabei lernen.

Der rasante wirtschaftliche Aufstieg außereuropäischer Länder wie China und Brasilien, die Krise des Euro, aber auch der sinkende Einfluss Europas in der Weltpolitik verleihen der Frage nach der Zukunft Europas eine neue Dringlichkeit. Im Vordergrund steht nicht mehr der Zweifel an der Überlebensfähigkeit eines vereinten Europas. Die Integrationsprozesse auf politischer, ökonomischer und der Ebene des Alltags sind schon so weit entwickelt, dass ein Rückzug ins Nationale nicht mehr plausibel erscheint. Die relevante Frage ist also nicht, ob, sondern welches Europa die aktuelle Krise überstehen wird.

In den aktuellen Debatten lassen sich mindestens drei Positionen erfassen, mit denen unterschiedliche Vorstellungen für die europäische Zukunft zusammenhängen. Ich möchte sie hier „koloniales Europa", „universalistisches Europa" und „kosmopolitisches Europa" nennen.

Das „koloniale Europa"

Die Position „koloniales Europa" hat ein widersprüchliches Verhältnis zu Europa selbst. Einerseits verteidigen ihre Vertreter die europäischen Nationen und nationalen Identitäten und diskreditieren die Europäische Union. Andererseits blicken sie nostalgisch auf die Vergangenheit zurück, als Europa die Welt kolonial beherrschte. Sie fordern auch die „wahren Europäer" auf, gegen Migration und Islamisierung Widerstand zu leisten.

Beobachtet man den gegenwärtigen Vormarsch der Rechtspopulisten europaweit, könnte man den Eindruck gewinnen, dass das Zeitalter des kolonialen Europas eine Renaissance erleben könnte. Sicher ist der politische Erfolg von Geert Wilders, Marine Le Pen, Heinz-Christian Strache und anderen Rechtspopulisten bedrückend. Für ein „koloniales Europa" fehlt jedoch die demografische und materielle Grundlage. Die Bevölkerung Europas ist heute in Bezug auf ihre Herkunft unwiderruflich heterogen. Der Islam ist Teil des Kontinents. Multikultur (nicht Multikulturalismus!) macht Europa aus. Weltpolitisch bleibt Europa ein wichtiger Player, der aber allein kein Spiel mehr entscheidet.

Das „universalistische Europa"

Die zweite Position, das „universalistische Europa", verbindet die europäische Vergangenheit nicht mit Kolonialismus, sondern mit der Entfaltung der Aufklärung, der Menschenrechte und des Rechtsstaats in Europa selbst. Demzufolge wird Europa als eine von anderen Weltregionen losgelöste Insel dargestellt, auf der sich die Moderne und ihre Tugenden entwickelt haben. Intern wird Europa als eine imaginierte Gemeinschaft definiert, die politisch ausgebaut werden kann und sollte. (...)

In Deutschland verkörpert der Philosoph Jürgen Habermas (s. S. *108*) diese Position exemplarisch. Er definiert die Rolle Europas in der Weltpolitik heute und auch künftig in Abgrenzung zu den USA. Geht die US-amerikanische Präsenz weltweit mit einer imperialen Machtpolitik einher, so tritt Europa für die Belange einer Weltbürgergesellschaft ein: soziale Gerechtigkeit, Menschenrechte und Demokratie.

So verdienstvoll diese Position ist, so scheitert sie an zwei wichtigen Voraussetzungen: an ihrer Akzeptanz in Europa und der legitimierenden Zustimmung der Nicht-Europäer. Nur eine Minderheit in Europa nämlich ist wirklich bereit, etwas für die Weltgerechtigkeit abzugeben. Überdies bestreiten die USA und andere Regionalmächte die europäische Deutungshoheit in Sachen Menschenrechte und Demokratie. Außerdem sehen die gegenwärtigen Menschenrechtler wie die Protagonisten des Arabischen Frühlings oder die Aktivisten der indigenen Bewegungen in Lateinamerika oder auch die Roma- und Sinti-Bürgerrechtler in Europa ihre eigenen Kämpfe nicht als eine Umsetzung europäischer Errungenschaften. Im Gegenteil, sie wollen ein gewisses europäisches Vermächtnis mit den ethnischen, politischen und religiösen Spaltungen, die es hervorgebracht hat, überwinden. Damit bleibt das „universalistische Europa" nur ein Ideal, das unwahrscheinlich eintreten wird. (...)

Das „kosmopolitische Europa"

In der dritten Position, dem „kosmopolitischen Europa", findet heute ein semantischer Streit statt. Denker wie Ulrich Beck und Edgar Grande verteidigen unter dem Label „kosmopolitisches Europa" eher die oben genannte universalistische Ansicht. Für einen emphatischen Kosmopolitismus treten Gelehrte wie der indische Historiker Dipesh Chakrabarty oder hierzulande die Kulturanthropologin Shalini Randeria ein. Sie verstehen die europäische Geschichte als Teil einer verwobenen Moderne, zu der Europa, Amerika, Afrika und alle anderen Weltregionen in gleicher Weise gehören. In der globalen Geschichte hängen auch Aufklärung und Kolonialismus, Menschenrechte und Sklaverei untrennbar zusammen. Die Vormachtstellung Europas, als es sie innehatte, bezieht sich damit auf beides, sowohl auf die Tugenden als auch auf die Miseren der Moderne.

In dieser Position nimmt das kosmopolitische Europa seine kulturelle, religiöse und soziale Heterogenität nicht als Drohung, sondern als Potenzial wahr. Deshalb muss auch ein kosmopolitisches Europa, anders als Habermas oder Beck es wollen, ohne den Appell nach einer europäischen Identität oder einer europäischen Öffentlichkeit auskommen. Die normativen Ligaturen Europas liegen nämlich nicht in der politischen Erzeugung von Gemeinsamkeiten – Europa ist kein Nationalstaat im großen Format. Das soziale Bindeglied eines kosmopolitischen Europas ist die bereits vorhandene Pluralität von postnationalen „convivial contexts", wie Paul Gilroy, Soziologe der London School of Economics, Räume nennt, in denen die Interaktionen nicht durch Zuschreibungen wie Hautfarben, Herkunft oder Geschlecht bestimmt werden. Dieses neue Miteinander findet man nicht nur in einzelnen Bereichen wie Sport oder Kunst, sondern auch im Alltag von Schulen, Unternehmen und Nachbarschaften. In diesen verstreuten Erfahrungen wächst das kosmopolitische Europa zusammen, und hier muss die Politik ansetzen.

Die demokratische Legitimität jenseits der Nation darf von der unwahrscheinlichen Erzeugung einer europäischen imaginierten Gemeinschaft von oben nach unten nicht abhängen. Postnationale Legitimität muss auf „convivial contexts" setzen, in denen Postnationalismus bereits Alltagserfahrung ist. Die politische Herausforderung besteht genau darin, demokratische Verfahren und politische Institutionen zu entwickeln, die zwischen übernationalen Erfahrungen und europäischer Willensbildung vermitteln.

Nach außen muss Europa, so die Kosmopoliten, seine ambivalente Rolle erkennen und womöglich grobe Inkonsistenzen überwinden. Wie alle anderen Länder vertreten die Europäische Union und auch die einzelnen europäischen Staaten in der Weltarena Eigeninteressen. Europa darf aber nicht als Akteur der sozialen Gerechtigkeit eintreten und gleichzeitig an protektionistischen Maßnahmen gegen Agrarimporte aus armen Ländern festhalten. Es darf sich nicht als Vorreiter der Menschenrechte weltweit präsentieren und Europas Grenzen für politische Flüchtlinge dicht machen. Es darf nicht eine altruistische Rhetorik der Militärinterventionen zum Schutz der Zivilbevölkerungen pflegen und gleichzeitig Diktatoren mit schweren Waffen beliefern.

Die kosmopolitische Vision entspricht einer dezentrierten Welt, in der kein Akteur allein dominiert. Mit seiner Heterogenität und seinen Verflechtungen mit allen anderen Weltregionen ist Europa aber prädestiniert, in einer kosmopolitischen Konstellation eine konstruktive Rolle zu spielen. Dies wird sicherlich nicht mehr die missionarische und zivilisatorische Rolle sein, die viele von Europa noch erwarten. Für die kritischen Problemlagen in einer verwobenen Weltgesellschaft hat Europa nicht die Lösung. Mit seiner kolonialen und imperialen Vergangenheit, seiner gegenwärtigen Handlungsunfähigkeit ist es Teil des Problems. Weder politisch noch moralisch ist Europa in der Lage, Menschenrechte und Demokratie weltweit zu belehren. Zu dem globalen Lernprozess, Gerechtigkeit immer wieder neu zu erfinden, kann Europa aber entscheidend beitragen – und vieles für sich selbst dabei lernen.

Sergio Costa: Kosmopolitische Vision, in: Süddeutsche Zeitung v. 19.7.2011, in: http://www.sueddeutsche.de (Zugriff: 5.3.2012)

M 46 Bevölkerungsprognose 2004–2033

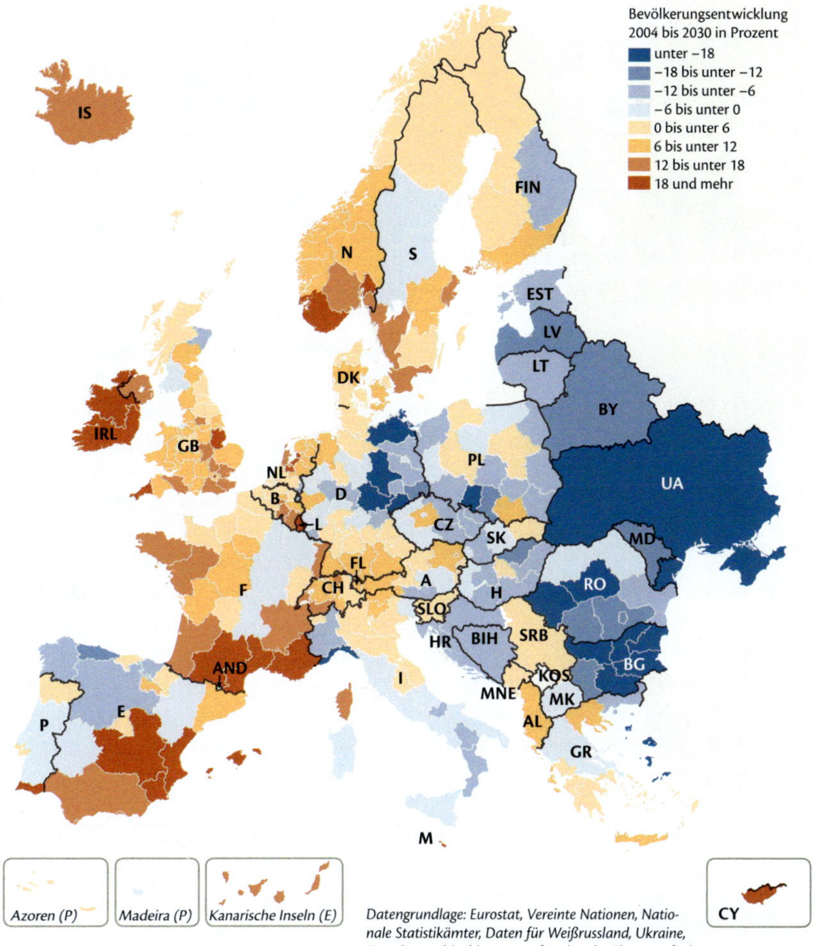

Datengrundlage: Eurostat, Vereinte Nationen, Nationale Statistikämter, Daten für Weißrussland, Ukraine, Kroatien und Serbien nur auf nationaler Ebene verfügbar
Nach: Berlin-Institut: Die demografische Zukunft von Europa, Berlin 2008

M 47 Globalisierungs-Prognose: „Darum wird Europa gewinnen"

Anteil der Warenexport nach Regionen, in Prozent der Weltexporte

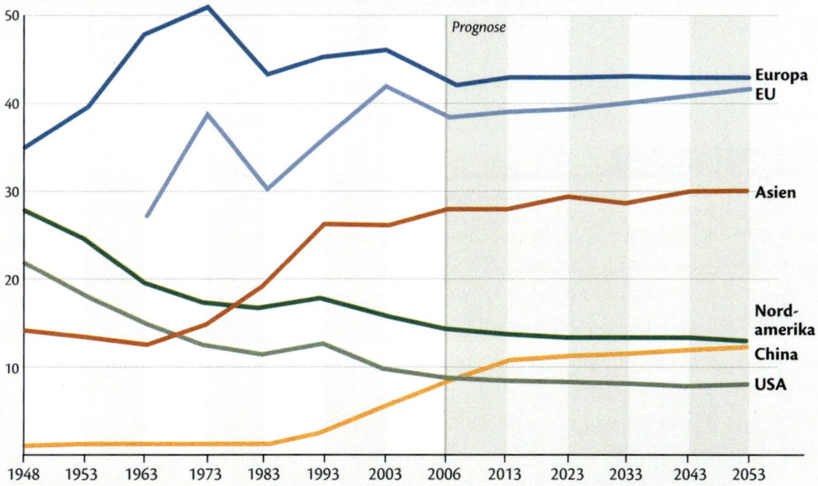

Mehr dazu unter http://diepresse.com/home/politik/eu/401606/GlobalisierungswbrPrognose_Darum-wird-Europa-gewinnen (Zugriff: 7.3.2012)
Quelle: DiePresse.com, 27.7.2008

M 48 Varianten der „Euro"-Zukunft

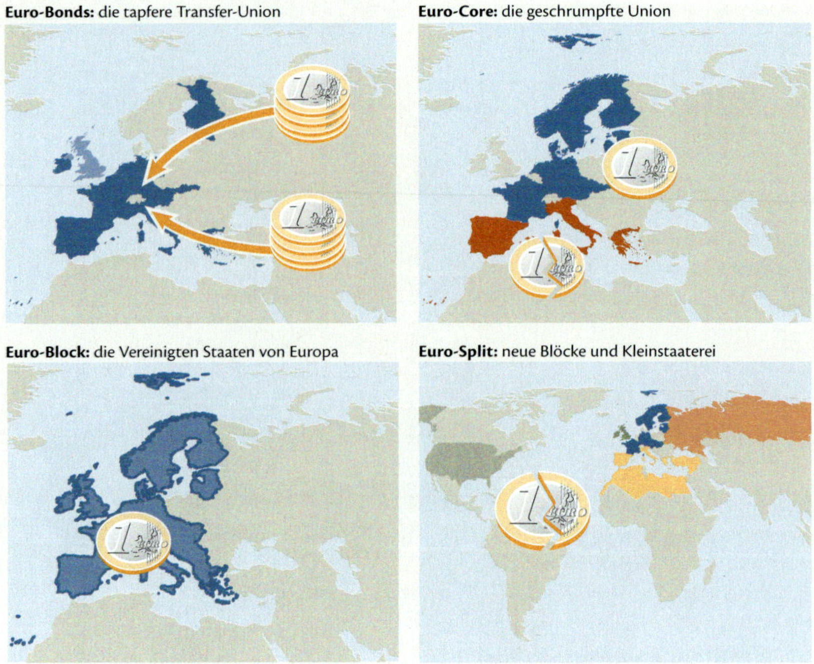

Quelle: www.zukunftsinstitut.de (Zugriff: 8.3.2012)

M 49 Nächstes Kapitel: Energiewende

Formaler Weg zur Rechtsentscheidung über die EU-Steinkohlebeihilfen am 10.12.2010

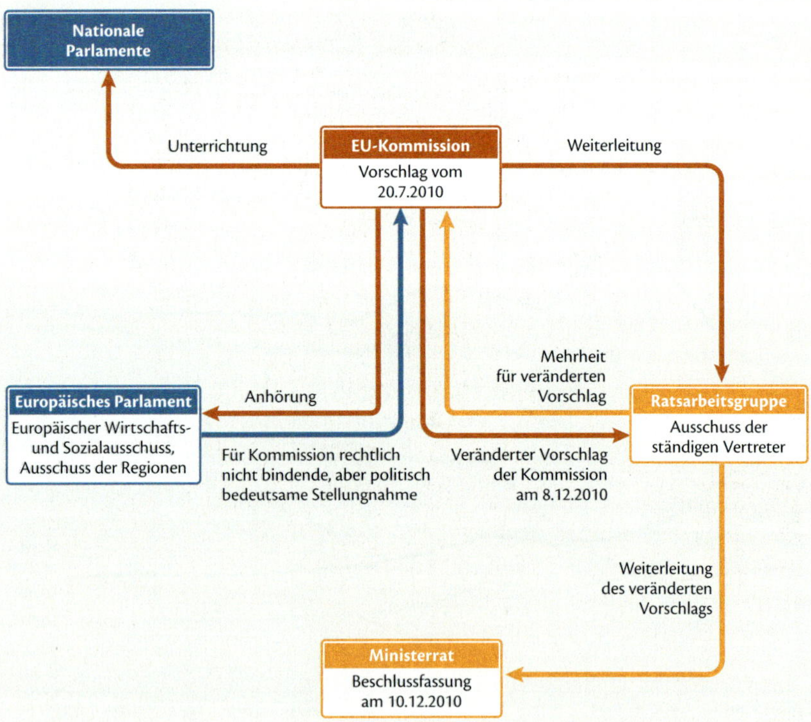

Quelle: Gesamtverband Steinkohle, www.gvst.de (Zugriff: 7.3.2012)

M 50 EU-Agrarsubventionen

Dumpingpreise ruinieren die Bauern in den Entwicklungsländern

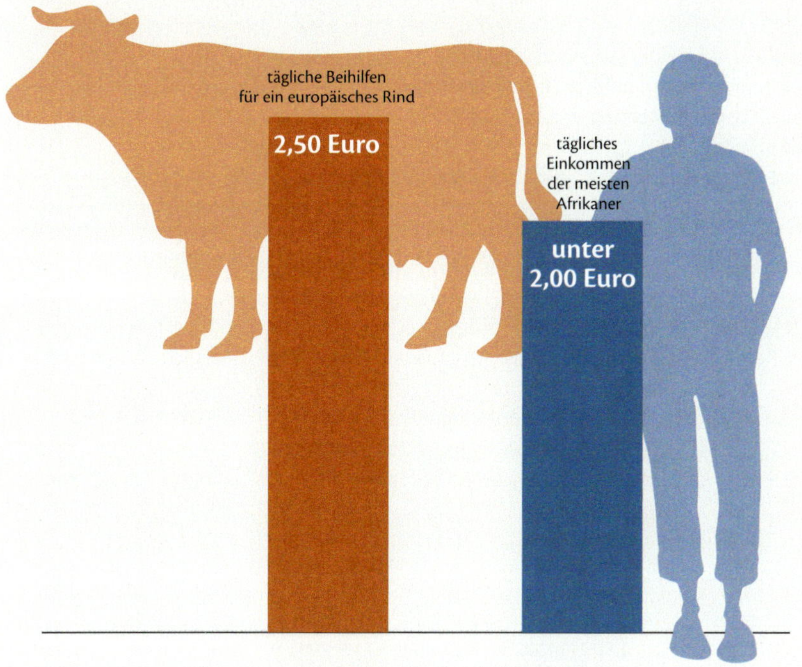

Quelle: http://www.welthungerhilfe.de/landwirtschaft-subventionen.html (Zugriff: 7.3.2012)

M 51 Die EU-Zukunft ist schwer belastet

Zeichnung: Mester

Kompetenzcheck

Anforderungsbereich I:

- Nennen Sie wichtige Etappen der historischen Entwicklung der Europäischen Union.
- Stellen Sie dar, wie es im Rahmen der Europäischen Union zur politischen Entscheidungsfindung kommt.
- Skizzieren Sie das institutionelle Gefüge innerhalb der Europäischen Union.
- Stellen Sie dar, was unter Lobbyismus verstanden wird.
- Nennen Sie zentrale Herausforderungen, mit denen die Europäische Union zukünftig konfrontiert sein wird.

Anforderungsbereich II:

- Erläutern Sie den Begriff des europäischen Integrationsprozesses.
- Fassen Sie den aktuellen Stand der rechtlichen Regelungen im Hinblick auf die Aufgaben und den Aufbau der Europäischen Union zusammen.
- Erläutern Sie den Aufbau und die Funktionen von EU-Kommission und Europäischem Rat.
- Erläutern Sie den Aufbau und die Funktionen des Rates der Europäischen Union und des Europäischen Parlaments.
- Vergleichen Sie die unterschiedlichen Theorien der europäischen Integration und arbeiten Sie wesentliche Unterscheidungsmerkmale heraus.

Anforderungsbereich III:

- Erörtern Sie: Vereinigte Staaten von Europa – Utopie oder realistisches Ziel?
- Diskutieren Sie: Gibt es „starke" und „schwache" Institutionen innerhalb der Europäischen Union?
- Beurteilen Sie, wie stark das Spannungsverhältnis zwischen der EU-Ebene und der Ebene der Nationalstaaten ist.
- Nehmen Sie Stellung zu folgender Frage: Lobbyismus – die wirksamste Form von Politik in der Europäischen Union?
- Bewerten Sie mögliche Lösungsansätze für zukünftige Herausforderungen an die Europäische Union im Hinblick auf ihre Umsetzbarkeit und Erfolgsaussichten.

4 Demokratie vor neuen Herausforderungen

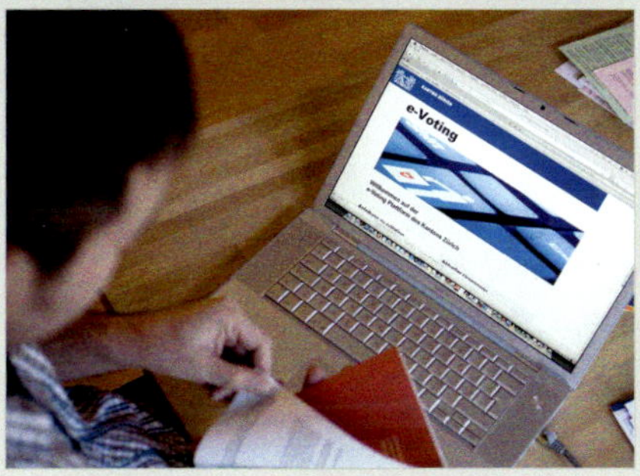

Demokratie ergibt sich nicht von selbst, sondern muss von mündigen Bürgerinnen und Bürgern beansprucht werden. In der Demokratie sollen bei der Bearbeitung politischer Probleme die Bürgerinnen und Bürger einbezogen werden. Im Mittelpunkt stehen dabei die institutionell verankerten Partizipationschancen im Sinne einer indirekten oder direkten Beteiligung an politischen Entscheidungsprozessen. Ebenso gilt es, die Demokratie fortlaufend durch eigenes Engagement und Mitwirken an politischen Prozessen mit Leben zu füllen. Dies zeigt sich besonders deutlich, wenn man den Blick auf aktuelle Herausforderungen richtet, denen die Demokratie gegenübersteht: Wie lässt sich wachsender Politikverdrossenheit begegnen? Sollen Formen der direkten Beteiligung ausgeweitet werden? Bieten hier die – vor allem die neuen – Medien vielversprechende Perspektiven? Erfordert die fortschreitende Globalisierung ganz neue Formen von Demokratie?

Demokratie als Bewegung: Entstehung neuer Demokratien

Seit den 1820er-Jahren wird die Welt immer wieder Zeuge von Demokratisierungswellen. Nach dem Ende des Ost-West-Konfliktes scheint diese Entwicklung erneut eine nachhaltige Dynamik zu entfalten. Die Entwicklungen in Lateinamerika oder der arabische Frühling sind hierfür beredte Zeugen. Gleichzeitig brachte auch die jüngere Geschichte immer wieder Gegenbewegungen hervor, die die Anzahl demokratisch organisierter Gesellschaften zurückgehen ließ. Die Entstehung neuer Demokratien ist also nicht in einer simplen Bewegung schematisierbar, die etwa im einfachen Ablegen autoritärer Fesseln bestünde. Vielmehr gleicht die Bewegung einer Kippfigur, in der eine erreichte demokratische Progression jederzeit wieder in ihr Gegenteil umschlagen kann.

In einer vergleichenden Perspektive ist es daher von hohem Interesse, die Faktoren für die Entstehung und Stabilisierung neuer Demokratien zu identifizieren. Denn dem Grunde nach kann die Abwesenheit der entsprechenden Faktoren auch für „traditionelle" Demokratien problematisch sein und zu Prozessen der De-Demokratisierung führen (s. S. 170ff.). In der vergleichenden Demokratieforschung konnten inzwischen wesentliche Bedingungsfaktoren für sich anbahnende Demokratisierungsbewegungen benannt werden. So wird etwa die Herausbildung stabiler staatlicher Gefüge als ein wichtiger Grundstein angesehen, weil Staatlichkeit für die Bereitstellung zentraler demokratischer Strukturen sorgt. Diese können sich aber auch zu einem autokratischen Apparat verselbstständigen. Ebenso wird eine stabile ökonomische Entwicklung als begünstigender Faktor eingeschätzt. Keine Ökonomie kann sich aber prinzipiell vor korrumpierenden Tendenzen oder vor massiver Ungleichheit schützen. Die Entwicklung einer säkularisierten Kultur, innerhalb derer soziale Bewegungen zur ständigen Weiterentwicklung des politischen Bewusstseins beitragen, wird als ein weiterer wesentlicher Eckpfeiler für eine nachhaltige Demokratisierung angesehen. Die überwiegend pluralistische Veranlagung von Demokratien lässt jedoch unvermeidlich auch antidemokratische Stimmen immer wieder zu Wort kommen.

Demokratie in Gefahr? Demonstration gegen den autoritären ungarischen Ministerpräsidenten Viktor Orban, April 2011

1 Fertigen Sie in Gruppenarbeit einen Blogeintrag zu aktuellen Demokratisierungsbewegungen an. (→ *Präsentationsmethoden*)

2 Stellen Sie jeweils eine aktuelle Demokratisierungsbewegung hinsichtlich ihrer Kritik am bestehenden System und ihren Forderungen dar (Internet, Printmedien). (→ *Erhebungsmethoden*)

3 Beschreiben Sie die Demokratisierungsbewegung in ihrem historischen Zusammenhang, indem Sie die Hauptaussagen von Huntington (**M 1**) wiedergeben. (→ *Auswertungsmethoden*)

4 Untersuchen Sie **M 2** auf der Grundlage von **M 1** und diskutieren Sie die Frage, ob wir uns gegenwärtig weltweit in einer vierten Welle der Globalisierung befinden. (→ *Auswertungsmethoden*)

5 Arbeiten Sie die Blickverschiebung der Demokratisierungsforschung heraus, indem Sie den Fokus der angestellten Betrachtungen wiedergeben (**M 3**). (→ *Auswertungsmethoden*)

6 Erörtern Sie den Nutzen der Demokratisierungsforschung für bestehende Demokratien, indem Sie Fragen an die gegenwärtige demokratische Praxis stellen.

7 Fassen Sie den Hauptgedanken der Lipset-Hypothese zusammen (**M 4**). (→ *Auswertungsmethoden*)

8 Erörtern Sie den Zusammenhang von Globalisierung und Demokratisierung.

9 Geben Sie die Bedeutung der politischen Kultur für Demokratisierungsprozesse wieder, indem Sie unterschiedliche politische Überzeugungen erläutern (M 5).

10 Diskutieren Sie, ob die von Pickel vorgenommene analytische Unterscheidung tragfähig bzw. überzeugend ist (M 5 und M 6).

M 1 Wellen der Demokratisierung

Der US-amerikanische Politikwissenschaftler Samuel Huntington, 1991:

Zwischen 1974 und 1990 führten mindestens 30 Länder eine Demokratie ein, sodass sich die Zahl demokratischer Regierungen in der Welt verdoppelte. Sind diese Demokratisierungen Teil einer ständigen und sich immer weiter ausbreitenden „globalen demokratischen Revolution", die irgendwann jedes Land in der Welt erreichen wird? Oder stellen sie nur eine beschränkte Ausweitung der Demokratie dar, die in den vielen Ländern, die schon in der Vergangenheit Erfahrungen mit dieser Regierungsform machen konnten, ohnehin eher eine Wiedereinführung bedeuten? Das gegenwärtige Zeitalter demokratischer Übergänge stellt die dritte Welle einer Demokratisierungsbewegung in der Geschichte der modernen Welt dar. Die erste „lange" Welle der Demokratisierung begann in den 1820er-Jahren mit der Ausweitung des Wahlrechts, das einem großen Teil der männlichen Bevölkerung in den Vereinigten Staaten zugesprochen wurde, und erstreckte sich in der Folge über ein gutes Jahrhundert bis 1926. Im Ergebnis führte diese Welle zur Einsetzung von 29 Demokratien. Im Jahre 1922 markierte die Machtübernahme Mussolinis in Italien den Anfang einer ersten „Rückwelle", die noch vor 1942 die Anzahl demokratischer Staaten in der Welt wieder auf 12 verminderte. Mit dem Triumph der Verbündeten im Zweiten Weltkrieg begann eine zweite Welle der Demokratisierung, die ihren Zenit 1962 mit 36 demokratisch regierten Staaten erreichte. Anschließend wurde die Welt von einer zweiten Rückwelle erfasst (1960–1975), die die Anzahl stabiler Demokratien erneut auf 30 zurückfallen ließ.

Gegenwärtig können wir uns die Frage stellen, in welchem Stadium wir uns innerhalb einer vermeintlichen dritten Welle befinden. Früh in einer langen Welle oder an oder in der Nähe vom Ende einer kurzen Welle? Und wenn die dritte Welle zu einem Ende kommt, wird sie von einer bedeutenden dritten Rückwelle gefolgt, die die Zugewinne demokratischer Staaten aus den 1970er-Jahren und 1980er-Jahren wieder beseitigt? Die Sozialwissenschaft kann ebenso wenig wie einzelne Sozialwissenschaftler zuverlässige Antworten auf diese Fragen liefern. Vielleicht ist es aber möglich, einige der Faktoren zu identifizieren, die für eine zukünftige Ausweitung oder den Rückgang der Anzahl von Demokratien in der Welt ausschlaggebend sind. Auf dieser Grundlage könnten dann mögliche Probleme für die Zukunft der Demokratisierung benannt werden.

Eine Möglichkeit zu beginnen ist zu fragen, wie wahrscheinlich es ist, dass die Ursachen, die die dritte Welle verursachten, weiter funktionieren, an Kraft dazu gewinnen, schwach werden oder ergänzt werden können, um die Demokratisierungsbewegung zu fördern. Fünf Hauptfaktoren haben entscheidend zur dritten Welle der Demokratisierung beigetragen:

1. Die Legitimitätsprobleme autoritärer Regime in einer Welt, in der demokratische Werte auf breite Akzeptanz stoßen, nehmen zu. Autoritäre Regime sind in letzter Konsequenz abhängig von der erfolgreichen Sicherung gesellschaftlicher Grundbedürfnisse, sodass wirtschaftliche (oder militärische) Misserfolge zu einem Akzeptanz- und damit Legitimationsverlust führen.
2. Das beispiellose globale Wirtschaftswachstum der 1960er-Jahre, das zu höheren Lebensstandards, verbesserter Ausbildung und der Bildung eines breiten Mittelstands in vielen Ländern führte.
3. Eine bemerkenswerte Verschiebung in der Doktrin der katholischen Kirche, die im Zweiten Vatikanischen Konzil 1963–65 manifestiert ist und eine Wandlung der nationalen katholischen Kirchen von Verteidigern des jeweiligen Status quo zu Gegnern des autoritären Systems zur Folge hatte.
4. Veränderungen in der Politik vieler internationaler staatlicher Akteure, insbesondere in der Europäischen Union, bei den Vereinigten Staaten und der Sowjetunion.
5. „Schneeballeffekte": Bereits erfolgte Demokratisierungen in der dritten Welle sind Modell und Anregung für nachfolgende weitere Anstrengungen im Demokratisierungsprozess.

Samuel P. Huntington: Democracy's third wave, in: The Journal of Democracy, 2/1991, S. 2 f. (eigene Übersetzung)

Samuel P. Huntington (1927–2008)

M 2 Verbreitung demokratischer Staaten

In absoluten Zahlen und Anteil an allen Staaten in Prozent, 1989 bis 2008

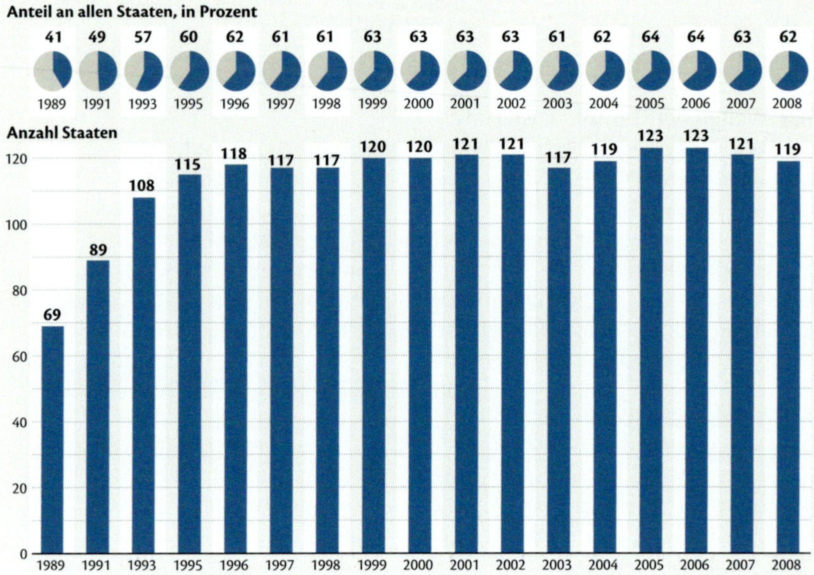

Quelle: Bundeszentrale für politische Bildung

M 3 Phasen der Konsolidierung von Demokratisierungsprozessen

In der Demokratisierungsforschung hat sich mittlerweile das Forschungsinteresse verlagert. Im Mittelpunkt steht nun die Frage nach der Nachhaltigkeit von Demokratisierungsprozessen. Die Konsolidierung – also die „Verankerung" – der „Demokratie" scheint weitaus problematischer als deren „Einführung" zu sein. (...) Die Beschreibung und Erklärung dieses Prozesses erfordert eine analytische Systematisierung (...). Im Folgenden wird stellvertretend für eine Reihe ähnlicher Konzepte auf den Ansatz (*des Politikwissenschaftlers Friedbert*) Rüb zurückgegriffen. (...)

Im Transformationsprozess selbst unterscheidet Rüb drei Phasen (oder Perioden):

Phase 1 beschreibt die Ablösung vom autoritären Herrschaftsregime. Aus der institutionellen Perspektive heraus lässt sich diese Phase als eine „Deinstitutionalisierung" des politischen Systems beschreiben. Der Grad der Institutionalisierung ist hier gering, die Regeln des politischen Spiels noch unklar und dynamisch. Diese Phase endet mit den ersten freien Wahlen.

Phase 2 umfasst die Periode der „Reinstitutionalisierung", also des Aufbaus aller wichtiger Institutionen. (*Dies ist*) eine Phase der Demokratisierung, die in der Regel über die Verabschiedung der Verfassung und über die Neugründung – oder über die demokratische Umstrukturierung – zentraler Institutionen abgeschlossen wird.

Phase 3 beinhaltet die Konsolidierung neuer politischer Institutionen. Es geht um die demokratische Struktur, sie gilt es zu legitimieren und zu stabilisieren. Um die Erwartungssicherheit der politisch Handelnden zu gewährleisten, setzen die Verfassungsinstitutionen verbindliche Normen und formalisierte „Entscheidungsarenen" ein, um unkooperatives Handeln in Politik und Gesellschaft sanktionierbar zu gestalten und somit einzuschränken. (...)

Während die ersten beiden Phasen primär durch formale Kriterien wie Wahlen erfassbar sind, entzieht sich die dritte Phase der demokratischen Konsolidierung einer Erfassung. Daher wurde in der Literatur dieser dritten Phase besondere Aufmerksamkeit zuteil. (...) Die Phase der Konsolidierung (*beinhaltet*) insbesondere die Legitimation und Stabilisierung der neu geschaffenen politischen Institutionen. (...)

Eine umfassende Systematisierung leistet das Modell (*des Politikwissenschaftlers Wolfgang*) Merkel und anderen. Es unterteilt den Konsolidierungsprozess wiederum in vier Phasen, die ineinandergreifen.

Phase 1: Zu Beginn steht die „strukturelle Konsolidierung" (structural consolidation), welche sich auf die Konsolidierung der Verfassungsorgane und der politischen Institutionen bezieht. Merkel et al. verweisen darauf, dass es keine verbindliche Handlungsanweisung für die Konsolidierung demokratischer Institutionen gibt, sondern Entscheidungen über deren Gestaltung kontextabhängig erfolgen müssen. Ob nun eher präsidentielle oder parlamentarische Arrangements gewählt werden, hängt vom historischen Kontext eines Landes ab.

Phase 2: Darauf folgt die „repräsentative Konsolidierung" (representational consolidation), die sich auf die Interessenvermittlung durch Interessenverbände und Parteien bezieht.

Phase 3: Die Phase der „behavioural consolidation" bedeutet, dass es keinem Akteur mehr möglich ist, Widerstand gegen die Demokratie zu mobilisieren. Typische Probleme in dieser Phase sind, neben der Bewältigung wirtschaftlicher Krisen, der Umgang mit den Verbrechen, die unter den autoritären Regimen begangen wurden. Des Weiteren muss das Militär unter eine zivile Kontrolle gestellt sowie die Überwindung einer bis dahin weitgehend undemokratischen politischen Kultur eingeleitet werden. Es kommt nicht zur Unterdrückung oder Negierung von Konflikten, sondern zur Auseinandersetzung und Lösung derselben. In dieser Phase ist es notwendig, politische Konflikte so weit wie möglich zu absorbieren und das neue System zu stabilisieren. „Eine Lösung für dieses Problem besteht in politischen, sozialen und ökonomischen Pakten, mit denen zentralen Konflikten ihr Krisenpotenzial genommen wird."

Phase 4: Am Ende der demokratischen Konsolidierung steht die Phase der „attitudinal consolidation", der Herausbildung demokratiestützender Staatsbürgerkultur. Diese Phase kann Jahrzehnte andauern und erst durch einen Generationenwechsel abgeschlossen werden. Im Verlauf dieser Phase geht es darum, dass sich demokratische Verfahren normalisieren und zunehmend zum Alltag gehören. Diese Normalisierung wiederum „requires the expansion of citizen access, development of democratic citizenship and culture, broadening of leadership recruitment and training, and other functions that civil society performs".

Claudia Beck-Reinhardt: Demokratie durch Bildung? Konstanz 2003, in: www.kops.ub.uni-konstanz.de (Zugriff: 18.4.2012)

M4 Die Lipset-Hypothese: Ökonomie und Demokratisierung

Mit seinem Artikel „Some Social Requisites of Democracy: Economic Development and Political Legitimacy" hat Seymour Martin Lipset einen der kontroversesten, beständigsten und meistzitierten Texte der Sozialwissenschaften hinterlassen. Indem er eine breite und facettenreiche Beziehung zwischen der ökonomischen Entwicklung und der Demokratie andeutete, eröffnete er ein neues Feld des wissenschaftlichen Interesses, welches als Modernisierungstheorie bekannt wurde. (...)

In seinem Artikel wandte sich Lipset zwei komplexen Charakteristiken zu, welche mit dem Problem stabiler Demokratien in Verbindung gebracht werden können: die wirtschaftliche Entwicklung und die Effektivität und Rechtmäßigkeit politischer Systeme. Hierbei wurde Lipset von der Annahme geleitet, dass nur, wie es schon bei Aristoteles zu lesen stand, in einer relativ reichen Gesellschaft, in welcher es nur einen geringen Anteil armer Bevölkerungsschichten gibt, die Voraussetzungen bestehen, unter welchen sich das Gros der Bevölkerung in einem sinnvollen Maße an der Politik beteiligen kann. Dies wiederum sollte dafür garantieren, dass sich der Staat die notwendigen Selbstbeschränkungen auferlegt, um unverantwortlichen Demagogen zu widerstehen. Eine Gesellschaft aber, welche in eine verarmte Masse und eine schmale Elite der Reichen unterteilt ist, müsse unweigerlich in die Oligarchie oder die Tyrannei führen. Aufgrund dieser Gedanken formulierte Lipset seine viel beachtete These: „Concretly, this means that the more well-to-do a nation, the greater the chances that it will sustain democracy." (...) Für ihn war klar, dass die (...) wirtschaftliche Entwicklung (...) das politische Korrelat der Demokratie in sich trug. Verbunden mit der ökonomischen Entwicklung, so argumentierte Lipset weiter, war aber auch eine Veränderung in der Struktur und der Schichtung der Gesellschaft, wobei insbesondere die Ausweitung und die Stärkung der Mittelklassen für die Demokratie von maßgeblicher Bedeutung sei, weil eine wohlhabende Mittelschicht dazu beitrage, dass politische Differenzen entschärft und extremistische Positionen weitgehend verhindert würden. Dies wiederum fördere die für eine funktionierende Demokratie unabdingbare Akzeptanz politischer Normen der Toleranz.

Nicolas Porchet: Demokratisierung in Südostasien, Zürich/Berlin 2008, S. 79 f.

Seymour Martin Lipset (1922–2006), US-amerikanischer Soziologe und Politikwissenschaftler

Gabriel A. Almond (1911–2002) und **Sidney Verba** (geb. 1932), US-amerikanische Politikwissenschaftler

M5 Politische Kultur und Demokratisierung

Als Ausgangspunkt einer analytischen Untersuchung des Phänomens „politische Kultur" kann die 1959 von Gabriel Almond und Sidney Verba durchgeführte Untersuchung der politischen Kulturen von fünf Nachkriegsstaaten (USA, Großbritannien, Italien, Bundesrepublik Deutschland und Mexiko) gelten. (…) Als politische Kultur verstanden sie die gesammelten, auf das politische System ausgerichteten Einstellungen und Wertorientierungen der Bürger eines Landes, welche die Folge historischer Prozesse und kollektiv ähnlicher individueller Sozialisation darstellen. Aus der Trägheit der beiden aufgeführten Prozesse lässt sich – so Almond und Verba – auf eine Dauerhaftigkeit der politischen Kultur schließen.

Almond und Verba differenzieren dabei die politischen Überzeugungen in vier grundsätzliche Zielbereiche: 1. Den ersten Bezugspunkt bildet die Empfindung des Egos oder Selbstbildes (*des einzelnen Bürgers*) innerhalb des politischen Systems. Es reflektiert seine eigenen politischen Überzeugungen, wie zum Beispiel politisches Interesse oder politisches Wissen. Diese Einstellungen entwickeln sich zuerst relativ unabhängig vom politischen System eines Landes und weisen – im Gegensatz zu den drei weiteren Orientierungen – als Zielpunkt kein konkretes politisches Objekt auf. 2. Ein für die Demokratieforschung zentraler Orientierungspunkt sind die Einstellungen gegenüber den strukturellen Systemcharakteristika, also dem politischen System selbst. In ihnen wird eine Gesamtbewertung der herrschenden Ordnung vorgenommen, die einen relativ pauschalen Charakter annimmt. Die Orientierungen beziehen sich auf die politischen Strukturbedingungen (z. B. die Demokratie als Regierungsform, die politischen Institutionen an sich) und sind teilweise etwas unpräzise, was ihr konkretes Ziel angeht. 3. Beide Überzeugungskomplexe werden begleitet von der Bewertung der Beziehungen zwischen Ego und dem politischen System. Dies sind einerseits die Orientierungen gegenüber den Inputmöglichkeiten des Bürgers in den politischen Prozess und andererseits 4. die Orientierungen gegenüber dem Output eines politischen Systems. Die Inputbewertung bezieht sich vornehmlich auf die Bewertung der Teilhabe des Bürgers am politischen Leben und seine Möglichkeit, in einer Demokratie etwas (Konstruktives) bewirken zu können. Dabei sind die Orientierungen nicht auf die eigenen Aktivitäten, sondern auf die vorhandenen Strukturen für das Einbringen von Input ausgerichtet. Die Outputbewertung beinhaltet die Evaluation der Leistungsfähigkeit der politischen Autoritäten und des politischen Regimes. Dies betrifft politische Entscheidungen verschiedenster Färbung und Resultate unterschiedlicher Policy-Prozesse. Konkrete Ergebnisse der Politik des Systems werden wahrgenommen (kognitive Dimension), es besteht eine Haltung dazu (affektive Dimension) und sie werden bewertet (evaluative Dimension). (…)

Aus den unterschiedlichen Kombinationen von Orientierungsformen und Zielobjekten ergeben sich unterschiedliche Typen von politischen Kulturen (*s. M 6*). Die Beziehung zwischen Bürgern und Staat ist in der *Parochial Culture* durch wechselseitige „Nichteinmischung" geprägt. Der Bürger ist an Politik generell uninteressiert, politisch kenntnisarm, inaktiv und besetzt keine politischen Rollen. Er stellt keine Erwartungen an das politische System und führt die Vorhaben der Regierung aus, ohne groß darüber nachzudenken. Beispiel sind Stammes- und Feudalkulturen mit uneingeschränkter göttlich gegebener Autorität der Herrschenden. In der *Subject Culture* beurteilt der Bürger sowohl die Leistungen der herrschenden Eliten (Output) als auch das politische System als Gesamtheit. Sich selbst sieht er aber nicht als politischen Akteur und betrachtet die politischen Prozesse aus einer eher unpolitischen Distanz. Obwohl er politisch kompetent sein kann, zeichnet sich der Bürger durch Passivität aus, was zur deutschen Bezeichnung dieses Typs als „Untertanenkultur" führte. Ein Beispiel hierfür stellt das deutsche Kaiserreich dar. In der *Participant Culture* besitzen die Bürger ein grundlegendes politisches Wissen, nehmen an der Entwicklung des Systems teil und bringen sich dort (konstruktiv) ein.

Gert Pickel: Politische Kultur und Demokratieforschung, o.J., in: www.uni-leipzig.de (Zugriff: 15.4.2012)

M6 Dimensionen politischer Überzeugungen

Zielbereiche oder Objekte	System as General Object	Input Objects	Output Objects	Self as Object (Ego)
Typen politischer Kultur				
Parochial Culture	0	0	0	0
Subject Culture	1	0	1	0
Participant Culture	1	1	1	1

Anm.: Der Wert 1 bedeutet das Vorhandensein dieser Orientierung in der betrachteten politischen Kultur; 0 bedeutet ein Fehlen dieser Orientierung in einer politischen Kultur. Nach: Gert Pickel: Politische Kultur und Demokratieforschung, o.J., in: www.uni-leipzig.de (Zugriff: 15.4.2012)

Parochiale Kultur: In ihr interessieren sich die Bürger nur für das, was in ihrer Nähe geschieht

Untertanenkultur: In ihr gehorchen die Bürger der Regierung, solange die Leistung des politischen Systems stimmt

Kultur der Teilhabe: In ihr ist die Partizipation der Bürger erwünscht und findet auch statt

M7 Demokratisierung und soziale Bewegungen

Sozialen Bewegungen werden wichtige Potenziale, gerade im Übergang autoritärer in demokratische Systeme, im Sinne eines Beitrags zur Vertiefung der Demokratie bzw. zu einer verbesserten Qualität der Demokratie zugemessen. An erster Stelle wird ihnen eine sozialisatorische Funktion bzw. die Rolle von Organisatoren sozialer Lernprozesse zugeschrieben, die die Ausbildung einer aktiven Staatsbürgerschaft fördert. Dabei wird zugrunde gelegt, dass deren Aktivisten es lernen, Dinge selbst in die Hand zu nehmen, sich in Konflikte einzumischen und im Zuge des learning by doing Erfahrungen zu sammeln. Im günstigsten Falle ließe sie dies zu mündigen, kritikfähigen und unbequemen Staatsbürgern heranreifen, die selbstbewusst für ihre Rechte eintreten. Damit haben soziale Bewegungen zugleich ein wichtiges, wenngleich schwer messbares Potenzial bei der Herausbildung einer demokratischen politischen Kultur inne.

Genauso ist das Wirken sozialer Bewegungen aber auch als Ausdruck staatsbürgerschaftlicher Selbsthilfe zu interpretieren, in der marginalisierte und unterrepräsentierte Gruppen oder Anliegen (…) vertreten und unter Gesichtspunkten von Partizipation und Inklusion an das politische System herangeführt werden. Damit können soziale Bewegungen auch den Abbau gesellschaftlicher Cleavages (*Spaltungen*) fördern, was wiederum als wichtiger Faktor für die Demokratisierung der politischen Kultur zu verstehen wäre. Zugleich kann dieses auch, muss jedoch nicht automatisch, zur Stabilisierung eines politischen Systems beitragen. Während in demokratischen Systemen von einer tendenziell systemstabilisierenden Wirkung ausgegangen werden kann, können in „defekten" oder „defizitären" Demokratien gerade bestimmte systemische Mängel oder politische bzw. sozioökonomische Zustände Anlass und Ziel sozialen Protests sein und somit destabilisierend auf dieses wirken.

Dies gilt umso mehr, als soziale Bewegungen als Faktoren kritischer Öffentlichkeit fungieren. Als solche finden sie gesellschaftliche Problemlagen in den privaten Lebensbereichen, aber auch konkrete Mängel des politischen Systems (etwa im Output-Bereich), nehmen diese auf und leiten sie an die politische Öffentlichkeit weiter. Soziale Bewegungen tragen damit nicht nur zur Erweiterung des in der Öffentlichkeit thematisierten Problembündels bei, sondern fördern auch die gesellschaftlichen Kommunikations- und Artikulationsmöglichkeiten, die als essenziell für einen breitenwirksamen Stimmungsumschwung zu erachten sind.

Jens Schikora: Politik jenseits der vermachteten Strukturen, Köln 2001, S. 18 f.

11 Beschreiben Sie die Bedeutung sozialer Bewegungen für Demokratisierungsprozesse (M 7). Konkretisieren Sie Ihre Überlegungen am Beispiel des „Arabischen Frühlings".

12 Versuchen Sie Kritierien zu entwickeln, mithilfe derer Sie soziale Bewegungen von Demokratisierungsbewegungen unterscheiden (**M 1–M 6** und S. 104–109). Bestimmen Sie außerdem Gemeinsamkeiten und beantworten Sie gemeinsam die Frage, ob soziale Bewegungen in Demokratisierungsbewegungen übergehen können.

Demokratiedefizite und Gefahren

Aktive Bürger – Mittel gegen Demokratieverfall? Demonstration gegen industrielle Tiermast in Schwerin, 2012

Die Demokratie als Lebens-, Gesellschafts- und Herrschaftsform ist seit ihren Anfängen eine fragile Konstruktion. Weil die Vermessung des Politischen auf mehrere Weise möglich ist und man von keinem eindeutigen Wesen der Politik sprechen kann, bleibt die Demokratie offen für Interpretationen. Mögliche Defizite und Gefahren zeigen sich dabei insbesondere in der praktischen Ausgestaltung. Gefragt wird dann, ob die gesellschaftliche Praxis noch mit einem benennbaren Ideal eines demokratischen Gemeinwesens korrespondiert, oder ob der Geltungsanspruch der Demokratie faktisch demontiert wird. Rousseau hat in diesem Sinne schon in den 1760er-Jahren eine Gemeinschaft von einer Gesellschaft unterschieden und insbesondere in Letzterer die Deformationen gemeinschaftlicher demokratischer Ideale angeklagt.

Diese Kritik an der Umsetzung demokratischer Herrschaftssysteme ist mit der beschleunigten Umsetzung und Installation moderner Demokratien weiter gewachsen. Insbesondere, weil sich auch bereits eingeführte demokratische Gesellschaftsformen häufig als ausgesprochen instabil erwiesen haben und z. T. noch erweisen. Nicht zuletzt der immer wieder beobachtbare Rückfall bereits etablierter Demokratien in autokratische Systeme (*s. dazu M 1, S. 165*) zeugt von systematischen Schwierigkeiten in der konkreten Ausgestaltung. Entsprechend werden festgestellte Demokratiedefizite von den Befürwortern demokratischer Herrschaftssysteme ausgesprochen ernst genommen, weil sich mit ihnen nicht weniger als die Befürchtung einer ernsthaften Destabilisierung der gesamten Gesellschaft verbindet. Obwohl man – gemessen an der Anzahl der demokratisch regierten Länder in der Welt – von einer offensichtlichen Erfolgsgeschichte der Demokratie sprechen kann, hat das Anmahnen von Defiziten und Gefahren bestehender Demokratien nicht abgenommen. Vielleicht sogar im Gegenteil: Gerade weil das Modell der Demokratie im Zeitalter der Postmoderne scheinbar eine Form der Selbstverständlichkeit angenommen hat, könnte das Bewusstsein dafür, dass eine aktive Bürgerschaft die Basis einer stabilen Demokratie bleibt, aus dem Blick geraten.

1 Beschreiben Sie das Phänomen „Politikverdrossenheit", indem Sie die Hauptaussagen aus **M 8** wiedergeben. (→ *Auswertungsmethoden*)

2 Fertigen Sie eine Mindmap zum Thema Politikverdrossenheit an. Nehmen Sie dabei Bezug auf Auswirkungen, Gründe, benachbarte Felder, thematische Verwandtschaften etc. (→ *Erhebungsmethoden*)

3 Erläutern Sie die sinkende Wahlbeteiligung als möglichen Indikator für eine Legitimitätskrise und erörtern Sie, ob Politikverdrossenheit allein an der Wahlbeteiligung ablesbar ist (**M 9**). (→ *Auswertungsmethoden*)

4 Geben Sie die Hauptaussagen aus Max Webers „Politik als Beruf" wieder, indem Sie die Gedankenführung in **M 10** rekonstruieren. (→ *Auswertungsmethoden*)

5 Diskutieren Sie die Aktualität und Trefflichkeit der Aussagen Webers, indem Sie sie auf zeitgemäße Ausführungen beziehen (**M 11**).

6 Erläutern Sie die Diagnose „Postdemokratie", indem Sie die Hauptaussagen von Colin Crouch wiedergeben (**M 12**). Analysieren Sie anhand von Beispielen, wieweit sich die bundesrepublikanische Demokratie dem Pol der „Postdemokratie" angenähert hat. (→ *Auswertungsmethoden*)

7 Charakterisieren Sie die politische Suche nach der neuen Mitte mit den Argumenten Mouffes (**M 13**) als Bedrohung für die Demokratie. Nehmen Sie Stellung zur Positions Mouffes. (→ *Auswertungsmethoden*)

M8 Politikverdrossenheit

Von Politikverdrossenheit zu reden ist angesichts der politischen Zustände leicht. Der Begriff hat als Zusammenfassung verschiedenster negativer Haltungen gegenüber „der Politik" Konjunktur, sei es für Uninteressiertheit, für Distanz oder für Ablehnung. (...)
Die Art und Weise des Verhältnisses zur Politik, in der sich Verdrossenheit artikuliert, kann sehr unterschiedlich sein: Sie kommt zum Ausdruck zum einen in einer Distanz zum Politischen, die sich in einer geringen individuellen Zuwendung und Beschäftigung mit Politik äußert; zum anderen – auf der Einstellungsebene gegenüber politischen „Objekten" – in Unzufriedenheit mit politischen Vorgängen, mit Ergebnissen politischer Entscheidungen oder mit Politikern bzw. Politikergruppen insgesamt. Und schließlich lassen sich solche Phänomene ausmachen, die als gewissermaßen generalisierte Unzufriedenheit, geringes oder fehlendes Vertrauen in den Politikprozess oder gegenüber Institutionen der Politik als kumulierte Enttäuschung von Output-Erwartungen verstanden werden können.
Politische Unzufriedenheit kann sich damit auf sehr Verschiedenes beziehen, ganz allgemein zunächst auf die Grundideen und Grundprinzipien der politischen Ordnung. Eine hierauf gerichtete Unzufriedenheit tangiert die politischen Verhältnisse grundsätzlicher und fundamentaler als eine Unzufriedenheit, die sich auf die nächste Ebene, nämlich die der Institutionalisierung dieser Grundidee, bezieht. Bei ihr geht es um eher generelle Urteile, die das Funktionieren der Demokratie in der Bundesrepublik betreffen oder das ihrer Institutionen, denen gegenüber ein Vertrauen als generalisierte Zufriedenheit fehlen kann. Und schließlich kann sich Unzufriedenheit auf die Ergebnisse politischer Prozesse beziehen, also den Output des Systems, oder auf die Personen, die sich als Repräsentanten von politischen Grundpositionen in den Parteien der bundesrepublikanischen Demokratie organisieren. Mit der Bewertung der Parteien wie mit dem Grad des Vertrauens in die Akteure des politischen Systems kommt ein Zufriedenheitsaspekt ins Spiel, bei dem es darum geht, ob sich die Bürger im Prozess des repräsentativen Systems der Bundesrepublik ausreichend vertreten und mit ihren Interessen berücksichtigt finden.

Wolfgang Gaiser u.a.: Politikverdrossenheit in Ost und West?, Aus Politik und Zeitgeschichte, Nr. 19–20/2002, in: www.bpb.de (Zugriff: 17.11.2012)

Politikverdrossenheit: subjektive Einschätzung, von der „falschen" politischen Elite vertreten zu werden, und die daraus folgende generelle Ablehnung von Politikern

Parteienverdrossenheit: Distanz zwischen Parteien und Bürgern; dabei führen sinkendes Vertrauen und negative Bewertung seitens der Bevölkerung zu einer Lösung der Bürger von den etablierten Parteien

M9 Wahlbeteiligung bei Bundestagswahlen

in Prozent der wahlberechtigten Bevölkerung

Mit rund 71 Prozent ist die Beteiligung an Bundestagswahlen am Sonntag auf ihren historischen Tiefstand gesunken. Die 77,7 Prozent des Jahres 2005 wurden noch einmal deutlich unterboten. Nur noch rund 44 Millionen der gut 62 Millionen Wahlberechtigten gaben ihr Votum ab. Mit der Beteiligung an Bundestagswahlen geht es seit fast drei Jahrzehnten tendenziell bergab. Nach einem furiosen Wahlkampf pro und kontra Ostpolitik gab 1972 die bisherige Rekordzahl von 91,1 Prozent der Wahlberechtigten ihre Stimme ab. In den 1980er-Jahren schwankte die Beteiligungsquote zwischen 89,1 und 84,3 Prozent. 2002 wie 2005 rutschte sie unter die 70er-Marke. *(Merkur-online.de v. 27.9.2009; Zugriff: 14.4.2012)*

M 10 Max Weber: Politik als Beruf

Der Soziologe, Jurist, National- und Sozialökonom Max Weber (s. S. 9) versuchte in seiner Schrift „Politik als Beruf" (1919) als einer der ersten Wissenschaftler, ein realistisches Bild des Berufspolitikers zu entwerfen.

„Politik" würde für uns (...) heißen: Streben nach Machtanteil oder nach Beeinflussung der Machtverteilung (...).

Das entspricht im Wesentlichen ja auch dem Sprachgebrauch. Wenn man von einer Frage sagt, sie sei eine „politische" Frage (...), so ist damit immer gemeint: Machtverteilungs-, Machterhaltungs- oder Machtverschiebungsinteressen sind maßgebend für die Antwort auf jene Frage (...). Wer Politik treibt, erstrebt Macht: Macht entweder als Mittel im Dienst anderer Ziele (idealer oder egoistischer), – oder Macht „um ihrer selbst willen": um das Prestigegefühl, das sie gibt, zu genießen.

Es gibt zwei Arten, aus der Politik seinen Beruf zu machen. Entweder: man lebt „für" die Politik, – oder aber: „von" der Politik. (...) „Von" der Politik als Beruf lebt, wer danach strebt, daraus eine dauernde Einnahmequelle zu machen – „für" die Politik der, bei dem dies nicht der Fall ist. Damit jemand in diesem ökonomischen Sinn „für" die Politik leben könne, müssen unter der Herrschaft der Privateigentumsordnung einige (...) sehr triviale Voraussetzungen vorliegen: Er muss – unter normalen Verhältnissen – ökonomisch von den Einnahmen, welche die Politik ihm bringen kann, unabhängig sein. Das heißt ganz einfach: Er muss vermögend oder in einer privaten Lebensstellung sein, welche ihm auskömmliche Einkünfte abwirft. (...)

Die Leitung eines Staates oder einer Partei durch Leute, welche (im ökonomischen Sinn des Wortes) ausschließlich für die Politik und nicht von der Politik leben, bedeutet notwendig eine „plutokratische" Rekrutierung der politisch führenden Schichten. Damit ist freilich nicht auch das Umgekehrte gesagt: dass eine solche plutokratische Leitung auch zugleich bedeutete, dass die politisch herrschende Schicht nicht auch „von" der Politik zu leben trachtete, also ihre politische Herrschaft nicht auch für ihre privaten ökonomischen Interessen auszunutzen pflegte. Davon ist natürlich gar keine Rede. Es hat keine Schicht gegeben, die das nicht irgendwie getan hätte. Nur dies bedeutet es: dass die Berufspolitiker nicht unmittelbar für ihre politische Leistung Entgelt zu suchen genötigt sind, wie das jeder Mittellose schlechthin in Anspruch nehmen muss. Und andererseits bedeutet es nicht etwa, dass vermögenslose Politiker lediglich oder auch nur vornehmlich ihre privatwirtschaftliche Versorgung durch die Politik im Auge hätten, nicht oder doch nicht vornehmlich „an die Sache" dächten. Nichts wäre unrichtiger. Dem vermögenden Mann ist die Sorge um die ökonomische „Sekurität" seiner Existenz erfahrungsgemäß – bewusst oder unbewusst – ein Kardinalpunkt seiner ganzen Lebensorientierung. Der ganz rücksichts- und voraussetzungslose politische Idealismus findet sich, wenn nicht ausschließlich, so doch wenigstens gerade bei den infolge ihrer Vermögenslosigkeit ganz außerhalb der an der Erhaltung der ökonomischen Ordnung einer bestimmten Gesellschaft (...) stehenden Schichten: das gilt zumal in außeralltäglichen, also revolutionären, Epochen. Sondern nur dies bedeutet es: dass eine nicht plutokratische Rekrutierung der politischen Interessenten, der Führerschaft und ihrer Gefolgschaft, an die selbstverständliche Voraussetzung gebunden ist, dass diesen Interessenten aus dem Betrieb der Politik regelmäßige und verlässliche Einnahmen zufließen. Die Politik kann entweder „ehrenamtlich" und dann von, wie man zu sagen pflegt, „unabhängigen", d.h. vermögenden Leuten, Rentnern vor allem, geführt werden. Oder aber ihre Führung wird Vermögenslosen zugänglich gemacht, und dann muss sie entgolten werden. Der von der Politik lebende Berufspolitiker kann sein: reiner „Pfründner" oder besoldeter „Beamter". (...) In der Vergangenheit waren Lehen, Bodenschenkungen, Pfründen aller Art (...) das typische Entgelt von Fürsten, siegreichen Eroberern oder erfolgreichen Parteihäuptern für ihre Gefolgschaft; heute sind es Ämter aller Art in Parteien, Zeitungen, Genossenschaften, Krankenkassen, Gemeinden und Staaten, welche von den Parteiführern für treue Dienste vergeben werden. Alle Parteikämpfe sind nicht nur Kämpfe um sachliche Ziele, sondern vor allem auch: um Ämterpatronage. Alle Kämpfe zwischen partikularistischen und zentralistischen Bestrebungen in Deutschland drehen sich vor allem auch darum, welche Gewalten, ob die Berliner oder die Münchener, Karlsruher, Dresdener, die Ämterpatronage in der Hand haben. Zurücksetzungen in der Anteilnahme an den Ämtern werden von Parteien schwerer empfunden als Zuwiderhandlungen gegen ihre sachlichen Ziele. Ein parteipolitischer Präfektenschub in Frankreich galt immer als eine größere Umwälzung und erregte mehr Lärm als eine Modifikation des Regierungsprogramms, welches fast rein phraseologische Bedeutung hatte. Manche Parteien, so namentlich die in Amerika, sind seit dem Schwinden der alten Gegensätze über die Auslegung der Verfassung reine Stellenjägerparteien, welche ihr sachliches Programm je nach den Chancen des Stimmenfangs abändern. In Spanien wechselten bis in die letzten Jahre in Gestalt der von oben her fabrizierten „Wahlen" die beiden großen Parteien in konventionell feststehendem Turnus ab, um ihre Gefolgschaft in Ämtern zu versorgen. In den spanischen Kolonialgebieten handelt es sich sowohl bei den sogenannten „Wahlen" wie den sogenannten „Revolutionen" stets um die Staatskrippe, an der die Sieger gefüttert zu werden wünschen. In der Schweiz repartieren die Parteien im Wege des Proporzes die Ämter friedlich untereinander, und manche unserer „revolutionären" Verfassungsentwürfe, so z. B. der erste für Baden aufgestellte, wollte dies System auf die Ministerstellen ausdehnen und behandelte so den Staat und seine Ämter als reine Pfründnerversorgungsanstalt.

Max Weber: Politik als Beruf (1919), Stuttgart 1992, S. 5–21

M11 Politik als Beruf: Wider das Naserümpfen

Obwohl Deutschland heute wahrlich keinen Krieg verloren hat, ist immer wieder mit apokalyptischem Unterton von einer Krise des politischen Systems die Rede. Gerade konstatierte der Schriftsteller Ingo Schulze in der Süddeutschen Zeitung „die Abschaffung der Demokratie" durch die Macht der Märkte – die Situation, schreibt er mit einem Modewort, sei längst „postdemokratisch" (s. *M 12*). Gleichzeitig gibt es die Sorge, die Politik sei viel zu unattraktiv geworden, um noch die besten Köpfe für sich zu gewinnen. Wer heute in die Politik geht, setzt sein Leben einer totalen Transparenz aus. Er muss damit umgehen, dass alle das Schlechteste von ihm denken, während er im selben Atemzug den höchsten moralischen Ansprüchen unterworfen wird. Wer tut sich das an außer eingefleischte narzisstische Naturen, die in dem medialen Dauerinteresse, das jedem ihrer Sätze entgegengebracht wird, einen steten Quell der Selbstbestätigung sehen? Wer es vor allem auf seine erste Million abgesehen hat, geht ohnehin in die Wirtschaft. Aber auch wer Spaß am Durchregieren findet, kann auf einem Vorstandsposten unbehelligter schalten als in den zermürbenden Kompromiss-Prozeduren der parlamentarischen Demokratie.

Man hat die Weimarer Republik eine Demokratie ohne Demokraten genannt. Dieses Schicksal sollte Deutschland nicht noch einmal blühen. Wenn Max Weber (s. *M 10*) also heute in die Bütt steigen würde, um die parlamentarische Demokratie zu verteidigen, was würde er dann sagen?

Er hätte vor allem das Schlagwort von der Politikverdrossenheit aufgespießt. Er hätte erklärt, dass es eine wohlfeile Rückzugsposition ist, sich voll Überdruss vom politischen Geschäft abzuwenden, weil es den eigenen ästhetisch-moralischen Reinheitsvorstellungen nicht entspricht. Natürlich hat Politik häufig etwas von Geschachere – wie sollte das auch anders sein, wo Menschen um ihre Interessen ringen. Doch verglichen mit den Üblichkeiten eines Erbschaftsstreits, wie er in jeder Familie ausbricht, die nur ein bisschen was zu verteilen hat, geht es in der Politik gesittet zu. Uncharismatisch sei die Politik, heißt es heute, wenig dazu angetan, den Bürger für seine Polis zu begeistern. Aber was ist das für eine Perspektive? Da werden Politiker behandelt wie Tänzerinnen in einem Nachtklub, die das Publikum langweilen, weil sie zu wenig Bein zeigen. Noch die letzte graue Maus ist sich heutzutage sicher, dass sie Packenderes verdient habe als die gemäßigte Prosa des Deutschen Bundestages. Seit Weizsäcker in den späten achtziger Jahren mit aristokratischer Geste die Parteien gedemütigt hat, gehört das Naserümpfen zum guten Ton. Seither gab es die Währungsunion, die deutsche Einheit, die Einführung des Euro, mit der Agenda 2010 die größte Sozialreform in der Geschichte der Bundesrepublik und die erfolgreiche Eindämmung der Bankenkrise. Wie spektakulär muss Politik denn noch aussehen, damit der Bürger nicht in Ennui (*Langeweile*) versinkt?

Wenn heute davon die Rede ist, dass sich die Menschen von der Politik abwendeten, dann wird gerne präzisiert: In Wahrheit wendeten sich die Menschen nur von den Parteien ab. Das bürgerschaftliche Engagement sei beliebt, nur die parteimäßige Organisation verpönt. Das stimmt wohl. Müsste Max Weber seinen Aufsatz also an die heutigen Verhältnisse anpassen, er würde einen Absatz über falsch verstandene Vornehmtuerei einfügen: Denn es gelte dann auch einmal das Jämmerliche jenes Individualismus zu brandmarken, der sich für zu fein und subtil hält, als dass er bereit wäre, sich unter der notwendig generalisierenden Fahne einer Partei zu versammeln. Parteien sind per definitionem Verallgemeinerungen. Eine Partei, die mit meinen persönlichen Überzeugungen identisch wäre, wäre keine Partei, sondern mein Abbild. Es gehört Schneid dazu, sein Gesicht einer Partei zu leihen, auch wenn man sich nicht hundertprozentig mit ihr identifizieren kann.

Ijoma Mangold: Politik als Beruf. Wider das Naserümpfen und Abseitsstehen. Wovon der Soziologe heute schreiben würde, in: Die Zeit v. 2.2.2012

Colin Crouch (geb. 1944)

M 12 Was heißt „Postdemokratie"?

Der englische Politikwissenschaftler und Soziologe Colin Crouch, 2008:

Die Demokratie befindet sich zu Beginn des 21. Jahrhunderts in einer höchst paradoxen Situation. So könnte man sagen, sie sei – weltgeschichtlich betrachtet – an einem Höhepunkt angelangt. In den letzten 25 Jahren übernahmen Spanien und Portugal, dann – im Zuge einer äußerst dramatischen Transformation – große Teile des früheren Sowjetimperiums, Südafrika, Südkorea sowie eine Reihe weiterer Staaten im Fernen Osten, schließlich einige Länder Lateinamerikas zumindest ihr entscheidendes formales Merkmal: (halbwegs) freie und faire Wahlen. Mehr Nationalstaaten als jemals zuvor praktizieren heute demokratische Verfahren. Nach den Ergebnissen einer Studie (...) zur globalen Demokratie ist die Anzahl der Länder, in denen einigermaßen freie Wahlen abgehalten werden, von 147 im Jahr 1988 (am Vorabend des Zusammenbruchs des Ostblocks) auf 164 im Jahr 1995 und auf 191 im Jahr 1999 gestiegen. Legt man eine etwas strengere Definition umfassender und freier Wahlen zugrunde, sind die Ergebnisse etwas weniger eindeutig: Einem realen Rückgang von 65 auf 43 in den Jahren 1988 bis 1995 steht ein Anstieg auf 88 im Jahr 1999 gegenüber.

Wenn man heute allerdings auf die gewachsenen Demokratien Westeuropas, Japans, der Vereinigten Staaten und anderer Teile der industrialisierten Welt differenziertere Indikatoren für die Gesundheit des politischen Systems anwendet, will kein großer Optimismus mehr aufkommen. Ein Blick auf die amerikanischen Präsidentschaftswahlen im Jahr 2000 genügt, schließlich liegen inzwischen beinahe unwiderlegbare Beweise dafür vor, dass die Ergebnisse in Florida schwerwiegend manipuliert wurden; und das Resultat in diesem Staat war entscheidend für den Sieg von George W. Bush, dessen Bruder John Ellis in diesem Bundesstaat das Gouverneursamt innehat. Abgesehen von einigen Afroamerikanern, die gegen diese Vorgänge demonstrierten, hielt sich die Entrüstung über die Verfälschung des demokratischen Verfahrens allerdings in Grenzen. Offensichtlich kam es den meisten Menschen vor allem darauf an, überhaupt zu irgendeinem Ergebnis zu kommen, um das Vertrauen der Aktienmärkte wiederherzustellen; dies war wichtiger, als zu ermitteln, wie die Mehrheit der Amerikaner denn nun entschieden hatte. (...)

Die Demokratie kann nur dann gedeihen, wenn die Masse der normalen Bürger wirklich die Gelegenheit hat, sich durch Diskussionen und im Rahmen unabhängiger Organisationen aktiv an der Gestaltung des öffentlichen Lebens zu beteiligen – und wenn sie diese Gelegenheiten auch aktiv nutzt. (...)

Demokratie wird (*dagegen*) – wiederum unter dem Einfluss der USA – zunehmend als liberale Demokratie definiert: eine historisch kontingente Form, kein normativ wünschenswerter Zustand. Bei diesem Konzept der Demokratie stehen folgende Aspekte im Vordergrund: die Wahlbeteiligung als wichtigster Modus der Partizipation der Massen, große Spielräume für Lobbyisten – wobei darunter vor allem die Lobbys der Wirtschaft verstanden werden – und eine Form der Politik, die auf Interventionen in die kapitalistische Ökonomie möglichst weitgehend verzichtet. Für die wirkliche, umfassende Beteiligung der Bürger und die Rolle von Organisationen außerhalb des Wirtschaftssektors interessieren sich die Befürworter dieses Modells allenfalls am Rande.

Die relativ niedrigen Anforderungen, die im Rahmen des liberalen Demokratieverständnisses an das Funktionieren des politischen Systems gestellt werden, führen zu einer Zufriedenheit, die uns blind machen kann für ein neuartiges Phänomen, das ich als „Postdemokratie" bezeichnen möchte. Der Begriff bezeichnet ein Gemeinwesen, in dem zwar nach wie vor Wahlen abgehalten werden, Wahlen, die sogar dazu führen, dass Regierungen ihren Abschied nehmen müssen, in dem allerdings konkurrierende Teams professioneller PR-Experten die öffentliche Debatte während der Wahlkämpfe so stark kontrollieren, dass sie zu einem reinen Spektakel verkommt, bei dem man nur über eine Reihe von Problemen diskutiert, die die Experten zuvor ausgewählt haben. Die Mehrheit der Bürger spielt dabei eine passive, schweigende, ja sogar apathische Rolle, sie reagieren nur auf die Signale, die man ihnen gibt. Im Schatten dieser politischen Inszenierung wird die reale Politik hinter verschlossenen Türen gemacht: von gewählten Regierungen und Eliten, die vor allem die Interessen der Wirtschaft vertreten.

Genau wie das maximalistische Ideal ist auch dieses Modell eine Übertreibung. Man kann in der gegenwärtigen politischen Landschaft allerdings so viele seiner Elemente ausmachen, dass es sich lohnt zu untersuchen, wo wir heute auf dem Kontinuum zwischen den Polen stehen und in welche Richtung sich die Politik entwickelt. Ich bin davon überzeugt, dass wir uns dem postdemokratischen Pol immer mehr annähern. (...)

Dabei kommt es mir vor allem auf eine These an: Während die demokratischen Institutionen formal weiterhin vollkommen intakt sind (und heute sogar in vielerlei Hinsicht weiter ausgebaut werden), entwickeln sich politische Verfahren und die Regierungen zunehmend in eine Richtung zurück, die typisch war für vordemokratische Zeiten: Der Einfluss privilegierter Eliten nimmt zu, in der Folge ist das egalitäre Projekt zunehmend mit der eigenen Ohnmacht konfrontiert.

Colin Crouch: Postdemokratie, Frankfurt/Main 2008, S. 7–13 (Übers.: Nikolaus Gramm)

M 13 Entpolitisierung durch Konsenssuche?

In meinem Buch „Über das Politische" habe ich die Gründe für die „postpolitische" Perspektive, die in liberal-demokratischen Gesellschaften mittlerweile überwiegt, untersucht. Meine These ist, dass die „postpolitische" Perspektive damit zusammenhängt, dass die sozialdemokratischen Parteien in Europa in den vergangenen Jahrzehnten die Strategie verfolgt haben, sich zur politischen Mitte hin zu bewegen.

Erstmals wurde diese Strategie von Anthony Giddens, einem britischen Soziologen, unter dem Etikett „Der dritte Weg" für New Labour in England ausgearbeitet. Diesem Ansatz zufolge haben die westlichen Gesellschaften eine zweite Stufe der Modernität erreicht, diejenige der „reflexiven Modernisierung", in welcher das für die erste Stufe, die „einfache Modernisierung", charakteristische, auf Gegensätzen (das heißt gesellschaftlichen Antagonismen) beruhende Politikmodell obsolet geworden sei. Giddens erklärt, dass es nunmehr erforderlich sei, „jenseits von ‚Links' und ‚Rechts'" zu denken und eine neue Politik der „radikalen Mitte" anzustreben, die diese überkommene Teilung überwindet.

Eine solche Ansicht ist später von anderen sozialistischen und sozialdemokratischen Parteien übernommen worden, die begannen, sich als „linke Mitte" zu präsentieren und sich dabei deutlich von früheren antikapitalistischen Elementen zu distanzieren. Tatsächlich aber haben die Parteien der linken Mitte – mit dem Anspruch, das sozialdemokratische Projekt zu modernisieren, um es an die globalisierte Welt anzupassen – gegenüber dem Neoliberalismus „kapituliert". Davon überzeugt, dass es keine echte Alternative für politisches Handeln mehr gibt, haben sie das geschaffene System akzeptiert. Sie haben alle Versuche aufgegeben, die bestehenden Machtverhältnisse infrage zu stellen, und beschränken sich nun darauf, Möglichkeiten aufzuzeigen, die neoliberale Globalisierung „menschlicher" zu gestalten. Darum aber ist die Politik der verschiedenen Parteien so schwer voneinander zu unterscheiden.

Dieser „Konsens in der politischen Mitte" hat negative Folgen für die demokratische Politikgestaltung. Tatsächlich ist die derzeitige Politikverdrossenheit, die zum drastischen Rückgang der Wahlbeteiligung geführt hat, durch das Fehlen einer echten Wahl zwischen klar unterscheidbaren Alternativen zu erklären. Die Annäherung zwischen den Parteien rechts und links der Mitte hat außerdem in mehreren Staaten das Aufkommen rechtsgerichteter populistischer Parteien gefördert. Ihr Erfolg beruht nicht zuletzt darauf, dass sie als die einzigen erscheinen, die eine wirkliche Alternative zur bestehenden Ordnung anbieten.

Chantal Mouffe: „Postdemokratie" und die zunehmende Entpolitisierung, Aus Politik und Zeitgeschichte, Nr. 1–2/2011, S. 3–5

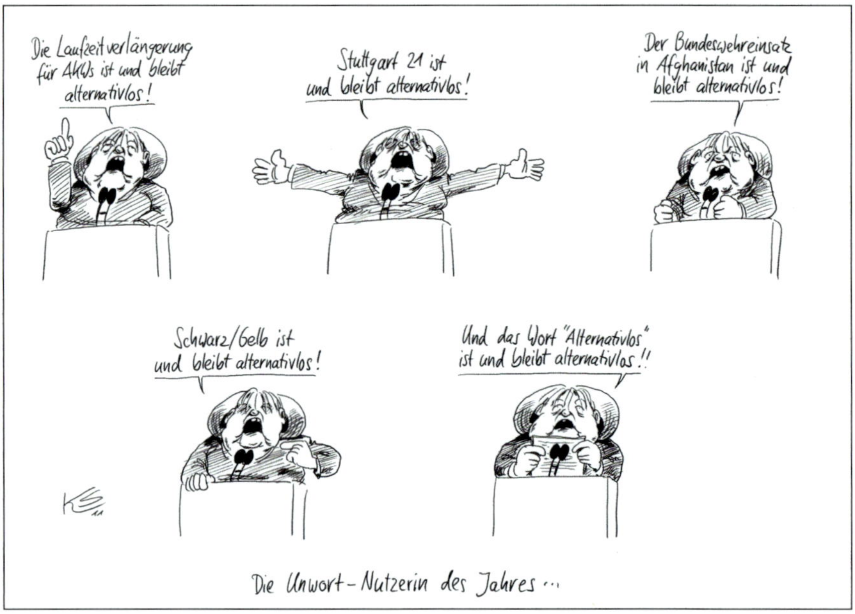

Das Unwort des Jahres 2011: „Alternativlosigkeit". *Zeichnung: Stuttmann*

M14 Postpolitik als Resignation vor „Sachzwängen"

Man wird sagen, dass gerade die (...) Politik die der Beratung und der Entscheidung des Gemeinwohls eigenen Orte gefunden habe: die Parlamente, wo man diskutiert und Gesetze verabschiedet, die Höchstgerichtsbarkeit, die die Übereinstimmung der Beratungen und Entscheidungen mit den Grundgesetzen der Gemeinschaft verifiziert. Unglücklicherweise breitet sich gerade an diesen Orten die resignierte Meinung aus, dass es wenig zu beraten gibt, sich die Entscheidungen von selbst aufdrängen und die eigentliche Arbeit der Politik nichts anderes wäre als die punktuelle Anpassung an den Weltmarkt und die ausgewogene Verteilung des Profits und der Kosten dieser Anpassung.

Jacques Rancière: Das Unvernehmen, Frankfurt/Main 2002, S. 8

M15 Mediokratie – auf dem Weg in eine andere Demokratie

Präsentismus: selbstauferlegter Zwang, stets auf dem neuesten Stand zu sein

Anders als individuelle Konsum- und öffentliche Güter löst sich das Hauptprodukt der Massenmedien – die Neuigkeit – im Augenblick seiner Präsentation auf und verliert mit seinem Gebrauchswert auch jeglichen kommerziellen Tauschwert. Wenn die Neuigkeit des soeben vergangenen Jetzt nicht wenigstens einen spürbaren Zusatz des Neueren erkennen lässt, so ist sie im aktuellen Jetzt als Ware schon entwertet. Darum ist der kompromisslose Präsentismus medialer Kommunikation ein Diktat funktionaler und struktureller Eigenarten des Mediensystems selbst und nicht erst eine unschöne Begleiterscheinung privatwirtschaftlicher Gewinnsucht – auch wenn diese sie oft hemmungslos auf die Spitze treibt. Der Stand der elektronischen Kommunikationstechnologie macht den Zwang zum Präsentismus möglich, die Eigenart der Ware „Nachricht" macht ihn nötig. Die Massenmedien haben keine Zeit, und sie kennen keine Zeit. (...) Ereignisse gewinnen nur als abgeschlossene mit überschaubarem Anfang und Ende, wenn sie zugleich als aktuelles Event in Erscheinung treten, die Aufmerksamkeit der Medien. (...)

Professionelle Selbstmediatisierung der Politik nach den Regeln theatraler Inszenierungslogik ist qualitativ und quantitativ zu einer der Hauptaktivitäten des politischen Systems geworden. In Europa ist sie nach dem Wegfall des Systemwettbewerbs eine Art Ideologieersatz. Politik verfügt dabei über drei basale Inszenierungsstrategien, die von Fall zu Fall wechselnd in unterschiedlichem Maße mit Anteilen wirklich vollzogener Herstellungspolitik versetzt sind oder zumindest sein können. Inszenierung kann, sie muss aber nicht, auch der schöne Schein des Realen sein. Ihre Wunderwaffen sind: Event-Politik (Scheinereignisse), Image-Projektion und Scheinhandlung.

Event-Politik: Von Schein-Ereignissen ist in den USA schon seit den sechziger Jahren die Rede. Sie waren die ersten großen Verbeugungen der politischen Welt vor den Mediengesetzen. Die Grenze zwischen solchen, die reales Geschehen verschönt in Szene setzen, und solchen, die nichts sind als Schein, aber aussehen wie greifbare Wirklichkeit, ist fast immer fließend. Der Fundus der Inszenierungschancen ist unerschöpflich. Die Medien aber haben die Wahl. Sie können das ihnen von der Politik dargereichte Scheinereignis an ihr Publikum bloß durchreichen – wenn sie gerade wenig Zeit, Sachverstand, Interesse, Verantwortlichkeit haben oder einfach meinen, dieser Wurm wird dem Fisch schon schmecken. Sie können das Angebot auch ignorieren und selbst etwas aus dem Anlass machen; sie können die Inszenierung der Politik aber auch demontieren, kritisch auf ihren wirklichen Kern befragen und bei all dem doch ihren eigenen Regeln der Auswahl und der Inszenierung treu bleiben. Die Fälle zwei und drei erfordern Kompetenz und Zeit, der Fall drei birgt das Risiko der Ungnade bei jenen Politikern, die man als Informationsquelle schon morgen wieder braucht. Die Medienregeln und das Darstellungsinteresse der Politik bilden strategische Koalitionen, sozusagen „widerspruchsvolle Inszenierungs-Partnerschaften". Die letzte Inszenierungshoheit allerdings liegt stets im Mediensystem.

Image-Politik: Image ist das Schein-Ereignis auf dem Gebiet der Ethik, Scheinhandeln als Personifikation. Durch wohlkalkulierte Scheinhandlungen wird eine natürliche Person zur Personifikation von Eigenschaften, die aus der Mythologie oder Ethik des Gemeinwesens ihren besonderen Glanz beziehen.

Symbolische Scheinpolitik: Ein klassischer Fall symbolischer Scheinpolitik lag vor, als sich Präsident Reagan vor den versammelten TV-Kameras auf der Schulbank eines Klassenzimmers mit Lehrern und Schülern ins Gespräch vertiefte und leidenschaftliches Interesse am Bildungswesen zeigte, während er gerade dessen Etat empfindlich gekürzt hatte. Solche Auftritte können – müssen aber nicht – Placebo-Politik zu Verstellungszwecken sein. Sie gehören zum Handwerkszeug des Medien-Machiavellisten.

Die Selbstmediatisierung der Politik löst Politik nun keineswegs ins nur noch Mediale auf, wie radikale Kritiker behaupteten. Aber es verändert die Politik in den Tiefenstrukturen ihrer Prozesse und in deren Akteurskonstellationen. Schon bei der Auswahl der Themen, der Gewichtung, der Positionen und der Durchsetzungschancen konkurrierender Akteure spielt die Antizipation ihrer medialen Vermittelbarkeit eine einflussreiche Rolle.

Thomas Meyer: Mediokratie – auf dem Weg in eine andere Demokratie, in: Aus Politik und Zeitgeschichte, Nr. 15–16/2002, S. 12

8 Gemäß einer verbreiteten Hypothese erlangen Demokratien durch die Rationalität und Geregeltheit ihrer Entscheidungsverfahren Vertrauen und damit Legitimität. Erklären Sie mit **M 14** und der Karikatur auf S. 176, welche Nachteile die Verfahrenslogik für den inneren Bestand einer Demokratie haben könnte. (→ *Auswertungsmethoden*)

9 Arbeiten Sie die Merkmale einer Mediokratie heraus (**M 15**) und überprüfen Sie mithilfe von Beispielen, inwieweit die Diagnose „Mediokratie" zutrifft. (→ *Auswertungsmethoden*)

10 Erkundigen Sie sich über die politische Bewegung der Situationistischen Internationale (SI) und vergleichen Sie die Kritik der SI mit den in den Materialien genannten Kritikpunkten (**M 8–M 15**, Internet). (→ *Erhebungsmethoden*)

Mehr direkte Demokratie?

Volksabstimmungen auf Länderebene gibt es schon: Volksentscheid zu Stuttgart 21 in Baden-Württemberg, 27.11.2011

Als Mittel gegen Defizite der Demokratie wird immer wieder eine Ausweitung direkter Beteiligungsformen ins Spiel gebracht. Von deren Befürwortern wird angeführt, dass durch mehr direktdemokratische Elemente „postdemokratischen" Tendenzen vorgebeugt werden kann. Die vielzitierte Politik-, Politiker- und Parteienverdrossenheit scheint gerade vom Eindruck vieler Bürgerinnen und Bürger gespeist, an den wesentlichen Entscheidungen, auch jenen, die sie unmittelbar betreffen, nicht maßgeblich beteiligt zu sein. „Daran kann ich nichts ändern" ist ein häufig vernehmbarer Alltagsausspruch, der dieses Gefühl zum Ausdruck bringt – letztlich mit unabsehbaren Folgen für die Legitimation der Herrschaftsform Demokratie, die systematisch auf die Beteiligung der Bürger abstellt. Insoweit ist die Diskussion um die Ausweitung direktdemokratischer Anteile im Zuge der Diskussion um die Postdemokratie vermehrt in den Blick geraten: Einer „Expertokratie" als Verfallserscheinung der Grundidee der Demokratie kann nur durch die Rückbesinnung auf das Volk als Souverän begegnet werden.

Dem Grunde nach ist das direktdemokratische Einvernehmen über die gemeinsam zu lösenden Fragen Ausgangspunkt der Entstehung demokratischer Formen. In der attischen Demokratie etwa wurden im 5. Jh. v. Chr. alle wesentlichen Entscheidungen in einer gemeinsamen Volksversammlung getroffen. Die Entwicklung moderner Staaten und insbesondere größerer Demokratien entzieht diesem Modus direktdemokratischer Übereinkunft die Grundlage. Es ist in kaum einer der westlichen Demokratien Europas vorstellbar, dass sich alle Bürgerinnen und Bürger in einer Volksversammlung zusammenfinden, um wesentliche Fragen zu entscheiden. Ebenso scheint es, als dass die Komplexität politisch-wirtschaftlicher Zusammenhänge in einer globalisierten Welt zunehmend Expertenwissen verlangt, um sachlich angemessene Entscheidungen zu treffen. Deshalb – so die Meinung vieler Wissenschaftler und Politiker – fehlen dem „einfachen Bürger" die Mittel, um sich eine hinreichende sachliche Orientierung in zunehmend unübersichtlichen Zusammenhängen zu verschaffen. Zudem ermöglicht die große Bedeutung der Medien in der Politik, das Volk zu manipulieren. Auseinandersetzungen wie etwa um Stuttgart 21 oder um die Energieversorgung zeigen aber auch, dass Politik an ihre Grenzen stößt, wenn sie sich nur auf fachliche Expertisen verlässt: Es gibt angesichts der Vielzahl möglicher Lesarten zentraler Probleme keine eindeutigen sachlichen Lösungen, sondern alle Vorschläge müssen Gegenstand des öffentlichen Diskurses werden.

1 Erstellen Sie ein einachsiges Diagramm, auf das Sie Ihnen bekannte Möglichkeiten direkter Einflussnahme auf den politischen Prozess entsprechend ihren möglichen Auswirkungen eintragen. (→ *Präsentationsmethoden*)

2 Geben Sie die Verfahrensformen direkter Demokratie wieder und erläutern Sie ihre Bedeutung im politischen Prozess der Bundesrepublik Deutschland (**M 16**/**M 17**). (→ *Auswertungsmethoden*)

3 Erläutern Sie, welche verfahrenstechnischen Hürden dazu führten, dass es zu keiner größeren Anzahl direktdemokratischer Abstimmungsprozesse in Deutschland gekommen ist (**M 16**/**M 17**).

4 Verfassen Sie einen kurzen Leserbrief, in dem Sie Ihre Haltung zu einer möglichen Ausweitung direktdemokratischer Elemente begründen. (→ *Artikulationsmethoden*)

5 Ergänzen Sie mögliche Gesichtspunkte in der Gegenüberstellung einschlägiger Argumente zur direkten Demokratie (**M 18**) und führen Sie in Gruppen eine Pro-Kontra-Debatte zur Frage des Ausbaus von Elementen direkter Demokratie durch. (→ *Artikulationsmethoden*)

M 16 Direkte Demokratie in Deutschland

Obwohl direkte Demokratie in Deutschland auf Bundesebene keine Rolle spielt, gibt es sowohl auf Landes- als auch auf kommunaler Ebene plebiszitäre Elemente, die die Verfahren im repräsentativ organisierten Staatswesen ergänzen. Auf Landesebene gibt es Volksbegehren und Volksentscheid, auf kommunaler Ebene Bürgerbegehren und Bürgerentscheid.

Ein Begehren (1. Stufe) ist dabei Ausdruck des Volkswillens, dass ein bestimmter Sachverhalt durch Volksabstimmung entschieden werden soll. Der Erfolg eines Begehrens wird daran gemessen, wie viele Bürger es mit ihrer Unterschrift unterstützen. Die vorgeschriebenen Quoren (hier: Mindestbeteiligung) für ein Bürgerbegehren variieren dabei je nach Bundesland zwischen 3 und 15 Prozent der Wahlberechtigten. In Berlin, Bremen und Thüringen geht dem Bürgerbegehren zudem ein Zulassungsantrag voraus. Für ein erfolgreiches Volksbegehren müssen je nach Bundesland die Unterschriften von 5 bis zu 20 Prozent der Wähler gesammelt werden. Für Bürger- und Volksentscheide (2. Stufe) gelten Zustimmungsquoren, die sich auf die Gesamtheit der Wahlberechtigten beziehen. Bürgerentscheide sind nur dann erfolgreich, wenn je nach Bundesland zwischen 10 und 30 Prozent aller Wahlberechtigten zustimmen. Bei Volksentscheiden liegen die Zustimmungshürden zwischen 20 und 50 Prozent.

Bis heute wurden in (*der Bundesrepublik*) Deutschland insgesamt 5387 kommunale Bürgerbegehren eingeleitet, von denen letztlich 2005 (teilweise) erfolgreich waren. Auf Landesebene gab es insgesamt 72 Volksbegehren, von denen jedoch nur 19 auch zu einem Volksentscheid führten. 12 davon waren (teilweise) erfolgreich. Je niedriger die Hürden für direkte Demokratie sind, desto häufiger werden plebiszitäre Elemente von der Bevölkerung auch genutzt. Mit 2105 eingeleiteten und 910 erfolgreichen kommunalen Bürgerbegehren nimmt Bayern die Spitzenposition ein. Auch bei den durchgeführten Volksentscheiden liegt Bayern mit sechs Volksentscheiden an der Spitze. Wie die Beispiele zeigen, sinkt die Bedeutung plebiszitärer Elemente in Deutschland mit steigender politischer Ebene. Für nationale (bundesweite) Entscheidungen in Deutschland spielen sie keine Rolle, werden auf kommunaler Ebene hingegen häufig genutzt. Das jüngste Beispiel ist der erfolgreiche Volksentscheid in Berlin über die Offenlegung der Teilprivatisierungsverträge bei den Wasserbetrieben vom Februar 2011.

Robby Geyer: Direkte Demokratie und Bürgerbeteiligung (Themenblätter), Bonn (Bundeszentrale) 2011, S. 3

M 17 Direkte Demokratie in den Bundesländern

Zu einem Volksentscheid kommt es, wenn die Abgeordneten in einem Landesparlament ein Volksbegehren nicht unterstützen. Damit ein Volksbegehren zustande kommen kann, müssen ihm je nach Bundesland unterschiedlich viele Wahlberechtigte zustimmen:

M 18 Argumente für und gegen direktdemokratische Elemente

Für direkte Demokratie	Gegen direkte Demokratie
– Belebung der öffentlichen Debatte. Bürger müssen sich informieren: Direkte Demokratie ist eine riesige Bildungsveranstaltung – Demokratie heißt Regierung durch das Volk und für das Volk. Das Volk sollte also auch entscheiden können, wo es langgeht – Alle Staatsgewalt soll vom Volk ausgehen (Regierende sind zugleich Regierte): Direkte Demokratie beugt Elitenregierung vor – Höhere Legitimation von Entscheidungen, wenn sie direkt vom Volk getroffen wurden – Betroffene sollen selbst über Maßnahmen/Beschlüsse entscheiden, insbesondere sind sie dann eher bereit, eventuelle negative Folgen zu ertragen – Beugt Machtmissbrauch (bes. Korruption) durch politische Repräsentanten vor – Neue Aspekte (Innovationen) werden in die Diskussion eingebracht – Bei entsprechenden Quoren (Abstimmungshürden; Erfolgsbedingungen) Schutz vor Erfolg von Minderheiteninteressen – Mehr Transparenz in den Entscheidungsprozessen (Kontrolle von Politikern), hoher Informationsgrad der Bevölkerung (gute Informationsmöglichkeiten durch Fernsehen, Zeitung oder Internet) – Bürger, denen reiner Wein eingeschenkt wird, sind nicht weniger klug und verantwortungsbewusst als Berufspolitiker – Sich bei einer Wahl für Politiker oder eine Partei zu entscheiden, ist wesentlich schwieriger, als über ein eng gefasstes Sachthema abzustimmen – Neue Medien ermöglichen deutlich effizientere Beteiligungsverfahren auch in großen Demokratien	– Die Geschichte Deutschlands hat gezeigt, dass Volksabstimmungen gefährlich sind. Aufgrund der schlechten Erfahrungen mit Volksabstimmungen in der Weimarer Republik sieht das Grundgesetz auf Bundesebene eine reine Repräsentativdemokratie vor. Diese Entscheidung hat sich bewährt, und es gibt keinen Grund, daran zu rütteln. – Notwendige, aber unpopuläre Entscheidungen können blockiert werden – Bürgern fehlt die fachliche Kompetenz – Beeinflussung (Manipulation) des Volkes durch mächtige Interessengruppen oder Demagogen – Bürgerentscheidungen führen zu Verzögerungen – Minderheiten und ihre Interessen können nicht geschützt werden – Eine Versammlung aller Bürger ist in einem großen Land nicht möglich – Interessengruppen mobilisieren egoistisch für eigene Zwecke – Direkt betroffene oder gut informierte Bürger haben Vorteile gegenüber uninteressierten, nicht betroffenen bzw. schlecht informierten – Komplizierte Sachverhalte können nur schwer auf Ja-/Nein-Abstimmungen reduziert werden – Das Wesen der Demokratie ist der Kompromiss, nicht die Ja-/Nein-Entscheidung – Volksentscheide können zur Spaltung der Gesellschaft führen – Gewählte Organe und Vertreter können beschädigt oder geschwächt werden – Bürger haben Eigeninteresse und nicht Gemeinwohl im Blick – Aktuelle Stimmungslagen beeinflussen das Ergebnis. Was ist, wenn in einer Volksabstimmung kurz nach dem Bekanntwerden eines schweren Verbrechens über die Einführung der Todesstrafe abgestimmt wird? – Volksabstimmungen verursachen erhebliche Kosten und machen den politischen Prozess langsamer, weil es einen zusätzlichen Schritt in der Gesetzgebung gibt – Mediale Vermitteltheit politischer Inhalte lässt eine objektive Aufarbeitung von Sachverhalten nicht zu

Zusammengestellt nach www.bpb.de/ www.buendnis-buergergesellschaft.de, www. direkte-demokratie.de (Zugriff: 19.11.2012)

6 Arbeiten Sie die Bedingungen heraus, die für eine Belebung der Demokratie durch direkte Demokratie gegeben sein müssen (**M 19**). (→ *Auswertungsmethoden*)

7 Analysieren Sie die möglichen Gefahren, die von einer Stärkung der direkten Demokratie ausgehen – betrachten Sie dabei auch die Rolle der Medien und der Interessenverbände (**M 20**). (→ *Auswertungsmethoden*)

8 Erläutern Sie das Konzept der Disziplinierung als Menschenführung (**M 21**). Recherchieren Sie die Bedeutung des Begriffes „Gouvernementalität". (→ *Auswertungsmethoden*)

9 Beurteilen Sie mithilfe Ihrer Ergebnisse aus Aufgabe 7, inwieweit direktdemokratische Elemente auch als Herrschaftsinstrumente gebraucht werden könnten, und überlegen Sie, ob man mit Foucault (**M 21**) eine plausible Gegenstrategie entwickeln könnte.

M 19 Bewältigung des Reformstaus durch direkte Demokratie?

Volksbegehren gegen den Transrapid in Bayern, 2007

Volksbegehren und Volksentscheide können sowohl Status-quo- als auch veränderungsorientiert wirken. Über die Ausgestaltung der Verfahren lässt sich dies nur bedingt steuern. Das Beispiel der bayerischen Volksbegehren zeigt, dass sich Volksinitiativen nicht auf innovative Sachverhalte begrenzen lassen. Sie können immer auch auf die Rücknahme von Reformansätzen abzielen. Auf keinen Fall sollten direktdemokratische Elemente den Akteuren der repräsentativen Demokratie erlauben, sich nach Wunsch aus der politischen Verantwortung zurückziehen zu können.

Eine Einführung direktdemokratischer Elemente muss so gestaltet sein, dass sie die Besonderheiten der bundesrepublikanischen Verfassungskultur berücksichtigt. Sie hat deshalb die föderale Ordnung, vor allem aber die „Verfassungssouveränität", die sich in den Kompetenzen der Verfassungsrechtsprechung konkretisiert, zu achten. Unerlässlich ist, auch im öffentlichen Diskurs auf diese deutschen Spezifika hinzuweisen.

Die eingetretene und weiter fortschreitende Denationalisierung von Politik beschränkt mit den nationalstaatlichen Gestaltungsmöglichkeiten auch jene der Volksgesetzgebung. Dem lässt sich durch Regelungen, die Übertragung von Hoheitsrechten dem Referendum zu unterwerfen, nur bedingt entgegenwirken. Bürgerpartizipation muss sich in der Ära des „entgrenzten Regierens" andere Kanäle suchen.

Unter den Rahmenbedingungen der momentan in Deutschland geführten Debatte über die Reformen ist zu erwarten, dass die Einführung von Volksbegehren und Volksentscheiden primär am Status quo orientierten Akteuren zusätzliche Einfluss- und Blockademöglichkeiten verschafft. Direkte Demokratie ist damit nur bedingt geeignet, den aktuellen Reformstau aufzulösen.

Könnten Volksentscheide dann aber zumindest den Reformprozess insofern unterstützen, als sie zu größerer Akzeptanz schwieriger politischer Entscheidungen beitrügen? Vermag Mitentscheiden zu breiterer Akzeptanz für politische Maßnahmen zu führen und damit Politikverdrossenheit vermeiden zu helfen? Eine solche Annahme mag auf den ersten Blick schlüssig erscheinen, ist aber in der Realität sehr voraussetzungsvoll:

Das Argument geht nämlich davon aus, dass wir Menschen in unseren Einstellungen und unserem Verhalten kohärent (*zusammenhängend*) sind, d. h. um es lebensweltlich zu formulieren, als abendliche Freizeitradler dasselbe wollen wie als morgendliche Autopendler oder Fußgänger in der Mittagspause. Zudem wird unterstellt, dass sich unterschiedliche Komponenten gegenseitig kompensieren könnten, d. h. eine Einbuße an Output-Legitimation (etwa durch Kürzungen staatlicher Leistungen) durch einen Gewinn an Input-Legitimation (durch Beteiligung an dieser Entscheidung) gleichsam verlustfrei ausgeglichen werden könnte.

Bedeutet dies nun, dass man besser auf die Einführung direktdemokratischer Entscheidungsabläufe auf Bundesebene verzichten sollte? Das sicher nicht. Wenn Volksbegehren und Volksentscheide so ausgestaltet werden, dass sie mit der Konzeption der „Verfassungssouveränität" kompatibel sind, können sie durchaus ein belebendes Element für die deutsche Demokratie sein. Man hüte sich aber vor übertriebenen Hoffnungen. Direktdemokratische Elemente verändern die Struktur des politischen Prozesses, d. h. sie schaffen sowohl neue Gestaltungs- als auch Blockadepotenziale. Damit vermögen sie vielleicht zur Lösung einiger Probleme des politischen Prozesses beizutragen, schaffen aber ihrerseits auch neue.

Uwe Kranenpohl: Bewältigung des Reformstaus durch direkte Demokratie?, in: Aus Politik und Zeitgeschichte, Nr. 10/2006, S. 38

M20 Volksentscheide und die „Tyrannei der Mehrheit“

Erfahrungen mit Volksentscheiden in der Schweiz:

Vor einem Jahr, am 29. November 2009, wurde die Initiative für ein Minarettverbot bei überdurchschnittlich hoher Beteiligung überraschend mit einem Ja-Stimmen-Anteil von 57,5 Prozent und einer Mehrheit der Stände angenommen. (...) Kann daraus gefolgert werden, dass die unmittelbare Verfassungsgebung durch das Volk zu einer Tyrannei der Mehrheit über Minderheiten führt, vor der uns bereits James Madison und Alexis de Tocqueville in ihren Schriften gewarnt haben?

Die sich auf empirische Fakten stützende Antwort zu dieser klassischen Kontroverse fällt differenzierter aus, als manche Kritiker erwarten dürften. Zwar zeigen neue Befunde zur Schweiz, dass die direkten Effekte der Volksrechte tendenziell minderheitenkritisch ausfallen, (...) vor allem aber treten primär nur dann negative direkte Effekte der direkten Demokratie ein, wenn ein Ausbau der Minderheitenrechte vorgesehen ist. Bei einem Abbau schützt die direktdemokratische Arena die Minderheiten etwa im selben Maße wie die repräsentativdemokratische. Darüber hinaus zeigt sich, dass die plebiszitäre Mitsprache keine Schlechterstellung von eigenen sprachlichen und konfessionellen Minderheiten bewirkt, während offensichtlich diskriminierende Effekte resultieren, wenn es um die rechtliche Besserstellung von Ausländern und Muslimen geht. Die überraschende Annahme der Minarettverbots-Initiative im November 2009, die Ablehnung aller kantonalen Abstimmungsvorlagen zur öffentlichrechtlichen Anerkennung der muslimischen Gemeinschaft sowie der vergleichsweise hohe Anteil an negativen Volksentscheiden zu Ausländerrechten machen deutlich, dass das Stimmvolk besonders dann zum Nachteil einer Minderheit entscheidet, wenn diese in der öffentlichen Wahrnehmung als schlecht integriert gilt und als fremd wahrgenommene Wertevorstellungen vertritt. Trotz zahlreicher Volksentscheide mit negativem Ausgang für einzelne Minderheiten kann aber nicht generell der Schluss gezogen werden, dass direkte Demokratie per se ein mehrheitsdemokratisches Schwert mit scharfer Klinge darstellt. Vielmehr hängt ihre Wirkung stark von sich wandelnden Einstellungen der Bürgerinnen und Bürger, vom gesellschaftlichen Integrationsgrad der betroffenen Minderheit und von ihrer Wahrnehmung als Fremdgruppe sowie der Intensität des Ausbaus ihrer Rechte ab. In Anlehnung an Alexis de Tocquevilles kritischer Würdigung der amerikanischen Demokratie kann daraus geschlossen werden, dass die direkte Demokratie (...) zwar ein beträchtliches Potenzial einer Mehrheitstyrannei gegenüber Minderheiten in sich trägt. Wird sie aber umsichtig in den Rahmen verfassungsinstitutioneller Sicherungen und in eine gefestigte demokratische Kultur eingebettet sowie von verantwortungsvollen politischen Akteuren und Medien begleitet, dann ist die Wahrscheinlichkeit groß, dass tyrannische Volksentscheide in Zukunft eher die Ausnahme als die Regel bleiben.

Die bestehende deutsche Praxis, auf Länder- und Kommunalebene Bürgerbegehren einer scharfen formalen und materiellen Vorabkontrolle zu unterziehen, ist dabei eines der möglichen Rezepte, um eine plebiszitäre Mehrheitstyrannei im Keim zu ersticken. Gerade die jüngsten Schweizer Erfahrungen zeigen, dass Probleme vor allem dann offenkundig auftreten, wenn eine klare Ex-ante-Kontrolle fehlt und eine richterliche Prüfung (z. B. durch den Europäischen Gerichtshof für Menschenrechte) erst nach erfolgtem Volksentscheid ins Auge gefasst wird. Eine nachträgliche Infragestellung eines Volksentscheids durch die Gerichte hat dabei schwerwiegende negative Konsequenzen, wie die US-amerikanische Praxis zeigt, die mit Ausnahme von Florida nur eine formale Vorprüfung von Volksinitiativen kennt. Es ist offensichtlich, dass direktdemokratische Verfahren

Ex-ante-Kontrolle: Prüfung des Zustands vor Beginn einer Maßnahme (lat.: ex ante = vorher), also der Ausgangssituation

Am 11.3.2012 stimmte das Stimmvolk in der Schweiz über die Volksinitiative „6 Wochen Ferien für alle“ ab

nur dann glaubwürdig bleiben, Legitimität schaffen, politische Blockaden lösen und die Frustration der Bürgerschaft verhindern, wenn eine adäquate Übereinstimmung zwischen politischem Engagement der Bürger und der erwarteten Umsetzung der getroffenen Entscheide besteht. Über die Wirkung eines Volksentscheids sollte deshalb spätestens zu Beginn des Abstimmungsverfahrens Erwartungssicherheit bestehen, und bei begründeten Zweifeln eines vom Volk eingereichten Begehrens ist schon im Voraus eine Entscheidung einzuholen.

Adrian Vatter: Volksentscheide und die Tyrannei der Mehrheit, Neue Züricher Zeitung v. 18.11.2010, S. 23

M21 Direkte Demokratie als Regierungsform: Macht vs. Freiheit

Wählt man eine populäre (...) „Blickachse" dann ist Foucault (s. S. 25) zuallererst ein faszinierender Analytiker der Moderne, jemand, der in minutiösen Beschreibungen nachweist, dass die großen Versprechen der Aufklärung („Emanzipation, Mündigkeit") nichts anderes sind als ein historisches Spiegelkabinett, eine grandiose Täuschung. Die hellen Spiegel der Freiheit verbergen die dunkle Realität der Macht, sie verbergen die Logik von Kontrolle und Disziplinierung, von Abrichtung und „Menschenführung". Sogar die Sprache verstand Foucault als Technologie der Macht. „Die Diskurse bilden die Gegenstände, von denen sie sprechen", lautete seine liturgische Formel, und deshalb beschrieb Foucault auch den Menschen als standardisiertes Erzeugnis von Redeweisen und Wissensformen. Verkürzt gesagt: Menschen, die im 17. Jahrhundert dem „alteuropäischen" Kosmos verhaftet waren, dem Denken und Fühlen in den Bahnen von Religion und Metaphysik, besaßen ein anderes Selbst- und Weltverhältnis als jene, denen der funktionalistische Imperativ von Hirnforschung und Gentechnik den Stempel aufdrückt. (...)

Nicht minder einflussreich ist seine (*Foucaults*) Kritik an der liberalen Gesellschaft. Das viel zitierte Schlagwort heißt „Gouvernementalität", und dahinter steckt die Behauptung, der Liberalismus sei eine Herrschaftstechnik, die der Bürger gar nicht bemerkt, weil sie ihn nicht von außen, sondern von innen diszipliniert. Während die „alte" Regierungsmacht dem Einzelnen Befehle erteilte, regiert die liberale, mit der Wirtschaft fusionierte Staatsmacht durch sanfte mentale Nötigung. Sie bringt den Bürger dazu, sich selbst zu regieren, und zwar durch die Exerzitien der Selbstbefragung: „Bin ich erfolgreich? Bin ich effizient? Bin ich Deutschland?" Kurzum, Liberalismus ist staatliches „Gouvernement" durch die „Mentalität" des Bürgers, damit dieser genau das will, was er soll. (...)

Mit fröhlichem Einverständnis kleben die Menschen im Spinnennetz der Biowissenschaften und der kapitalistischen Ökonomie, und sogar ihre Leidenschaften sind von systemerhaltenden Kalkülen geprägt. Der Diskurs der Emanzipation, die Propaganda von Sex und freier Liebe, diene nur dazu, Menschen abzurichten und den „Gebrauch der Lüste" zu manipulieren. In der Nacht, das hat man Foucault immer wieder vorgeworfen, sind alle Katzen grau. Es gibt keinen Unterschied zwischen demokratischer Macht und unrechtmäßiger Herrschaft, und auch die manifeste Vernunft ist nur eine andere Form latenter Verrücktheit.

All diese Verfinsterungen muss man vor Augen haben, um die intellektuelle Souveränität zu ermessen, mit der Foucault (...) versucht, gegen den suggestiven Sog seiner Prämissen doch noch einen Ort der Wahrheit (...) ausfindig zu machen – den Ort eines „freimütigen" (...) Daseins, das mehr ist als das Abziehbild „liberaler" Herrschaftstechniken und das dumpfe Double des medialen Geplappers. (...) Foucault (*sucht*) den rettenden Ausweg in der Antike. (...) Im Zentrum steht die Idee der Parrhesia, des freimütigen „Wahrsprechens" (...). Politisch gesehen, ist Parrhesia der „Freimut" vor der Macht (...). Parrhesia (*meint*) den Mut des Bürgers, sich öffentlich ins Spiel zu bringen und etwas aufs Spiel zu setzen. In beiden Fällen ist das „Wahrsprechen" eine demonstrative Distanz zum Allgemeinen und markiert einen heilsamen Abstand zu gesellschaftlichen Denkroutinen, zu Üblichkeiten, Opportunitäten und Mehrheitsmeinungen. Das „Wahrsprechen" stört das Konzert der Lüge und der Heuchelei, es bekämpft die Pest der Anpassung und die Epidemie des Vorurteils. (...) Ohne „Wahrsprechen" bleibt auch die Demokratie eine leere Form.

Thomas Assheuer: Seid furchtlos, Bürger, in: Die Zeit v. 29.4.2010, in: http://www.zeit.de (Zugriff: 19.11.2012)

Medien und Demokratie

Die Zeitung am Frühstückstisch, laufend aktualisierte Meldungen im Internet, die abendliche Nachrichtensendung im Fernsehen – dieser Überblick zeigt deutlich: Informationen über Politik nehmen wir in einem hohen Maße über die unterschiedlichen Massenmedien auf. Dementsprechend verwundert es nicht, dass die Massenmedien als wesentliche Elemente der gesellschaftlichen Kommunikation über Politik gelten.
Weniger Eindeutigkeit herrscht jedoch im Hinblick auf die Frage, wie das Verhältnis zwischen Politik und Massenmedien genau aufzufassen ist. Thesen einer einseitigen Beeinflussung mit jeweils unterschiedlicher Dominanz entweder der Politik oder der Massenmedien stehen hier einer Perspektive gegenüber, die von engen wechselseitigen Verknüpfungen beider Ebenen ausgeht.

Wer fängt wen? *Zeichnung: Mohr*

1. Fassen Sie kurz den Inhalt sowie die wesentlichen Stationen der „Wulff-Affäre" zusammen (**M 22**). (→ *Auswertungsmethoden*)
2. Erläutern Sie die einzelnen wissenschaftlichen Paradigmen zum Verhältnis von Politik und Massenmedien anhand möglicher Beispiele.
3. Finden Sie sich in Arbeitsgruppen zusammen und stellen Sie die unterschiedlichen Paradigmen zum Verhältnis von Politik und Massenmedien in Standbildern dar. (→ *Simulationsmethoden*)
4. Beschreiben, analysieren und interpretieren Sie die Karikatur oben. (→ *Auswertungsmethoden*)
5. Analysieren Sie **M 23**, **M 24** und die Karikatur auf S. 186 im Hinblick auf die Frage des Verhältnisses von Politik und Massenmedien. (→ *Auswertungsmethoden*)
6. Gestalten Sie auf der Grundlage Ihrer Ergebnisse aus Aufgabe 5 eine Mindmap. (→ *Erhebungsmethoden*)
7. Bilden Sie Arbeitsgruppen und informieren Sie sich gegenseitig über Ihre in Form der Mindmap aufbereiteten Arbeitsergebnisse.
8. Nehmen Sie begründet Stellung: Die „Wulff-Affäre" – Sinnbild für ein bestimmtes Verhältnis von Politik und Massenmedien?
9. Beschreiben Sie, in welcher Rolle Bilder und Texte auf S. 189 die Medien zeigen.

M22 Die „Wulff-Affäre" – eine Chronik

12. Dezember 2011: Der Vorwurf, Wulff habe während seiner Zeit als niedersächsischer Ministerpräsident bei einer Befragung im Landtag nicht die Wahrheit gesagt, taucht erstmals auf. Die „Bild"-Zeitung berichtet, Wulff habe 2008 von Edith Geerkens, einer befreundeten Unternehmergattin, einen Privatkredit über 500 000 Euro bekommen (der „Bild"-Bericht erscheint am 13. Dezember, wird aber schon am Abend zuvor bekannt). Im Landtag war Wulff im Februar 2010 gefragt worden, ob er Geschäftsbeziehungen zum Unternehmer Egon Geerkens unterhalte. Dies hatte Wulff damals verneint. Wenige Tage nach der Befragung löste Wulff im März 2010 den Geerkens-Privatkredit durch ein kurzfristiges Geldmarktdarlehen der Stuttgarter BW-Bank ab.

16. Dezember: Erstmals tauchen Hinweise auf, dass die 500 000 Euro für den Kredit doch nicht von Edith, sondern von Egon Geerkens gekommen sein könnten. Das Nachrichtenmagazin „Der Spiegel" zitiert Egon Geerkens mit den Worten „ich habe mit Wulff verhandelt" und „ich habe mir überlegt, wie das Geschäft abgewickelt werden könnte". Wulff lässt hingegen über seine Anwälte bekräftigen, der Kredit stamme von Edith Geerkens. (...)

22. Dezember: Wulff äußert in einer Rede öffentlich sein Bedauern. Die Finanzierung seines Privathauses habe in der Öffentlichkeit „irritierend" gewirkt. „Das hätte ich vermeiden können und müssen", so Wulff in einer Rede. „Ich hätte auch den Privatkredit dem niedersächsischen Landtag damalig offenlegen sollen. Das war nicht geradlinig, und das tut mir leid. Ich sehe ein, nicht alles, was juristisch rechtens ist, ist auch richtig." Er betont in seiner Erklärung zugleich, er habe alle notwendigen Auskünfte erteilt. (...)

1. Januar 2012: Mehrere Medien berichten, Wulff habe versucht, die Berichterstattung über seinen Privatkredit zu verhindern. Laut der „Frankfurter Allgemeinen Sonntagszeitung" und der „Süddeutschen Zeitung" soll Wulff am 12. Dezember – also einen Tag vor der Veröffentlichung – dem „Bild"-Chefredakteur Kai Diekmann auf die Mailbox gesprochen und den „endgültigen Bruch" mit dem Springer-Verlag angedroht haben.

2. Januar: Direkt äußert sich Wulff nicht zu dem neuen Vorwurf. Wulffs neue Sprecherin Petra Diroll erklärt: Über Vieraugengespräche und Telefonate gebe der Bundespräsident „grundsätzlich keine Auskunft". Sie betont zugleich, dass die Presse- und Rundfunkfreiheit für den Bundespräsidenten „ein hohes Gut" sei. Wulff habe deshalb zu den Krediten für sein Eigenheim und zu Urlaubsaufenthalten „Transparenz hergestellt, Erklärungen abgegeben und mehrere hundert Medienanfragen beantwortet". Am Nachmittag bestätigt die „Bild"-Zeitung den Mailbox-Anruf Wulffs am 12. Dezember. Da Wulff sich aber zwei Tage später entschuldigt habe, habe man „davon abgesehen, eigens über den Vorfall zu berichten", heißt es in einer Erklärung der „Bild". Auch bei Springer-Chef Mathias Döpfner rief Wulff an, bestätigt der Verlag.

4. Januar: Wulff räumt in einem Interview mit ARD und ZDF Fehler ein, will aber im Amt bleiben. Er habe „weder jetzt im Amt als Bundespräsident gegen irgendein Gesetz verstoßen noch vorher". Den Anruf bei „Bild"-Chefredakteur Diekmann nennt Wulff einen „schweren Fehler, der mir leid tut". Er betont aber, es sei nicht darum gegangen, die Berichterstattung zu unterdrücken, sondern bis zu seiner Rückkehr aus den Golfstaaten zu verschieben. „Ich habe darum gebeten, einen Tag abzuwarten", so Wulff. (...)

5. Januar: Der Leiter des „Bild"-Hauptstadtbüros, Nikolaus Blome, widerspricht Wulffs Darstellung. Ziel des Anrufs bei Diekmann sei ganz klar gewesen, die Berichterstattung über die Finanzierung des Hauskaufs zu verhindern. In einem öffentlich gemachten Schreiben an Wulff bittet „Bild"-Chefredakteur Diekmann den Präsidenten um Zustimmung zur Veröffentlichung des Wortlauts des Mailbox-Protokolls, um „Missverständnisse" auszuräumen. Das lehnt Wulff ab. Die Anwälte des Bundespräsidenten veröffentlichen im Internet eine sechsseitige Stellungnahme und Zusammenfassung der mehr als 400 Medienanfragen und der Antworten rund um die Kreditaffäre – nicht aber den Volltext aller Anfragen und Antworten.

Tagesschau.de: Chronik zur Affäre um Wulffs Privatkredit. Wann wurde was bekannt? Wann äußerte sich Wulff?, tagesschau.de v. 13.1.2012, in: http://www.tagesschau.de (Zugriff: 15.1.2012)

M23 Kritische Berichterstattung als Teil der Meinungsfreiheit

Der Deutsche Journalisten-Verband (DJV) hat sich gegen jegliche Versuche prominenter Persönlichkeiten gewandt, Einfluss auf die kritische Berichterstattung von Medien ausüben zu wollen. Der DJV reagierte damit auf Meldungen, nach denen Bundespräsident Christian Wulff Mitte Dezember 2011 versucht haben soll, einen Bericht der „Bild"-Zeitung über die Finanzierung seines Privathauses zu verhindern. „Prominente müssen sich kritische Berichterstattung als Teil der Meinungsfreiheit gefallen lassen", machte DJV-Bundesvorsitzender Michael Konken deutlich. „Das müsste niemand besser wissen als der erste Mann im Staat."
Der Bundespräsident habe nicht nur gesetzlich geregelte Aufgaben und Pflichten, ihm komme als Staatsoberhaupt auch eine Vorbildfunktion zu. Das gelte für viele andere Prominente auch.

Deutscher Journalisten-Verband: Bundespräsident – DJV gegen Einflussnahme, 2.1.2012, in: http://www.djv.de (Zugriff: 14.1.2012)

M24 „Bild" als Gralshüter der Pressefreiheit?

Bei allen berechtigten Zweifeln in der Sache wie auch an Wulffs tollpatschigem Krisenmanagement – die Relationen müssen wieder geradegerückt werden. Mich ärgert, dass ausgerechnet die „Bild"-Zeitung sich zum Opfer stilisieren kann. Ein Blatt, das es mit Persönlichkeitsrechten normalerweise gar nicht so genau nimmt. Das Kampagnen fährt wie bei Karl-Theodor zu Guttenberg, der sogar eine ganze Dissertation abschreiben darf, ohne dass „Bild" seine Integrität infrage stellt. „Bild" als Gralshüter der Pressefreiheit, auch darüber lohnt es sich nachzudenken.

Silke Engel: Die Dauerempörung nervt und macht wütend, tagesschau.de v. 5.1.2012, in: http://tagesschau.de/kommentar/wulff740.html (Zugriff: 14.1.2012)

Andruck

Zeichnung: Tomicek

M25 Wie sich der Wind drehen kann

Die Anruf-Affäre von Bundespräsident Wulff wirft ein Schlaglicht auf das Verhältnis von Politik und Medien in Berlin. Da geht es um kritische Distanz und Kontrolle – aber immer wieder auch um ein Geben und Nehmen. Wulffs Fall zeigt, dass sich der Wind rasch drehen kann.

Gerhard Schröder kann sich nicht genau erinnern, ob der Spruch, er brauche nur „Bild, BamS und Glotze" für erfolgreiches Regierungshandeln, so von ihm stammt. „Er würde jedenfalls zu mir passen", sagte der Alt-Kanzler vor einiger Zeit bei einem Empfang der „Bild"-Zeitung in Berlin. Mit der Boulevardzeitung ist schon mancher Politiker groß rausgekommen. Doch das Blatt kann sich im Falle eines politischen Fehlers schnell wenden – wie nun zum Beispiel beim umstrittenen Hauskredit von Bundespräsident Christian Wulff.

Die Boulevardpresse handele oftmals nach dem Fahrstuhl-Prinzip, schreiben Leif Kramp und Stephan Weichert in einer Studie des Netzwerks Recherche zum Berliner Hauptstadtjournalismus. „Will die Politprominenz im Fahrstuhl mit nach ganz oben fahren, muss sie bei Liebesverweigerung auch schon mal damit rechnen, wieder runtergefahren zu werden", wird hier betont. (...)

Kanzler Schröder und „Bild" hatten ohnehin nicht immer eine einfache Beziehung. So war auch die Fallhöhe für den SPD-Politiker nicht ganz so groß. 2004 warf die „Bild" Schröder eine Boykottpolitik vor, weil ihre Journalisten nicht in der Regierungsmaschine mit dem Kanzler in die Türkei und nach Washington mitreisen durften. Zudem gab Schröder dem Blatt keine Interviews mehr. Die „Bild"-Zeitung habe mit einer „Mischung aus Häme, aus Hetze, aus Verächtlichmachung der Hauptakteure garniert mit Halbwahrheiten" über die Regierungspolitik berichtet, sagte damals Regierungssprecher Bela Anda. Schröder versuchte also einige Zeit, ohne „Bild" und „Bild am Sonntag" auszukommen – und wäre trotz Gegenwinds in vielen Medien 2005 fast wiedergewählt worden.

Dass die Zeitung mit einer Auflage von fast drei Millionen Exemplaren Einfluss hat, ist unbestritten, aber auch dieser ist nicht unbegrenzt. Bis zuletzt begleitete „Bild" Verteidigungsminister Karl-Theodor zu Guttenberg (CSU) eng, der letztlich über seine Plagiatsaffäre stolperte. „Bild" verbreitete als erstes Medium im März 2011, dass Guttenberg zurücktritt, auch den Umzug in die USA hatte man dank Ehefrau Stephanie exklusiv. (...)

Christian und Bettina Wulff versorgten seitdem „Bild" und „Bunte" regelmäßig mit ein bisschen Klatsch und Infos aus dem Familienleben. Bis zum 12. Dezember 2011, als Wulff offenbar wutentbrannt auf die Mailbox von Diekmann sprach, um die geplante Veröffentlichung am nächsten Tag zu verhindern.

Die „Bild" selbst betont ihre Unabhängigkeit. Die Entschuldigung Wulffs für seinen Anruf habe keine Auswirkungen „auf die weiteren Recherchen in allen offenen Fragen, die sich u. a. im Zusammenhang mit dem Hauskredit stellten oder noch stellen könnten".

Es gehört zum Alltag des Berliner Politikbetriebs, dass Sprecher der Regierung und der Parteien Journalisten „Argumentationshilfen" liefern und sanften Druck ausüben. Die wichtigsten Informationen werden oft in Hintergrundgesprächen statt auf Pressekonferenzen vermittelt, auch um der Berichterstattung einen „Spin" (Dreh) im eigenen Sinne zu geben. Oft werden Exklusivinfos gezielt verteilt, um im Gegenzug in der Berichterstattung gut weg zu kommen. (...)

Dass aber der Inhaber des höchsten Staatsamtes mehrfach selbst zum Hörer greift, um bei Chefredakteuren mit harschen Worten Veröffentlichungen über ihn zu unterbinden, ist ungewöhnlich. Wulff soll zudem schon vor Monaten einen Journalisten der „Welt am Sonntag" wenige Stunden vor Redaktionsschluss ins Schloss Bellevue zitiert haben, um einen Artikel über seine Familie zu stoppen.

Weil Wulff als niedersächsischer CDU-Ministerpräsident einen engen Kontakt mit den Springer-Medien gewohnt war, überrascht die jüngste Abkühlung. Schon in den Wochen vor der Wahl des Bundespräsidenten 2010 zeigte die Springer-Presse wie viele andere Medien Sympathien für den rot-grünen Gegenkandidaten Joachim Gauck.

Wulff wiederum äußerte sich zum ersten Jahrestag seiner Amtsübernahme in der „Zeit", aber nicht in „Bild" oder „Welt" – nur „Bild.de" bekam etwas ab. Wulffs Umgebung versuchte offensichtlich, Abstand zum Hause Springer zu gewinnen. Man werde sich nicht vor den Karren der „Bild" spannen lassen, soll die interne Linie gewesen sein. Dies lasse sich mit der Würde des höchsten Staatsamts nicht vereinbaren.

Georg Ismar/Thomas Lanig: „Bild", „Bams", Glotze und Wulff. Wie schnell sich der Wind drehen kann, ntv.de v. 3.1.2012, in: http://www.n-tv.de (Zugriff: 18.1.2012)

M26 Das Verhältnis von Politik und Massenmedien

In der wissenschaftlichen Diskussion bestehen verschiedene Ansichten darüber, in welchem Verhältnis Politik und Medien zueinander stehen. (...)
Das Gewaltenteilungsparadigma postuliert, dass sich die Massenmedien im Sinne einer Kontrollinstanz betätigen sollen, die der Legislative, Exekutive und Judikative gegenübergestellt wird. Die Ausübung dieser Kontrollfunktion setzt neben wirtschaftlicher Unabhängigkeit voraus, dass zwischen Politik und Medien ein Verhältnis der Autonomie und Distanz besteht.
Typisch für das Instrumentalisierungsparadigma ist ein Dependenz-Dominanz-Verhältnis zwischen dem Mediensystem und dem politischen System; die dominante Beziehungsform ist die Steuerung des einen über das andere System. Zwei Einflussrichtungen sind bei dieser Steuerung zu unterscheiden: eine mögliche „Übermacht" der Politik (Politik steuert Medien) sowie die konträre Position einer „Übermacht" der Medien (Medien steuern Politik). (...) Es besteht – in dieser theoretischen Sichtweise – nicht nur ein Ungleichgewicht zwischen Politik und Journalismus, sondern eine Art von Abhängigkeitsverhältnis, in dem die Journalisten bzw. die Medien dominant sind. Folgerung: Die politischen Akteure haben sich, wenn sie Thematisierungen und beim Publikum entsprechende Wirkungen erreichen wollen, an die Eigengesetzlichkeiten von Journalismus und Medien mehr oder minder anzupassen. Über den Grad an Abhängigkeit und die daraus resultierenden Anpassungsformen wird indes gestritten. (...)
Das dritte Paradigma der Symbiose oder Interdependenz geht davon aus, dass zwischen dem Mediensystem und dem politischen System eine komplexe Interaktion mit wechselseitigen Abhängigkeiten und Anpassungsprozessen besteht. (...) Das politische System ist auf die Massenmedien zur Verbreitung von Informationen angewiesen, andererseits sind die Medien wiederum abhängig von Informationen aus dem politischen System.

Paradigma	Dominanter Beziehungsmodus	Medien im politischen Prozess
Gewaltenteilung	Autonomie	Neutralität, Kontrolle, Kritik („Gegenmacht")
Instrumentalisierung	Steuerung	Politik/Medien als Steuerungsobjekt
Symbiose/Interdependenz	Interaktion	Tauschbeziehung

Patrick Donges/Otfried Jarren: Politische Kommunikation – Akteure und Prozesse., in: Heinz Bonfadelli/Otfried Jarren/Gabriele Siegert (Hg.): Einführung in die Publizistikwissenschaft, 2. Aufl. Stuttgart 2005, S. 366 ff.

M27 Paradigmen zum Verhältnis von Politik und Massenmedien

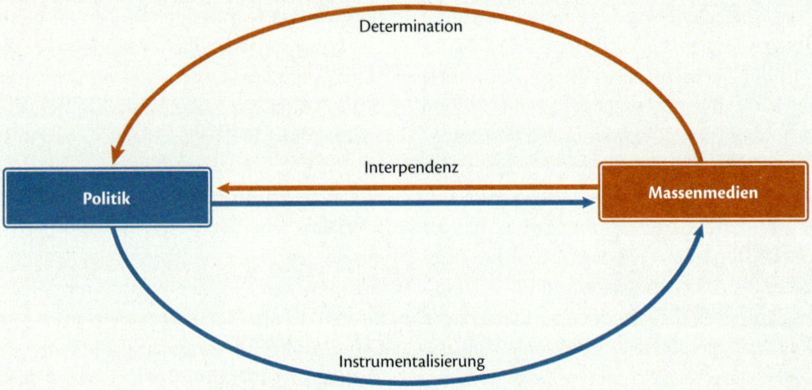

Nach: Gerd Strohmeier, Politik und Massenmedien. Eine Einführung, Baden-Baden 2004, S. 146

M28 Florida-Rolf, Viagra-Kalle und Yacht-Hans

Das sind Kosenamen, die das Bild der Sozialhilfeempfänger als Missbraucher öffentlicher Leistungen in den Unterhaltungsmedien im letzten Sommerloch gezeichnet haben. (...) Den größten Wirbel hat Florida-Rolf ausgelöst. Bei ihm handelt es sich um einen 1939 geborenen Deutschen, der sich seit 1979/80 mit einem zeitlich unbegrenzten Touristenvisum in den Vereinigten Staaten von Amerika aufhält, und zwar seit 1985 in Miami/Florida. Zur Behandlung eines schweren Gallenleidens reiste er regelmäßig in die Bundesrepublik Deutschland ein, wo er den Versuch, in Köln 1990 einen Versandhandel zu begründen, noch im selben Jahr wegen ausbleibenden geschäftlichen Erfolgs wieder abbrach.

Ende März 1993 beantragte er erstmals Hilfe zum Lebensunterhalt für Deutsche im Ausland mit der Begründung, er sei mittellos sowie erwerbsunfähig und könne Unterstützung von Angehörigen oder Fürsorgeleistungen in den USA nicht erhalten. (...) Bis zu ihrer Änderung durch das Gesetz zur Umsetzung des Föderalen Konsolidierungsprogramms mit Wirkung zum 27.6.1993 hat diese Vorschrift in Abs. 1 bestimmt, dass Deutschen, die ihren gewöhnlichen Aufenthalt im Ausland haben und dort der Hilfe bedürfen, Hilfe zum Lebensunterhalt, Krankenhilfe sowie Hilfe für werdende Mütter und Wöchnerinnen gewährt werden soll. (...) Festzuhalten bleibt, dass der in der Öffentlichkeit so attackierte „Florida-Rolf" nichts anderes gemacht hat, als auf ganz legalem Weg sein Recht zu suchen und zu bekommen. (...).

Dennoch hat die Bundesregierung (...) sich veranlasst gesehen, in einer beispiellosen Blitzaktion innerhalb Wochenfrist im Bundestag einen Gesetzentwurf zur Änderung des § 119 BSGH einzubringen. Nach ihrem Vorschlag erhalten Deutsche mit gewöhnlichem Aufenthalt im Ausland keine Leistungen, wovon im Einzelfall nur abgesehen werden kann, soweit dies wegen einer außergewöhnlichen Notlage unabweisbar ist. (...)

Wer seinen Sozialhilfeanspruch vor den Gerichten geltend macht, ist noch lange kein Missbraucher öffentlicher Leistungen, sondern übt ein vom Grundgesetz eingeräumtes Recht aus, das zu den großen Errungenschaften des sozialen Rechtsstaats gehört.

Albrecht Brühl: Florida-Rolf, Viagra-Kalle und Yacht-Hans, in: info also 1/2

Politik unter medialer Beobachtung

„Bild"-Schlagzeilen

Berlins schlimmster Sozial-Schmarotzer aufgeflogen!

„Bild", 24.12.2005

Berliner Sozial-Schmarotzer ist dreister als Florida-Rolf

Karibik-Klaus lacht alle aus!

„Bild", 27.12.2005

Karibik-Klaus:

So habe ich alle abgezockt

„Bild", 28.12.2005

Das Prunk-Haus von Karibik-Klaus

„Bild", 29.12.2005

E-Demokratie

Das „Web 2.0" ist derzeit in aller Munde. Weblogs, Internetforen und soziale Netzwerke revolutionieren unser Kommunikationsverhalten. Die aktuellen Schlagworte: Vernetzung, Mitgestaltung, geteiltes Wissen. Zunehmend rückt dabei auch die Frage in den Vordergrund, wie sich die im Wandel befindlichen Kommunikationsmöglichkeiten und -weisen auf politische Prozesse auswirken bzw. in Zukunft auswirken könnten. Vielfach werden in diesem Zusammenhang Auswirkungen auf die Demokratie prognostiziert. Unter dem Stichwort der E-Demokratie werden hierbei Einflüsse der vernetzten Internetkommunikation auf die demokratische Regelung öffentlich relevanter Problemstellungen gefasst. Mit dem technischen Wandel eröffnen sich zweifellos neue Beteiligungs- und Mitbestimmungspotenziale. Zugleich stellt sich jedoch die Frage, welche Bedingungen erfüllt sein müssen, damit es hier tatsächlich zu einer spürbaren Demokratie-Ausweitung kommen kann.

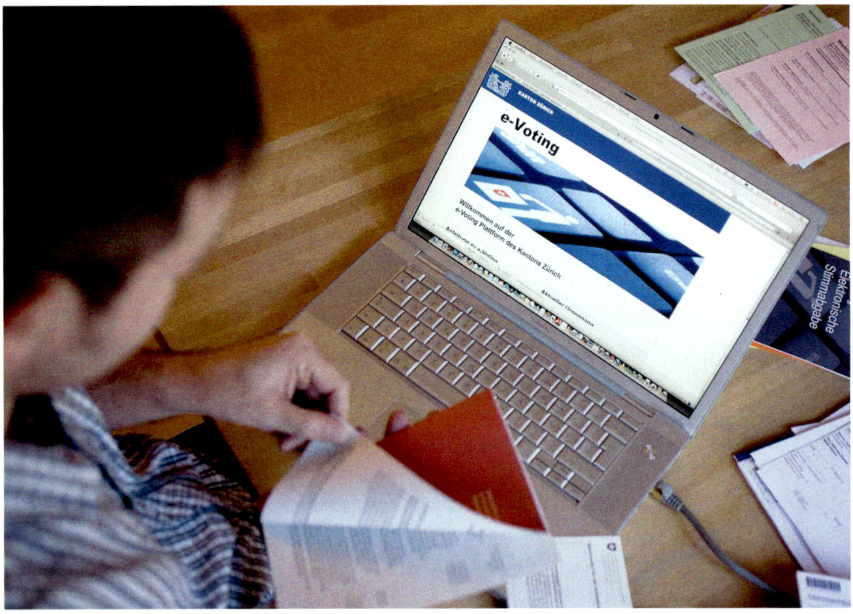

Elektronische Abstimmung, Februar 2008

1 Erklären Sie: Was ist das Web 2.0?

2 Gestalten Sie in Arbeitsgruppen Infoplakate zu Ihnen bekannten Anwendungen des Web 2.0. Klären Sie jeweils die folgenden Fragen: Welche Möglichkeiten bietet die Anwendung? Wo liegen ihre Grenzen? Wer nutzt hauptsächlich die Anwendung? Wozu wird die Anwendung hauptsächlich genutzt? (→ *Präsentationsmethoden*)

3 Informieren Sie sich gegenseitig im Rahmen eines Galeriegangs über Ihre Arbeitsergebnisse. Ergänzen Sie Ihre eigene Darstellung ggf. um Hinweise Ihrer Mitschüler.

4 Arbeiten Sie heraus, wie das Web 2.0 die Kommunikation innerhalb der Gesellschaft verändert. (→ *Auswertungsmethoden*)

5 Diskutieren Sie: Können Sie vor dem Hintergrund Ihrer Ergebnisse zu den Web-2.0-Anwendungen den Thesen zur Veränderung der gesellschaftlichen Kommunikation zustimmen?

6 Erläutern Sie, welche neuen Möglichkeiten sich im Zusammenhang mit der E-Demokratie ergeben können?

7 Wählen Sie in Arbeitsgruppen ein aktuelles politisches Thema und versuchen Sie hierauf mithilfe des Internets Einfluss zu nehmen. (→ *Interventionsmethoden*)

8 Dokumentieren Sie Ihre eigenen Erfahrungen im Bereich der E-Demokratie in Form eines Kurzreferats. (→ *Präsentationsmethoden*)

9 Nehmen Sie begründet Stellung: Führt das Web 2.0 automatisch zu mehr Demokratie?

M29 Web 2.0, Kommunikation, Gesellschaft

Web 2.0 beschreibt das Phänomen eines veränderten Internets, in dem sich Vielfalt über die Kreativität der vielen Einzelnen definiert. Das klingt eher technisch, bürokratisch und nach einem Softwareupgrade als nach einer (...) neuen Form des sozialen Miteinanders. (...)

Web 2.0 ermöglicht die selbst organisierte Interaktion und Kommunikation der Nutzerinnen und Nutzer durch Herstellung, Tausch und Weiterverarbeitung von nutzerbasierten Inhalten über Weblogs, Wikis und Social Networks. Über kommunikative und soziale Vernetzung verändern die Nutzer die gesellschaftliche Kommunikation – weg von den Wenigen, die für Viele produzieren, hin zu den Vielen, aus denen Eins entsteht: das virtuelle Netzwerk der sozial und global Verbundenen.

Diese Veränderung durch die Vernetzung, die im Internet zwischen einer endlosen Zahl unterschiedlicher Knotenpunkte möglich ist und beispielsweise in der redaktionellen Nutzung des Netzes über Weblogs und andere Contentsysteme qua Verlinkung und Verweis funktioniert, bringt langfristig ein gewandeltes Gesellschaftsmodell hervor, das sich als eine Netzwerkgesellschaft beschreiben lässt. Diese steht für einen veränderten Zugriff auf Informationen, veränderte Wissensstrukturen und neue Kommunikationsstrategien: Lineare werden durch reflexive Strukturen ersetzt, Hierarchien weichen Netzwerken – und dies zum Nutzen aller. (...)

Die Vernetzung ist damit weit mehr als eine technische Verbindung zwischen zahlreichen Computern überall auf unserer Welt. Sie stellt vielmehr eine neue Form der kommunikativen Selbstorganisation dar. Die ersten Ansätze dazu hatte bereits Web 1.0 gebracht, das als interaktive Plattform jedem Nutzer über eine IP-Adresse (Internet Protocol) ermöglichte, digitalisierte Informationen zu erhalten und mit anderen zu kommunizieren. Im Web 2.0 können die Nutzer diese Informationen neu zusammensetzen, mit anderen Nutzern teilen und gemeinsam etwas neues produzieren.

Miriam Meckel: Aus Vielen wird das Eins gefunden – wie Web 2.0 unsere Kommunikation verändert, Aus Politik und Zeitgeschichte, Nr. 39/2008, in: http://www.bpb.de/apuz (Zugriff: 19.11.2012)

M 30 Vom Web 1.0 zum Web 2.0

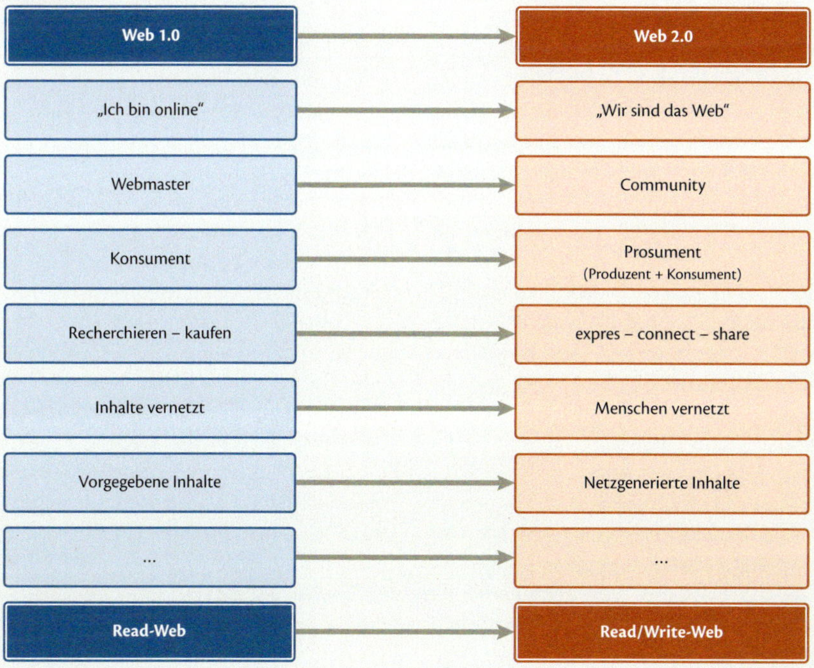

Quelle: http://www.dadalos-d.org/web20/images/web_10_20.png (Zugriff am: 5.3.2011)

„express–connect–share": Inhalte werden erarbeitet und in vernetzten Strukturen mit anderen Nutzern (in den meisten Fällen kostenfrei) geteilt

M31 Was bedeutet E-Demokratie?

Durch die Kommunikationstechnologien des Web 2.0 haben Bürger(innen) heute neue Wege zur Gestaltung und Teilhabe (Partizipation) an demokratischen Prozessen. Diese können die repräsentative Demokratie in den Parlamenten zwar nicht ersetzen, sie jedoch wertvoll ergänzen. Politische Entscheidungsprozesse gewinnen durch die direkte Beteiligung der Bürger(innen) an Transparenz sowie Akzeptanz.

E-Demokratie ist vom Onlineangebot virtueller Rathäuser, die Verwaltungsleistungen anbieten, zu unterscheiden. Bei E-Demokratie geht es nicht um die Möglichkeit, Verwaltungsgeschäfte wie etwa die Elektronische Steuererklärung (ELSTER) virtuell beziehungsweise online zu erledigen. Das fällt in den Bereich E-Government. E-Demokratie umfasst vielmehr die Möglichkeiten der elektronischen Partizipation – also das Mitgestalten des gesellschaftlichen Zusammenlebens. Grundsätzlich lässt sich unter E-Demokratie der digital (online) vermittelte Kontakt innerhalb und zwischen Zivilgesellschaft und staatlichen Institutionen beschreiben.

E-Demokratie setzt auf die klassischen demokratietheoretischen Kategorien Öffentlichkeit, Partizipation und Legitimation: Durch eine virtuelle Bürgerschaftsversammlung in einer Stadt (Öffentlichkeit) lässt sich beispielsweise zu einem stadtspezifischen Thema in einem moderierten Online-Forum sowohl diskutieren als auch informieren (Partizipation). Bereits sachkundige Bürger(innen) können sich in einem solchen Online-Forum mit Expert(innen) und/oder untereinander über eine bestimmte Fragestellung austauschen, sich gegenseitig weiterbilden und zusätzlich eine direkte Rückmeldung an Expert(inn)en geben. Die durch den Austausch entstandenen Ideen, Anregungen und Konzepte können dann an die entsprechenden demokratischen Gremien weitergeleitet werden, die ihre Beschlüsse in Folge dieser Kooperation auf eine wesentlich bürgerschaftsnähere Basis stellen können (Legitimation). In der internetgestützten Diskussionssituation im Online-Forum können die Diskussionsteilnehmer(innen) weitere interaktive Angebote des Web 2.0 einbringen, wie etwa das Einspielen von selbstgedrehten Videos per YouTube oder Erfahrungsberichte von Bloggern am anderen Ende der Welt.

Die neuen internetgestützten Möglichkeiten und Instrumente des Web 2.0 spielen in Zusammenhang mit der voranschreitenden E-Demokratisierung eine gewichtige Rolle: Durch sie lässt sich digitale Teilhabe an Demokratie neu gestalten, das starre Top-down-Modell elitärer Entscheidungsprozesse und Debattenkultur aufbrechen und so für Teile der Bürgerschaft öffnen. (...) Grundsätzlich lassen sich die folgenden digitalen Wege der sich entwickelnden E-Demokratie erkennen:

E-Transparenz

Die Vernetzung über das Internet ermöglicht eine neue Transparenz von Entscheidungen und Prozessen: So sind beispielsweise im Zuge der voranschreitenden Online-Archivierung inzwischen alle Bundestagsbeschlüsse samt Abstimmungsverhalten aller Abgeordneter sowie wortwörtliche Protokolle der Plenarsitzungen und Parlamentsdokumentationen online verfügbar. Die Nichtregierungsorganisation (NRO) „Parlamentwatch e.V." macht sich dies zunutze und dokumentiert auf ihrer Internetseite das Abstimmungsverhalten aller Bundestagsabgeordneten. Bürger(innen) können darüber hinaus mit ihren gewählten parlamentarischen Vertreter(innen) in Dialog treten und Fragen stellen. Andere politische Angebote des Web 2.0 wie etwa der Blog www.netzpolitik.org setzen sich ebenfalls durch informative Beiträge für eine übersichtliche Aufbereitung von politischen Themen ein und bieten durch die Wiki-Funktion zusätzlich die Möglichkeit, sich in die politische Arbeit einzubringen. (...)

E-Aktivismus

Die neuen Informations- und Kommunikationstechnologien bieten die Möglichkeit, themenspezifische Kampagnen online durchzuführen und diese gemeinsam mit Usern weiter zu gestalten. Einzelne Bürger(innen), aber auch organisierte Gruppen können durch die mediale Aufbereitung von eigenen Inhalten oder Themen über das Internet sowohl lokal als auch global Informationen verbreiten. Insbesondere NROs nutzen Web-2.0-Angebote, um Mitstreiter(innen) zu gewinnen: Amnesty International betreibt ebenso selbstverständlich einen YouTube-Channel wie das Non-Profit-Menschenrechtsprojekt WITNESS, welches über Dokumentarvideos von eigens geschulten Aktivist(inn)en vor Ort versucht, Menschenrechtsverletzungen aufzudecken. In Deutschland finden sich bislang noch wenige Online-Kampagnen solchen

Ausmaßes, die sich mit der aktiven politischen Willensbildung über das Internet beschäftigen; die Kampagne „1000 Fragen" der Aktion Mensch ist hier eine der Ausnahmen. Auf niedrigerer Ebene haben Protestbewegungen – wie etwa die Scientology-kritische Gruppe „Anonymous" – bereits erfolgreich unter Beweis gestellt, wie eine im Internet entstandene Protestbewegung den Schritt hinaus auf die Straßen der Städte vollziehen kann: Im August 2008 organisierten die E-Aktivist(inn)en von Anonymous in 80 Städten Demonstrationen, die gegen die demokratiefeindlichen Strukturen von Scientology protestierten. Neben den traditionellen Straßendemonstrationen hat sich durch den E-Aktivismus eine neue, kreative Form des Protests, die sogenannte E-Demonstration entwickelt. Der in Deutschland bekannteste Fall einer solchen E-Demonstration fand 2001 im Cyberspace statt: Anlass war die Beteiligung privater Fluggesellschaften, unter ihnen die Lufthansa, an sogenannten „Abschiebeflügen" aus Deutschland. E-Aktivist(innen) meldeten beim Ordnungsamt Köln eine E-Demonstration an und nannten als Demonstrationsort die Internetadresse www.lufthansa.com. Um gegen die Beteiligung von Lufthansa an den Flügen zu protestieren, versuchten die E-Aktivist(inn)en durch das massenhafte Aufrufen dieser Internetseite, diese für die zweistündig angemeldete Demonstration lahmzulegen. Letztlich erreichte die E-Demonstration, dass die Internetseite für zehn Minuten gar nicht mehr und für den Rest der zwei Stunden nur schwer aufzurufen war.

E-Petitionen und E-Beschwerden

Durch die Schaffung neuer digitaler Schnittstellen zwischen Zivilgesellschaft und staatlichen Institutionen ist nun ein aktiver Informationsfluss vonseiten der Bürger(innen) in Richtung Institutionen möglich. Eine Form dieser Ansprache ist die Online-Eingabe von Petitionen an die entsprechenden Ausschüsse. Der Petitionsausschuss der Landesregierung Nordrhein-Westfalen bietet beispielsweise die Möglichkeit, Petitionen in ein Online-Formular einzutragen. (...) Wie erfolgreich Online-Eingaben sein können, ist beispielhaft an der E-Petition mit dem Titel „Internet – Keine Indizierung und Sperrung von Internetseiten" zu erkennen: Innerhalb von 48 Stunden nach Veröffentlichung unter der Internetadresse des Petitionsausschusses im Bundestag https://epetitionen.bundestag.de unterzeichneten 18 000 Menschen diese Eingabe. Zwei Wochen später waren es bereits 28 252 Unterzeichner.

Staatskanzlei des Landes Nordrhein-Westfalen: Im Blickpunkt: E-Demokratie, 2009, S. 2–4

Vernetzung global *Zeichnung: Guhl*

M32 „Digital Divide"

Unter „Digital Divide" verstehen wir die digitale Bildungskluft. (...) Das heißt, diejenigen sozialen Gruppen/Bevölkerungsteile, die wirtschaftlich bessergestellt sind und/oder über einen höheren Bildungsabschluss verfügen, nehmen den wachsenden Informationsfluss durch die Massenmedien schneller auf als die Bevölkerungsteile, die wirtschaftlich schwächer gestellt sind und/oder über einen niedrigeren Bildungsabschluss verfügen. Dadurch wird die Wissenskluft zwischen diesen beiden Gruppen tendenziell größer.
Diese Wissenskluft verstärkt sich durch die zunehmende Verbreitung der „Neuen Medien" (wie Computer, Internet, E-Mail, Chat etc.). Im Vordergrund der internationalen Debatte steht bislang vor allem die Frage des materiellen Zugangs zum Onlinemedium, d. h. die Frage, wie sich die Wissenskluft durch ungleiche Chancen vergrößert, über Computerhardware, Flatrates oder Ähnliches zu verfügen.
Mittlerweile rücken jedoch immer mehr Fragen der Nutzung des Mediums durch verschiedene Zielgruppen in den Blick, da die Verfügbarkeit von Computer und Internetzugang nicht zwingend auch eine kompetente Nutzung zur Folge hat. Bisher vorliegende Studien weisen deutlich auf, dass Kriterien wie der eigene Bildungsstand bzw. das Bildungsniveau der Herkunftsfamilie, Gender- (d. h. das Geschlecht der NutzerInnen) und Altershintergrund sowie regionale Aspekte gravierende Bedeutung für die Entwicklung von Nutzungskompetenzen haben.

http://www.uni-bielefeld.de (Zugriff: 14.4.2012)

Demokratie und Globalisierung

Der weltweite Handel mit Gütern und Dienstleistungen hat in den vergangenen Jahren sprunghaft zugenommen. Daraus haben sich enge und vielschichtige Verknüpfungen der Volkswirtschaften untereinander entwickelt, die unter dem Stichwort der Globalisierung zusammengefasst werden. Wirtschaftliches Geschehen hat sich mittlerweile in weiten Teilen von nationalen Grenzen abgekoppelt. Demgegenüber steht eine Politik, die in erster Linie weiterhin von einzelnen Nationalstaaten ausgeht bzw. sich auf diese bezieht. Hierdurch kommt es zu Schwierigkeiten im Rahmen der politischen Gestaltung der Globalisierung, die auf nationalstaatlicher Ebene nur sehr eingeschränkt möglich ist. Vor dem Hintergrund eines sich parallel abzeichnenden Machtgewinns international agierender wirtschaftlicher Akteure stellt sich in diesem Zusammenhang schließlich die Frage, ob der Prozess der Globalisierung und die Mechanismen demokratischer Politik überhaupt vereinbar sind.

Fairtrade-Siegel: Gibt es faire Globalisierung?

1. Fassen Sie kurz zusammen: Was versteht man unter Globalisierung?
2. Erkunden Sie in Ihrem unmittelbaren Umfeld (Schule, Familie), wo und wie Sie vom Prozess der Globalisierung ggf. betroffen sind. (→ *Erhebungsmethoden*)
3. Gestalten Sie auf der Basis der Ergebnisse Ihrer Erkundung in Arbeitsgruppen Flugblätter, mit denen Sie Ihre Mitschüler zum Thema „Globalisierung im Alltag" informieren. (→ *Artikulationsmethoden*)
4. Analysieren Sie **M 33** im Hinblick auf die Frage, welche Auswirkungen vom Prozess der Globalisierung auf den Staat ausgehen. (→ *Auswertungsmethoden*)
5. In **M 34** wird die These vertreten, dass die Globalisierung auf Seite der Staaten Anreize dazu setzt, eine marktorientierte Politik zu verfolgen. Diskutieren Sie, was genau hierunter zu verstehen ist und welche Folgen hiermit einhergehen könnten. Wie bewerten Sie diese These?
6. Beschreiben, analysieren und interpretieren Sie die Karikatur auf S. 195. (→ *Auswertungsmethoden*)
7. Analysieren Sie **M 34** im Hinblick auf mögliche Auswirkungen auf und Herausforderungen an die Demokratie. (→ *Auswertungsmethoden*)
8. Erörtern Sie, inwieweit die in **M 36** geschilderten Politikansätze zu einer demokratischen Gestaltung der Globalisierung beitragen können.

M33 Stichwort: Globalisierung

Aus einem Lexikon:

Bezeichnung für die zunehmende Entstehung weltweiter Märkte für Waren, Kapital und Dienstleistungen sowie die damit verbundene internationale Verflechtung der Volkswirtschaften. Der Globalisierungsprozess der Märkte wird vor allem durch neue Technologien im Kommunikations-, Informations- und Transportwesen sowie neu entwickelte Organisationsformen der betrieblichen Produktionsprozesse vorangetrieben. Weltweite Datennetze, Satellitenkommunikation, computergestützte Logistik und hoch entwickelte Verkehrsmittel lösen Arbeit und Produktion, Produkte und Dienstleistungen von den nationalen Standorten und ermöglichen es den Unternehmen, die für sie günstigsten Produktions- bzw. Lieferstandorte auszuwählen und ihre Aktivitäten weltweit zu koordinieren. In immer stärkerem Maße werden dadurch Angebot und Nachfrage aus der ganzen Welt zusammengefasst und die Preisbildung vereinheitlicht.

Hauptakteure der Globalisierung sind multinationale Unternehmen, die mit ihren Investitions-, Produktions- und Produktstrategien zunehmend Charakter und Formen des internationalen Handels bestimmen. Auf den Finanzmärkten schließen sich weltweit nicht nur die Börsen verschiedener Standorte aus unterschiedlichen Ländern zusammen, sondern auch der weltweite Handel mit Wertpapieren hat in den vergangenen Jahren enorm zugenommen. Anbieter und Nachfrager können Preise und Informationen über Wertpapiere z. B. auf den weltweiten Aktienmärkten miteinander vergleichen.

Duden Wirtschaft von A bis Z: Grundlagenwissen für Schule und Studium, Beruf und Alltag. Mannheim 2009, S. 225 f.

Zeichnung: Plaßmann

M34 „Steigende Anreize für marktorientierte Liberalisierungen"

Unter der Entwicklung globaler Märkte ist der Prozess wachsender globaler Mobilität und Verflechtung privater wirtschaftlicher Aktivitäten zu verstehen, d. h. eine Verflechtung von Märkten, die auf mehrere Staaten simultan wirken kann. Während sich privatwirtschaftliche Tätigkeiten (...) auf eine Vielzahl von Gesellschaften ausdehnen können, bleiben Regierungen hinsichtlich ihrer Handlungsfähigkeit durch staatliche Territorialität gekennzeichnet (...). Globale Märkte werden geprägt von Interaktionen, die über den nationalen Rahmen hinausgehen und nicht durch eine einzelne nationale Grenze oder Norm bestimmt sind. Insofern unterscheidet sich die Funktionsweise globaler Märkte deutlich von derjenigen des Staates und seiner Regierung, deren Vorgehen durch Territorialität, Souveränität und Gemeinschaft charakterisiert ist. (...)

Die Wirkungen globaler Märkte auf Staaten bedeuten allerdings nicht eine Schwächung des Staates per se, sondern vielmehr eine Veränderung der Kosten-Anreiz-Relation für staatliches Verhalten. Durch eine höhere Mobilität eines wachsenden Teils von ökonomischen Faktoren steigen die Kosten einer Politik, die sich nicht an globalen Märkten ausrichtet (...). (...) Gleichzeitig steigen die Anreize für marktorientierte Liberalisierungen, da Staaten in den Genuss eines verstärkten Zuflusses von mobilen Investitionen gelangen können. Wenn sie am globalen Wirtschaften teilhaben möchten, müssen sie den Erwartungen globaler Märkte stärker entsprechen und sehen sich in ihrer Wahlfreiheit eingeschränkt. Insofern kann gesagt werden, dass staatliche Aktivität nach wie vor zentral für den wirtschaftlichen Erfolg eines Landes ist, sich aber einer durch die Entwicklung globaler Märkte veränderten Kosten-Anreiz-Relation ausgesetzt sieht.

Stefan A. Schirm: Internationale Politische Ökonomie. Eine Einführung, Baden-Baden 2007, S. 69 f.

Territorialität: Bezogenheit auf ein geografisch eingegrenztes Territorium
Souveränität: Entscheidungsgewalt eines Staates innerhalb seines Herrschaftsgebiets

M35 Globalisierung und Demokratie

Die Globalisierung ist ein hochgradig komplexer Prozess, der sehr verschiedenartige und viele einander widersprechende Züge aufweist. Sie stellt keine zielgerichtete Entwicklung dar. Ihre bisherige überwiegend negative Form des bloßen Abbaus bestehender nationalstaatlicher Regelungen hat aus mehreren Gründen höchst problematische Auswirkungen auf die Demokratie und die weltweite Geltung politischer und sozialer Grundrechte:

Erstens: Während Märkte, Umweltzerstörungen, Migration, organisierte Kriminalität und elektronische Massenkommunikation in zunehmendem Maße alle nationalen Grenzen überschreiten, ist die Demokratie im Wesentlichen immer noch auf den nationalstaatlichen Handlungsrahmen beschränkt. Dadurch können Staatsbürgerrechte unwirksam und demokratische Prinzipien massiv verletzt werden, sodass die Handlungsfähigkeit und Legitimität der Demokratie bedroht ist.

Zweitens: Gegenwärtig konzentriert sich die ökonomische Globalisierung auf die Aufhebung nationaler Grenzen. Dadurch bewirkt sie auch, dass Strukturen der kulturellen, sozialen und ökologischen Einbettung der Märkte abgebaut werden. In den wirtschaftlich am meisten vorangeschrittenen Ländern haben aber genau diese Strukturen den Marktkapitalismus gezähmt und annehmbar gemacht. Ihre Aufhebung gefährdet Grundlagen der modernen Demokratie.

Drittens: Die durch die Globalisierung vorangetriebene marktgeleitete Modernisierung löst sich zunehmend von den politischen und sozialen Grundrechten ab. Die Kräfte dieser Entwicklung entziehen sich weitgehend der politischen Kontrolle und Verantwortung gegenüber denjenigen Personen und ihren Rechten, die von ihnen direkt betroffen sind.

Viertens: Durch grenzüberschreitende Prozesse der Problemerzeugung und Problembetroffenheit teilen viele nationale politische Gesellschaften dasselbe politische Schicksal, ohne über die Mittel zu verfügen, die nötig sind, um gemeinsam zu handeln.

Die Globalisierung in ihrer gegenwärtig bloß negativen Form erzeugt seit den 1970er-Jahren im Hinblick auf Grundrechte und Demokratie neuartige Risiken. Sie vermindert erheblich die Chancen der politischen Einwirkung auf die Ursachen von wirtschaftlichen und sozialen Fehlentwicklungen, soweit sie transnationaler Natur sind. Die nationalstaatliche Souveränität wird in einer Reihe zentraler Handlungsdimensionen abgebaut, ohne dass transnationale Handlungsformen für sie geschaffen werden. Zusätzlich zu den sozialen, ökonomischen, gesellschaftlichen und ökologischen Risiken der ersten Stufe kommt daher ein Risiko der zweiten Stufe, nämlich das Risiko, mit den zuerst genannten Risiken politisch nicht mehr angemessen umgehen zu können. (...)

Die negative Globalisierung stellt die Demokratie vor drei miteinander verbundene, aber klar unterscheidbare Herausforderungen:

Erstens: Auf der normativen Ebene muss die Frage nach einer wirksamen globalen Erneuerung der Demokratie beantwortet werden.

Zweitens: Es müssen politisch realisierbare und den Problemlagen angemessene Modelle für die verantwortliche Regulierung der Globalisierung entwickelt werden.

Drittens: Es müssen politische Akteurskoalitionen für die schrittweise Verwirklichung der besten Modelle organisiert werden.

Thomas Meyer: Soziale Demokratie und Globalisierung, Bonn 2005, S. 1 f., in: library.fes.de (Zugriff: 15.4.2012)

M 36 Politische Gestaltung der Globalisierung

Multilaterale Kooperationen

Vor dem Hintergrund schwindender nationalstaatlicher Einflussmöglichkeiten gewinnt insbesondere die Strategie einer zunehmenden staatenübergreifenden Kooperation an Bedeutung. Zentral ist hierbei das Prinzip der Multilateralität, bezogen auf kooperatives und gleichberechtigtes Handeln mehrerer Staaten mit dem Ziel der verbindlichen Regelung gemeinsamer Angelegenheiten. Multilaterale Kooperation mündet häufig im Abschluss von bindenden Verträgen (z. B. über den Abbau von Handelsbeschränkungen) und bildet darüber hinaus das Strukturprinzip zahlreicher multilateraler Institutionen (UNO, WTO, IWF), die sich vielfach mit ökonomischen Fragestellungen befassen. Kritisiert wird in diesem Zusammenhang, dass im Rahmen multilateraler Kooperation vielfach keine tatsächliche Gleichberechtigung der beteiligten Partner vorliegt, sondern bestehende (ökonomische) Machtverhältnisse abgebildet werden.

Global Governance

Die politische Gestaltung der Globalisierung kann nicht allein auf nationalstaatlicher Ebene erfolgen, gefragt sind vielmehr Formen der internationalen Kooperation. Da es zugleich jedoch keine „Weltregierung" gibt, haben sich vor dem Hintergrund des Prozesses der Globalisierung und seiner unterschiedlichen Auswirkungen verschiedene Formen der grenz- und bereichsübergreifenden Zusammenarbeit herausgebildet. Wenngleich es sich um einen fortlaufenden Prozess handelt, zeichnet sich doch deutlich ab, dass eine zielgerichtete Gestaltung der Globalisierung nur über die enge Kooperation politischer, ökonomischer und zivilgesellschaftlicher Akteure erreichbar ist.

In diesem Zusammenhang ist im wissenschaftlichen Kontext zunehmend von einem umfassenden Ansatz der Gestaltung des Verlaufs und der Auswirkungen der Globalisierung die Rede. Etabliert hat sich dabei der Begriff Global Governance.

Zeichnung: Mester

Eine endgültige Definition des Global-Governance-Konzeptes liegt bisher nicht vor. Global Governance wird jedoch grundsätzlich als Prozess begriffen, der das Potenzial einer gezielten Gestaltung der Globalisierung in sich trägt. Gleichzeitig wird jedoch vielfach darauf hingewiesen, dass die derzeit bestehenden Strukturen den an sie gerichteten hohen Ansprüchen nicht gerecht werden. Kritisiert werden in diesem Zusammenhang insbesondere die mangelnde Verbindlichkeit der Entscheidungen internationaler Organisationen, ihr strukturelles Demokratiedefizit (nicht gleichberechtigte Stellung alle Länder, insbesondere Benachteiligung derjenigen mit geringer ökonomischer Leistungsfähigkeit) sowie Probleme in der Abstimmung von nationalen und internationalen Maßnahmen.

Dirk Lange (Hg.): Grundwissen Wirtschaft, Berlin 2011, S. 132 f.

Kompetenzcheck

Anforderungsbereich I:

- Nennen Sie unterschiedliche Bezugspunkte für „Politikverdrossenheit".
- Skizzieren Sie bestehende Formen direkter Demokratie in Deutschland.
- Zählen Sie Bestimmungsmerkmale und Erscheinungsformen des Konzeptes der „E-Demokratie" auf.

Anforderungsbereich II:

- Erläutern Sie, was unter „Wellen der Globalisierung" verstanden wird, und verknüpfen Sie Ihre Ausführungen mit konkreten Beispielen.
- Charakterisieren Sie unterschiedliche Auffassungen in Bezug auf das Verhältnis von Politik und Massenmedien in der BRD.
- Erläutern Sie, wie das „Web 2.0" demokratische Politik bisher verändert hat und zukünftig weiter verändern könnte.
- Erklären Sie, wie sich der Prozess der Globalisierung auf die Ebene der demokratischen Politik auswirkt.

Anforderungsbereich III:

- Diskutieren Sie: Die „Mediokratie" – eine neue Form von Demokratie?
- Erörtern Sie: Sollten die Möglichkeiten der direkten demokratischen Mitbestimmung in Deutschland ausgeweitet werden?
- Beschreiben, analysieren und interpretieren Sie die untenstehende Karikatur.
- Nehmen Sie begründet Stellung: Sind Demokratie und Globalisierung miteinander zu vereinbaren?

Zeichnung: Mohr

5 Methoden in den Sozialwissenschaften

Dieses Kapitel ist nach folgenden Methodengruppen gegliedert:

1. Methoden Politischen Forschens
Beim forschenden Lernen handelt es sich um methodische Zugänge, die es Schülerinnen und Schülern ermöglichen, selbsttätig Wege der politischen Problemlösung zu entdecken, zu begehen und zu reflektieren. Forschendes Lernen will zu selbstständigen Denkleistungen anregen und kann sowohl entdeckend-reproduktiven Charakter als auch entdeckend-explorativen Charakter entfalten. Lernende können eigene Lösungswege politischer Probleme und Konflikte suchen und mit der politischen Wirklichkeit abgleichen.
Die Methoden des Politischen Forschens lassen sich wiederum in folgende Subkategorien unterscheiden:
- Erhebungsmethoden (S. 200–207) eröffnen einen Zugang zur politischen Wirklichkeit, indem Informationen gesammelt, Daten erhoben, Quellen gefunden, Beobachtungen durchgeführt oder Materialien gesichtet werden.
- Auswertungsmethoden (S. 208–223) sind Verfahren, die die Interpretation der Daten kontrollieren. Es handelt sich um systematische Schrittfolgen, die eine Unabhängigkeit von der subjektiven Perspektive des „Forschers“ ermöglichen.
- Präsentationsmethoden (S. 224–229) fassen Ergebnisse und Erkenntnisse der Untersuchung zusammen, stellen diese dar und vermitteln sie an Dritte.

2. Methoden Politischen Handelns
Durch Methoden Politischen Handelns wird erlernt, wie eigene Interessen in die politische Wirklichkeit eingespeist werden können bzw. wie plurale Interessen vermittelt werden. Hier sind vor allem folgende Methoden zu nennen:
- Artikulations- und Interventionsmethoden (S. 230–233) ermöglichen es, die eigene politische Position zum Ausdruck zu bringen.
- Simulationsmethoden (S. 234–237) bedienen sich realitätsnaher Inszenierungen des Politischen. Sie ermöglichen es, die Strukturen, Prozesse und Inhalte des Politischen zu erschließen.

Recherche

Die Recherche ist eine Arbeitstechnik des Journalismus und bedeutet die Beschaffung von neuen und wichtigen Informationen. Die journalistische Recherche kann als Vorbild für die Informationsbeschaffung dienen, die in der Schule wichtig ist. An Information herrscht spätestens seit dem Siegeszug des Internets kein Mangel. Information ist anscheinend schnell beschafft. Aber ist es auch die richtige, ist sie korrekt und noch aktuell, trifft sie auf die Fragestellung zu? Die eigentliche Arbeit der Informationsrecherche muss sich mehr und mehr solchen Fragen widmen. Die Informationsbeschaffung erschöpft sich nämlich nicht im mehr oder weniger zufälligen Auffinden. Entscheidend ist die Prüfung und Einordnung der Information.

M1 Vorgehen bei der Recherche

Um die unüberschaubare Datenmenge vorzustrukturieren, empfiehlt sich folgendes Vorgehen.

1. Schritt: Planung

Nach der Festlegung eines Themas prüft der politische Bildner, ob überhaupt genügend brauchbare Online-Dokumente verfügbar sind und stellt eine Sammlung von Internet-Adressen zusammen, die als Ausgangspunkt für die Recherche dienen können. Die Internet-Adressen sollten möglichst kommentiert werden. Ob sich ein Online-Dokument als Informationsquelle eignet, lässt sich mit den Kriterien aus M 2 feststellen.

2. Schritt: Erste Recherche

Grundlage der ersten Recherche ist ein klar formulierter Recherche-Auftrag. Dieser Auftrag fordert dazu auf,

- vorgegebene (Start-)Seiten zu besuchen,
- evtl. weitere Online-Seiten ausfindig zu machen,
- die gefundenen Seiten zu selektieren,
- online gefundenes Material durch Abspeichern oder Ausdrucken festzuhalten und
- den Rechercheweg detailliert zu dokumentieren.

Entscheidend ist, dass das festgehaltene Material nur wenige Seiten umfasst.

3. Schritt: Auswertung

Das Ergebnis der ersten Recherche wird ausgewertet, indem

- das festgehaltene Material noch einmal selektiert und bewertet,
- sprachlich erschlossen und
- hinsichtlich der Themenstellung aufbereitet wird.

4. Schritt: Weitere Recherchen

Der Sinn weiterer Recherchen durch den Einsatz zusätzlicher Suchwerkzeuge liegt in der Vertiefung des erworbenen Informationsstandes und der Optimierung der Suchstrategie.

5. Schritt: Aufarbeitung und Vorbereitung der Präsentation

Wie im 3. Schritt werden die Resultate der weiteren Recherchen ausgewertet; zusätzlich geht es nun aber darum, eine Präsentation vorzubereiten

6. Schritt: Präsentation und Diskussion

Entsprechend der Arbeiten in Phase 5 werden die Recherche-Resultate präsentiert und in der Gesamtgruppe kritisch gewürdigt.

Frank Langner: Internet. Methodische Hinweise zum Medieneinsatz, 2002; http://www.sowi-online.de (Zugriff: 16.1.2009)

M2 Wichtige Fragen zur Recherche auf Internet-Seiten

- Enthält die Seite relevante Informationen?
- Sind die Informationen sachlich korrekt und seriös?
- Sind die Informationen aktuell? Ist ein Aktualisierungsdatum angegeben?
- Ist die Strukturierung der Inhalte transparent, logisch und der Sache angemessen?
- Sind Informationen über den Anbieter gegeben? Wer, welche Einrichtung?
- Werden Quellen und Zitate korrekt angegeben?

Eugen Baacke/Gisela Ruprecht: Politische Bildung @Netz, in: Herbert Kubicek u. a.: Jahrbuch Telekommunikation und Gesellschaft 2000, S. 7 f.

1 Führen Sie eine Recherche zu einem selbstgewählten Thema der internationalen Politik durch.

Befragung

M3 Umfrage – Handwerkszeug der Sozialwissenschaften

Umfragen gehören zum Handwerkszeug der Sozialwissenschaften. Je nach Beschaffenheit einer Umfrage und der Auswahl von Befragten unterscheidet man mündliche (vor allem telefonische) Befragungen (Interviews) und schriftliche Befragungen mithilfe von Fragebögen.

Je nachdem, wie die Fragen eines Interviews oder eines Fragebogens formuliert sind, unterscheidet man:

- *strukturierte Interviews:* Themengebiet, Fragenfolge und Antwortvorgaben sind festgelegt. Meist wird mit geschlossenen Fragen gearbeitet, die standardisierte Antwortvorgaben ermöglichen, wie Einfach- und Mehrfachauswahlfragen, Skalenfragen, Maßzahlfragen usw.;
- *Leitfadeninterviews:* Das Themengebiet ist ggf. ohne festgelegte Fragenfolge vorgegeben. Mit offenen Fragen und freien Antworten wird versucht, die Sichtweise der/des Interviewten zum Thema zu erfassen. Standardisierte Antwortvorgaben fehlen in der Regel.

Umfragen werden dann, wenn sie einen Wahrheitsanspruch erheben, sehr aufwändig ausgeführt. Das Verhältnis der Menge und Zusammensetzung der Befragten zur Grundgesamtheit derer, über die Aussagen gemacht werden sollen, ist entscheidend.

In einer Totalerhebung werden alle Individuen der zu untersuchenden Gruppe befragt (z. B. Abgeordnete eines Parlaments). Dies ist nicht immer möglich. Deshalb wird häufig eine Auswahl von Individuen in Stichproben untersucht. Die Stichprobe ist dann repräsentativ, wenn sie ein verkleinertes Abbild der Grundgesamtheit darstellt und ebenso abgegrenzt ist wie die Grundgesamtheit. Dazu werden bestimmte Merkmale der Grundgesamtheit ausgewählt, die aller Wahrscheinlichkeit nach für die Aussage, die getroffen werden soll, entscheidend sind (z. B. Geschlecht, Alter, Wohnort).

Autorentext

M4 GEO-Umfrage: Was ist gerecht?

Quelle: http://www.geo.de/GEO/kultur/gesellschaft/54795.html (Zugriff: 5.10.2009)

1 Führen Sie nach dem Muster von M 4 eine Umfrage durch, die die Gerechtigkeitsvorstellung zu aktuellen Themen unter Schülerinnen und Schülern bzw. Eltern bzw. Lehrerinnen und Lehrern Ihrer Schule oder einer entsprechenden Gruppe in Ihrem Stadtteil ermittelt.
Folgende Fragerichtungen könnten dabei zusätzlich eine Rolle spielen:
- Ist es gerecht, wenn die Menschen das zum Leben bekommen, was sie brauchen?
- Ist es gerecht, wenn Kinder aus Familien mit geringerem Einkommen schlechtere Bildungschancen haben als andere?
- Ist es gerecht, wenn Menschen, die mehr verdienen, einen höheren Anteil ihres Einkommens an Steuern zahlen müssen?

Überlegen Sie weitere Fragen.

Betriebserkundung

Schritte der Betriebserkundung

1. Themenfindung
2. Erstellen eines Fragebogen (s. M 6)
3. Kontaktaufnahme mit dem Betrieb
4. Durchführung der Erkundung: Befragung mit Fragebogen, gezielt beobachten, Informationen schriftlich festhalten, evtl. Fotos und Videofilm anfertigen.
5. Auswertung: Trennung von wichtigen und unwichtigen Informationen, Veranschaulichung. Verhalten der Schülerinnen und Schüler
6. Präsentation: Wandzeitung, Ausstellung, Powerpoint-Präsentation, Homepage, Videofilm

Informationen zu Betriebs-erkundungen im Internet u. a. über:
www.planet-beruf.de
www.schule-wirtschaft.de

M5 Erkundung

Die Erkundung ist eine geplante und methodisch organisierte Wirklichkeitsbegegnung von Lernenden mit ihrer Umwelt. Mithilfe der Erkundung werden Sachverhalte entdeckt, Hypothesen geprüft und Wissen auf seine Übereinstimmung mit der Wirklichkeit überprüft. Die Erkundung ist interaktionell angelegt, da die zu erforschenden Dinge aufgrund ihrer Komplexität eine arbeitsteilige Untersuchung erfordern. Kennzeichnend sind weiterhin eine gemeinsame Planung, ein Austausch der Wahrnehmungen im Anschluss an die eigentliche Erkundung sowie eine gemeinsam erstellte Dokumentation. (...) Das Erkunden verbindet konkretes und abstraktes Lernen. Die Lernenden müssen Beobachtungskriterien entwickeln, Fragebögen bzw. Interviewfragen konzipieren, Informationsgespräche führen, Protokolle verfassen, Skizzen anfertigen, fotografieren, Informationen auswerten und reflektieren, Texte formulieren und eine Dokumentation produzieren.

Joachim Detjen: Erkundung/Sozialstudie/Praktikum, in: Wolfgang W. Mickel (Hg.): Handbuch zur politischen Bildung, Bonn 1999, S. 397–403

M6 Fragebogen zur Erkundung eines Produktionsbetriebs (Beispiel)

1. Organisation des Betriebs
- Wie ist der Betrieb aufgebaut?
- In welche Abteilungen/Aufgabenbereiche ist der Betrieb unterteilt?
- In welchem Maße werden Mitarbeiter/Abteilungen in Entscheidungen einbezogen?

2. Produktion
- Welche Waren werden hergestellt oder welche Dienstleistungen erbracht?
- Welche Rohstoffe und Betriebsmittel werden benötigt?
- Wie läuft die Produktion ab?
- Wie ist die innerbetriebliche Arbeitsteilung organisiert?
- Welche Probleme gibt es an den Arbeitsplätzen?
- Wird in Schichten gearbeitet?
- Wurde die Arbeitsorganisation z. B. durch Rationalisierung, Einführung von Teamarbeit verändert? Wenn ja, wie wirkte sich das aus?
- Welche Maßnahmen sind geplant?

3. Wirtschaftliche Aspekte
- Welche Überlegungen waren für die Standortwahl ausschlaggebend (z. B. Arbeitskräfte, Transportwege, Absatzmärkte)?
- Gab es Überstunden, Einstellungen, Kurzarbeit, Entlassungen?
- Welche Bedeutung haben Rohstoff- und Energiepreise für die Arbeitskosten?
- Besteht eine zwischenbetriebliche oder internationale Arbeitsteilung?
- Wie ist die Auftragslage?
- Welche Entwicklungen der Branche sind für die Zukunft von Bedeutung?

4. Wettbewerb
- Welche Konkurrenten in der Umgebung gibt es, was hat sich in den letzten Jahren verändert?
- Wie wirbt der Betrieb für seine Produkte?
- Ist der Betrieb mit der Wettbewerbssituation, dem Gewinn, den Zukunftserwartungen zufrieden?
- Was plant der Betrieb, um seine Position am Markt zu sichern?
- Können die Waren über das Internet bezogen werden?

1 Führen Sie entsprechend der Anleitung eine Erkundung in einem Produktionsbetrieb, einem Büro eines internationalen Konzerns o. Ä. durch.

Mindmap

Die Mindmap (Gedanken-Karte) ist eine Form der Visualisierung, die in den letzten Jahren immer mehr in Mode gekommen ist. Sie dient der Visualisierung (bildlichen Darstellung) von Informationen. Im Unterricht kann sie gut eingesetzt werden, um Informationen aus Sachtexten übersichtlich und in knapper Form darzustellen. Sie eignet sich aber auch, um Gedanken über ein bestimmtes Thema oder ein geplantes Projekt zu sammeln und zu ordnen. Besonders für Menschen, die gerne mit Bildern lernen, kann die Mindmap eine große Hilfe sein.

M7 Die 3-Schritte-Anleitung

Die 3-Schritt-Methode ähnelt in ihrem Aufbau einem Baum …

1. Schritt:
Als erstes braucht man ein leeres Blatt. In die Mitte des Blattes schreiben Sie den zentralen Begriff (das Thema der Mindmap). Am besten malen Sie einen Kreis um den Begriff, um ihn hervorzuheben. Dieses zentrale Thema der Mindmap ist mit dem Baumstamm vergleichbar.

2. Schritt:
Von dem zentralen Begriff sollen nun Äste abzweigen. Zeichnen Sie also Linien, die vom Hauptbegriff wegführen. Auf diesen Ästen notieren Sie die Unterbegriffe, die zum Hauptthema passen. Auf jede Linie sollte nach Möglichkeit nur ein Wort, auf jeden Fall nicht mehr als eine kurze Überschrift. Diese ersten Abzweigungen sind mit den Ästen eines Baumes vergleichbar.

3. Schritt:
Erweitern Sie nun Ihre Mindmap, indem Sie von den Ästen immer mehr, immer kleinere Zweige abzweigen lassen. Achten Sie auch hier darauf, nach Möglichkeit nur Stichwörter zu verwenden.

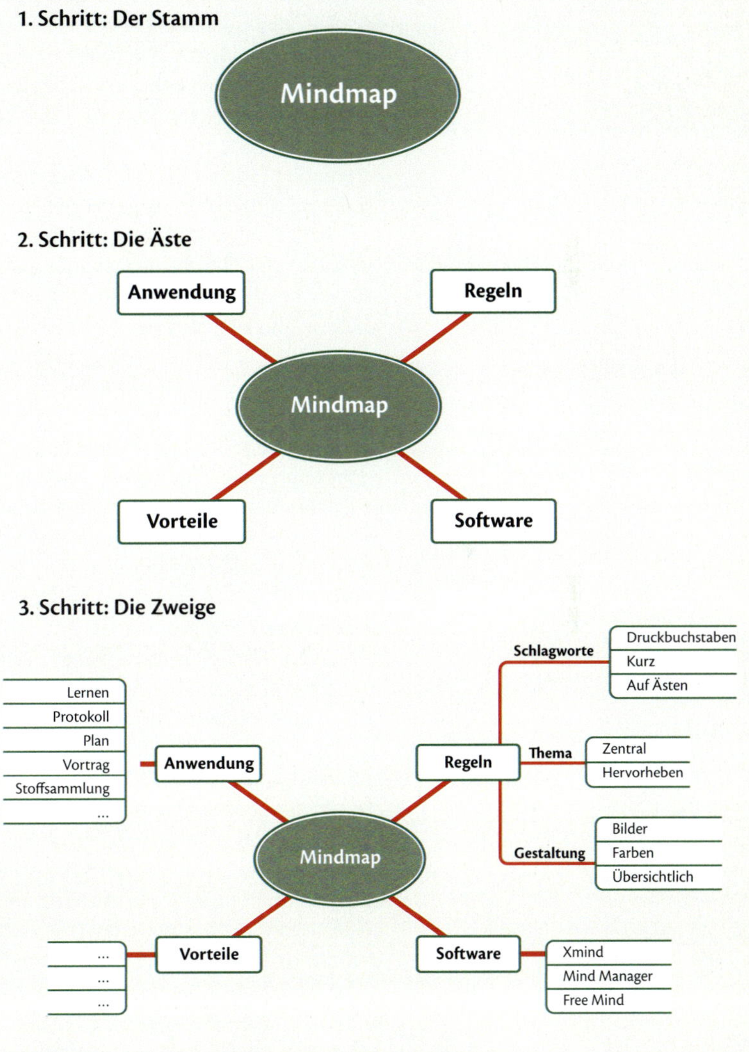

Text und Grafik aus: http://www.allgemeinbildung-macht-schule.de (Zugriff: 31.3.2011)

1 Erstellen Sie eine Mindmap zum Thema Globalisierung.

2 Erstellen Sie eine Mindmap zum Thema „Sollten die Vereinten Nationen eine eigene Armee bekommen?"

3 Prüfen Sie die Eignung von Mindmaps für Wissens- und für kontroverse Themen.

Fallanalyse

Bei der Fallanalyse wird anhand eines Einzelbeispiels das Allgemeine eines politischen oder sozialen Sachverhalts herausgearbeitet, um Konstellationen und Entwicklungen aufzuzeigen und damit das Verständnis für politische Auseinandersetzungen zu erleichtern. Wichtige Analyse-Instrumente sind hierbei die drei Dimensionen des Politischen sowie der Politikzyklus.

M8 Worum geht es bei der Fallanalyse?

Ein Fall ist eine zeitlich und räumlich zumeist begrenzte Situation, in der Einzelpersonen agieren, Konflikte austragen oder Probleme zu lösen suchen. Der Fall sollte die Möglichkeit einer *Inhaltsgeneralisierung* erlauben, d. h. individuelle Probleme sollten sich zu einem allgemeinen sozialen oder politischen Sachverhalt verallgemeinern lassen. Auf der *konkreten Lernebene* werden der Fall und die Agierenden untersucht. Auf der *allgemeinen Lernebene* wird die im Fall gespiegelte politische Begebenheit analysiert und beurteilt, um daraus eine Entscheidungsfindung abzuleiten. Mögliche Folgen dieser Entscheidung werden dann, im Sinne einer Rekonkretisierung auf das Fallbeispiel bezogen, untersucht. Den leichtesten Zugang zu einer Fallanalyse finden Jugendliche, wenn sie mit Fällen aus ihrer eigenen Vorstellungs- und Lebenswelt konfrontiert werden. Ausgehend von den eigenen Erfahrungen können sie sich auch ohne politische Vorkenntnisse in den Fall hineindenken. Während ihrer Untersuchung lernen sie, Fragen zu Ereignissen und Lebensbedingungen der untersuchten Personen zu stellen. Der Wechsel vom konkreten Fallbeispiel zur abstrakten allgemeinen Lernebene fällt ihnen eher schwer. Zu Fällen aus der Welt der Politik haben Jugendliche üblicherweise keinen Zugang, weshalb für sie eine Annäherung an die Gedanken und Gefühle von Politikerinnen und Politikern eher schwierig ist. Demgegenüber fällt ihnen der Wechsel zur Verallgemeinerung des Politischen leichter als bei Beispielen aus ihrer eigenen Lebenswelt. Denkbar sind auch Mischformen beider Zugänge. Von der verallgemeinerten Ebene aus kann ein erneuter Bezug zum Einzelfall erfolgen, um beispielsweise Auswirkungen von politischen Entscheidungen auf konkrete Lebensbedingungen aufzuzeigen.

Beispiel: Jugendliche setzen sich mit den Lebensbedingungen erwerbsloser, alkoholabhängiger Erwachsener auseinander, die sich häufig in einer neben der Schule liegenden Parkanlage aufhalten. Über eine *Innenperspektive* versuchen sie, sich in die Lebenslage eines dieser Männer hineinzuversetzen. Weshalb lebt er auf der Strasse, hat keine Arbeit und ist Alkoholiker? Wie sieht er selber seine Lage, was empfindet er dabei? Was halten die Jugendlichen selber von einer solchen Lebensart? Die Jugendlichen können auch eine *Außenperspektive* einnehmen und nach den äußeren Umständen fragen, die den Mann in diese Situation geführt haben (der einst erfolgreiche Unternehmer verlor sein Unternehmen, als selbstständig Erwerbender konnte er die Sozialversicherungen nur bedingt nutzen, wurde zum Alkoholiker und hat mit der Gesellschaft gebrochen). Auf einer abstrakteren Ebene setzen sich die Jugendlichen mit dem Arbeitsrecht und der Sozialgesetzgebung auseinander. Im Sinne einer Rekonkretisierung greifen sie einzelne Gesetze heraus und fragen nach ihrer Bedeutung für die Lebenswelt des im Fallbeispiel thematisierten Mannes.

Eine Verallgemeinerung ist nur dann möglich, wenn sich die Schülerinnen und Schüler bewusst sind, was ein *politisches Problem* ist. Hat der genannte Unternehmer seine bürgerliche Existenz aufgrund rein privater Probleme verloren, eignet sich dieser Fall nur bedingt für den Unterricht (allenfalls, um die Durchlässigkeit eines Gesellschaftssystems und um die Unterschiede in der Gesetzgebung für Selbstständige und für Angestellte aufzuzeigen). Verlieren demgegenüber viele Selbstständige beispielsweise wegen einer Inflation ihre Existenzgrundlage, handelt es sich um ein Problem von gesamtgesellschaftlicher Bedeutung mit politischer Tragweite.

Yvonne Leimgruber, in: http://www.politische-bildung.ch (Zugriff: 20.4.2011)

M9 Verlaufsstruktur des Lernprozesses

Die Lernenden durchlaufen während der Fallbearbeitung einen Entscheidungs- und Problemlösungsprozess, der sich in sechs Phasen gliedern lässt:

1. Konfrontation mit dem Fall: Was ist passiert?
Die Lernenden werden mit einer Problemsituation konfrontiert, die einen Bezug zu ihrer gegenwärtigen und/oder zukünftigen Lebenssituation hat und die damit für sie persönlich bedeutsam ist. Wesentlich ist hier, dass die Lernenden das Problem verstehen, da nur so eine erfolgreiche Fallbearbeitung möglich ist. Deshalb ist auf der Grundlage des zur Verfügung gestellten Materials bzw. eigener Recherchen eine Problem- und Konfliktanalyse durchzuführen und im Rahmen einer Normen- und Zielanalyse zu diskutieren, inwieweit die unterschiedlichen Interessen im dargestellten Fall im Hinblick auf ein Ziel in Einklang zu bringen sind.

2. Information über das bereitgestellte Fallmaterial und durch selbständiges Erschließen von Informationen: Welche Informationen brauchen wir? Wo und wie bekommen wir sie?
Ziel ist es, dass die Lernenden die ihnen zur Verfügung stehenden Informationen analysieren, bewerten und für die Falllösung nutzbar machen können. Ggf. sind weitere Informationen durch Erkundungen vor Ort, Befragung der Lehrkraft, Studium schriftlicher Quellen, Internetrecherchen etc. zu beschaffen.

3. Exploration, d. h. Diskussion alternativer Lösungsmöglichkeiten: Welche Lösungen sind denkbar?
Es geht darum, mögliche Falllösungen zu erarbeiten. Die Lernenden sollen dazu angehalten werden, unterschiedliche Handlungsmöglichkeiten zu entwickeln und zu bewerten.

4. Resolution, d. h. Treffen der Entscheidung in Gruppen: Welche Folgen hat die getroffene Entscheidung?
Die Vor- und Nachteile sowie die Konsequenzen der gefundenen Handlungsmöglichkeiten werden gegeneinander abgewogen und bewertet. Ziel ist es, eine Entscheidung zu treffen und diese zu begründen.

5. Disputation, d. h. die einzelnen Gruppen verteidigen ihre Entscheidung: Was spricht für, was gegen die von uns getroffene Entscheidung?
In dieser Phase präsentieren die Gruppen ihre Entscheidung vor dem Plenum und stellen sie zur Diskussion. Ziel dieser Phase ist es, dass die Gruppen ihre Entscheidung gegen Argumente des Plenums verteidigen und so prüfen können, ob ihre Entscheidung der Kritik standhält.

6. Kollation, d. h. Vergleich der Gruppenlösungen mit der in der Wirklichkeit getroffenen Entscheidung: Welche Entscheidung wurde in der Realität getroffen?
Es erfolgt ein Vergleich der schulischen Lösung mit in der Praxis getroffenen Entscheidungen. Die Schüler können somit erkennen, dass hier nicht immer eine Übereinstimmung vorliegt, da Entscheidungen immer von Menschen, die fehlbar sind, getroffen werden.
Diese Verlaufsstruktur stellt einen idealtypischen Verlauf eines Entscheidungsprozesses dar. Das bedeutet, dass der Lernprozess nicht zwangsläufig in dieser idealtypischen Reihenfolge ablaufen muss. Es kann Vor- und Rückgriffe geben, einzelne Phasen können schneller, andere langsamer durchlaufen, wiederholt oder auch übersprungen werden
Franz-Josef Kaiser: Die Fallstudie, Bad Heilbrunn 1983, S. 28 f.

M 10 Phasen einer Fallanalyse

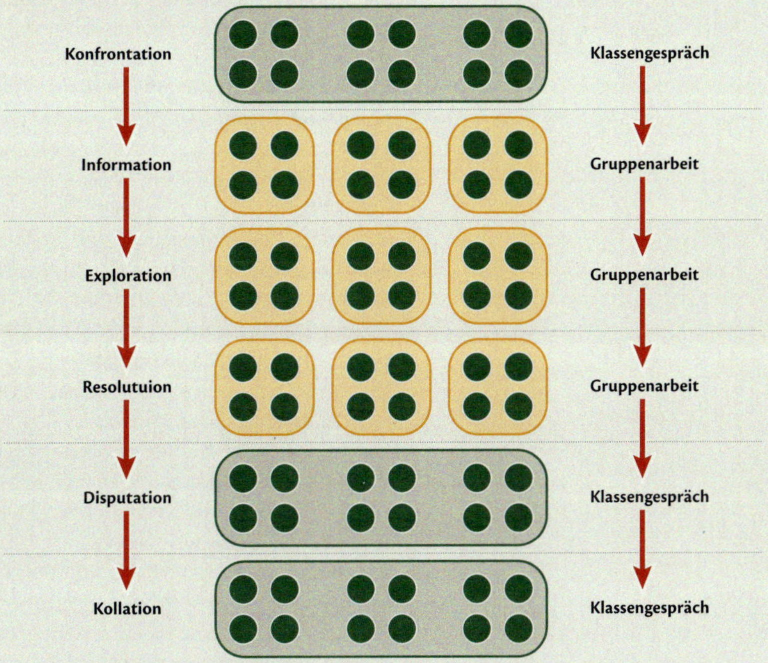

Nach: http://www.sn.schule.de/~sud/methodenkompendium/module/3/6_1.htm (Zugriff: 20.2.2012)

Politikzyklus

Um Politik in ihrer Vielschichtigkeit erfassen zu können, hat sich bewährt, sie – wie in den USA schon länger üblich – in drei Dimensionen aufzufassen; in ihrer institutionellen Dimension (polity), in ihrer normativ-inhaltlichen Dimension (policy) und in ihrer prozessualen Dimension (politics).

M 11 Dimensionen der Politik

Politik hat (...) erstens eine institutionelle Dimension, die durch Verfassung, Rechtsordnung und Tradition festgelegt ist. Auch die Grundsätze der politischen Willensbildung werden durch Institutionen kanalisiert: Wahlen, Grundrechte der Meinungsfreiheit, Parteien und Verbände. (...) Der Handlungsspielraum wird durch die Institutionen abgesteckt. Im Englischen nennt man diese institutionelle Dimension von Politik *polity*.

Politik hat zweitens eine normative, inhaltliche Dimension, die auf Ziele, Aufgaben und Gegenstände von Politik verweist. Die Gestaltung und Aufgabenerfüllung von Politik ist von Interessen abhängig. (...) (*Daher*) ist der inhaltliche Gestaltungsraum von Politik mit Konfliktstoff gefüllt. Die inhaltliche Dimension von Politik kann man in der englischen Begrifflichkeit als *policy* bezeichnen.

Politik hat drittens eine prozessuale Dimension, die auf Vermittlung von Interessen durch Konflikt und Konsens abstellt. Dieser ständige Prozess der politischen Willensbildung und Interessenvermittlung kann durch das Studium der Institutionen oder der Inhalte nicht begriffen werden. (...) Für die dritte Dimension des Politikbegriffs hat die englische Sprache das Wort *politics* anzubieten. Alle drei Dimensionen – die institutionelle Form, der normative Inhalt und der prozessuale Verlauf – machen dann zusammen das aus, was als Politik bezeichnet werden kann.

Bundeszentrale für politische Bildung (Hg.): Politikdidaktik kurzgefasst, Bonn 1994, S. 20 f.

M 12 Policy-Analyse

Die Policy-Analyse stellt einen mittlerweile anerkannten und bedeutsamen Teilbereich der Politikwissenschaft dar, dessen Interesse schwerpunktmäßig der inhaltlichen Dimension von Politik (Policy) in all ihren Erscheinungsformen, wie Entwürfen, Gesetzen oder Verordnungen, gilt. Ein erstes wesentliches Ziel der Beschäftigung mit Policies besteht darin, die enorme Vielfalt ihrer Erscheinungsformen und Ausprägungen systematisch zu erfassen, um damit die Voraussetzungen für Verallgemeinerungen zu schaffen. Die entsprechenden Klassifizierungsversuche orientieren sich dabei vor allem an drei Dimensionen: der Wirkung, den Steuerungsprinzipien und der Beschaffenheit von Policies.

Die Beschäftigung mit Politikinhalten stellt dabei für die Policy-Analyse keinen Selbstzweck dar, sondern verbindet sich aufs Engste mit dem Bemühen, die zentralen Einflussfaktoren, die die Ausformung von Policies bestimmen, zu identifizieren. Ausgehend von der Prämisse, dass Politik im Sinne von Problemlösung mittels staatlicher Policies (...) vorwiegend durch die Rahmenbedingungen in den einzelnen Bereichen bestimmt wird, wählt die Policy-Analyse als Ausgangspunkt für die Bestimmung von Einflussfaktoren auf Policies sehr bewusst einzelne Politikfelder. Sie bemüht sich dabei, die ganze Breite und Unterschiedlichkeit von Determinanten, wie etwa strukturelle Vorgaben, Spezifika von Prozessabläufen, Elemente der politischen Kultur, Interessen und Überzeugungen von Akteuren, ökonomische Faktoren und vieles andere mehr, zu erfassen. Zur Bewertung ihres Gewichts und ihrer Einordnung greift sie auf eine ganze Reihe unterschiedlicher Theoriekonzepte zurück.

Ein weiteres Kernelement der Policy-Analyse stellt die Tatsache dar, dass Policies in einer dynamischen Perspektive analysiert werden, die ihr Augenmerk nicht nur auf die Entstehung, sondern auch auf die Durchführung und gegebenenfalls Neuformulierung staatlicher Politik richtet.

Ragnar Müller/Wolfgang Schumann: Der Politik-Zyklus; in: www.dadalos-d.org/politikdidaktik/politik/policy-zyklus.htm (Zugriff: 22.8.2008)

M 13 Der Politikzyklus – ein Modell

Der Politikzyklus ist ein Modell, um das politische Geschehen bzw. politische Prozesse zu gliedern und zu verstehen (s. *M 11*). Er bietet eine mögliche Form der Auseinandersetzung mit Politik, die sich von einem rein kategorialen oder institutionellen Zugang unterscheidet. Der Politikzyklus beschreibt vier Phasen, die aufeinander folgen: die Problemstellung, die Auseinandersetzung über mögliche Lösungen, die Entscheidung für eine Lösung, die Beurteilung der Lösung, die unter Umständen zu einem neuen Problem führen kann. Dabei muss berücksichtigt werden, dass der Zyklus bei einem konkreten Prozess nicht „geschlossen" ist. Die Beurteilung führt nicht zum selben, sondern zu einem neuen Problem. Der Politikzyklus kann als Ergänzung zu den Politik-Dimensionen „policy, polity, politics" gesehen werden. Im Zyklus sind diese Dimensionen enthalten: Das Problem ist stärker eine Frage des Inhalts (policy), bei der Auseinandersetzung ist eher die Dimension der Prozesse (politics) betroffen, die Entscheidung ist stärker an die Dimension der Institutionen (polity) gebunden. Letztlich sind aber in allen Phasen alle drei Dimensionen erkennbar.

Der Politikzyklus reduziert, wie jedes Modell, die Wirklichkeit. So werden Probleme erst dann erfasst, wenn sie in den politischen Entscheidungsprozess eingeflossen sind. Ebenso wichtig kann eine Analyse der Vorgeschichte sein: Wie ist der Gegenstand der Diskussion überhaupt zu einem Problem geworden, das einer Lösung bedarf?

Der Politikzyklus eignet sich nicht nur zur Analyse eines Prozesses, sondern auch zur Sachanalyse (für die er ursprünglich entwickelt wurde). Mit dem Zyklus kann ein Unterrichtsgegenstand der Politischen Bildung systematisch gegliedert werden:

- Um welches Problem handelt es sich?
- Worum dreht sich die Auseinandersetzung? Was sind Argumente und Vorgehensweisen?
- Welche Entscheidungen werden getroffen?
- Wie fallen die Beurteilungen dieser Entscheidungen aus? Führen diese zu neuen Problemen?

Der Politikzyklus beschreibt den politischen Prozess grundsätzlich als einen Prozess der Problemverarbeitung.

Jan Hodel: Politikzyklus, in: www.politischebildung.ch (Zugriff: 22.8.2008)

M 14 Der Politikzyklus

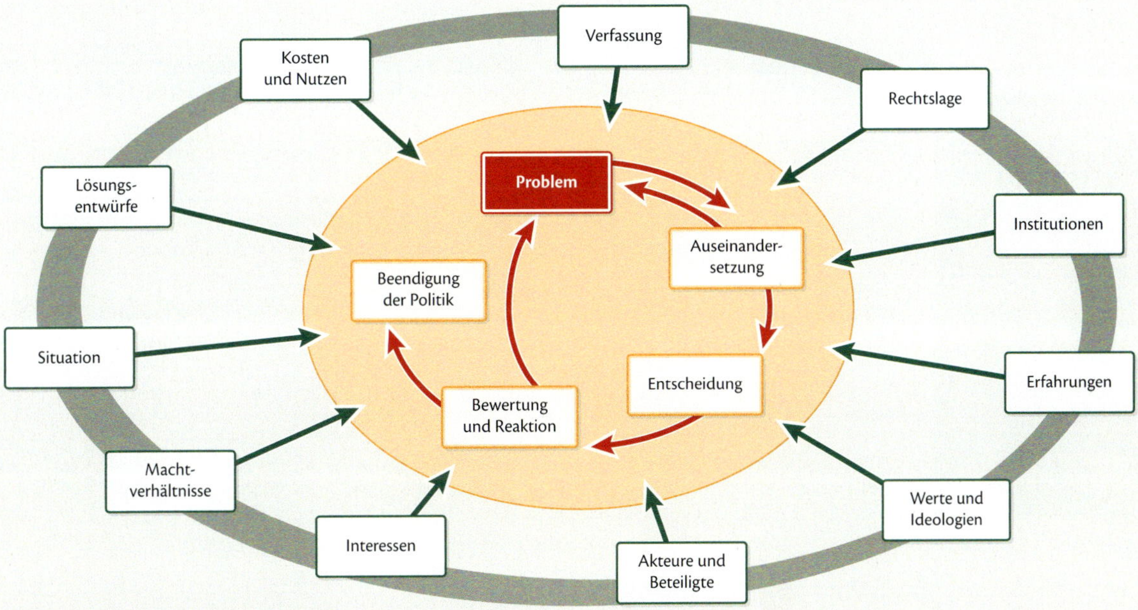

Nach: Peter Massing, 1999, http://www.politische-bildung-bayern.net/content/view/148/44

Analyse von Texten

M 15 Herangehen an Texte

Herkunft des Textes

- Welche Angaben werden zur Herkunft des Textes gemacht (siehe besonders die Quellenangabe)?
- Handelt es sich um einen Primärtext (eigenen Verfassertext) oder einen Sekundärtext (Wiedergabe des Gedankenguts anderer)?

Ermittlung des Kontextes (Zusammenhangs)

- In welcher Umgebung steht der Text (z. B. in einer Zeitung, als Kapitel in einem Buch)?
- Zu welchen anderen Texten hat der Text einen Bezug (etwa durch Zitate oder durch Nutzung einer bestimmten Form)?
- Wer ist der Autor bzw. wer sind die Autoren, und was ist über sie bekannt? Was kann sie dazu veranlasst haben, den Text zu verfassen? Zu welchem Anlass hat er/sie den Text verfasst?
- Innerhalb welcher Auseinandersetzung steht der Text (etwa einer wissenschaftlichen Kontroverse, einer politischen Auseinandersetzung usw.)?

Inhalt des Textes

- Was ist das Thema des Textes? Innerhalb welchen Themenkomplexes ist das Thema einzuordnen?
- Welche Aussagen werden im Text gemacht?
- Was sind die Hauptthesen des Textes, wenn es sich um einen argumentativen Text handelt?
- Welche Ausführungen zum Detail werden gemacht?
- Welche Belege, Argumente und Beispiele werden benutzt?
- Was ist dem Autor besonders wichtig, worauf weist er besonders hin?
- Was ist die Aussageabsicht des Autors? Worauf will er hinaus?
- Welchen Charakter hat der Text (beschreibend, wertend usw.)?

Aufbau und Stil des Textes

- Wie geht der Autor vor, um seine Intention zu verfolgen?
- Wie ist der Text gegliedert? Welche Sinnabschnitte weist er auf?
- Welche allgemeinen Merkmale hat die Sprache des Textes? Versucht sich der Autor anzubiedern? Verwendet er bewusst ein bestimmtes Sprachniveau?
- Wie ist der Sprachstil des Textes? Handelt es sich z. B. um eine wissenschaftlich-nüchterne oder eine agitatorische Sprache?
- Fallen besondere sprachliche Mittel auf?

Rezeption (Aufnahme) des Textes

- An welches Publikum wendet sich der Autor aufgrund von Inhalt, Form und Sprache? Ist die angesprochene Zielgruppe identisch mit der tatsächlich erreichten?
- Was ist über die Aufnahme des Textes beim Publikum bekannt?

Textkritik

- Welchen Stellenwert hat der Text im Publikationszusammenhang, im Werk des Verfassers, in Bezug auf eine bestimmte Problematik oder Textsorte?
- Lässt sich der Text einer geistigen Strömung oder Epoche bzw. Ideologie zuordnen?

M 16 Textsorten in den Sozialwissenschaften

	Kognitive Texte	Normative Texte	Informative Texte	Appellative Texte
Beispiele	Lehrbuch, Sachbuch, wissenschaftlicher Text	Gesetz, Vertrag, Urteil, Verordnung	Nachricht, Meldung, Bericht, Reportage	Werbetext, Rede, Flugblatt, Programm
Inhalt	Die Verfasser teilen Erkenntnisse mit, fassen Ergebnisse zusammen	Festsetzen von Normen und Regeln, Abstecken von Grenzen	Feststellen bzw. Mitteilen von Beobachtetem, von Erfahrungen usw.	Interessengeleitete Darstellung, Aufforderungen
Intention	Mitteilen und lehren	Regulieren des Handelns, Festlegen des Verhaltens	Sachlich-objektive Darstellung	Überzeugen, auffordern, überreden, zu Handlungen veranlassen
Verfasser	Fachleute, Experten, Lehrkräfte	Richter, Parlamentarier, Juristen	Journalisten, Reporter, Wissenschaftler	Werbefachleute, Politiker, Pressestellen
Adressaten	Lernende, Interessierte, andere Fachleute	Betroffene, andere Juristen	Zeitungsleser, Medienkonsumenten	Potenzielle Käufer oder Wähler

1 Analysieren Sie einen aktuellen Zeitungsartikel nach den Vorgaben von M 15.

2 Sammeln Sie Texte aus Zeitungen oder aus dem Internet und ordnen Sie sie in das Schema M 16 ein.

Begriffsbildung

M 17 Die Bedeutung von Begriffsbildung in den Sozialwissenschaften

Bei der Formulierung sozialwissenschaftlicher Aussagen entsteht oft die Frage, wie man vorgehen kann, wenn man einzelnen Ausdrücken oder Begriffen einer Aussage eine Bedeutung zuschreiben will. (...)

Fragen wir zunächst, welche Probleme bei der Begriffsbildung in den Sozialwissenschaften auftreten. Die Objekte sozialwissenschaftlicher Aussagen sind u. a. menschliche Individuen oder Gruppen, z. B. Studenten, Städte, Industriegesellschaften usw. Diesen Objekten werden Merkmale zugeschrieben wie Normen, Macht, Mobilität, Nachfrageelastizität usw. Wenn eine Person, die die deutsche Sprache beherrscht, die vorangegangenen Zeilen gelesen hat, dann weiß sie, was mit den meisten der genannten Wörter „gemeint" ist. Wenn sie z. B. das Wort „Studenten" liest, dann weiß sie, dass mit diesem Wort Personen bezeichnet werden, die an einer Hochschule immatrikuliert sind.

Der Grund dafür, dass der Leser die vorangegangenen Wörter „versteht", ist, dass in der deutschen Sprache bzw. in der Sprache der Sozialwissenschaften mit bestimmten Zeichen bestimmte Phänomene der Realität, oder, wie wir sagen wollen, bestimmte Designata, verbunden sind und dass der Leser diese Verbindungen kennt. (...)

Die erste Frage, die entsteht, wenn ein Sozialwissenschaftler eine Aussage formulieren oder umformulieren möchte, lautet: Welche Möglichkeiten bestehen, Zeichen und Designata einander zuzuordnen? Wenn die Möglichkeiten, ein Wort zu definieren, bekannt sind, wird man sich weiter fragen: Welche der gegebenen Möglichkeiten sind für die Definition eines gegebenen Zeichens adäquat? Schließlich tritt die Frage auf: Welche Designata sollte man einem Zeichen zuordnen? (...)

Wir wollen im Folgenden zuerst die wichtigsten Möglichkeiten beschreiben, sozialwissenschaftliche Begriffe zu definieren. (...) Unter einer Definition versteht man die Einführung einer Konvention über die Verwendung von sprachlichen Ausdrücken. (...)

Unter einer Nominaldefinition versteht man eine Festsetzung darüber, dass ein bestimmter Ausdruck A1 gleichbedeutend mit einem anderen Ausdruck A2 sein soll, wobei die Bedeutung des anderen Ausdrucks A2 als bekannt vorausgesetzt wird und A1 die Bedeutung annehmen soll, die A2 hat. (...) Eine Nominaldefinition hat also zwei Bestandteile: Den Ausdruck, dessen Bedeutung als bekannt vorausgesetzt wird – genannt das Definiens, also der definierende Ausdruck –, und den Ausdruck, der synonym mit dem Definiens sein soll – genannt das Definiendum, also der zu definierende Ausdruck. (...)

Beziehung zwischen Zeichen und Realität

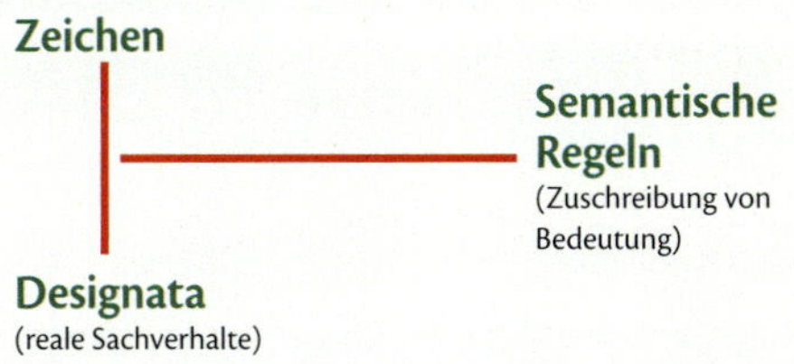

Wenn eine Nominaldefinition eine Festsetzung oder Konvention über die Verwendung eines bestimmten Ausdrucks ist, dann folgt: Eine Nominaldefinition kann weder wahr noch falsch sein. (...) Ein Nominaldefinition behauptet nichts über die Realität. (...)

In der klassischen Logik verstand man unter einer „Realdefinition" die Beschreibung des „Wesens" oder der „Natur" von Tatbeständen. (...) Analysiert man die Ausführungen von Autoren, die das „Wesen" von Sachverhalten zu ergründen suchen, dann zeigt sich, dass Wesensbestimmungen zumindest die folgenden diskutierten Bedeutungen haben:

1. Viele Wesensdefinitionen dürften Bedeutungsanalysen sein. Wenn man z. B. fragt, was das Wesen des Staates sei, dann kann man diese Frage so verstehen: Was bedeutet das Wort „Staat"? (...)

2. Häufig sind Wesensbestimmungen empirische Gesetze. Man könnte z. B. die Frage nach dem Wesen des Staates so verstehen: Welche Merkmale haben alle Staaten gemeinsam? (...)

3. Zuweilen dürfte eine Wesensbestimmung eine Begriffsexplikation sein. Man versucht also, einen Begriff zu präzisieren. (...)

4. Oft hat man den Eindruck, dass Wesensbestimmungen als Nominaldefinitionen gemeint sind. (...)

5. Angenommen, jemand äußere folgenden Satz: „Es ist das Wesen von Gesetzen, dass sie Konflikte zwischen Kontrahenten ausgleichen." Hier könnte etwas darüber gesagt werden, wie Gesetze beschaffen sein sollen. (...) Wesensbestimmungen sind also zuweilen normative Aussagen.

Karl Dieter Opp: Methodologie der Sozialwissenschaften. Einführung in Probleme ihrer Theorienbildung und praktischen Anwendung, 6. Aufl. Wiesbaden 2005, S. 25

Analyse von Tabellen

M 18 Tabellenformat nach DIN 5008

Kopfbezeichnung / Vorspaltenbezeichnung	Gemeinsame Spaltenbezeichnung		
	Spaltenbezeichnung	Spaltenbezeichnung	Spaltenbezeichnung
Zellenbezeichnung			
Zellenbezeichnung		*Feld bzw. Zelle*	
Zellenbezeichnung			
Insgesamt	Summenzeile (nicht immer vorhanden)		

M 19 Checkliste: Umgang mit Tabellen und Statistiken

Soll die Erschließung von Tabellen und Statistiken gelingen, ist es sinnvoll, verschiedene Arbeitsschritte zu berücksichtigen:

Annäherung unter formalen Gesichtspunkten:
- Welche Überschrift hat die Statistik?
- Welche Darstellungsform wird gewählt?
- Welche Zahlenarten liegen vor (absolute oder relative Zahlen, reale oder nominale Zahlen, Prozentzahlen, Indexzahlen)?
- Sind die vorliegenden Zahlen fehlerhaft?
- Wie wurden die vorliegenden Zahlen gewonnen (gezählt, geschätzt, vorläufig oder fortgeschrieben)?
- Welche Größen werden dargestellt? Wofür sind sie ein Indikator?
- Wer hat die Daten erhoben bzw. veröffentlicht?
- Ist die Quelle angegeben?

Beschreibung:
- Gliederungskriterium der Statistik erfassen.
- Die Extremwerte markieren (besonders wichtig bei Zeitreihen).
- Zeitliche Entwicklungen in ihren Tendenzen beschreiben (u. a. gleichmäßig, sprunghaft?).
- Zahlenangaben eventuell bearbeiten (Berechnung von Prozentanteilen, Spalten- bzw. Zeilensummen).
- Ggf. Umsetzung einer Tabelle in ein Kurvendiagramm.
- Zusammenstellung der zentralen Aussagen der Statistik in Form eines „Statistikreferats".
- Veranschaulichung der zentralen Aussagen in Form einer Strukturskizze.

Erklärung:
- Fachlichen Hintergrund der Statistik erfassen.
- Einordnung der zentralen Aussagen in größere Zusammenhänge vollziehen.
- Einordnung der Aussagen der Statistik in größere sachliche und theoretische Zusammenhänge.

Bewertung:
- Kritische Auseinandersetzung mit der Statistik durchführen (u. a.: Ist die Überschrift eindeutig? Passen Überschrift und Inhalt? Ist die Wahl des Zeitraums und der Daten sachlich angemessen? Ist die Darstellungsform angemessen? Ist die Überprüfbarkeit gewährleistet? Ist die Aufbereitung der Daten angemessen [z. B. Wahl des Basisjahres bei Indexzahlen]? Sind Fehler feststellbar? Sind die Daten aussagekräftig und miteinander vergleichbar? Ist der Urheber der Daten seriös?).
- Kritische Auseinandersetzung mit den inhaltlichen Aussagen der Statistik vor dem Hintergrund der Fragestellung des Unterrichts.

Kurt Lach/Peter Massing: Umgang mit Statistiken und Tabellen, in: Bundeszentrale für politische Bildung: Methodentraining für den Politikunterricht II, Bonn 2007, S. 30

M20 Lügen mit Statistik

Statistik ist ein Werkzeug. Als solches ist sie wertneutral. Nicht gut oder böse, sondern nützlich oder weniger nützlich. Gut oder böse sind die Zwecke, die diejenigen verfolgen, die Statistiken aufstellen oder in Auftrag geben. „Gute" Statistik dient dem Erkenntnisgewinn. „Böse" Statistik dient der Manipulation. Gute Statistik sucht nach Fragen. Böse Statistik sucht nach Beweisen.

Idealerweise bilden statistische Daten die Basis, von der aus weitere Untersuchungen geplant und Thesen zur Überprüfung formuliert werden. Praktisch ist es meistens umgekehrt: Die These ist vorformuliert, und die Statistik wird herangezogen, um sie zu beweisen. „Die Statistik", hat der langjährige Deutsche-Bank-Chef Hermann Josef Abs einmal gesagt, „ist wie eine Laterne im Hafen. Sie dient dem betrunkenen Seemann mehr zum Halt als zur Erleuchtung."

Statistik ist ein komplexes Werkzeug. Eines mit verschiedenen Methoden und Vorgehensweisen, mit vielen Stellschrauben für den, der mit ihr arbeitet. Für denjenigen, der nach Fragen sucht, bietet sie damit viele Chancen. Für denjenigen, der nur beweisen will, eröffnet sie die Möglichkeit zur Manipulation. Hilfreich sind ihm dabei der große, naive Glaube an alles, was in Form von Zahlen daherkommt, und viele Missverständnisse, die sich, oft aus intellektueller Bequemlichkeit, bei den Lesern von Statistiken breitgemacht haben.

Eines der vielen Missverständnisse um die Statistik ist, dass man mit ihr kausale Zusammenhänge beweisen könnte. Das kann man nicht. Um zu beweisen, dass aus einem bestimmten Umstand A mehr oder weniger zwingend ein Umstand B folgt, muss man A und B inhaltlich verstehen und über die reine Beobachtung hinaus einen Blick sozusagen unter die messbare Oberfläche werfen. Die Statistik wagt diesen Blick nicht. Sie kann nur beobachten, ob und wie häufig A und B empirisch zusammen auftreten. Das kann auf eine Kausalbeziehung hindeuten, muss aber nicht.

Für diese Beobachtung gibt es eine ganze Reihe statistischer Maßzahlen. Eine der einfachsten und bekanntesten ist die sogenannte Korrelation. Sie misst den Zusammenhang zwischen zwei Messgrößen, die man mit einer kontinuierlichen Skala beschreiben kann, wie z. B. Temperatur, Körpergröße usw. Die Korrelation ist auf das Intervall von −1 bis +1 normiert. Liegt sie nahe bei 1, dann treten hohe Werte der Messgröße A sehr häufig zusammen mit hohen Werten der Messgröße B auf, und analog niedrige mit niedrigen; es handelt sich also um einen positiven Zusammenhang, mit A steigt auch B. Liegt die Korrelation nahe bei −1, liegt ein negativer Zusammenhang vor, steigt A, so fällt also B, und umgekehrt. Bei Werten nahe 0 liegt meistens kein Zusammenhang vor.

Klassischerweise kann man bei hoher Korrelation sehr gut Regressionskurven durch die empirische Datenwolke legen, eine Gerade z. B.; bei niedriger Korrelation sind die Datenpunkte mehr oder weniger gleichmäßig im Raum verteilt.

Für andere Skalentypen, qualitative Merkmale (etwa Farben: rot, grün, blau) oder auch ordinale (Rangstufen wie z. B. Schulnoten), gibt es in der Statistik andere Maßzahlen, die ein ähnliches Funktionsprinzip haben und meistens ähnlich angenehm zu handhaben sind. Gerade dass diese Maßzahlen relativ einfach gestrickt sind, verleitet allerdings dazu, sie sehr häufig zu verwenden und auch überzuinterpretieren. Das führt aber in die Irre und oft zu grotesken Ergebnissen. Ein Forscher hat sich beispielsweise einmal den Spaß erlaubt, für eine bestimmte Region zwei Zeitreihen zu vergleichen, nämlich die Geburtenentwicklung und die Storchenpopulation. Beide verliefen nahezu parallel, und eine Berechnung ergab eine Korrelation von 0,7 – also einen recht starken positiven Zusammenhang. Daraus könnte man nun einen statistischen „Beweis" für die alte Kindermär deuten, nach der der Storch die Kinder bringt. (...)

Die Korrelation und ihre Verwandten können also ein Indiz dafür sein, wo man nach kausalen Zusammenhängen durch fachwissenschaftliche Forschung suchen sollte; aber sie ersetzen diese sachlogischen Überlegungen nicht. Das muss man sich klarmachen und von manchem bequemen Begründungsmuster Abschied nehmen.

Christian Roth: Wie lügt man mit Statistik?, Akademische Blätter, 18.1.2011, in: http://akademische-blaetter.de (Zugriff: 20.2.2012)

1 Sammeln Sie Beispiele für Manipulationen mit Statistiken.

2 Erläutern Sie die Art der Manipulation

Analyse von Grafiken

Bei Grafiken gibt es verschiedene Darstellungsmöglichkeiten, die häufig auch in Kombination sowie zusammen mit Tabellen auftreten können. Verschiedene Formen von Grafiken sind Standard und mit jeder Tabellenkalkulation selbst zu erzeugen.

M21 Formen von Diagrammen

a Balkendiagramm

„Frauen sollten sich um Kindererziehung kümmern"

Zustimmung in Prozent der Befragten

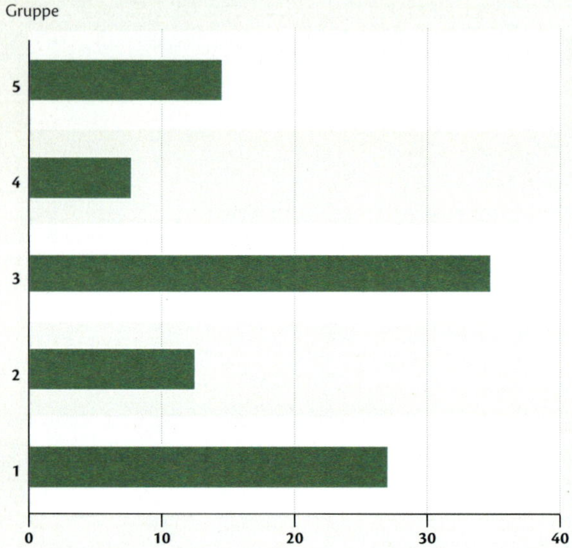

Quelle: Statistisches Bundesamt

b Kreisdiagramm

Deutschlands Energieträger 2008

Anteile am Primärenergieverbrauch in Prozent

Gesamt: 477,8 Mio. Tonnen Steinkohleäq.

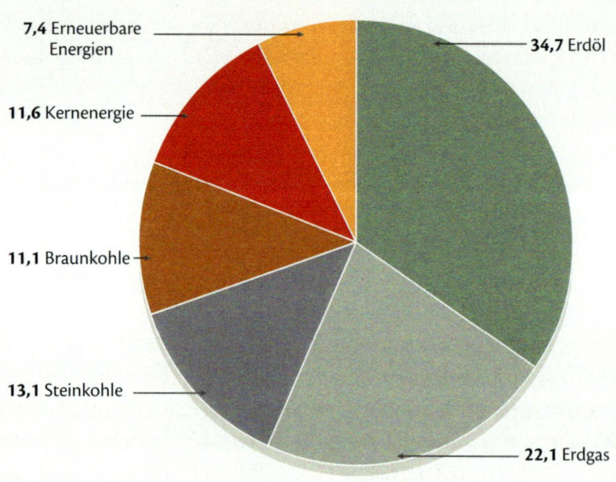

Quelle: Arbeitsgemeinschaft Energiebilanz 2009

c Säulendiagramm

Die „wahre" Arbeitslosigkeit

Angaben in Millionen

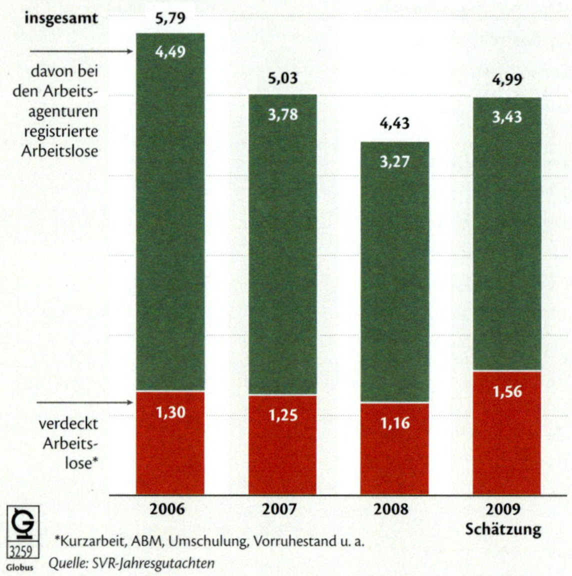

*Kurzarbeit, ABM, Umschulung, Vorruhestand u. a.

Quelle: SVR-Jahresgutachten

d Liniendiagramm

Weltindustrieproduktion[1] nach Ländergruppen

Index 2008 bis 2010; 1. Quartal 2008 = 100

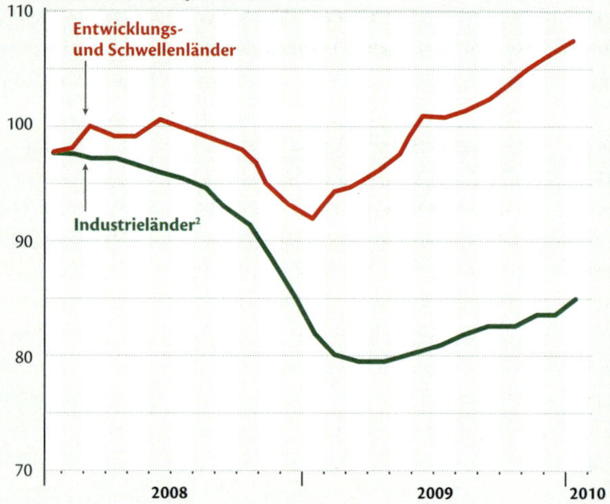

[1] Gewichtet mit Anteilen an der Weltproduktion
[2] OECD-Länder ohne Türkei, Mexiko, Korea und mittelosteuropäische Länder

Nach: Projekt Gemeinschaftsdiagnose, Erholung setzt sich fort – Risiken bleiben groß, Kiel 2010, S. 9

e Spannweitendiagramm

„Ausländer nehmen Arbeitsplätze weg“

Zustimmung in Prozent der Befragten

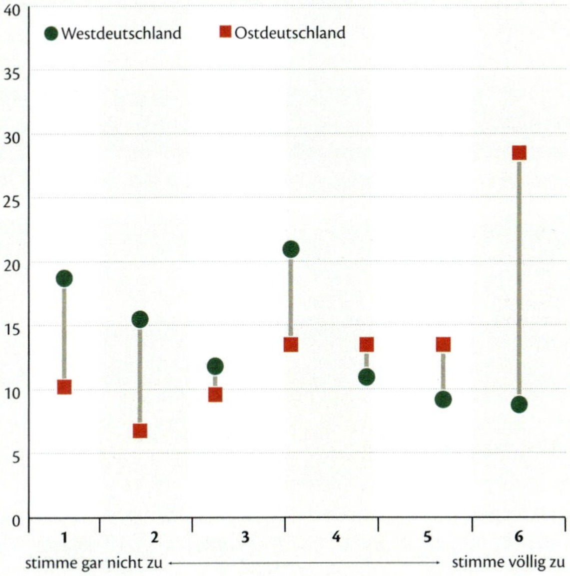

f Flächendiagramm

Erdölförderung großer Konzerne 2004–2008

in Mio. Barrel pro Tag

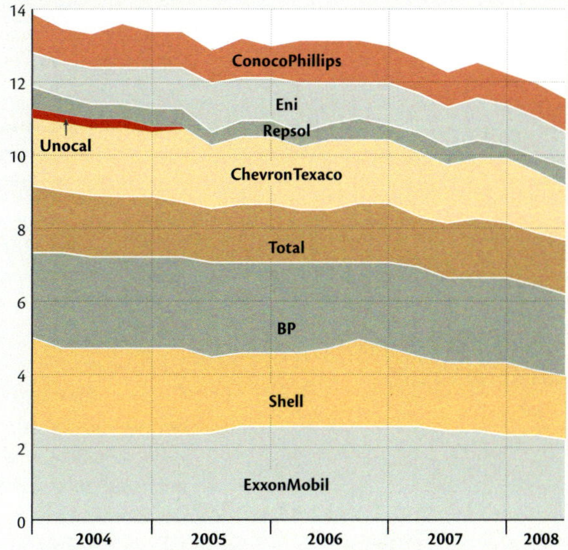

Quelle: Quartalsberichte der Firmen

M22 Stellenwert von Grafiken

Diagramme stellen häufig komplizierte Sachverhalte in einfachen grafischen Formen dar. Weil sie so eindeutig, übersichtlich, grafisch einfach und klar gehalten sind, sind sie ein beliebtes Mittel zur Veranschaulichung, als Verständnishilfe und als Medium zum Einprägen und Behalten. Es erhebt sich jedoch die Frage, ob die Gesichtspunkte der Einfachheit, der Eindeutigkeit und Übersichtlichkeit nicht auch manchmal Gefahren für einen sachgemäßen Umgang mit historischen Problemen und für eine angemessene Erkenntnis mit sich bringen können.

Die statistische Auflistung, die tabellarische Zusammenfassung und die grafische Darstellung heben immer nur einzelne Aspekte aus einem komplizierteren Zusammenhang hervor. Man kann hier von einer inhaltlichen Vereinfachung sprechen, die noch durch die Darstellung mit einfachen grafischen Symbolen verstärkt wird. Man muss sich also davor hüten, so zu tun, als habe man mit einem Diagramm das ganze Problemumfeld abgehandelt. Vielmehr sind gerade dann Gefahren zu bedenken, wenn anhand eines Diagramms nur ein bestimmter Aspekt des dargestellten Problemzusammenhangs, wie z. B. die Verfassungstreue von politischen Parteien, hervorgehoben wird. Im schlimmsten Fall kann dies sogar zur Verkürzung, Verzerrung oder gar zur Verfälschung ausarten, wenn im Bemühen um Verallgemeinerung und eine besonders pointierte Darstellung jegliche inhaltliche Differenzierung unterbleibt.

Ulrich Mayer: Umgang mit Statistiken und Diagrammen, in: Hans-Jürgen Pandel/Joachim Rohlfes (Hg.): Umgang mit Geschichte, Stuttgart 1992, S. 137

1. Analysieren Sie eine aktuelle Infografik aus einer Zeitung in Gruppen.
2. Vergleichen Sie Ihre Ergebnisse.
3. Manipulation mittels Grafiken? Erkunden Sie die Möglichkeiten durch Anwendung einer Tabellenkalkulation.

Analyse von Karikaturen

M23 Fünf Schritte der Analyse von Karikaturen

1. Beschreiben:
Grundvoraussetzung für das Verständnis einer Karikatur ist, dass die bildliche Darstellung genau erkannt und in ihren Details (Haltung, Mimik, Gestik, Details der Darstellung usw.) präzise erfasst wird. Eine Beschreibung dessen, was zu sehen ist, steht am Anfang. Sie sollte zunächst von den weiteren Schritten getrennt werden, damit Details nicht verloren gehen oder einseitig interpretiert werden.

2. Verstehen:
Die Symbole müssen nicht nur erkannt werden, sie müssen auch in ihrer Bedeutung bekannt sein. Ikonische (bildhafte) Zeichen sind aufgrund ihrer Darstellung normalerweise aus sich selbst heraus verständlich (z. B. Fessel für Unfreiheit, Pferdegeschirr für Lenkung und Unterdrückung). Die Bedeutung arbiträrer (*willkürlicher*) Zeichen beruht auf gesellschaftlicher Konvention, die man kennen muss (z. B. Michel für die Deutschen bzw. Deutschland, Hahn für Frankreich, Waage für Gerechtigkeit).

3. Anwenden:
Der Sachverhalt, auf den sich die Karikatur bezieht, muss in den Grundzügen bekannt sein und benannt werden. Die politischen Umstände und gesellschaftlichen Bezüge müssen Erwähnung finden. Evtl. muss eine Recherche über die Umstände stattfinden, unter denen die Karikatur entstanden ist.

4. Erklären:
Die Karikatur geht über das Aufdecken charakteristischer Wesenszüge einer Situation hinaus, sie wertet und kommentiert das Geschehen, was aufgedeckt werden muss.

5. Urteilen:
Die Qualität einer Karikatur hängt entscheidend davon ab, inwieweit es dem Autor gelungen ist, seine Kritik angemessen ins Bild umzusetzen. Die Beurteilung der Karikatur muss sich auf den Zusammenhang mit dem Karikierten beziehen.

Nach: Manfred Faust: Politische Karikaturen im Geschichtsunterricht der Sekundarstufe I, in: GWU H. 12 (1980), S. 739–753

M24 Karikatur

Zeichnung: Sakurai

1 Analysieren Sie die Karikatur anhand der Arbeitsschritte.

Messverfahren

Nachdem in der Wissenschaft geklärt wurde, was eigentlich genau gemessen werden soll – denn auch das ist nicht immer einfach zu definieren –, stehen der Forschung je nach Datenlage und Themenschwerpunkt unterschiedliche Messverfahren zur Verfügung.

M25 Messverfahren am Beispiel Bildung

Die einfachste Möglichkeit, die für statistische Analysen gut zu verwenden sind, ist die Messung der Anzahl von Jahren, die eine Person im Bildungssystem verbracht hat. Dieser Indikator setzt aber voraus, dass jedes Bildungsjahr gleich zählt. Der Schüler A, der nach zehn Jahren seinen Hauptschulabschluss erwirbt, würde hier möglicherweise mit dem Schüler B gleichgesetzt, der nach zehn Jahren seine mittlere Reife erwirbt. Folgt bei A dann nach dem Hauptschulabschluss noch eine dreijährige Berufslehre, so hätte er genauso viele Jahre im Bildungssystem verbracht wie ein Abiturient (...). Daher verwendet man häufig zur systematischen Erfassung der Bildung sogenannte Bildungsklassifikationen.

Jörg Rössel: Sozialstrukturanalyse, Wiesbaden 2009, S. 173–175

M26 Die Bildungsklassifikation nach ISCED (International Standard Classification of Education)		Bildungsstand	Bildungsstand der Erwachsenenbevölkerung in % (2008)	
			NRW	BRD
Stufe 0	Vorprimarstufe: Kindergarten	Niedrig	19	14
Stufe 1	Primarstufe: Grundschule			
Stufe 2	Sekundarstufe I: Hauptschule, Realschule, Gymnasium, Berufsaufbauschule und -vorbereitungsjahr			
Stufe 3	Sekundarstufe II: Gymnasium, Fachoberschule, Duale Berufsausbildung, Berufsfachschule	Mittel	59	60
Stufe 4	Postsekundärer, nicht tertiärer Bereich: Berufs-/Technische Oberschule, Fachoberschule			
Stufe 5	Tertiärer Bereich, Phase 1: Fachhochschule, Universität, Fachschule, Fachakademie	Hoch	21	25
Stufe 6	Tertiärer Bereich, Phase 2: Promotion, Habilitation			

Eigene Darstellung; Datengrundlage: Statistische Ämter des Bundes und der Länder: Internationale Bildungsindikatoren im Ländervergleich – Ausgabe 2010

M27 Messverfahren am Beispiel der Statuszugehörigkeit

Eindimensionale Modelle stützen sich zumeist auf den Beruf als den wichtigsten Indikator. (...) Dabei können zwei verschiedene Informationen über den Beruf verwendet werden: einerseits die Angaben über die ausgeübten beruflichen Tätigkeiten, ob also jemand z. B. als Schreiner oder Anwalt arbeitet. (...) Daneben kann man in Deutschland allerdings auch auf das System der beruflichen Stellungen zurückgreifen, (*etwa*) die sozialversicherungsrechtliche Stellung eines Berufs, also die Differenzierung zwischen Selbstständigen, Beamten, Angestellten und Arbeitern. (...)

Informationshaltiger und anspruchsvoller sind allerdings Skalen, die nicht auf einem einzigen Indikator basieren, sondern multiple (*mehrfache*) Indikatoren zur Status- und Schichtzugehörigkeitsmessung verwenden.

Jörg Rössel: Sozialstrukturanalyse, Wiesbaden 2009, S. 135–138

1. Ermitteln Sie in einem Brainstorming verschiedene Niveaus von Bildung. Welche Schwierigkeiten wurden deutlich und inwiefern stehen diese Ihrer Meinung nach im direkten Bezug zur Messung von Bildung?
2. Recherchieren Sie Statistiken zur Statuszugehörigkeit in Deutschland. Analysieren Sie, welche Indikatoren zur Statusermittlung jeweils herangezogen wurden.

Bestimmung von Indikatoren

Weder in der Wissenschaft noch in der Politik besteht Einigkeit über die „richtigen" oder „besten" Indikatoren zur Messung von sozialer Ungleichheit bzw. Armut. Im Folgenden soll diese Schwierigkeit der Begriffsdefinition und somit der Indikatorenwahl näher beleuchtet werden. Dabei ist stets zu beachten, dass in die Bestimmung von Indikatoren auch politische bzw. gesellschaftlich-normative Grundsatzentscheidungen und Werturteile einfließen.

M28 Alles eine Frage des Indikators?

Zeichnung: Nicholson

M29 Stichwort: Indikator

In der empirischen Sozialforschung sind Indikatoren eine Messgröße, die einen theoretischen, nicht unmittelbar messbaren Begriff durch seine Bedeutung abdecken. Es gilt also zunächst zu fragen, was der jeweilige Begriff bedeutet, welche Sachverhalte er also darstellt. Die ausgewählten Sachverhalte sollten möglichst sowohl den Bedeutungsumfang des Begriffs widerspiegeln, als auch durch ein Messverfahren empirisch gemessen werden können. Durch dieses Verfahren wird der Begriff also zum einen definiert und konkretisiert und zum anderen operationalisiert, d. h. messbar gemacht.
Beispiel: Als Indikator für soziale Ungleichheit wird vor allem die Verteilung von Einkommen oder Konsum mithilfe des Gini-Koeffizienten abgebildet.

Autorentext

M30 Was leisten Indikatoren?

Gini-Koeffizient: statistisches Maß zur Darstellung von Ungleichheiten

Mit **Armuts- und Reichtumsberichterstattung** ist der unregelmäßig (bisher 2001, 2005, 2008, 2012) erscheinende Bericht „Lebenslagen in Deutschland – Armuts- und Reichtumsbericht der Bundesregierung" gemeint

facilitate: unterstützen
to assess: beurteilen
require: benötigen

Die Frage, was die Sozialberichterstattung bzw. soziale Indikatoren leisten sollen, wird in der nachfolgenden Definition der Vereinten Nationen (...) eher unbescheiden beantwortet. (...) „Social indicators can be defined as statistics that reflect important social conditions and that facilitate the process of assessing those conditions and their evolution. Social Indicators are used to identify social problems that require action, to develop priorities and goals for action and spending, and to assess the effectiveness of programmes and policies" (UN, 1994). (...)
Die Definition der Vereinten Nationen beinhaltet eine sehr anspruchsvolle Funktionszuschreibung, die sich (...) allerdings weitgehend mit den Erwartungen trifft, wie sie auch an die Armuts- und Reichtumsberichterstattung gerichtet werden. Die Frage, was Indikatoren tatsächlich leisten können, wird in der Fachdiskussion sehr unterschiedlich, mittlerweile aber in der Regel sehr viel zurückhaltender beantwortet.

BMAS/ISG (Hg.): Lebenslagen, Indikatoren, Evaluation – Weiterentwicklung der Armuts- und Reichtumsberichterstattung, in: http://www.bmas.de (Zugriff: 28.9.2010)

1 Interpretieren Sie die Karikatur einschließlich der Überschrift.
2 Führen Sie ein Brainstorming zum Begriff „Armut" durch. Definieren Sie auf Grundlage Ihrer Assoziationen „Armut". Recherchieren Sie im Internet offizielle Definitionen von „Armut" und vergleichen Sie Ihre Ergebnisse mit diesen.
3 Erschließen Sie die Auswirkungen Ihrer Definition auf die Indikatorenwahl.
4 Diskutieren Sie: Wie bewerten Sie die Leistungsfähigkeit sozialer Indikatoren?

Deskriptive und präskriptive Aussagen

Aussagearten oder Aussagetypen sind Klassifikationskategorien, die helfen sollen, Typen von sprachlichen Äußerungen bzw. deren Gehalt zu unterscheiden. Beispiel hierfür ist die Unterscheidung von beschreibenden (deskriptiven) und vorschreibenden (präskriptiven) Sätzen.

M31 Deskription und Präskription

Deskriptiv (von lat. describere, beschreiben, umschreiben) bezeichnet einen beschreibenden bzw. abbildenden Text oder Standpunkt, der den Anspruch einer wertfreien Betrachtung erhebt. Gefragt wird durch Seiens-Fragen nach der Faktizität von etwas. Dargestellt wird der Seins-Zustand. Beim wissenschaftlichen Arbeiten wird besonders zwischen normativen und deskriptiven Betrachtungen unterschieden, um intersubjektiv nachvollziehbare Grundlagen zu entwickeln, beispielsweise in der Betrachtung politischer Systeme.
Beispiele für Deskription sind u. a. empirische Erhebungen, die dazu dienen, Aussagen über den gegenwärtigen Zustand der Gesellschaft zu machen (Arbeitslosenzahl), aber auch Analysen menschlichen Verhaltens im Rahmen der Soziologie, Psychologie oder Philosophie. Normative Aussagen wären dahingegen solche, die einen Soll-Zustand beschreiben, etwa Mindestlöhne oder das „ideale" Verhalten von Menschen.
Das Ziel der Präskription ist die Festlegung von Strukturmerkmalen, die im Rahmen wissenschaftlicher Beobachtungen als wiederkehrende, typische Merkmale zu erfassen sein müssen. Die Präskription ist also eine wissenschaftliche Methode zur Herausbildung einer These, die im Anschluss an die Thesenbildung durch empirische (allgemeine) Beobachtung oder durch ein Experiment abgesichert werden muss.

Wikipedia.de (Zugriff: 15.8.2012)

M32 Typen von Aussagen

Aussagetyp	Zweck	Erläuterung	Beispiel
Empirisch bzw. deskriptiv	Beschreibt das, was man vorfindet oder vorfinden wird.	Empirische Information kann gewiss oder ungewiss sein; deskriptive Information ist gewiss, sofern sie auf empirischen Erhebungen beruht; prognostische Information ist ebenfalls empirische Information, aber sehr ungewiss, nur unter Wahrscheinlichkeit richtig.	„Das Wirtschaftswachstum der Gemeinde hat sich verlangsamt."
Normativ	Enthält ein Werturteil über das Vorgefundene.	Streng genommen kann normative Information in deutende und urteilende Information unterteilt werden: Deutende Information ordnet die empirische Information ein und sagt etwas über ihre Relevanz aus. Urteilende Information sagt etwas über die Wertigkeit von Variablen, Phänomenen etc. für einen bestimmten Akteur aus.	„Das Wirtschaftswachstum der Gemeinde sollte sich erhöhen."
Präskriptiv	Soll einen Adressaten zu einem bestimmten Handeln bewegen; gibt Handlungsanweisungen.	Spielt in Plänen naturgemäß eine große Rolle.	„Die Gemeinde soll ein Technologiezentrum einrichten, um Klein- und Mittelunternehmen den Technologietransfer zu erleichtern."

Normative und präskriptive Aussagen sind nicht immer auf den ersten Blick zu trennen, sie haben aber unterschiedliche rechtliche und politische Konsequenzen. Je nach der Formulierung können Planaussagen normativ oder präskriptiv gemeint sein. Ein häufiges Argument von Städten im Widerspruch gegen Regionalpläne ist, dass normative und präskriptive Aussagen (an die die Gemeinden gebunden sind) sprachlich nicht exakt genug voneinander getrennt sind.

Nach: Dietrich Fürst/Frank Scholles: Wirtschafts- und kommunikationstheoretische Grundlagen der Planung (2000); in: http://www.laum.uni-hannover.de (Zugriff: 16.1.2009)

1 Formulieren Sie deskriptive, normative und präskriptive Aussagen zu einem Thema der internationalen Politik.

Umgang mit Theorien

Soziologische Theorie: „Theorie ist das Netz, das wir auswerfen, um ‚die Welt' einzufangen – sie zu rationalisieren, zu erklären und zu beherrschen" (Karl Popper [1902–1994], österreichisch-britischer Philosoph, 1934)

mikro (griech.): klein

makro (griech.): groß

M33 Was ist eine „Theorie"?

Eine Theorie ist ein vereinfachtes Bild eines Ausschnitts der Realität, der mit diesem Bild beschrieben und erklärt werden soll, um auf dieser Grundlage möglicherweise Prognosen zu machen und Handlungsempfehlungen zu geben. Jeder Theorie liegen mehr oder weniger deutlich ausformulierte Annahmen zugrunde. Es lassen sich Alltagstheorien und wissenschaftliche Theorien unterscheiden. Letztere unterscheiden sich von Ersteren durch höheren Grad an Bewusstheit, ausdrückliche Formulierung, größeren Umfang und meist durch die Einbeziehung von systematischer Beobachtung, die der Prüfung der Theorien dient (empirische Prüfung).

Wikipedia.de (Zugriff: 20.12.2009)

M34 Soziologische Theorieansätze

Es gibt vor allem die folgenden Ansätze:

- mikrosoziologische Theorieansätze: Sie sind auf die Handlungen von Individuen und Kleingruppen bezogen;
- makrosoziologische Theorieansätze: Sie gehen von größeren gesellschaftlichen Strukturzusammenhängen aus;
- Theorien mittlerer Reichweite: Das (...) Theorie- und Erkenntnisprogramm der Theorien mittlerer Reichweite geht davon aus, dass die mikrosoziologischen Theorien zu kurz greifen, weil sie Gesellschaftsstrukturen gar nicht oder nur unvollkommen in den Blick bekommen, und weil die makrosoziologischen Theorien zwar wünschenswert, aber (gegenwärtig) auf einer wirklich konsistenten (*widerspruchsfreien*) Basis nicht formulierbar sind.

Nach: Bernhard Schäfers (Hg.): Grundbegriffe der Soziologie, 6. Aufl. Opladen 2000, S. 340 ff.

M35 Zur Analyse von soziologischen Theorien

Zur Analyse einer Theorie gehören auf jeden Fall die folgenden Aspekte:

- Von welchem Faktenmaterial, von welchen Beobachtungen geht die Theorie aus?
- Welche Zusammenhänge zwischen dem Beobachteten weist die Theorie als wesentlich aus?
- Welche Kriterien stellt die Theorie für diese Zusammenhänge heraus bzw. wie sucht sie diese Zusammenhänge zu deuten?
- Welchen Anspruch hat die Theorie, was will sie erklären?
- Welche Reichweite beansprucht die Theorie und woran kann man die Gültigkeit dieser Theorie messen (z. B. durch eine aus der Theorie hervorgehende Vorhersagbarkeit gesellschaftlicher Ereignisse)?

Gegenüber allen Theorien ist in der Wissenschaft Skepsis angebracht. Zur Kritik von Theorien sollte man sich u. a. folgende Fragen stellen:

- Ist die Auswahl der Theorie aus dem Faktenmaterial richtig und nachvollziehbar?
- Sind die durch die Theorie hergestellten Zusammenhänge gültig?
- Sind die von der Theorie aufgestellten Kriterien passend und erklärend?
- Genügt die Theorie ihren Ansprüchen?
- Erklärt sie wirklich, was sie zu erklären sucht?
- Hat sich die Theorie in der Praxis bestätigt?

Autorentext

1 Fertigen Sie ein Schema zur Einordnung soziologischer Theorien nach dem Text von Schäfers an (M 34).

2 Recherchieren Sie, welchen Theorieansatz der Marxismus hat. Ordnen Sie ihn anschließend als soziologische Theorie begründet in das Schema M 34 ein.

3 Beurteilen Sie, ob der Marxismus plausible Erklärungen für die heutige Gesellschaft liefert.

Historische und systematische Aussagen

Wissenschaftliche Aussagen und Fragestellungen können sich in vielfältiger Weise auf politische, soziale und ökonomische Aspekte und Phänomene beziehen. Dabei ist insbesondere bei der Analyse und Auswertung von Informationen die Unterscheidung zwischen historischen und systematischen Ansätzen von hoher Relevanz.

M 36 Historische und systematische Ansätze im Vergleich

Historische und systematische Fragestellung
Das Begriffspaar „historisch/systematisch" ist erst anwendbar, seitdem es das historische Bewusstsein und die historische Methode gibt. Erst seit diesem Augenblick gibt es die Möglichkeit, etwas „historisch" zu sehen und dadurch das „Systematische" vom „Historischen" als etwas Besonderes abzusetzen.
Vor dem Beginn des historischen Bewusstseins war das ganze Denken unbewusst und – ohne dass man es korrekterweise so nennen dürfte – gewissermaßen „systematisch". Man hatte nicht die Möglichkeit, einen Gegenstand „historisch" vor sich hinzustellen, sondern massierte ihn gewissermaßen gleich in das eigene Denken ein. Hierfür nur zwei Beispiele:

- Bereits die griechischen Philosophen kannten natürlich die Lehren ihrer Vorgänger und behandelten sie in ihren Schriften, so etwa Platon und Aristoteles. Aber der Zweck solcher Erörterungen war nicht die philologisch getreue Wiedergabe der Lehrmeinungen der älteren Philosophen. Sie wurden vielmehr lediglich in „systematischer" Absicht zitiert, das heißt: im Zusammenhang der eigenen Argumentationen der zitierenden Autoren. Der Philosophiehistoriker, der wissen will, was die vorplatonischen Philosophen wirklich gedacht und gesagt haben, muss dies also mehr scharfsinnig rekonstruieren, als dass er einfach aus den Schriften der Großen ablesen könnte.
- Die Geschichtswissenschaft entstand als Hof-Historiografie der Fürstenhäuser. Deshalb darf man nicht annehmen, dass das Prinzip oder zumindest das Ergebnis eine „objektive" Darstellung der Geschichte gewesen sei: Natürlich musste die Geschichte so dargestellt werden, dass das auftraggebende Fürstenhaus möglichst gut wegkam.

Historische und systematische Disziplinen
(...) Die Praxis des Wissenschaftsbetriebes jedoch gibt uns sehr bald zu erkennen, dass die einzelnen Wissenschaftsdiziplinen zur Geschichte ihres jeweiligen Gegenstandes offenbar ein ganz verschiedenes Verhältnis haben. In einigen Disziplinen nämlich spielt die Betrachtung und die Interpretation der Geschichte dieses Gegenstandes offenbar eine große Rolle – in anderen wieder nicht. (...) Voran die im engeren Sinne sogenannte „Geschichtswissenschaft", deren Gegenstand vor allem die politischen, sozialen, wirtschaftlichen und rechtlichen Hervorbringungen des Menschen im Laufe seiner Geschichte sind. (...)
Nun gibt es aber an unseren Hochschulen auch Wissenschaften, die ganz anders arbeiten als die historischen Wissenschaften (...). Das sind die systematischen Wissenschaften. Diese Wissenschaften verfolgen eine völlig andere Fragestellung. Sie gehen nicht von zu interpretierenden historischen Zeugnissen aus, sondern von einem jeweils aktuellen Problemzusammenhang (...).

Wie unterscheiden sich historisches und systematisches Denken?
(...) In einer wissenschaftlichen Darstellung vertreten Zitate und Referate dessen, was andere Autoren zu einem Thema gesagt haben, die historische Wahrheit. Indem der Autor andere Autoren zitiert oder referiert, sieht er von seiner Ansicht zu dem Gegenstand ab. Er kann an solchen Stellen nicht einfach sagen, was er für richtig hält, sondern muss das wiedergeben, was andere tatsächlich gesagt haben – (...) auch wenn der Referierende es für systematisch falsch hält, da er sich sonst eines Verstoßes gegen die historische Wahrheit schuldig machen würde.
Die eigenen Ausführungen des Autors hingegen vertreten die systematische Wahrheit – nämlich das, was er selbst nach besten Wissen und Gewissen, nach eigenem Dafürhalten, über eine Sache zu sagen weiß.

Helmut Seiffert: Einführung in die Wissenschaftstheorie 2: Geisteswissenschaftliche Methoden. Phänomenologie, Hermeneutik und historische Methode, Dialektik. München 2006, S. 234–237, 256 f.

Gruppenpuzzle (Jigsaw)

M37 Form kooperativen Lernens

Die Jigsaw-Methode (auch: *Mosaikspiel*) wurde 1978 vom Sozialpsychologen Elliot Aronson in den USA entwickelt und wird auch als Puzzle-Methode oder Gruppenpuzzle bezeichnet. Als Methode für die Textarbeit in Gruppen wurde sie ursprünglich im schulischen Kontext eingesetzt, eignet sich aber auch für die Verwendung in der Hochschullehre.

Bei der Jigsaw-Methode handelt es sich um eine Form kooperativen Lernens, welche „durch die Verschränkung dreier pädagogischer Prinzipien (Kooperation, Interdependenz, Lernen durch Lehren) den Zusammenhalt und die Ergebnisse einer Lerngruppe verbessern" soll. Ziel der Methode ist, Lernen durch Lehren zu initiieren. Deshalb erfolgt bei der Textarbeit nach der Jigsaw-Methode ein Wechsel zwischen verschiedenen Rollen der Lernenden und der Sozialformen, sodass die Lernenden Erfahrungen auf verschiedenen Ebenen erwerben können. Sie nehmen die Rolle des Lernenden, aber auch die des Lehrenden ein und arbeiten in verschiedenen Gruppenzusammensetzungen auch in Einzelarbeit.

Die Abfolge der verschiedenen Phasen der Jigsaw-Methode verläuft in folgenden sechs Schritten:

1. Schritt: Textauswahl und Textaufteilung:
Der Dozent wählt den Text aus und teilt diesen in die durch die Lernenden zu bearbeitenden Abschnitte auf.

2. Schritt: Erläuterung der Methode und Bildung der Stammgruppen (SG):
Die Lernenden werden vom Dozenten über die nun zum Einsatz kommende Jigsaw-Methode und die damit verbundenen Lernziele informiert. Das Plenum wird in sogenannte Stammgruppen aufgeteilt.

3. Schritt: Verteilen der Texte und Bildung der Expertengruppen (EG):
Der Dozent übergibt jeder SG einen Satz der Texte, d. h. jede SG hat die gleiche Textgrundlage. Innerhalb der SG einigen sich die Gruppenmitglieder, wer welchen Textabschnitt bearbeiten wird. Mit der Aufteilung der Texte innerhalb der SG werden automatisch die EG gebildet, sie setzen sich jeweils aus den Personen der verschiedenen SG zusammen, die den gleichen Textabschnitt zur Bearbeitung gewählt haben.

4. Schritt: Selbststudium der Texte:
Jeder Lernende liest nun seinen Text und eignet sich ihn mit dem Ziel an, ihn zu verstehen, um ihn später den Mitgliedern seiner SG vermitteln zu können.

5. Schritt: Textarbeit in den EG:
Die Lernenden diskutieren den Text in den EG, erarbeiten ein gemeinsames Textverständnis und überlegen, wie sie dies als Experten in den SG vermitteln können.

M38 Die einzelnen Phasen

Nach: http://lehrerfortbildung-bw.de (Zugriff: 22.2.2012)

6. Schritt: Wissensvermittlung der Experten in den Stammgruppen:
Die Experten kehren in ihre SG zurück. Nun geben alle ihr Expertenwissen aus ihren Texten an die anderen Mitglieder der SG reihum weiter.
www.wikipedia.de (Zugriff: 22.2.2012)

M39 Die grundlegende Vorgehensweise des Kooperativen Lernens

Think–Pair–(Square)–Share

- Zuerst die individuelle Auseinandersetzung mit einer Aufgabe/Anforderung;
- danach der Austausch im Paar, die wechselseitige Ergänzung, die Kontrolle des eigenen Verständnisses im sicheren Kontakt mit dem Partner und
- (eventuell) sodann in der – immer noch schützenden – Vierer-Gruppe;
- erst am Schluss der Schritt in die Öffentlichkeit der Klasse, der Bericht, die Demonstration des Gelernten vor den (kritischen) Augen der ganzen Lerngruppe und des Lehrers.

1. Schritt: Think (Denken)

Die einzelne Schülerin, der einzelne Schüler bearbeiten einen Auftrag, z. B. einen Text zu lesen, ein Bild zu deuten oder dazu zu assoziieren, ein erweitertes Namensschild zu erstellen etc. Normalerweise bearbeiten in dieser Phase alle Schülerinnen und Schüler eine Aufgabe, die im folgenden Schritt einen sinnvollen Austausch ermöglicht. In der Regel wird die Lehrerin/der Lehrer für diesen Arbeitsschritt eine knapp bemessene Zeit angeben, um eine angemessene Arbeitshaltung zu erzeugen. Nach der angekündigten Zeitspanne folgt der nächste Schritt:

2. Schritt: Pair (Paare bilden)

Die Schülerinnen und Schüler werden nun paarweise zusammengesetzt und darüber informiert, dass jeder nach dieser Phase in der Lage sein soll, den Bericht ihres Partners der Gesamtgruppe vorzustellen. Es ist sinnvoll, das gewünschte Verhalten der Schülerinnen und Schüler in dieser Phase klar zu modellieren. Dann tauschen sich die Paare über ihre Arbeitsergebnisse aus. Dies geschieht in der Regel in einer etwas ritualisierten Form: Zuerst wird der Partner A seine Aufgabe und sein Arbeitsergebnis vorstellen, während Partner B sich Notizen macht, danach vice versa. Auch in diesem Schritt ist die Zeit üblicherweise knapp bemessen.

3. Schritt: Square (Vierergruppen bilden)

In diesem Schritt verbinden sich je zwei Paare zu einer Vierergruppe, in der dann – in knapper Form – jedes Mitglied seinen Paar-Partner mit seinen Arbeitsergebnissen vorstellt. Insbesondere, wenn eine neue Gruppenbildung angestrebt wird, ist dieser Weg sehr nützlich, da hier die Chance besteht, Kontaktivität und inhaltliche Arbeit problemlos zu verknüpfen.

4. Schritt: Share (sich aufteilen)

In dieser Phase präsentieren Schülerinnen und Schüler Ergebnisse der früheren Arbeitsphasen der gesamten Lerngruppe. Dies kann die Form annehmen, dass nach der Partnerarbeit einzelne Schülerinnen und Schüler jeweils die Arbeitsergebnisse ihres Partners vorstellen; es kann sein, dass nach einer Gruppenarbeitsphase Schülerinnen und Schüler als Sprecher der einzelnen Gruppen die Gruppenergebnisse präsentieren. In allen Fällen ist es so, dass die Präsentatoren Arbeitsergebnisse präsentieren, die sie nicht allein zu verantworten haben.

Nach: http://www.kooperatives-lernen.de (Zugriff: 22.2.2012)

Placemat

Bei der Placemat-Methode handelt es sich um eine Form des kooperativen Lernens, bei der die Lernenden zunächst die Möglichkeit haben, zu einer bestimmten Fragestellung eigene Gedanken zu entwickeln, um anschließend in eine schriftliche Diskussion mit den anderen Lernenden zu treten. Dazu wird ein Bogen Papier entsprechend der Anzahl der Diskutierenden in gleich große Teile geteilt. In der Mitte des Papiers wird Platz gelassen für die abschließend konsensuell ermittelte Antwort der gesamten Gruppe auf die eingangs gestellte Frage, Aufgabe oder These.

M 40 Beispiele

Ein Beispiel für ein unausgefülltes Placemat für eine Vierergruppe sieht so aus:

Ein Beispiel für ein unausgefülltes Placemat für eine Dreiergruppe sieht so aus:

M41 Ablauf des Placemat-Verfahrens

Wenn Sie den Dreischritt „Denken-Austauschen-Vorstellen" im Unterricht umsetzen. dann bietet es sich oftmals an, dies mit einer grafischen Struktur zu machen, die als „Placemat Activity" bekannt ist. Placemat bedeutet so viel wie Tischset oder Platzdeckchen. Im Grunde handelt es sich bei dieser Aktivität aber nicht einmal um eine eigenständige Methode, sondern nur um ein besonders wirksames Verfahren, wie kooperative Arbeitsabläufe strukturiert und Ergebnisse verglichen und zusammengetragen werden können.

Vorgehen

Die Schüler setzen sich in Vierer- oder Dreiergruppen zusammen. Jede Gruppe erhält einen großen Bogen aus Papier und teilt den Bogen so auf, dass jeder Schüler dann ein eigenes Feld vor sich hat und in der Mitte ein Feld für die Gruppenergebnisse frei bleibt (s. *M 40*).

1. In der ersten Phase (Denken) notieren die Schülerinnen und Schüler ihre Gedanken, Ergebnisse oder Fragen, die sie in der Einzelarbeit entwickelt haben, in ihr Feld.
2. In der zweiten Phase (Austauschen) werden die individuellen Ergebnisse ausgetauscht und verglichen. Dazu kann in der Gruppe der Bogen im Uhrzeigersinn gedreht werden, sodass alle Gruppenmitglieder am Ende die anderen Ergebnisse gesehen und nachvollzogen haben. Ebenso gut können die Schülerinnen und Schüler jeweils den Platz im Uhrzeigersinn wechseln, sodass jeder Schüler am Ende wieder auf seinem Platz ist und auch alle Ergebnisse gesehen hat. In dieser Phase können die Schüler dann ihre eigenen Ergebnisse bestätigen, verbessern oder revidieren und über Widersprüche und Probleme ins Gespräch kommen, um so vielleicht ein gemeinsames Gruppenergebnis zu entwickeln. Dieses Ergebnis wird in das zentrale Feld in der Mitte eingetragen.
3. In der dritten Phase (Vorstellen) stellen die Schüler ihre Gruppenergebnisse in der Klasse vor. Dazu können sie auf die Aufzeichnungen im Mittelfeld des Bogens zurückgreifen.

Hubert Mitter: Methodensammlung: Placemat, 2009, in: http://www.phsalzburg.at/hubert.mitter/Aktualisierung_Dateien/07-Plattform1/unterlagen/Methodensammlung_Placemat.pdf (Zugriff: 24.9.2012)

1 Erstellen Sie in arbeitsgleicher Arbeit Placemats zu einem von Ihnen im Kurs gewählten Thema.

2 Vergleichen Sie Ihre erstellten Placemats.

3 Beurteilen Sie den Einfluss der folgenden Faktoren auf die von Ihnen erarbeiteten Placemats:
- Sachkompetenz der Ersteller,
- soziale Handlungsfähigkeit der Ersteller,
- evtl. Störungen.

Referat

Das Referat ist im Unterschied zur Facharbeit eine Methode der Präsentation, die dazu gedacht ist, Wissen über ein bestimmtes Thema möglichst anschaulich und wirksam einem Publikum – z. B. einem Kurs – zu vermitteln.

M42 Wie hält man ein Referat?

Wichtige, unbedingt zu beachtende Hinweise:

- Halten Sie Ihren Vortrag frei. Benutzen Sie keinen ausformulierten Text, sondern lediglich Karteikarten oder einen Stichwortzettel.
- Überlegen Sie, welche Teile Ihres Referates auch in der Diskussion zusammen erarbeitet werden können. Diese Teile sollten möglichst nicht referiert werden, sondern gemeinsam zusammengetragen werden.
- Tragen Sie nur vor, was Sie selbst verstehen. Wenn Sie erwarten, dass Ihre Zuhörer die Sätze nicht verstehen, dann formulieren Sie diese in verständliche Sätze um.
- Klären Sie für sich, was das Wesentlichste Ihres Referates ist und was Ihr Referat mit dem Gesamtthema zu tun hat.
- Der Stoff sollte klar gegliedert sein, besonders, wenn er sehr „trocken" ist.
- Zeigen Sie am Anfang Ihres Referates den Zuhörern den roten Faden Ihres Referates und erläutern Sie den roten Faden. Sie können dazu auch eine Folie benutzen und zwischendurch darauf hinweisen, wo Sie gerade sind. Teilzusammenfassungen helfen dem Zuhörer zu erkennen, an welcher Stelle der Gliederung der Referent sich gerade befindet.
- Fachbegriffe und Eigennamen sollen genau ausgewählt und explizit erklärt werden.
- Fassen Sie am Ende kurz zusammen, was das Wichtigste Ihres Referates ist.
- Sorgen Sie für ausreichend Illustration jeder Idee. Versuchen Sie, das Interesse der Zuhörer durch anschauliche Beispiele, aktuelle Geschehnisse oder mit etwas Humor zu erreichen.
- Ganz wichtig: Zeitmanagement. Kontrollieren Sie die Länge Ihres Referates. Überlegen Sie sich vorher, welche Teile des Referates möglicherweise gestrichen werden können.

Folien

- Arbeiten Sie mit Folien oder Handouts, auf denen wichtige Fakten, insbesondere Aufzählungen, nachzulesen sind.
- Wenn Sie Folien benutzen, achten Sie darauf, dass diese kurz und lesbar sind.
- Medien dienen zur Auflockerung und Verdeutlichung der Inhalte eines Referates. Sie sollten begleitend eingestreut werden, können aber auch der Auftakt oder der Abschluss eines Referates sein. Vermeiden Sie „Foliengewitter" – niemals mehr als fünf Folien pro Referat.
- Das Schreiben während des Vortrags auf Overheadprojektor oder Tafel verschafft den Zuhörern eine Pause, benötigt aber mehr Zeit.

Grundlagen zur Vorbereitung einer Präsentation

- Bereiten Sie eine Gliederung mit den zu behandelnden Themen vor. Vergleichen Sie die Gliederung mit den Interessen Ihrer Zuhörer.
- Identifizieren Sie Charakteristika und Wissensstand Ihres Publikums:
  - In welchem Umfang können die Zuhörer an der Planung und Vorbereitung beteiligt werden?
  - Sollen die Zuhörer vorher etwas gelesen haben?
  - Gibt es eine entscheidende Frage- und Problemstellung, die betont werden sollte?

Das Halten eines Referates

- Stellen Sie Augenkontakt zum Publikum her; leiern Sie Ihren Text nicht einfach nur herunter, setzen Sie Betonungen bewusst ein.
- Benutzen Sie Überleitungen, sodass Ihre Zuhörer wissen, wann Sie eine neue Idee einbringen.
- Stellen Sie Fragen, so können Sie das Publikum einbeziehen, zwingen Sie Ihre Zuhörer, aktiv über das Gehörte nachzudenken.
- Erlauben Sie ausreichend Zeit für Fragen und bitten Sie um Feedback bezüglich des Inhalts (haben Sie etwas ausgelassen, was interessant gewesen wäre …), der Schlussfolgerung, Ihres Präsentationsstils.

Nach: http://www.uni-bielefeld.de/soz/organisationssoziologie/pdf/referat.pdf (Zugriff: 20.10.2010)

M43 Die „goldenen" Regeln des Referierens

1. Reden Sie so frei und ungezwungen wie möglich.

- Hier gilt: Übung macht den Meister. Je öfter Sie referierend vor einer Gruppe stehen, desto mehr Sicherheit werden Sie erlangen.

2. Denken Sie immer an Ihr Publikum. Überfordern und unterfordern Sie es nicht.

- Suchen Sie während der Präsentation Blickkontakt mit Ihrem Publikum. Sie werden in der Regel feststellen können, welche Wirkung der Vortrag auf Ihr Publikum hat.
- Bitten Sie Ihr Publikum nach der Präsentation um ein Feedback. So erhalten Sie wichtige Rückmeldungen und können diese bei der nächsten Gelegenheit berücksichtigen.

3. Versuchen Sie Ihr Publikum ebenso im Blick zu behalten wie die Uhr.

- Achten Sie darauf, während der Präsentation Ihren Blick nicht nur auf einen Teil des Publikums zu richten. Lassen Sie Ihren Blick ruhig wandern. Das Publikum erhält so das Gefühl, direkt angesprochen zu sein.
- Stellen Sie am besten einen Wecker in Ihr Blickfeld. So können Sie unauffällig den zeitlichen Verlauf Ihrer Präsentation überprüfen. Vom ständigen Blick auf die Armbanduhr ist abzuraten.

4. Konzentrieren Sie sich auf das Wesentliche, indem Sie wichtige Punkte besonders betonen.

- Kennzeichnen Sie diese wichtigen Punkte deutlich sichtbar auf Ihren Karteikarten/Ihrer Stichwortliste. So haben Sie sofort im Blick, wann eine besonders relevante Stelle Ihrer Präsentation erreicht ist.

5. Visualisieren Sie, was wichtig ist. Aber erschlagen Sie das Publikum nicht mit Abbildungen, Folien oder Powerpoint-Folien.

- Achten Sie darauf, Ihre (Powerpoint-)Folien möglichst übersichtlich zu gestalten. Denken Sie an eine ausreichende Schriftgröße und verzichten Sie möglichst auf Verzierungen und aufwändige Animationen.

6. Geben Sie am Anfang bekannt, wie Ihr Referat aufgebaut ist.

- Es bietet sich etwa an, Ihre Gliederung zu Beginn mithilfe einer gesonderten Folie vorzustellen.

7. Sagen Sie bei Übergängen, zu welchem Punkt Sie nun kommen.

- Hier könnte jeweils wieder die Gliederungsfolie zum Einsatz kommen.

8. Trennen Sie Ihre eigene Meinung und die Wiedergabe fremden Gedankenguts.

- Achten Sie insbesondere auch darauf, Zitate ausreichend kenntlich zu machen.

9. Fassen Sie am Ende die wesentlichen Ergebnisse und/oder Aussagen Ihres Referates zusammen.

- Hier bietet sich insbesondere das ergänzende Verteilen eines zusammenfassenden Thesenpapiers an.

Nach: Siegfried Frech: Das Referat. In: Bundeszentrale für politische Bildung: Methodentraining für den Politikunterricht II, Bonn 2007, S. 47 (erweitert)

Facharbeit

M44 Die Facharbeit

In der Facharbeit sollen Informationen aufbereitet werden. Die Facharbeit wird als schriftliches Produkt abgegeben und bewertet. Das Thema der Facharbeit ist präzise formuliert und deutlich eingegrenzt. Es wird in der Regel zwischen Verfasser(in) und Bewerter(in) schriftlich festgelegt. In der Facharbeit soll die Fähigkeit gezeigt werden, ein Thema zu finden und mit wissenschaftlichen Mitteln auszuarbeiten. Die Themenfindung ist deshalb besonders wichtig und eine der schwierigsten Phasen der Facharbeit. Man sollte sich u. a. immer fragen:

- Welche Informationen habe ich bereits zum Thema? Welche Quellen kenne ich bereits?
- Lässt sich das so formulierte Thema von mir in der vorgegebenen Zeit erschöpfend bearbeiten?
- Lässt sich das Thema problemorientiert formulieren?"

Phasen der Erstellung einer Facharbeit:

Phase I

- Thema festlegen
- wichtige Begriffe abklären
- Lexika und Handbücher einsehen
- die ersten Informationen zusammentragen
- erste Sekundärliteratur sammeln und sichten
- weiteren Stoff sammeln und in Ansätzen sichten
- erste Überlegungen zu möglichen Teilaspekten des Themenbereichs anstellen
- Vorüberlegungen zu einer möglichen Gliederung

Phase II

- Material sichten, ordnen und bewerten
- die eigene Argumentation ausarbeiten
- die eigenen Gedanken und das eigene Material einordnen (z. B. Versuchs-, Umfrage-, Beobachtungsergebnisse, herausgearbeitete Textbefunde)
- das Material gliedern und Teilbereichen zuordnen
- ausführliche Gliederung erstellen

Phase III

- Gliederung im Hinblick auf den Bezug zum Thema überprüfen
- Kapitel und Kapitelüberschriften der Arbeit endgültig festlegen
- fortlaufenden Text schreiben
- Rohentwurf
- Überarbeiten
- Endfassung
- Überarbeitung im Hinblick auf Fehler

Umfang und Form der Facharbeit

Die Facharbeit soll im Textteil einen Umfang von 8 bis 12 Seiten auf DIN A4, maschinenschriftlich, 1,5-zeilig, mit normalem Seitenspiegel und im Schriftgrad 12 Punkt geschrieben, nicht unterschreiten und möglichst auch nicht übersteigen.

Die Arbeit besteht aus

- Deckblatt mit Thema, Name, Schul-, Kurs- und Schuljahresangabe
- Inhaltsverzeichnis
- Textteil mit
  - Einleitung als Entwicklung der Fragestellung
  - Hauptteil mit untergliedernden Zwischenüberschriften
  - Schlussteil als Zusammenfassung der Ergebnisse
- Literaturverzeichnis
- ggf. Anhang mit fachspezifischen Dokumentationen, angefertigten Gegenständen, Objekten auf Datenträgern, Ton- und Videoaufnahmen, Materialien, Tabellen, Grafiken, Karten etc.
- Erklärung über die selbstständige Anfertigung der Arbeit bzw. des Teils der Gruppenarbeit

Autorentext

Thema der Arbeit

Facharbeit

an der Nameschule
Allstadt

eingereicht bei
Herrn A. Lehrer

vorgelegt von
Maren Mustermann
Kurs 12 im
Schuljahr 2012/2013

1 Stellen Sie einen Arbeitsplan für eine Facharbeit auf mit dem Thema: „Die Arbeit der politischen Parteienstiftungen Konrad-Adenauer-Stiftung und Friedrich-Ebert-Stiftung in Ägypten".

2 Verfassen Sie eine Grobgliederung zu dieser Facharbeit.

Podiumsdiskussion

M45 Die Podiumsdiskussion in der Praxis

Podiumsdiskussion, Medienforum NRW, 2012

1. Portrait Podiumsdiskussion

Bei Themen, Fragen und anstehenden Problemen mit unterschiedlichen Sichtweisen, Standpunkten und Zielen eignet sich die Methode/Veranstaltungsform der Podiumsdiskussion. Hier sollen verschiedene, möglichst repräsentative Positionen miteinander in eine Diskussion gebracht werden. In seinem räumlich/organisatorischem Arrangement ist eine Podiumsveranstaltung so konstituiert, dass das Podium, d. h. die auf ihm Platz nehmenden Diskutanten/-innen mitsamt der Diskussionsleitung, dem Publikum gegenübersitzt. Im ersten Teil der Veranstaltung werden die unterschiedlichen Meinungen artikuliert, es wird nachgefragt, widersprochen, öffentlich nachgedacht und – idealerweise – eine Lösung gesucht, die von möglichst vielen der auf dem Podium Anwesenden getragen werden kann. (…) Im zweiten Teil beteiligt sich das anwesende Publikum mit Fragen und Einwänden am Gespräch. (…)

2. Anwendung

(…) Die didaktischen Ziele der Podiumsdiskussion sind die Abbildung einer Kontroverse, die damit verbundene Information über die verschiedenen Argumente, Interessen und Standpunkte sowie die Meinungs- und Willensbildung der Zuhörenden. (…)

3. Vorbereitung

(…) Einmal muss auf die angemessene Auswahl der Diskutanten/-innen geachtet werden. D. h., sie müssen sowohl in Sachkenntnis, Prominenz, Status innerhalb der Hierarchien ihrer Institutionen/Organisationen, Redegewandtheit in etwa gleichstark/-wertig sein. Zum anderen sollte das Thema zwar präzise, aber dennoch nicht zu eng formuliert werden. (…) Schließlich sind technische Vorbereitungen zu treffen: Raumorganisation, evtl. Lautsprecheranlage (u. U. mit Saalmikrofon), Namensschilder.

4. Diskussionsleitung

Striktes Gebot für die Diskussionsleitung ist ihre Neutralität während der Veranstaltung und die gleiche Fairness allen eingeladenen Diskutanten gegenüber. Das bedeutet aber nicht, dass der Moderator/die Moderatorin ohne Standpunkt sein und sich nur auf die Erteilung der Redebeiträge beschränken sollte. (…) Dazu muss der Moderator/die Moderatorin sehr gut präpariert sein: Er/sie muss sich genaue Sachkenntnisse zum Thema erarbeitet haben sowie die Positionen der Diskutierenden gut kennen. (…)

5. Verlauf

Die Diskussion beginnt mit einem Problemaufriss durch den Moderator/die Moderatorin. Hier sollten der Sachstand und die sich daraus ergebenden Probleme sowie Kontroversen dargestellt werden. (…) Diese Einführung ins Thema darf nicht länger als fünf Minuten dauern, da ansonsten Unruhe aufkommt. Mitgeteilt werden auch die Regeln des Abends: Z. B. jeder Diskutant hat die Möglichkeit zu einem Statement aus seiner Sicht von jeweils ca. drei Minuten. Daraus ergibt sich dann das Gespräch, bei dem der Moderator/die Moderatorin Trennendes und Verbindendes herausarbeitet und mit dem Ziel weiterfragt, die Standpunkte zu präzisieren oder eine Annäherung herbeizuführen. Nach max. einer Stunde soll dann das Publikum die Gelegenheit erhalten, am Gespräch teilzunehmen. (…) Die Abschlussrunde gibt jedem Podiumsteilnehmer/jeder Podiumsteilnehmerin noch einmal Gelegenheit zu einem persönlichen Fazit und zu einer Perspektive für die Zukunft. (…)

6. Anspruch / Ziele

(Der Wert der Podiumsdiskussion) liegt in der Dichte der Information sowie in der Kontroverse, die sich aus unterschiedlichen Standpunkten und Sichtweisen ergeben. Sie können den Auftakt bilden zu einer eingehenden Beschäftigung mit einem Thema (in Form eines Kurses oder Seminars). Sie können aber auch der Abschluss sein am Ende einer eingehenden Auseinandersetzung/Erarbeitung einer Lern- oder Seminargruppe.

Klaus-Peter Hufer: Die Podiumsdiskussion, sowi-online, Bielefeld 2001, sowi-online-Methodenlexikon, in: http://www.sowi-online.de (Zugriff: 20.8.2012)

Klausuren

Klausuren im Fach Sozialwissenschaften sind in aller Regel in einem Dreischritt aufgebaut. Es sollen nämlich drei verschiedene Anforderungsbereiche geprüft werden: die Reproduktions-, die Reorganisations- und die Reflexionsleistung. Die drei Anforderungsbereiche sind in ihrem Schwierigkeitsgrad steigernd angelegt. Die Reproduktion gilt als die einfachste Art der Leitung. Deshalb wird es in der Regel nicht ausreichen, einen Text oder anderes Material einfach nur wiederzugeben. Vielmehr muss es analysiert, eingeordnet, in einen Zusammenhang gestellt werden usw. Auf keinen Fall wird es für eine mindestens ausreichende Leistung hinreichen, sich ausschließlich auf das in der Klausur vorgelegte Material zu beziehen. Im Zentralabitur beispielsweise wird in aller Regel ausdrücklich Wissen aus dem Unterricht der Qualifikationsphase der gymnasialen Oberstufe eingefordert und mit entsprechend hoher Punktzahl bewertet.
Die Operatoren helfen die Anforderungen zu verstehen und einzuordnen.

M46 Operatoren

Operatoren, die Leistungen im *Anforderungsbereich I* (Reproduktion) verlangen:	
aufzählen nennen wiedergeben zusammenfassen	Kenntnisse (Fachbegriffe, Daten, Fakten, Modelle) und Aussagen in komprimierter Form unkommentiert darstellen
benennen bezeichnen	Sachverhalte, Strukturen und Prozesse begrifflich präzise aufführen
beschreiben darlegen darstellen	Wesentliche Aspekte eines Sachverhaltes im logischen Zusammenhang unter Verwendung der Fachsprache wiedergeben

Operatoren, die Leistungen im *Anforderungsbereich II* (Reorganisation und Transfer) verlangen:	
analysieren	Materialien oder Sachverhalte kriterienorientiert oder aspektgeleitet erschließen, in systematische Zusammenhänge einordnen und Hintergründe und Beziehungen herausarbeiten
auswerten	Daten oder Einzelergebnisse zu einer abschließenden Gesamtaussage zusammenführen
charakterisieren	Sachverhalte in ihren Eigenarten beschreiben und diese dann unter einem bestimmten Gesichtspunkt zusammenführen
einordnen	Eine Position zuordnen oder einen Sachverhalt in einen Zusammenhang stellen
erklären	Sachverhalte durch Wissen und Einsichten in einen Zusammenhang (Theorie, Modell, Regel, Gesetz, Funktionszusammenhang) einordnen und deuten
erläutern	Wie „erklären", aber durch zusätzliche Informationen und Beispiele verdeutlichen
herausarbeiten ermitteln erschließen	Aus Materialien bestimmte Sachverhalte herausfinden, auch wenn sie nicht explizit genannt werden, und Zusammenhänge zwischen ihnen herstellen
interpretieren	Sinnzusammenhänge aus Materialien erschließen
vergleichen	Sachverhalte gegenüberstellen, um Gemeinsamkeiten, Ähnlichkeiten und Unterschiede herauszufinden
widerlegen	Argumente anführen, dass Daten, eine Behauptung, ein Konzept oder eine Position nicht haltbar sind

Operatoren, die Leistungen im *Anforderungsbereich III* (Reflexion und Problemlösung) verlangen:	
begründen	Zu einem Sachverhalt komplexe Grundgedanken unter dem Aspekt der Kausalität argumentativ und schlüssig entwickeln
beurteilen	Den Stellenwert von Sachverhalten oder Prozessen in einem Zusammenhang bestimmen, um kriterienorientiert zu einem begründeten Sachurteil zu gelangen
bewerten Stellung nehmen	Wie „beurteilen", aber zusätzlich mit Reflexion individueller und politischer Wertmaßstäbe, die Pluralität gewährleisten und zu einem begründeten eigenen Werturteil führen
entwerfen	Ein Konzept in seinen wesentlichen Zügen erstellen
entwickeln	Zu einem Sachverhalt oder zu einer Problemstellung ein konkretes Lösungsmodell, eine Gegenposition, ein Lösungskonzept oder einen Regelungsentwurf begründend skizzieren
erörtern	Zu einer vorgegebenen Problemstellung eine reflektierte, kontroverse Auseinandersetzung führen und zu einer abschließenden, begründeten Bewertung gelangen
gestalten	Produktorientierte Bearbeitung von Aufgabenstellungen. Dazu zählen unter anderem das Entwerfen von eigenen Reden, Strategien, Beratungsskizzen, Karikaturen, Szenarien, Spots und von anderen medialen Produkten sowie das Entwickeln von eigenen Handlungsvorschlägen und Modellen
problematisieren	Widersprüche herausarbeiten, Positionen oder Theorien begründend hinterfragen
prüfen überprüfen	Inhalte, Sachverhalte, Vermutungen oder Hypothesen auf der Grundlage eigener Kenntnisse oder mithilfe zusätzlicher Materialien auf ihre sachliche Richtigkeit bzw. auf ihre innere Logik hin untersuchen
sich auseinandersetzen diskutieren	Zu einem Sachverhalt, zu einem Konzept, zu einer Problemstellung oder zu einer These etc. eine Argumentation entwickeln, die zu einer begründeten Bewertung führt

Kultusministerium des Landes Nordrhein-Westfalen: Sozialwissenschaften und Sozialwissenschaften/Wirtschaft, 2007, in: http://www.standardsicherung.schulministerium.nrw.de (Zugriff: 16.8.2012)

Beispiele für mögliche Klausuren aus dem Themenfeld Demokratie in Deutschland und Europa:

Thema: Verfassungsgrundsätze der BRD (S. 42–47) in diesem Buch:
1. Fassen Sie den Text **M 4** strukturiert zusammen.
2. Erläutern Sie die Begriffe *Verfassungstheorie* und *Verfassungsrealität* sowie das hiermit verbundene Spannungsfeld.
3. Nehmen Sie begründet Stellung zu der Frage, ob das Grundgesetz in Deutschland eine Neuregelung im Bereich der sozialen Grundsicherung notwendig macht.

Thema: Medien und Demokratie (S. 184–189):
1. Stellen Sie die drei zentralen Paradigmen zur Beschreibung des Verhältnisses von Politik und Massenmedien dar.
2. Charakterisieren Sie das Verhältnis von Politik und Massenmedien im „Fall Wulff".
3. Diskutieren Sie, ob das Verhalten des Politikers Christian Wulff gegenüber der BILD-Zeitung einen unzulässigen Eingriff in die im Grundgesetz garantierte Pressefreiheit darstellt.

Thema: Demokratie und Globalisierung (S. 194–197)
1. Legen Sie ausgehend von **M 34** dar, was man unter dem Phänomen der Globalisierung versteht und vor welchen Herausforderungen die Demokratie in diesem Zusammenhang steht.
2. Erklären Sie die Ansätze *multilaterale Kooperationen* sowie *Global Governance*.
3. Beurteilen Sie: Demokratie und Globalisierung – ein Widerspruch?

Pro-Kontra-Debatte

In der Pro-Kontra-Debatte wird ein für den Unterrichtszusammenhang relevantes Thema „antithetisch" diskutiert. Für die Pro-Kontra-Debatte eignen sich deshalb Themen, die auf einer Entscheidungsnotwendigkeit beruhen, etwa: Soll man eine Finanztransaktionssteuer einführen oder nicht?

M 47 Ablauf

Phase	Handlungsorientierung	Zeit
	Begrüßung durch den Moderator	
1	Hinweis auf Spielregeln Nennung des Themas	5 Min.
2	Erste Abstimmung des Publikums	5 Min.
3	Pro-Anwalt: Eingangsplädoyer Kontra-Anwalt: Eingangsplädoyer	1 Min. 1 Min.
4	Abwechselnde Befragung des Sachverständigen durch die Anwälte Abwechselnde Befragung des zweiten Sachverständigen durch die Anwälte Dritter Sachverständiger usw. (max. vier Sachverständige)	5 Min. 5 Min. 5 Min.
5	Kontra-Anwalt: Schlussplädoyer Pro-Anwalt: Schlussplädoyer	1 Min. 1 Min.
6	Schlussabstimmung des Publikums	5 Min.
7	Auswertung der Pro-Kontra-Debatte	20–30 Min.

Nach: Peter Massing: Handlungsorientierter Politikunterricht, Schwalbach/Ts. 1998, S. 149

M 48 Aufbau

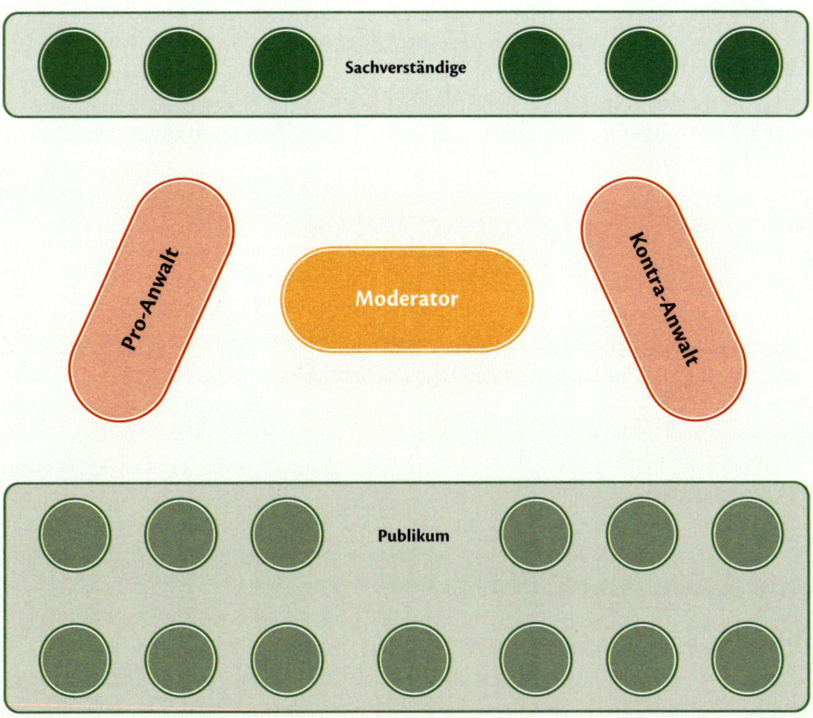

Nach: ebd.

M49 Rollen für die Pro-Kontra-Debatte

- Ein Moderator: Er führt die Abstimmung durch und achtet darauf, dass die Spielregeln und Zeitvorgaben eingehalten werden. Er trägt die Verantwortung für einen regelkonformen Ablauf.
- Zwei Anwälte (je einer für Pro, je einer für Kontra): Sie halten das Eingangs- und Schlussplädoyer und befragen die Sachverständigen. Es ist durchaus erwünscht, Meinungen zu vertreten, die nicht der eigenen entsprechen, um festgefahrene Positionen aufzubrechen und die Thematik neu zu durchdenken. Die Rollen der Anwälte sind die schwierigsten Rollen. Diese Rollen können nur ausgefüllt werden, wenn leistungsstarke Lernende sie übernehmen und in den Arbeitsgruppen sorgfältig darauf vorbereitet werden.
- Zwei bis vier Sachverständige: Sie artikulieren keine eigene Position, sondern bieten nur Informationen, Erfahrungen und Wissen zu Begründungen für einzelne Positionen. Die Rollen der Sachverständigen müssen in Arbeitsgruppen intensiv vorbereitet werden.
- Das Publikum: Das Publikum hat die konkrete Beobachtungsaufgabe, die vorgetragenen Argumente zu sammeln und deren strategisch-taktische Relevanz für den Debattenverlauf zu beurteilen.

Sächsisches Institut für Bildung und Schulentwicklung (Hg.): Schulleben und Unterricht demokratisch gestalten, in: www.sn.schule.de (Zugriff: 7.10.2012)

M 50 Auswertung

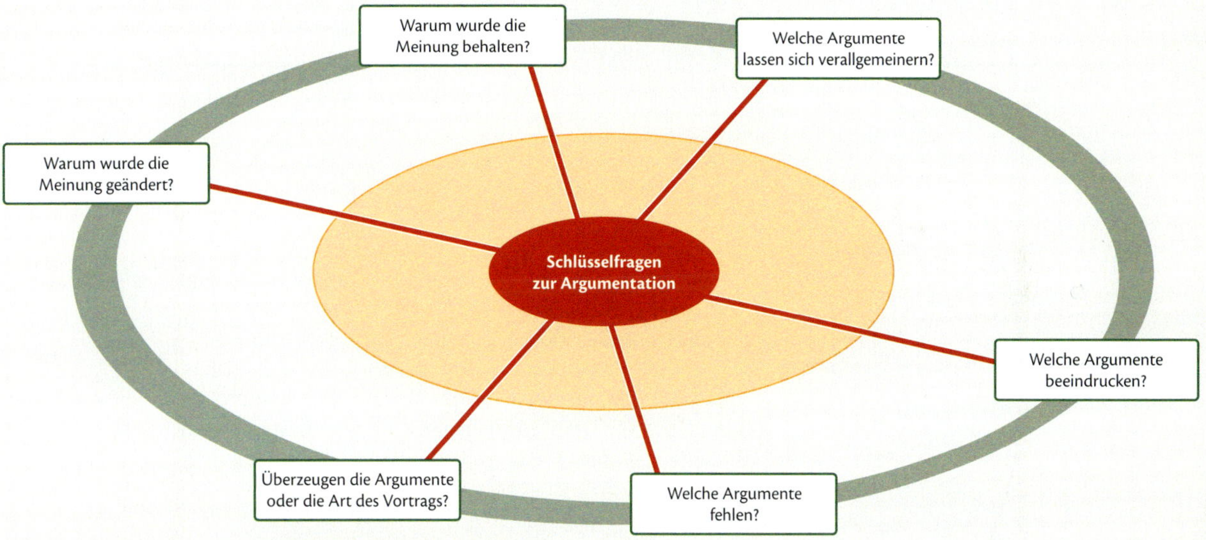

Nach: http://www.sn.schule.de/~sud/methodenkompendium/module/2/1_3.htm (Zugriff: 20.2.2012)

1 Führen Sie eine Pro-Kontra-Debatte zu dem Thema durch, ob Deutschland einen ständigen Sitz im UN-Sicherheitsrat anstreben sollte.

Politische Urteilsbildung

M51 Politisches Urteilen

Das politische Urteilen ist eine Kunst, die man erlernen kann. Auf dieser Methodenseite finden sich Hinweise, nach denen etwa die Aufgabe des Beurteilens eines Sachverhalts oder einer These besser bewältigt werden kann.

Das Urteil ist ganz allgemein eine begründete Stellungnahme zu einer Frage oder einem Problem. Die Urteilsbildung, also der Prozess der Begründung, steht dabei im Mittelpunkt. Vier Komponenten sind für ein politisches Urteil wichtig:

- **Kriterien müssen verfügbar sein, mittels derer Stellungnahmen** geäußert werden können;
- Kategorien sind Leitbegriffe, die es ermöglichen, Kriterien zu ordnen und einzuordnen;
- Betrachtungsebenen verdeutlichen, für welchen Ausschnitt der Realität die gefällten Urteile gelten sollen;
- Perspektiven berücksichtigen die Tatsache, dass es unterschiedliche Sichtweisen auf ein und dieselbe Sache gibt.

M52 Aspekte politischer Urteilsbildung

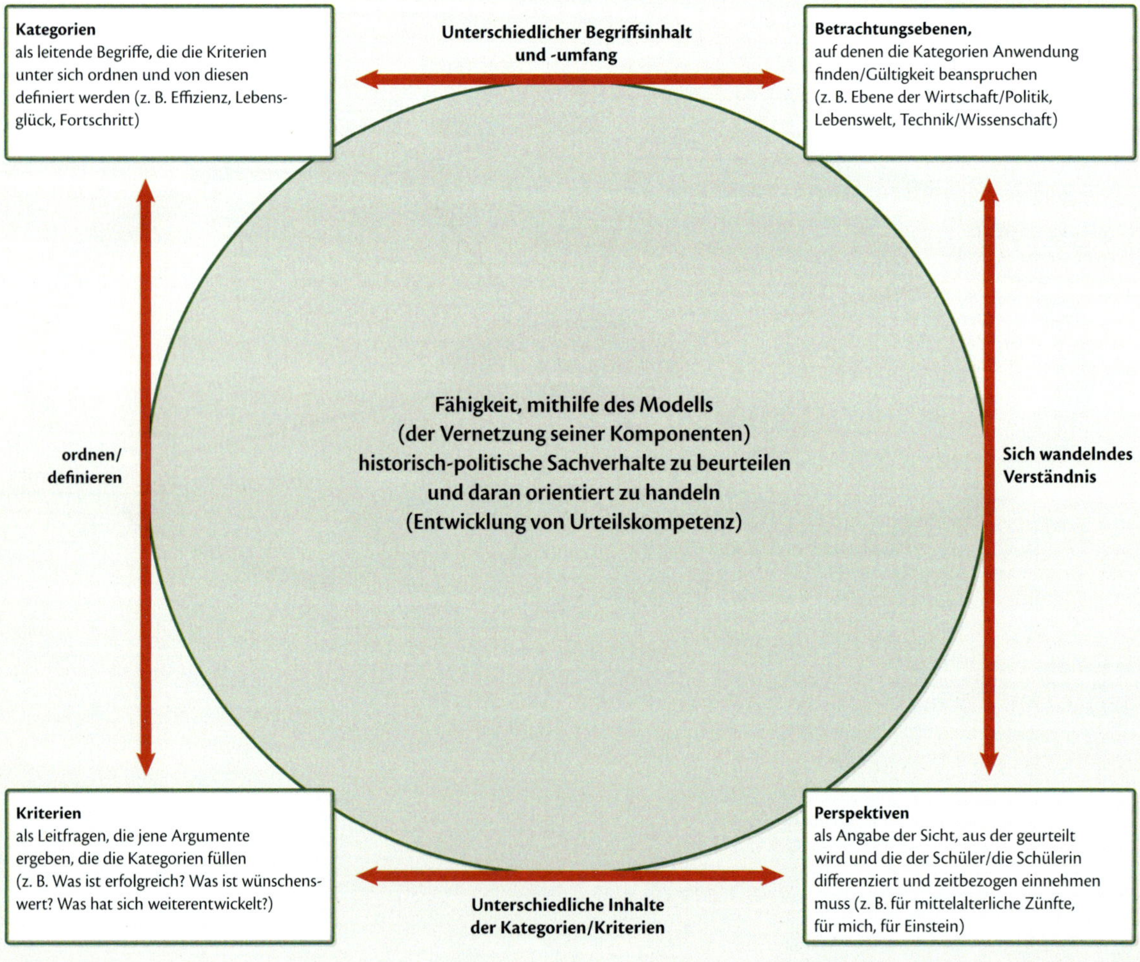

Quelle: J. Kayser/U. Hagemann (Hg.): Urteilsbildung im Geschichts- und Politikunterricht, Berlin 2005, S. 42

M53 Stufen des moralischen Urteilens nach Kohlberg

I. Das präkonventionelle Stadium

Moralische Wertung beruht auf äußeren (...) Geschehnissen, schlechten Handlungen oder auf quasi-physikalischen Bedürfnissen statt auf Personen und Normen.

Stufe 1: Orientierung an Bestrafung und Gehorsam. Egozentrischer Respekt vor überlegener Macht oder Prestigestellung bzw. Vermeidung von Schwierigkeiten. Objektive Verantwortlichkeit.

Stufe 2: Naiv egoistische Orientierung. Richtiges Handeln ist jenes, das die Bedürfnisse des Ich und gelegentlich die der anderen instrumentell befriedigt. Bewusstsein für die Relativität des Wertes der Bedürfnisse und der Perspektive aller Beteiligten. Naiver Egalitarismus und Orientierung an Austausch und Reziprozität.

II. Das konventionelle Stadium

Moralische Wertung beruht auf der Übernahme guter und wichtiger Rollen, der Einhaltung der konventionellen Ordnung und der Erwartung anderer.

Stufe 3: Orientierung am Ideal des „Guten Jungen". Bemüht, Beifall zu erhalten und anderen zu gefallen und ihnen zu helfen. Konformität mit stereotypischen Vorstellungen vom natürlichen oder Mehrheitsverhalten, Beurteilung aufgrund von Intentionen.

Stufe 4: Orientierung an Aufrechterhaltung von Autorität und sozialer Ordnung. Bestrebt, „seine Pflicht zu tun", Respekt vor der Autorität zu zeigen und die soziale Ordnung um ihrer selbst willen einzuhalten. Rücksicht auf die Erwartungen anderer.

III. Das postkonventionelle Stadium

Moralische Wertung beruht auf Konformität des Ich mit gemeinsamen (oder potenziell gemeinsamen) Normen, Rechten oder Pflichten.

Stufe 5: Legalistische Vertragsorientierung. Anerkennung einer willkürlichen Komponente oder Basis von Regeln und Erwartungen als Ausgangspunkt der Übereinstimmung. Pflicht definiert als Vertrag, allgemein Vermeidung der Verletzung von Absichten oder Rechten anderer sowie Wille und Wohl der Mehrheit.

Stufe 6: Orientierung an Gewissen oder Prinzipien. Orientierung nicht nur an zugewiesenen sozialen Rollen, sondern auch an Prinzipien der Entscheidung, die an Universalität und Konsistenz appellieren. Orientierung am Gewissen als leitendem Agens und an gegenseitigem Respekt und Vertrauen.

Lawrence Kohlberg: Zur kognitiven Entwicklung des Kindes. Frankfurt 1974. S. 60; zit. nach: Sybille Reinhardt: Werte-Wandel und Werte-Erziehung. Perspektiven politischer Bildung. In: Silvia Buchen, Elke Weise (Hg.): Schule und Unterricht vor neuen Herausforderungen, Weinheim 1995, S. 138 f.

M54 Regeln des Urteilens

1. Die Kriterien zur Beurteilung des konkreten Falles sind so zu wählen, dass sie auch für die Beurteilung ähnlicher Fälle Gültigkeit beanspruchen können.

Erläuterung: Ohne Kriterien ist keine praktische Entscheidung möglich. Sie können aus tradierten oder vorläufigen Urteilen eruiert werden. Angesichts neuer Entscheidungsprobleme, die sich z. B. infolge von technischem Fortschritt ergeben, sind innovative und besonders intensive Bemühungen um die Entwicklung neuer Beurteilungskriterien notwendig.

2. Die für die Bearbeitung des Falles relevanten Aussagen über die Wirklichkeit (Sachverhaltsfeststellungen) müssen auf sachliche Richtigkeit, auf ihren Wahrheitsgehalt hin überprüft werden. Hierfür ist die theoretische Vernunft zuständig.

Erläuterung: Ausgehend von den Kriterien zur Beurteilung des Falles sind die Sachverhaltsfragen zu klären. Es muss gleichsam eine Beweisaufnahme durchgeführt werden.

3. Die Passung von Beurteilungskriterien und Aussagen auf die Wirklichkeit ist schrittweise zu verbessern.

4. Die Gesamtentscheidung ist so zu fällen, dass die Einzelurteile angemessen berücksichtigt werden.

Erläuterung: Das Gesamturteil sollte nicht nur logisch und stilistisch aus „einem Guss" sein, sondern auch inhaltlich eine angemessene Berücksichtigung der einzelnen Urteile widerspiegeln.

Wolfgang Sander: Sieben Regeln zur Urteilsbildung (gekürzt), www.pbnetz.de

Planspiel

Das Planspiel ist eine Methode der Simulation von Realität, mit der sich komplexe Situationen vorbereiten und einüben lassen. So werden Planspiele in militärischen und wirtschaftlichen Bereichen angewandt, um Schwierigkeiten und mögliche Problemlösungen zu erkennen, bevor sie in einer realen Situation auftreten.

M 55 Organisation der Planspiels

(*Der Pädagoge Heinz*) Klippert definiert das Planspiel als „eine relativ offene politische oder ökonomische Problemsituation, die pädagogisch-didaktisch vereinfacht ist und nach einer irgendwie gearteten Lösung verlangt." Das Problem soll konkret in Interaktion aller Lerner gelöst werden.
Entscheidend für Planspiele ist eine relativ freie Ziel- und Zeitvorgabe. So wird den Teilnehmern eine Lernumgebung geschaffen, die sich insbesondere durch Gruppenautonomie, selbstständige Erarbeitung von fachbezogenem Wissen, Flexibilität, Interaktion, Hypothesenbildung, Offenheit, Ungewissheit und nicht zuletzt einer „Quasi-Realität" auszeichnet. Ein besonders wichtiger Aspekt ist dabei der Realitätsbezug – die Simulation einer Praxissituation und die damit verbundene Bewältigung von Anforderungen und Problemen, wie sie auch in der Realität auftreten könnten. Dabei verlangt das Planspiel in der Umsetzung von den Teilnehmern ein großes Maß an planerischen, strategischen und kreativen Fähigkeiten zur Lösung des Problems. Zudem stellt das Planspiel hohe Anforderungen an die soziale Kompetenz der Teilnehmer, welche in der Interaktion mit der Gruppe von Bedeutung ist. Dabei werden gemeinsam Entscheidungen getroffen, Meinungsverschiedenheiten diskutiert, Gespräche und Verhandlungen geführt, Auswertungen der Ergebnisse vorgenommen, und zuletzt erfolgt die Auswertung und Präsentation der gemeinsamen Ergebnisse in sehr unterschiedlichen Formen (die auch selbst wieder gespielte Situationen sein können).
Zur Durchführung eines Planspiels (z. B. im Unterricht) müssen folgende Unterlagen vorbereitet/bereitgestellt werden:

- eine Fallstudie, in der kurz die vorherrschende Problemsituation skizziert wird;
- eine Arbeitskarte mit Erläuterungen zum Spielverlauf;
- Rollenkarten, durch welche den Teilnehmern spezifische Rollen übertragen werden (Informationen zum Rollenverständnis von Betriebsrat, Unternehmensleitung, Aktionären, Mitarbeitern, Kunden, Bürgerinitiativen, Ministerium u. a.)
- Ereigniskarten, die als Impulskarten durch den Spielleiter in die Gruppen gereicht werden können (Änderungen von Bedingungen, Preisen, o. Ä.),
- Arbeitsmittel wie Büromaterial und Nachschlagewerke.

Der idealtypische Verlauf eines Planspiels
Die Phasen sind im Überblick abgebildet (*M 58*). In den einzelnen Phasen sollten – idealtypisch gedacht – folgende Aspekte beachtet werden:

1. Spieleinführung
2 Informations- und Lesephase
3. Meinungsbildung und Strategieplanung innerhalb der Gruppe
4. Interaktion zwischen den Gruppen
5 Vorbereitung eines Plenums/Konferenz
6. Durchführung eines Plenums/Konferenz
7. Spielauswertung

http://methodenpool.uni-koeln.de

M 56 Die Phasen des Planspiels

1. Spieleinführung

- Das Planspiel, sowie die Spielmaterialien und die einzunehmenden Rollen werden vorgestellt.
- Verständnisfragen werden geklärt.
- Die Arbeitsgruppen werden eingeteilt.
- Der Spielleiter schildert kurz das Problem und stellt das Material bereit (intensive Vorbereitung erforderlich!).

2. Informations- und Lesephase

- Es werden die Plätze an den Gruppentischen mit der entsprechenden rollenspezifischen Bezeichnung eingenommen.
- Die Gruppenmitglieder erhalten die Arbeitskarten (die für alle Gruppen gleich sind) und unterschiedliche Rollenkarten.
- Das Informationsmaterial wird durchgelesen.

- Verständnisfragen werden geklärt.
- Der Spielleiter verteilt die Arbeits- und Rollenkarten.

3. Meinungsbildung und Strategieplanung innerhalb der Gruppe
- Die Informationen werden gruppenintern strukturiert und anschließend wird die Ausgangssituation analysiert.
- Es werden Handlungsoptionen besprochen und diskutiert sowie möglichst kreative Ideen und Strategien entwickelt.
- Hilfestellungen werden nur in Notsituationen geleistet.
- Der Spielleiter beobachtet und berät bei Rückfragen.

4. Interaktion zwischen den Gruppen
- Diese Phase ist die intensivste Spielphase.
- Die Gruppen agieren (Versenden von Briefen und Faxen an die übrigen Gruppen, Besuche, das Führen von Gesprächen und Verhandlungen) und reagieren ebenso auf die Anfragen der anderen Gruppen.
- Durch Ereigniskarten können gezielt Impulse und Veränderungen ins Spiel eingebracht werden.
- Der Spielleiter beobachtet lediglich!

5. Vorbereitung eines Plenums/einer Konferenz
- Diese Phase ist meist die spannendste im Spielverlauf und bildet damit den Höhepunkt.
- Die Gruppe trägt intern ihre Ergebnisse zusammen und verarbeitet und bewertet ihre erreichten Ergebnisse.
- Es wird der Verlauf des Plenums geplant, die zu vertretenden Positionen besprochen, mögliche Argumente und Strategien sowie die Einstiegsstatements und der jeweilige Gruppensprecher bestimmt.
- Der Spielleiter berät bei Rückfragen.

6. Durchführung eines Plenums/einer Konferenz
- Am Plenum nehmen i. d. R. alle Teilnehmer teil.
- In dieser Phase werden die Ergebnisse einer jeden Gruppe vor dem Plenum zusammengetragen und durch den Gruppensprecher bzw. unterstützend durch die Gruppenmitglieder präsentiert.
- Bleiben offene Fragen oder wird kein Konsens erzielt, da die Interessen nicht zu vereinbaren sind, werden die Teilnehmer auf die Phase der Spielauswertung verwiesen.
- Der Spielleiter fungiert als Konferenzvorsitzender.

7. Spielauswertung
- In dieser Phase werden Zusammenfassungen und Analysen zum inhaltlichen, aber auch zum formalen Spielverlauf vorgenommen, wobei die Teilnehmer den Spielverlauf und die erzielten Spielergebnisse reflektieren und anschließend konstruktiv Kritik äußern sollen.
- Der Spielleiter leitet das Gespräch in der Rolle des neutralen Moderators.

Die hier dargestellte Abfolge ist idealtypisch und kann im Einzelfall variieren. In der Praxis ist darauf zu achten, dass die eingenommen Rollen tatsächlich gespielt und ernst genommen werden:
Die Teilnehmer übernehmen Verantwortung für ihre eigenständig erarbeiteten Ergebnisse und damit für ihren Lernerfolg. Sie arbeiten zwar im Team, aber als solches zugleich selbstständig. Durch die Präsentation der Ergebnisse im Plenum sind die Teilnehmer meist höchst motiviert, da das Plenum die jeweiligen Präsentationen aufmerksam verfolgt und beurteilt. Dies fördert neben der Motivation die Lernintensität, da die Teilnehmer während der Diskussion informiert sein wollen, um am Ende als „beste Gruppe" dazustehen (z. B. den höchsten Spekulationsgewinn an der Börse, den größten Unternehmensgewinn, den Gemeindezuschuss o. Ä. zu verzeichnen). Diese Anerkennung vor der Gesamtgruppe ist natürlich für viele Teilnehmer ein großer Ansporn.
Die Spielleiter trauen den Teilnehmern etwas zu und räumen ihnen damit große Freiräume ein. Diese zeichnen sich z. B. durch das Zulassen von Fehlern und Lernumwegen aus. Die Aufgabe des Spielleiters besteht hauptsächlich aus der Organisation des Materials und der Moderation der Spielphasen. Die Teilnehmer werden nur beraten, wenn sie den Spielleiter explizit dazu auffordern. Während der Gruppenaktivitäten hält sich der Spielleiter im Hintergrund, achtet jedoch auf die grobe Einhaltung der Zielvorgaben.

Heinz Klippert: Planspiele, 5. Aufl. Weinheim 2008

Szenariotechnik

Die Szenariotechnik ist eine Methode der strategischen Planung, die auf der Analyse möglicher Entwicklungen der Zukunft beruht. Untersucht werden etwa die Analyse von Extremszenarios oder besonders relevanter oder typischer Szenarios. Die Szenariotechnik hat militärische Wurzeln, findet aber seit einiger Zeit auch Anwendungsmöglichkeiten in ökonomischen, gesellschaftlichen und politischen Fragestellungen.

M 57 Unterschiedliche Verständnisse von Zukunft

Mithilfe der Szenario-Methodik wird versucht, durch die Konstruktion von verschiedenen möglichen Zukünften Orientierungswissen zu generieren, um gegenwärtiges Handeln daran auszurichten. Es gibt jedoch ein unterschiedliches Verständnis davon, wie die Zukunft sich in Hinblick auf Gegenwart und Vergangenheit verhält. Idealtypisch können drei Sichtweisen unterschieden werden. Das jeweilige Zukunftsverständnis wiederum hat einen entscheidenden Einfluss darauf, wie man von einer gegenwärtigen Position auf die Zukunft zugreift:

Erstes Verständnis: „Zukunft ist berechenbar". Was in Zukunft geschehen wird, lässt sich aus dem Wissen um Gegenwart und Vergangenheit (zumindest prinzipiell) berechnen. Je mehr gegenwärtiges Wissen angesammelt wird, desto sicherer ist die Prognose des zukünftigen Verlaufs. Diese Sicht auf die Zukunft führt dazu, sich vor allem auf statistische Trendextrapolationen zu stützen. In diesem Paradigma wird die Zukunft als vorhersagbar und kontrollierbar angesehen.

Zweites Verständnis: „Zukunft ist evolutiv". Diese Sichtweise sieht gegenwärtiges Wissen als nicht hinreichend an, um zukünftige Entwicklungen vorherzusagen. Der Verlauf der Zukunft passiert chaotisch, unkontrolliert und zufällig. Dieses Paradigma geht davon aus, dass eine bewusste Steuerung des zukünftigen Verlaufes nicht möglich ist und dass stattdessen emergente Strategien und ein intuitive muddling through zukünftige Verläufe angemessen behandeln.

Drittes Verständnis: „Zukunft ist gestaltbar". Der Verlauf der Zukunft ist weder vorhersagbar, noch entwickelt sie sich völlig chaotisch. Die zukünftige Entwicklung ist der intentionalen Gestaltung offen und somit (teilweise) durch unser Handeln beeinflussbar. Dieses Paradigma setzt auf die Strategien zur zukunftsgestaltenden Intervention, die die Rolle der Akteure und ihrer Ziele und Entscheidungen in der Zukunftsbildung betonen. (...)

Die Szenario-Methodik ist in ihrer Vielfalt nicht eindeutig einem einzigen der drei genannten Zukunftsverständnisse zuzuordnen. Das der Szenario-Methodik zugrundeliegende Zukunftsverständnis ist vor allem dadurch geprägt, dass nicht von einer notwendigen Zukunft, sondern von mehreren möglichen Zukünften ausgegangen wird. Das Konzept „Szenario" steht für die Idee einer möglichen Zukunft und verweist somit implizit immer auf die Möglichkeit weiterer, alternativer Zukünfte.

Als Veranschaulichung dieser Offenheit und Multiplizität der Zukunft und ihrer Antizipation durch Szenarien hat sich das so genannte Trichtermodell etabliert (s. M 55).

Hannah Kosow/Robert Gaßner: Methoden der Zukunfts- und Szenarioanalyse. Überblick, Bewertung und Auswahlkriterien, IZT (Institut für Zukunftsstudien und Technologiebewertung), WerkstattBericht Nr. 103, Berlin, September 2008, S. 11/12, in: http://www.izt.de (Zugriff: 16.8.2012)

emergent: unerwartet, neu auftretend
intuitive muddling through: intuitives Durchwursteln

M 58 Der Szenariotrichter und die drei Grundtypen des Szenarios

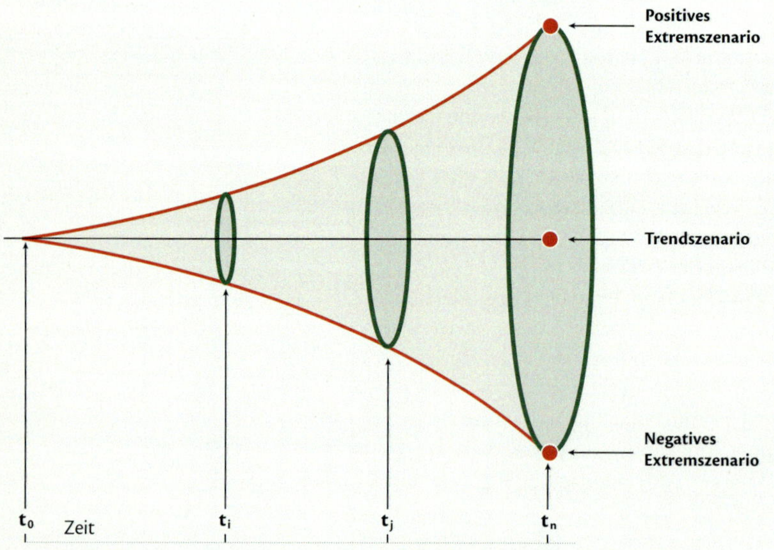

Nach: Peter Weinbrenner: Szenariotechnik, in: http://www.laum.uni-hannover.de/ilr/lehre/Ptm/Ptm_Szenario.htm (Zugriff: 10.7.2008)

M59 Vorgehen

Der Szenarioprozess läuft idealtypisch über die fünf Phasen Szenariofeldbestimmung, Bestimmung von Schlüsselfaktoren, Analyse von Schlüsselfaktoren, Szenario-Generierung und ggf. Szenario-Transfer:

Phase 1: Szenariofeldbestimmung
Im ersten Schritt jedes Szenarioprozesses wird definiert, was genau der Gegenstand ist, für den Szenarios entwickelt werden sollen. „Worum soll es im Einzelnen gehen? Was ist das Thema, was ist das zu behandelnde Problem, wie wird das Szenariofeld definiert, was wird integriert? Und genauso wichtig: Wo sind die Grenzen, was wird nicht betrachtet? (...)
In dieser Phase wird festgelegt, welche Perspektive in Hinblick auf den Untersuchungsraum gewählt wird. (...)

Phase 2: Identifikation der Schlüsselfaktoren
Anschließend wird das Szenariofeld über Schlüsselfaktoren beschrieben. Schlüsselfaktoren, teils auch als „Deskriptoren" bezeichnet, sind die zentralen Größen, die das Szenariofeld beschreiben bzw. die auf das Feld wirken und/oder über die das Feld nach außen wirkt. Schlüsselfaktoren sind diejenigen Variablen, Parameter, Trends, Entwicklungen und Ereignisse, die im weiteren Verlauf des Szenarioprozesses zentral betrachtet werden. Zur Identifikation von Schlüsselfaktoren sind Kenntnisse über das Szenariofeld und die Wirkungsbeziehungen zwischen den verschiedenen Schlüsselfaktoren notwendig. Wie Schlüsselfaktoren tatsächlich im Rahmen von Szenarioprozessen identifiziert werden, ist im Einzelfall sehr unterschiedlich. Das Wissen über Schlüsselfaktoren wird teils durch sehr analyseintensive empirische und theoretische Vorarbeit in den Szenarioprozess eingespeist, teils aber auch partizipativ im Rahmen von Workshops oder Befragungsrunden generiert. Die erste Vorgehensweise setzt dabei vor allem auf die theoretische Fundierung der Szenarios sowie auf Analysetiefe; die zweite Vorgehensweise legt den Fokus vor allem auf die Fundierung von Szenarios über intuitives und implizites Wissen der Beteiligten sowie auf Überblick und Synthesekraft. (...)

Phase 3: Analyse der Schlüsselfaktoren
Nun erfolgt derjenige Schritt, der für die Szenariotechnik besonders typisch ist und diese Methode von anderen Methoden abgrenzt: Der Szenariotrichter (*M 55*) wird aufgespannt. Die einzelnen Schlüsselfaktoren werden daraufhin analysiert, welche möglichen zukünftigen Ausprägungen jeweils vorstellbar sind. Es wird sozusagen für jeden Faktor ein eigener Zukunftstrichter aufgespreizt, indem diejenigen Ausprägungen ausgewählt werden, die in die Szenario-Bildung einfließen sollen. Dieser Schritt kann auf vielfältige Weise durchgeführt werden, enthält aber immer auch intuitiv-kreative Aspekte, die notwendig sind, sich verschiedene zukünftige Entwicklungen eines Schlüsselfaktors vorzustellen.

Phase 4: Szenario-Generierung
Aus dem „Querschnitt" des Szenariotrichters zum gewählten Projektionszeitpunkt in der Zukunft werden Szenarien herausgeschält und verdichtet. Hier werden konsistente Faktorenbündel zusammengestellt, ausgewählt und zu Szenarien ausgearbeitet. (...)

Optional: Phase 5: Szenario-Transfer
Diese Phase beschreibt die weitere Verwendung und/ oder Verarbeitung der erstellten Szenarios. Sie wird nur bei einigen Szenariotechniken explizit zum Szenarioprozess selbst gezählt. Hier besteht wiederum eine große Anzahl von Möglichkeiten, was mit fertigen Szenarios gemacht werden kann, so z. B. Wirkungsanalysen, Akteursanalysen, Strategiebewertung und -entwicklung usw. Nach den generellen Gemeinsamkeiten im Szenarioprozess sollen jetzt der Fokus auf Unterschiede zwischen verschiedenen Szenarios gelegt und Merkmale zur Unterscheidung und Charakterisierung verschiedener Szenarioansätze vorgestellt werden.
Hannah Kosow/Robert Gaßner: Methoden der Zukunfts- und Szenarioanalyse, a. a. O., S. 6 ff.

1 Fertigen Sie ein Szenario zum Thema Entwicklungszusammenarbeit 2030 an.

Glossar

Aristokratie: Durch Geburt, Besitz und Bildung definierte Herrschaftsschicht (Adel) in ständischen Gesellschaften.
Attac: Globalisierungskritisches Netzwerk, das 1998 in Frankreich gegründet wurde.
Blockade der Gesetzgebung (Blockadepolitik): Hat die Opposition eine qualifizierte Mehrheit im Bundesrat, so kann sie die Gesetzgebung, die die Regierung im Bundestag durchsetzt, verzögern, behindern und unwirksam machen.
Bourgeoisie: Bürgertum. In ständischen Gesellschaften der so genannte dritte Stand nach Adel (Aristokratie) und Klerus (Kirche).
Budget: Haushalt bzw. Haushaltsplan.
Bund: Oberste Ebene der staatlichen Organisation der Bundesrepublik Deutschland.
Bundeskanzler: Der deutsche Regierungschef. Er wird vom Bundestag gewählt, ernennt die Bundesminister und bestimmt die Richtlinien der Politik der Bundesregierung.
Bundeskartellamt: Oberste Wettbewerbsbehörde in Deutschland. Hauptaufgaben: Durchsetzung des Kartellverbots, Zusammenschlusskontrolle und die Missbrauchsaufsicht über marktbeherrschende Unternehmen.
Bundesrat: Vertretung der Länder auf Bundesebene, Teil des Gesetzgebers.
Bundesregierung: Exekutive (ausführende Gewalt) eines Bundesstaates, in Deutschland bestehend aus dem Regierungschef (Bundeskanzler) und den Bundesministern.
Bundesstaat: Organisationsform des Staates, bei dem neben einer Zentralgewalt Teilkompetenzen bei den Ländern liegen und diese an der Gesetzgebung beteiligt sind.
Bundestag: Parlament der Bundesrepublik Deutschland, das vom Volk direkt gewählt wird und zusammen mit dem Bundesrat die Gesetzgebungskompetenz auf Bundesebene innehat.
Bundestagswahl: Wahl der Abgeordneten des Bundestags alle vier Jahre durch das Volk.
Bundesverband der Deutschen Industrie (BDI): Spitzenorganisation der Arbeitgeber im Bereich der Industrieunternehmen und industrienahen Dienstleister. Der BDI spricht für 36 Branchen.
Bundesvereinigung der Deutschen Arbeitgeberverbände (BDA): Dachorganisation der deutschen Arbeitgeberverbände aus Industrie, Dienstleistung, Banken, Handel, Verkehr, Handwerk und Landwirtschaft.
Bundesverfassungsgericht: Verfassungsgericht des Bundes. Entscheidet über die Auslegung der Verfassung und über die Verfassungsmäßigkeit von Gesetzen und staatlichen Handlungen.
Bürgerarbeit: Sozialversicherungspflichtige Beschäftigung im gemeinnützigen Bereich.
Bürgerbegehren: Die erste Stufe direkter Demokratie. In Deutschland zumeist als Antrag auf die Durchführung eines Bürgerentscheids konzipiert. Für den Erfolg eines Bürgerbegehrens ist die Sammlung einer bestimmten Zahl von Unterschriften in einer festgelegten Frist erforderlich.
Bürgerentscheid: Entscheidung der Bürgerinnen und Bürger einer kommunalen Ebene (z. B. Gemeinde, Landkreis, Bezirk) über Sachfragen auf ihrer Ebene.
Bürgerinitiative: Eine von Bürgerinnen und Bürgern gebildete Gemeinschaft, die Selbsthilfe organisiert und auf die Politik Einfluss zu nehmen versucht.
Checks and Balances (Hemmungen und Gleichgewichte): US-amerikanisches Verfassungsprinzip, das verlangt, dass überall da, wo politische Macht entsteht, die Möglichkeit zur Bildung von Gegenmacht vorhanden sein muss.
Club of Rome: 1968 gegründete nichtkommerzielle Organisation mit 66 Vollmitgliedern. Diese sind Ökonomen, Industrielle, Wissenschaftler und andere Persönlichkeiten des öffentlichen Lebens.
CO_2-Emissionen: Ausstoß/Abgabe von Kohlendioxid an die Umgebung.
Deliberative Demokratie: Demokratie, die von der aktiven Mitwirkung aller Bürger im Sinne einer partizipatorischen Demokratie lebt.
Demografischer Wandel: Änderung in der Zusammensetzung der Bevölkerung.
Demokratie: Volksherrschaft, ausgeübt v. a. durch regelmäßige Wahlen von Volksvertretern.
Demokratiedefizit: Schlagwort für die Tatsache, dass das Handeln der Politik auf EU-Ebene nicht durch ein starkes Parlament legitimiert ist wie in den Nationalstaaten, sondern teilweise indirekt durch die Abgesandten der Regierungen der Mitgliedstaaten erfolgt.
Demokratietheorie: Theorie, die sich mit der politischen Ordnung der Demokratie befasst.
Demoskopie: Umfrageforschung, die Einstellungen und Meinungen der Bevölkerung ermittelt.
Deutscher Gewerkschaftsbund (DGB): Dachorganisation von acht Mitgliedsgewerkschaften in Deutschland.
Deutscher Industrie- und Handelskammertag: Dachverband der derzeit 80 Industrie- und Handelskammern (IHK) Deutschlands. Diese bestehen aus den Unternehmen einer Region. Mit einigen Ausnahmen gehören ihnen alle Gewerbetreibenden und Unternehmen per Gesetz an.
Diktatur: Regierungsform, die sich durch eine einzelne regierende Person oder eine regierende Gruppe mit unbeschränkter Macht auszeichnet.
Direkte Demokratie: Unmittelbare Entscheidung über Sachfragen oder Personen durch das Volk mittels Wahl.
Doppelte Mehrheit (EU): Für das ordentliche Gesetzgebungsverfahren, das in den meisten Politikfeldern der Europäischen Union gilt, ist eine qualifizierte Mehrheit notwendig. Diese wird über das Prinzip einer doppelten Mehrheit definiert: 55 Prozent der Mitgliedstaaten, die mindestens 65 Prozent der EU-Bevölkerung repräsentieren.
E-Voting: Formen elektronischer Wahlen (mittels Computer).
Ehrenamt: Freiwiliges (ehrenvolles) öffentliches Amt, das nicht an Einkommen gebunden ist.
Eigentum: Umfassendes Herrschaftsrecht an einer Sache. Einschränkung nur durch Gesetze möglich (z. B. Sozialbindung des Eigentums, Rechte des Mieters).
Enquete-Kommission: Überfraktionelle Arbeitsgruppe, die vom Bundestag oder von einem Landtag zur Untersuchung eines bestimmten Problems eingesetzt wird.
Entwicklungspolitik: Politische, wirtschaftliche und soziale Aktivitäten von Staaten und Institutionen, die darauf abzielen, die Lebensbedingungen in weniger entwickelten Ländern zu verbessern.
Erststimme: Bei der Bundestagswahl und bei einigen Landtagswahlen in Deutschland wird mit der Erststimme ein/e Direktkandidat/in im Wahlkreis gewählt. Der/Die Kandidat/in mit der relativen Mehrheit zieht direkt in das jeweilige Parlament ein (s. Mehrheitswahl).
EU-Erweiterung: Ausdehnung der Europäischen Union durch Aufnahme weiterer Mitglieder.
EU-Vertiefung: Ausbau der Zusammenarbeit und Erschließung neuer Politikfelder innerhalb der Europäischen Union.
Europäische Integration: Prozess des Zusammenwachsens der Länder der EU zu einer Einheit. Der einheitliche Binnenmarkt und die einheitliche Währung sind Stationen dieses Prozesses.
Europäische Kommission: Ein Organ der Europäischen Union. Sie nimmt vor allem Auf-

gaben der Exekutive wahr, besitzt aber auch das alleinige Initiativrecht für die EU-Rechtsetzung.
Europäische Union (EU): Staatenbund aus 27 europäischen Staaten.
Europäische Wirtschafts- und Währungsunion (EWWU): Der angestrebte dreistufige wirtschaftliche Zusammenschluss der EU-Länder. Ziele waren unter anderem die Schaffung der EZB (Europäische Zentralbank), die Einführung des Euro und des europäischen Binnenmarktes sowie eine Liberalisierung des Kapitalverkehrs. Mit dem Beitritt zur EWWU verpflichten sich die Staaten weiter, ihre nationale Wirtschaftspolitik aufeinander abzustimmen (Wirtschaftsunion) und den Euro einzuführen.
Europäische Zentralbank (EZB): Die Zentralbank der EU mit Sitz in Frankfurt am Main. Die EZB handelt unabhängig und ist an politische Weisungen nicht gebunden. Sie hat die Hauptaufgabe, den Geldwert des Euro stabil zu halten.
Europäischer Binnenmarkt: Gemeinsamer (Binnen-)Markt der Mitgliedsstaaten der EU.
Europäischer Gerichtshof (EuGH): Gerichtshof der EU mit Sitz in Luxemburg, 27 Richtern (je einem pro Mitgliedstaat) und 8 Generalanwälten. Der EuGH entscheidet u. a. über die Auslegung der EU-Verträge und bei Streitigkeiten zwischen der EU und/oder den Mitgliedsstaaten.
Europäisches Parlament: Parlament der Europäischen Union, seit 1979 alle fünf Jahre direkt gewählt.
Exekutive: Regierung und öffentliche Verwaltung als ausführende Gewalt im Rahmen der Gewaltenteilung.
Fiskalpolitik: Finanzpolitische Maßnahmen des Staates, mit denen die konjunkturelle Entwicklung gelenkt werden soll.
Föderalismus: Zusammenschluss mehrerer Länder (mit eigenen Regierungen) unter einer übergeordneten gemeinsamen Regierung. Die einzelnen Mitglieder haben je nach konkreter Ausgestaltung in unterschiedlichem Maße Selbstverwaltung. Im föderalen Bundesstaat Deutschland beispielsweise ist das Schulwesen fast ausschließlich Sache der Länder.
Gesellschaft: Geordnetes und bewusst organisiertes Zusammenleben und -handeln von Menschen. Gesellschaften können nach Ordnungskriterien unterschieden werden (s. Gesellschaftsordnung).
Gesellschaftsordnung: Allgemeine Typisierung von Gesellschaft nach bestimmten Kriterien, z. B. nach ihrem Wirtschaftssystem (Kapitalismus, Sozialismus) oder ihrer sozialen Schichtung (Klassengesellschaft, Ständeordnung).
Gesellschaftsvertrag: Ein Gedankenexperiment in der politischen Theorie vor allem des 17. und 18. Jahrhunderts. Hierbei wird angenommen, dass sich die Individuen in einer Gesellschaft aufgrund ihrer jeweiligen Interessen aus freiem Willen „vertraglich" zusammengeschlossen haben, um sich eine staatliche Ordnung zu geben. Dieses Konstrukt versucht, das Gewaltmonopol des Staates auf die Zustimmung der Individuen („Vertrag") zurückzuführen.
Gewaltenteilung: Verteilung der Staatsgewalt auf die Staatsorgane des Vollzugs (Exekutive), der Rechtsprechung (Judikative) und der Gesetzgebung (Legislative).
Global Governance: Eine Form des weltweiten Regierens ohne eine formelle Regierung. Vielmehr soll es einen ständigen Prozess der Abstimmung zwischen Nationen, Konzernen und Nichtregierungsorganisationen (s. dort), also den großen Verbänden, geben. Letztere sollen die Zivilgesellschaft vertreten.
Global player: Unternehmen, das sich dem weltweiten Wettbewerb stellt, indem es in verschiedenen Ländern produziert oder ansässig ist.
Globalisierung: Der Prozess der zunehmenden weltweiten Verflechtung und Angleichung in den Bereichen Wirtschaft, Politik, Kommunikation u. a. m.
Good Governance: Gutes Regierungssystem eines Staates.
Governance: Regierungssystem eines Staates und/oder Regelungssytem unter internationalen Organisationen.
Honoratiorenpartei: von Bürgern mit gehobener gesellschaftlicher Stellung und gehobenem Einkommen getragene Partei.
Identität: Völlige Gleichheit bzw. Übereinstimmung; die Einmaligkeit einer Person.
Identitätstheorie: Politische Theorie, nach deren Verständnis die Identität von Regierenden und Regierten den Idealzustand bedeutet.
Indikator: Anzeiger, der Aussagen über die wirtschaftliche Situation erlaubt.
Innerparteiliche Demokratie: Ordnung, die nach dem Grundgesetz innerhalb von Parteien in Deutschland bestehen und demokratischen Grundsätzen entsprechen muss.
Input: Voraussetzungen eines politischen Prozesses.
Institution: Bezeichnet soziologisch die sozialen Regelungsbereiche innerhalb des Gesamtsystems der Gesellschaft (z. B. Ehe, Beruf). Politologisch sind Institutionen Einrichtungen bzw. Organe oder Organisationen zur Regelung, Herstellung oder Durchführung bestimmter Zwecke. Zum Beispiel sind Gerichte Institutionen der Rechtssprechung.
Institutionalismus: Ein wirtschaftswissenschaftlicher Ansatz aus den USA. Er analysiert die Wechselwirkungen von Wirtschaft und den Institutionen der Gesellschaft.
Integration: Einbindung in ein Ordnungs- und Wertesystem.
Interessen (politische): Ökonomische, soziale und politische Absichten und Forderungen, die an das politische System herangetragen werden.
Interessenartikulation: Öffentliche Bekundung von gebündelten politischen und wirtschaftlichen Interessen.
Interessengruppen: Lose Verbindung von Personen oder Gruppen, die gleiche Interessen haben.
Interessenvertretung: Öffentliche und organisatorisch gebündelte Vertretung von politischen und wirtschaftlichen Interessen.
Intermediäre Institutionen: Organisationen, die zwischen der Regierung und dem Volk angesiedelt sind und zwischen diesen vermitteln, z. B. Parteien, Verbände, Massenmedien.
Interventionismus: Staatliche Wirtschaftspolitik, die fallweise und nicht nach einem ordnungspolitischen Leitbild agiert.
Judikative: Rechtsprechende Gewalt.
Jurisdiktion: Ältere Bezeichnung für Judikative (rechtsprechende Gewalt).
Kapitalismus: Bezeichnung für die Marktwirtschaften westlicher Prägung.
Klassen: Große gesellschaftliche Personengruppen, die ein gemeinsames, meist ökonomisches Merkmal haben wie den Besitz bzw. Nichtbesitz von Produktionsmitteln.
Klimawandel: Die globale Erwärmung bzw. aktuelle Veränderung des Klimas.
Koalition: Vereinigung, Zusammenschluss. Im politischen System ein Regierungsbündnis mehrerer Parteien für die Dauer einer Amtszeit.
Koalitionsfreiheit: Recht, Vereinigungen zur gemeinsamen Verfolgung der Interessen zu bilden.
Konflikt: Streit, Zusammenstoß aufgrund widerstreitender Interessen.
Konformität: Gleichförmigkeit, Übereinstimmung.
Konkordanzdemokratie: Herrschaftsform, die darauf abzielt, die verschiedenen Interessen zur Übereinstimmung zu bringen, anstatt Mehrheitsentscheidungen herbeizuführen.
Konkurrenztheorie: Demokratietheorie, die von der Koexistenz und Konkurrenz verschie-

dener Interessenlagen innerhalb einer Gesellschaft ausgeht.
Konsensusdemokratie: Herrschaftsform, die darauf ausgerichtet ist, die Macht durch Dialog und Konsens mit allen Beteiligten auszuüben.
Konservatismus: Politische Strömung, die auf Erhaltung und Bewahrung des Bestehenden ausgerichtet ist.
Konzentration (ökonomisch): Zusammenballung wirtschaftlicher Macht durch den Zusammenschluss von Unternehmen zu immer größeren Unternehmen und Konzernen.
Korporatismus: Politisches bzw. ökonomisches System, bei dem die verschiedenen Interessengruppen ihre Interessen friedlich aushandeln.
Lebenswelt: Welt des Alltags und des individuellen Lebens im Gegensatz zur Welt der Wissenschaft.
Legalität: Bindung an bestehende Gesetze, auch Legitimation von Handeln durch Gesetze.
Legislative: Gesetzgebende Gewalt; in der Bundesrepublik bestehend aus Bundestag, Bundesrat und Länderparlamenten.
Legitimität: Rechtmäßigkeit und Anerkennungswürdigkeit von Institutionen und Ämtern.
Liberalismus: Gesellschaftskonzeption, die die individuelle Freiheit und die Selbstverantwortung betont.
Marxismus: Sammelbezeichnung für die von Karl Marx und Friedrich Engels entwickelte Wirtschafts- und Gesellschaftstheorie.
Massenmedien: Institutionen, die öffentlich Informationen, Unterhaltung und Meinungen verbreiten.
Medien: Sammelbegriff für alle Mittel und Verfahren zur Verbreitung von Informationen, Bildern und Nachrichten. Zu den Medien zählen insbesondere die Presse, der Rundfunk (Hörfunk, Fernsehen) und das Internet.
Mediendemokratie: In der Mediendemokratie sind Medien nicht nur politische Informations- und Kommunikationsträger für die Akteure (Politiker, Parteien), sondern auch selbst Akteure in der politischen Meinungsbildung.
Mehrheitswahl(-system): Bei der Mehrheitswahl konkurrieren die Kandidaten eines Wahlkreises unmittelbar miteinander um die Wählerstimmen. Gewählt ist, wer die (relativ) meisten Stimmen auf sich vereinen kann. Die Stimmen für unterlegene Kandidaten verfallen. Der gewählte Abgeordnete ist Vertreter dieses Wahlkreises (s. Erststimme).
Menschenrechte: Die angeborenen und unveräußerlichen Rechte eines jeden Menschen. Sie sind höher gestellt als die Rechte des Staates. Zu den Menschenrechten gehören die so genannten liberalen Verteidigungsrechte, z. B. die Rechte auf Leben, Meinungs-, Glaubens-, und Gewissensfreiheit, und die so genannten demokratischen und sozialen Rechte, z. B. das Recht auf Freizügigkeit, das Wahlrecht und das Recht auf Bildung.
Menschenwürde: Das Grundgesetz erklärt die Würde des Menschen für unantastbar (Art. 1 GG): Kein Mensch darf wie eine Sache behandelt, entrechtet, unmenschlichen und erniedrigenden Strafen und Behandlungsweisen ausgesetzt, gefoltert oder als so genanntes lebensunwertes Leben vernichtet werden.
Mitentscheidungsverfahren (EU): Das häufigste Gesetzgebungsverfahren in der EU. Der Ministerrat und das Europäische Parlament entscheiden gleichberechtigt über ein neues Gesetz und müssen (unter Umständen mit Hilfe des Vermittlungsausschusses) eine Einigung herbeiführen.
Monarchie: Eine Monarchie (Alleinherrschaft) ist eine bestimmte Staatsform. Darin übt eine einzelne Person, der Monarch oder die Monarchin, die Herrschaft aus. Es gibt unterschiedliche Formen: die parlamentarische Monarchie, die fast keine ist, die konstitutionelle Monarchie, die von der Verfassung begrenzt ist, sowie die absolute Monarchie, in der der Herrscher uneingeschränkte Macht hat.
Neoliberalismus: Denkrichtung des (wirtschaftlichen) Liberalismus, die die Erfahrungen der Weltwirtschaftskrise der 1930er-Jahre einbezieht.
Nichtregierungsorganisation (NGO): Nicht auf Gewinn ausgerichtete, vom Staat unabhängige Organisation, z. B. attac.
Norm/en: Beschreiben in der Soziologie (s. dort) Verhaltensweisen, die als anerkannt, üblich oder „normal" gelten. Rechtlich werden darunter Gesetze verstanden.
Ökonomisierung: Unterwerfung außerhalb der Wirtschaft stehender Kulturgüter unter die Gesetze der Wirtschaft.
Oligarchie: Kleine Gruppe von Personen oder Familien, die über einen Staat herrschen. Damit wird aber auch der Umstand bezeichnet, dass in manchen Staaten trotz demokratischer Verfassung politische Entscheidungen nur von einem kleinen Personenkreis getroffen werden.
Parlamentarische Demokratie/parlamentarisches Regierungssystem: Politische Ordnung, in der vom Volk gewählte Volksvertreter (Abgeordnete) die gesetzgebende Gewalt (Parlament) bilden, die Regierung wählen und überwachen.
Parlamentarischer Rat: Gremium aus Vertretern der Landtage, die das Grundgesetz erarbeiteten.
Parlamentarismus: Rahmen, in dem im Gegensatz zum Präsidentialismus (s. dort) das Parlament eine zentrale Stellung hat.
Parteienverdrossenheit: Skepsis und Vertrauensverlust von Wählerinnen und Wählern gegenüber den politischen Parteien (s. auch Politikverdrossenheit).
Partizipation: Beteiligung, Mitwirkung am politischen Prozess.
Plebiszit: Abstimmung des Volkes über eine Sachfrage, im engeren Sinne ein Volksentscheid.
Pluralismus: Das friedliche und gleichzeitige Vorhandenseins verschiedener Systeme, Interessen, Ansichten und Lebensstile (Pluralisierung der Lebensformen).
Policy: Inhaltliche Dimension von Politik.
Politics: Prozessuale Dimension von Politik, die auf Vermittlung von Interessen durch Konflikt und Konsens abstellt.
Politikverdrossenheit: Ablehnende oder gleichgültige Einstellung der Bürger gegenüber politischen Strukturen und politischen Fragestellungen überhaupt (s. auch Parteienverdrossenheit).
Polity: Institutionelle Dimension von Politik, die sich auf die Kanalisierung von Politik durch Institutionen konzentriert (Parteien, Verbände, Parlamente, aber auch Wahlen, Grundrechte usw.).
Politikzyklus: Der Politikzyklus stammt aus der US-amerikanischen Politikwissenschaft und ist ein Modell, das den Politikprozess in mehrere Schritte gliedert, um das politische Geschehen gliedern und verstehen zu können.
Politische Partei: Organisation politisch gleich gesinnter Menschen, die zumeist Regierungsverantwortung übernehmen wollen.
Postdemokratie: Politisches System, in dem es nur auf Ergebnisse ankommt, die dem Allgemeinwohl dienen und dem Kriterium der Verteilungsgerechtigkeit genügen. Bei politischen Entscheidungen wird dabei demokratischen Verfahren nur instrumentelle Bedeutung zugemessen.
Postmoderne: Bezeichnung für Auffassungen in Kunst, Literatur, Architektur und Film, die sich vom Fortschrittsdenken und vom hoch theoretischen Kunst- und Wissenschaftsverständnis der Moderne gelöst haben.
Präsidentialismus: Regierungsform, in der der Staatspräsident Regierungschef ist.

Rechtsstaat: Bezeichnung für Staaten, in denen das Handeln der staatlichen Organe gesetztem Recht untergeordnet ist und auch der unabhängigen richterlichen Kontrolle unterliegt.
Referendum: Direkte Abstimmung der Wahlbevölkerung über eine Sachfrage.
Regulierung: Einschränkungen der Unternehmensfreiheit aus ordnungspolitischen bzw. sozialstaatlichen Gründen, z. B. durch Kündigungsschutz oder Kartellbehörden.
Regulierung: Einschränkungen der Unternehmensfreiheit aus ordnungspolitischen bzw. sozialstaatlichen Gründen, z. B. durch Kündigungsschutz
Repräsentant/in: Vertreter/in.
Repräsentative Demokratie: Indirekte Ausübung der Macht durch gewählte Volksvertreter (Repräsentanten).
Richtlinie: In der EU ein Rechtsakt (Gesetz), der von allen Mitgliedstaaten innerhalb einer bestimmten Frist in nationales Recht umgesetzt werden muss.
Richtlinienkompetenz: Möglichkeit, Richtlinien der Politik vorzugeben; in Deutschland ist sie dem Bundeskanzler/der Bundeskanzlerin übertragen.
Römische Verträge: Gründungsverträge der späteren Europäischen Union (1957).
Social Web: Digitales Netz, in dem sich Menschen treffen und interagieren können.
Souveränität: Fähigkeit und Recht auf Selbstbestimmung.
Soziale Gerechtigkeit: Leitbild einer Gesellschaft, das die Verteilung der Güter nicht nur von der Leistung der Menschen abhängig macht, sondern andere Aspekte einbezieht (z. B. Würde des Menschen, Bildungschancen, gesellschaftlicher Friede).
Soziale Marktwirtschaft: Wirtschaftsordnung, die auf der Basis kapitalistischen Wettbewerbs dem Staat die Aufgabe zuweist, negative Folgen des Marktes sozialpolitisch zu korrigieren.
Sozialismus: Politische Theorie, die auf den Grundwerten Gleichheit, (soziale) Gerechtigkeit und Solidarität basiert.
Sozialpolitik: Überwiegend staatliche Maßnahmen zur Verbesserung der wirtschaftlichen und sozialen Lage von Teilen der Bevölkerung.
Sozialstaat: Ein Staat, der nicht nur die Grundrechte und persönliche und wirtschaftliche Freiheiten garantiert, sondern auch soziale Gegensätze und Spannungen (bis zu einem gewissen Maß) abbaut oder ausgleicht.
Sozialsysteme: Systeme der Absicherung der Bevölkerung gegen soziale Risiken, z. B. durch das Gesundheitssystem und das System der Alterssicherung.
Soziologie: Wissenschaft von den Voraussetzungen, Abläufen und Folgen des Zusammenlebens von Menschen in Gesellschaften.
Sperrminorität: Möglichkeit einer Minderheit, bei Abstimmungen einen Beschluss zu verhindern.
Staatliche Souveränität: Unabhängigkeit und Selbstbestimmung von Staaten.
Staatsquote: Anteil der staatlichen Aktivitäten an der wirtschaftlichen Gesamtleistung einer Volkswirtschaft.
Staatsverschuldung: Verbindlichkeiten des Staates gegenüber Kreditgebern, abzüglich der Forderungen des Staates.
Stabilität: Beständigkeit und weitgehende Abwesenheit von Störungen.
Stabilitäts- und Wachstumspakt: Vereinbarung der EU, die für einen stabilen Euro sorgen soll (1996).
Subvention: Vorteile, die ein Staat ohne Gegenleistung Unternehmen, Haushalten oder anderen Staaten gewährt.
Terrorismus: Gewalt und Gewaltaktionen (z. B. Entführungen, Sprengstoffanschläge etc.) gegen eine politische Ordnung.
Umfrage: Befragung von Menschen nach ihrer Meinung zu bestimmten Sachverhalten, Themen oder Produkten.
Verfassungsrecht: Recht, das sich auf den Aufbau des Staates und auf das Verhältnis des Staates zu den Bürgerinnen und Bürgern bezieht.
Verhältniswahl(-recht): Wahlsystem, bei dem die Zahl der Parlamentssitze nach dem Anteil an Wählerstimmen bestimmt wird.
Volksentscheid: Abstimmung der Bürgerinnen und Bürger über politische Maßnahmen, über ein Gesetz oder über Verfassungsfragen.
Wahl(rechts)grundsätze: Wahlen in der (deutschen) Demokratie sind allgemein, unmittelbar, frei, gleich und geheim.
Wahlforschung: Wissenschaftliche Untersuchung des Wählerverhaltens.
Wahlprognosen: Hochrechnungen über den vermutlichen Ausgang einer Wahl.
Wahlsystem: Form, in der aus der Zusammensetzung der in einer Wahl abgegebenen Stimmen die Verteilung der Sitze in einem Parlament ermittelt wird.
Willensbildung des Volkes: Entscheidungsfindung in öffentlichen Debatten, Wahlen und Abstimmungen.
Wirtschaftspolitik: Staatliche Maßnahmen zur Beeinflussung der Wirtschaft, u. a. zur Aufrechterhaltung der Märkte und des Wettbewerbs, aber auch zur Unterstützung wirtschaftlicher Innovation.
Wohlfahrtsstaat: Staat, der intensive Aktivitäten für das soziale, materielle und kulturelle Wohlergehen der Bürgerinnen und Bürger auf der Basis einer marktwirtschaftlichen Ordnung entwickelt.
Zivilgesellschaft: Raum innerhalb der Gesellschaft zwischen Staat, Markt und Familie, der z. B. von Vereinen, Verbänden, Initiativen, NGOs usw. ausgefüllt wird.
Zweitstimme: Bei der Wahl zum Deutschen Bundestag die grundsätzlich maßgebliche Stimme für die Sitzverteilung an die Parteien.

Register

A

B

C

D

E

F

G

H

I

J

K

L

M

N

O

Bildquellenverzeichnis

Umschlagseite Menschengruppe mit Schildern: Comstock Images Paragraph/©froxx /fotolia.com; Schüler am Rechner: ©Tom Grill/Corbis; Reichstag: Joachim Messerschmidt; Deutschlandfahne: Turner & deVries; Kreuz: ©Jurgen Ziewe/Ikon Images/Corbis; Justitia: ©Max Diesel /fotolia.com; Zettel mit Kreuz: ©Ocean/Corbis; Polizist: Getty Images Menschengruppe mit Fahne: ©Nikolai Grigorjew fotolia.com; Europafahne: ITTC Productions; Hand mit Box: ©SuperStock/Corbis; 7 o. l. picture-alliance/dpa/,©dpa/Foto: Rainer Jensen; 7 o. m. picture-alliance/akg akg-images; 7 o. r. picture-alliance/dpa/©dpa/Foto: epa Keystone Balzarini; 7 u. l. picture-alliance/dpa/©dpa/Foto: Werner Baum; picture-alliance/dpa/©dpa/Foto: Kay Nietfeld; 7 u. r. picture-alliance/Sueddeutsche Zeitung/Foto Hans Robert; 8 m. picture-alliance/dpa/©dpa/Foto David Ebener; 9 o. l. picture-alliance/MAXPPP; 9 m. l. picture-alliance/akg-images; 9 u. l. picture-alliance/dpa/©dpa/Bildarchiv/Foto: Bruechmann; 9 o. r. picture-alliance/dpa/©dpa/Bildarchiv/ Foto: Klaus Heirler; 9. u. m. picture-alliance/dpa/©dpa/Porträtdienst; 9 u. r. picture-alliance/dpa/©dpa/Foto: Werner Patzelt; 11 o. l. picture alliance/Sueddeutsche Zeitung /Foto: Stephan Rumpf; 12 picture-alliance/dpa/©dpa/Foto: Benny Ulmer; 13 u. r. picture-alliance/dpa/©dpa/Foto: Georg Stefan Russew; 16 picture alliance/Sueddeutsche Zeitung /Foto: Wolfgang Fliser; 18 u. l. picture-alliance/dpa/©dpa/Bildarchiv/Foto: Heirler; 20 picture-alliance/dpa/,©dpa/Foto: Bernd Weißbrod; 21 picture-alliance/akg-images; 22 u.m. l. picture-alliance/Chromorange/Foto: TipsImages/Stefano Scata; 22 u. m. r. picture-alliance/Arco images GmbH/Foto: R. Kiedrowski; 22 u. r. picture-alliance/ Breuel-Bild/Foto: Breuel-Bild/Juri Reetz; 25 picture-alliance/dpa/,©dpa-Bildarchiv/Foto: afp; 26 picture-alliance/akg-images; 27 picture-alliance/akg-images; 28 picture-alliance/United Archives/TopFoto; 29 o. 30 picture-alliance/United Archives/TopFoto; 33 picture-alliance/dpa/©dpa/Foto: Jan-Peter Kasper; 34 picture alliance/Zumapress/ Foto: BuyEnlarge; 36 picture-alliance/akg-images 37 picture-alliance/akg-images; 39 picture-alliance/akg-images; 41 o. l. 37 picture-alliance/©ZB/Foto: Jens Klaene; o. m. picture-alliance/dpa/©dpa/Foto: Patrick Pleul; o. r. picture-alliance/dpa/©dpa/Foto: Michael Kappeler; u. r. picture-alliance/dpa/©dpa/Foto: Michael Kappeler; u. m. picture-alliance/dpa/©dpa/Foto: Uli Deck; u. r. picture-alliance/dpa/©dpa/Foto: Wolfgang Kumm; 42 picture-alliance/Foto: J.W. Alker; 44 Detlef Drewes, Brüssel; 48 picture-alliance/ dpa/©dpa-report/Foto: Nestor Bachmann; 49 picture-alliance/dpa/©dpa Foto: Felix Hörhager 52 picture-alliance/dpa/©dpa Foto: Jan Woitas; 53 picture-alliance/dpa/©dpa–Fotoreport/Foto: Klaus Franke; 54 picture-alliance/dpa/©dpa–Fotoreport/Foto: Erwin Elsner; 55 Klaus Stuttmann; 62 picture-alliance/dpa/©dpa/Foto: Wolfgang Kumm; 64 Gerhard Mester; 66 o. l. 1. o.2. o. 3. o.4. u .r. 1.u. 2 u. 3 .u. 4 picture-alliance/Sueddeutsche Zeitung/Foto; 69 Martin Erl; 71 picture-alliance/dpa/©dpa-Bilderarchiv 73 picture-alliance/dpa/©dpa/Foto: Stephanie Pilick; 74 picture-alliance/dpa/©dpa/Foto: Uli Deck; picture-alliance/dpa/©dpa/-Bilderarchiv/Foto: Koll; 79 picture-alliance/ Sueddeutsche Zeitung/Foto:Alessandra Schellnegger; 80 picture-alliance/Bildagentur Huber; 85 picture-alliance/akg-images; 87 picture-alliance/©dpa/Foto: Angelika Warmuth; 90 Heiko Sakurai; 92 o. picture-alliance/maxppp/©MP/Lemage; u. picture-alliance/United Archives/TopFoto; 93 picture-alliance/Foto: Elmar Kremser/Sven Simon; 94 picture-alliance/©dpa/Foto: Sebastian Kahnert; 96 picture-alliance/dpa/©dpa-Report/Foto: Klaus-Dieter Gabbert; 97 picture-alliance/,©dpa/Foto: Arne Dedert; 98 picture-alliance; 100 Dieter Hanitzsch; 104 picture.alliance/dpa//©epa/Foto: Frank Rumpenhorst; 105 picture-alliance/Wildlife; 106 picture.alliance/dpa//©dpa/Foto: Sebastian Kahnert; 108 l. u. picture alliance/dpa/Foto: Arne Dedert; o.r. picture.alliance/dpa/©dpa/Foto: Ingo Wagner; 110 Wolfgang Horsch; 111 o. l. picture-alliance/akg-images; o. m. picture-alliance/©dpa/Foto: Ingrid Rangnow; o. r. picture-alliance/chromoorange/Foto: Ernst Weingartner; u. l. picture-alliance/©dpa/Foto: Christophe Karabe; u. m. picture-alliance; u. r. picture-alliance/Foto: Oliver Blum; 113 Karikatur aus dem Züricher Nebelspalter Nr. 45,1887; 114 picture alliance/Everett Collection; 118 picture-alliance/©dpa/Foto: Boris Roessler; 121 Picture-alliance; 124 Gerhard Mester; 125 picture-alliance/©dpa/infografik; 130 Klaus Stuttmann; 132 picture-alliance/©dpa/ infografik; 134 Picture-alliance/Fotoshot; 138 picture-alliance/©dpa/Foto: Thomas Frey; 141 o. r. picture-alliance/©dpa/Foto: Marcus Brandt; u. r. picture-alliance/Foto: Rolf Haid; 142 picture-alliance/Foto Paul Magall; 143 picture-alliance /dieKLEINERT.de; 148 Klaus Stuttmann; 149 picture-alliance/©dpa-report/Foto: Nicolas Bouvy 153 picture-alliance/©dpa/Foto: Olivier Hoslet; 154 picture-alliance/dieKleinert.de/Schwarwel; 161 Gerhard Mester; 163 o. l. picture-alliance/©dpa/Foto: ©virginie Nguyen Hoang/ wostok; o. m. picture-alliance/©dpa/Foto: Arno Burgi; o. r. picture-alliance/©dpa/Foto: Franziska Kraufmann; u. l. picture-alliance/©dpa/Foto: Karlheinz Schindler; u. m. picture-alliance/KEYSTONE; u. r. picture-alliance/epa; 164 picture-alliance/Joker/Foto: Martin Fejer/est&ost; 165 picture-alliance/dpa/©epa-Bildfunk/Foto: Fotoreport_ Strub; 170 picture-alliance/©dpa/Foto: Angelika Warmuth; 174 British Academy;176 Klaus Stuttmann; 178 picture-alliance/©dpa/Foto: Patrick Seeger; 179 picture-alliance/©dpa-infografik; 181 picture-alliance/©dpa-report/Foto: Frank Leonhardt; 182 picture-alliance/©dpa/Foto: Steffen Schmidt; 184 Burkhard Mohr; 190 picture alliance/KEYSTONE; 183 Jürgen Tomicek; 193 picture-alliance/dieKleinert.de/Martin Guhl; 194 picture-alliance/Bsip/Foto: Cardoso; 196 Thomas Plaßmann; 197 Gerhard Mester; 199 l. picture-alliance//©dpa-Bildarchiv/Foto: Boris Roessler; m. picture-alliance/chromoorange/Foto: Peter Raider; r. picture-alliance/Foto: Oliver Berg; 214 Heiko Sakurai; 216 Jack Nicholson; 277 picture-alliance/Sven Simon/Foto: Malte Ossowski

Aus dem Grundgesetz der Bundesrepublik Deutschland

Artikel 1

(1) Die Würde des Menwschen ist unantastbar. Sie zu achten und zu schützen, ist Verpflichtung aller staatlichen Gewalt.
(2) Das Deutsche Volk bekennt sich darum zu unverletzlichen und unveräußerlichen Menschenrechten als Grundlage jeder menschlichen Gemeinschaft, des Friedens und der Gerechtigkeit in der Welt.
(3) Die nachfolgenden Grundrechte binden Gesetzgebung, vollziehende Gewalt und Rechtsprechung als unmittelbar geltendes Recht.

Artikel 2

(1) Jeder hat das Recht auf die freie Entfaltung seiner Persönlichkeit, soweit er nicht die Rechte anderer verletzt und nicht gegen die verfassungsmäßige Ordnung oder das Sittengesetz verstößt.
(2) Jeder hat das Recht auf Leben und körperliche Unversehrtheit. Die Freiheit der Person ist unverletzlich. In diese Rechte darf nur aufgrund eines Gesetzes eingegriffen werden.

Artikel 3

(1) Alle Menschen sind vor dem Gesetz gleich.
(2) Männer und Frauen sind gleichberechtigt. Der Staat fördert die tatsächliche Durchsetzung der Gleichberechtigung von Frauen und Männern und wirkt auf die Beseitigung bestehender Nachteile hin.
(3) Niemand darf wegen seines Geschlechtes, seiner Abstammung, seiner Rasse, seiner Sprache, seiner Heimat und Herkunft, seines Glaubens, seiner religiösen oder politischen Anschauungen benachteiligt oder bevorzugt werden. Niemand darf wegen seiner Behinderung benachteiligt werden.

Artikel 4

(1) Die Freiheit des Glaubens, des Gewissens und die Freiheit des religiösen und weltanschaulichen Bekenntnisses sind unverletzlich.
(2) Die ungestörte Religionsausübung wird gewährleistet.
(3) Niemand darf gegen sein Gewissen zum Kriegsdienst mit der Waffe gezwungen werden. (...)

Artikel 5

(1) Jeder hat das Recht, seine Meinung in Wort, Schrift und Bild frei zu äußern und zu verbreiten und sich aus allgemein zugänglichen Quellen ungehindert zu unterrichten. Die Pressefreiheit und die Freiheit der Berichterstattung durch Rundfunk und Film werden gewährleistet. Eine Zensur findet nicht statt. (...)
(3) Kunst und Wissenschaft, Forschung und Lehre sind frei. Die Freiheit der Lehre entbindet nicht von der Treue zur Verfassung.

Artikel 6

(1) Ehe und Familie stehen unter dem besonderen Schutze der staatlichen Ordnung.
(2) Pflege und Erziehung der Kinder sind das natürliche Recht der Eltern und die zuvörderst ihnen obliegende Pflicht. Über ihre Betätigung wacht die staatliche Gemeinschaft. (...)

Artikel 7

(1) Das gesamte Schulwesen steht unter der Aufsicht des Staates.
(2) Die Erziehungsberechtigten haben das Recht, über die Teilnahme des Kindes am Religionsunterricht zu bestimmen. (...)

Artikel 8

(1) Alle Deutschen haben das Recht, sich ohne Anmeldung oder Erlaubnis friedlich und ohne Waffen zu versammeln.
(2) Für Versammlungen unter freiem Himmel kann dieses Recht durch Gesetz (...) beschränkt werden.

Artikel 9

(1) Alle Deutschen haben das Recht, Vereine und Gesellschaften zu bilden.
(2) Vereinigungen, deren Zwecke oder deren Tätigkeit den Strafgesetzen zuwiderlaufen oder die sich gegen die verfassungsmäßige Ordnung oder gegen den Gedanken der Völkerverständigung richten, sind verboten. (...)

Artikel 10

(1) Das Briefgeheimnis sowie das Post- und Fernmeldegeheimnis sind unverletzlich.
(2) Beschränkungen dürfen nur auf Grund eines Gesetzes angeordnet werden. (...)

Artikel 11

(1) Alle Deutschen genießen Freizügigkeit im ganzen Bundesgebiet. (...)

Artikel 12

(1) Alle Deutschen haben das Recht, Beruf, Arbeitsplatz und Ausbildungsstätte frei zu wählen. (...)
(2) Niemand darf zu einer bestimmten Arbeit gezwungen werden. (...)

Artikel 12a*

(1) Männer können vom vollendeten achtzehnten Lebensjahr an zum Dienst in den Streitkräften, im Bundesgrenzschutz oder in einem Zivilschutzverband verpflichtet werden.
(2) Wer aus Gewissensgründen den Kriegsdienst mit der Waffe verweigert, kann zu einem Ersatzdienst verpflichtet werden. (...)

Artikel 13

(1) Die Wohnung ist unverletzlich.
(2) Durchsuchungen dürfen nur durch den Richter, bei Gefahr im Verzuge auch durch die in den Gesetzen vorgesehenen anderen Organe angeordnet und nur in der dort vorgeschriebenen Form durchgeführt werden. (...)

Artikel 14

(1) Das Eigentum und das Erbrecht werden gewährleistet. Inhalt und Schranken werden durch die Gesetze bestimmt.
(2) Eigentum verpflichtet. Sein Gebrauch soll zugleich dem Wohle der Allgemeinheit dienen.
(3) Eine Enteignung ist nur zum Wohle der Allgemeinheit zulässig. (...)

Artikel 16

(1) Die deutsche Staatsangehörigkeit darf nicht entzogen werden. (...)
(2) Kein Deutscher darf an das Ausland ausgeliefert werden. (...)

Artikel 16a

(1) Politisch Verfolgte genießen Asylrecht.
(2) Auf Absatz 1 kann sich nicht berufen, wer aus einem Mitgliedstaat der Europäischen Gemeinschaften oder aus einem anderen Drittstaat einreist, in dem die Anwendung des Abkommens über die Rechtsstellung der Flüchtlinge und der Konvention zum Schutze der Menschenrechte und Grundfreiheiten sichergestellt ist. (...)

Artikel 17

Jedermann hat das Recht, sich einzeln oder in Gemeinschaft mit anderen schriftlich mit Bitten oder Beschwerden an die zuständigen Stellen und an die Volksvertretung zu wenden. (...)

Artikel 18

Wer die Freiheit der Meinungsäußerung, insbesondere die Pressefreiheit (Artikel 5 Abs. 1), die Lehrfreiheit (Artikel 5 Abs. 3), die Versammlungsfreiheit (Artikel 8), die Vereinigungsfreiheit (Artikel 9), das Brief-, Post- und Fernmeldegeheimnis (Artikel 10), das Eigentum (Artikel 14) oder das Asylrecht (Artikel 16a) zum Kampfe gegen die freiheitliche demokratische Grundordnung missbraucht, verwirkt diese Grundrechte. Die Verwirkung und ihr Ausmaß werden durch das Bundesverfassungsgericht ausgesprochen.

Artikel 19

(2) In keinem Falle darf ein Grundrecht in seinem Wesensgehalt angetastet werden.

Artikel 20

(1) Die Bundesrepublik Deutschland ist ein demokratischer und sozialer Bundesstaat.
(2) Alle Staatsgewalt geht vom Volke aus. Sie wird vom Volke in Wahlen und Abstimmungen und durch besondere Organe der Gesetzgebung, der vollziehenden Gewalt und der Rechtsprechung ausgeübt.
(3) Die Gesetzgebung ist an die verfassungsmäßige Ordnung, die vollziehende Gewalt und die Rechtsprechung sind an Gesetz und Recht gebunden.
(4) Gegen jeden, der es unternimmt, diese Ordnung zu beseitigen, haben alle Deutschen das Recht zum Widerstand, wenn andere Abhilfe nicht möglich ist.

Artikel 20a

Der Staat schützt auch in Verantwortung für die künftigen Generationen die natürlichen Lebensgrundlagen und die Tiere im Rahmen der verfassungsmäßigen Ordnung durch die Gesetzgebung und nach Maßgabe von Gesetz und Recht durch die vollziehende Gewalt und die Rechtsprechung.

Artikel 21

(1) Die Parteien wirken bei der politischen Willensbildung des Volkes mit. Ihre Gründung ist frei. Ihre innere Ordnung muss demokratischen Grundsätzen entsprechen. Sie müssen über die Herkunft und Verwendung ihrer Mittel sowie über ihr Vermögen öffentlich Rechenschaft geben. (...)
(2) Parteien, die nach ihren Zielen oder nach dem Verhalten ihrer Anhänger darauf ausgehen, die freiheitlich-demokratische Grundordnung zu beeinträchtigen oder zu beseitigen oder den Bestand der Bundesrepublik Deutschland zu gefährden, sind verfassungswidrig. Über die Frage der Verfassungswidrigkeit entscheidet das Bundesverfassungsgericht.

*Die Wehrpflicht wurde zum 1. Juli 2011 auf Beschluss der Bundesregierung ausgesetzt.